Marie-Luise Raters-Mohr
Intensität und Widerstand

Neuzeit und Gegenwart
Philosophische Studien

Herausgegeben von:
Klaus Düsing, Carl Friedrich Gethmann,
Annemarie Gethmann-Siefert, Clemens Menze,
Samuel Ijsseling, Otto Pöggeler, Ludwig Siep

Redaktion: Annemarie Gethmann-Siefert

Band 12

Intensität und Widerstand

Metaphysik, Gesellschaftstheorie
und Ästhetik in John Deweys
„Art as Experience"

von
Marie-Luise Raters-Mohr

1994

BOUVIER VERLAG · BONN

Die Deutsche Bibliothek — CIP-Einheitsaufnahme

Raters-Mohr, Marie-Luise:
Intensität und Widerstand : John Deweys Art as Experience als philosophisches System, als politischer Appell und als Theorie der Kunst / von Marie-Luise Raters-Mohr. — Bonn : Bouvier, 1994
  (Neuzeit und Gegenwart ; Bd. 12)
NE: GT

ISBN 3-416-02458-3

ISSN 0931-0576

Alle Rechte vorbehalten. Ohne ausdrückliche Genehmigung des Verlages ist es nicht gestattet, das Buch oder Teile daraus zu vervielfältigen oder auf Datenträger aufzuzeichnen. © Bouvier Verlag Bonn 1994. Printed in Germany. Portrait auf dem Buchumschlag: mit freundlicher Genehmigung des Junius Verlags, Hamburg. Druck und Einband: Druckerei Plump KG, Rheinbreitbach. Gedruckt auf säurefreiem Papier.

Inhalt

Einleitung   1

A.   Die drei Ebenen von "Art as Experience"   8

A.1.   Deweys philosophisches System   8

A.1.1. Deweys philosophische Entwicklung   8
     a. Deweys frühes System (Psychology, 1887/1889)   10
     b. Deweys Hinwendung zu praktischen Fragen   18
     c. Deweys Traditionskritik   19
     d. Deweys neue Methode   23

A.1.2. Situation und ästhetische Situation   27
     a. "Experience and Nature": Die allgemeinen Züge jeder Situation   31
     b. "Art as Experience": Ästhetische und gewöhnliche Situation   41
     c. Weitere Merkmale der ästhetischen Situation   46

A.2.   Deweys politischer Appell   58

A.2.1. Das politische 'Ideal der Versöhnung'   58
     a. Kunst und Alltag: Istzustand   58
     b. Kunst und Alltag: Sollzustand   62
     c. Kunst und Alltag: Idealzustand   66

A.2.2. Das philosophische 'Ideal der Versöhnung'   68
     a. Der systemimmanente Status des 'Ideals der Versöhnung'   69
     b. Situationsspezifische Ideale   70
     c. Instrumentales und Finales   71
     d. Immanenz und Transzendenz   71
     e. Individuelles und Allgemeines   73

A.3.	Deweys Kunsttheorie	74
A.3.1.	Ästhetisch, Kunst und Schönheit	74
	a. 'Auch' und 'überwiegend' ästhetisch	75
	b. Kunst, Kunstprodukt, Kunstsituation und Schönheit	76
A.3.2.	Kunst als Ausdrucksmedium	79
	a. Kunst als Medium	80
	b. Kunst als Ausdruck	85
	c. Deweys Analyseraster	88
A.3.3.	Das Urteil über Kunst	92
	a. Kritik an traditionellen Kunsttheorien	92
	b. Rezeption, Kreation und Urteilsgenese	96
	c. Deweys Kriterien für ein Urteil über Kunst	99
B.	Diskussion: Deweys philosophisches System	101
Einführung in die Dewey-Literatur		101
	a. Der Dewey-Enthusiasmus	101
	b. Die Kritik an Präsentation und Vorurteilsbehaftetheit	105
	c. Phasen der Dewey-Diskussion	108
B.1.	Peppers Idealismuskritik	114
B.1.1.	Peppers Kritik des objektiven Idealismus	114
	a. Kohärente oder fusionierte Qualität?	115
	b. Absolutes Kunstwerk?	116
	c. Gebannte Faszination als niedere, emotionale Stufe?	118
	d. Konflikt, Tragödie und Kunsthäßliches	118
B.1.2.	Argumente gegen Peppers Idealismuskritik	120
	a. Ist Organizismus eo ipso idealistisch?	121
	b. Gibt es bei Dewey ein Absolutes?	123
	c. Ist Deweys "Imagination" ein Erkenntnisvermögen?	125
	d. Sind Kohärenz und Fusion unvereinbar?	125
	e. Ist Deweys Harmoniebegriff idealistisch fundiert?	126
	f. Können Häßliches und Tragödien harmonisch sein?	127

B.2.	Croces Idealismuskritik	130
B.2.1.	Einführung in Croces Ästhetik	130
	a. Die Grundzüge von Croces Ästhetik	130
	b. Croces Idealismus gegen das Kunsthäßliche	132
B.2.2.	Croces Plagiatkritik	135
	a. Chronologischer Ablauf des Streits	135
	b. Die Identifizierung von Intuition und Ausdruck	139
	c. Diskussion der übrigen 'Ähnlichkeiten'	141
B.3.	Die Kritik des subjektiven Idealismus und die Metaphysikkritik	143
B.3.1.	Die Kritik des subjektiven Idealismus	143
	a. Bakewell (1905)	144
	b. Woodbridge und Bode (1905)	145
	c. McGilvary und Costello (1920)	146
	d. Santayana (1925), Hocking (1940) und Kahn (1948)	147
	e. Croce (1947-1948)	149
	f. Bernstein (1961)	150
	g. Robert Dewey (1977) und Rorty (1982)	152
	h. Einige Gegenargumente	155
B.3.2.	Die Metaphysikkritik	158
	a. Ewige Wahrheiten und Werte	159
	b. Die Praktikabilität der experimentalistischen Methode	162
	c. Die Praktikabilität des Common-Sense-Prinzips	163
	d. Deweys Ichbegriff	165
	e. Der idealistische Charakter der Metaphysikkritik	166
	f. Die Metaphysikkritik gegen die Idealismuskritik	168
C.	Diskussion: Deweys Kunsttheorie	171
Einführung in kunsttheoretische Diskussion		171
	a. Literatur zur Deweys Kunsttheorie	171
	b. Die Grenzen von Deweys erlebnisorientierter Kunsttheorie	175

C.1.	Kunstsituation und lebensweltlich ästhetische Situation	179
C.1.1.	Das 'Künstliche' der Kunstsituation	179
	a. Kritik an Deweys Definition der Kunstsituation in der Literatur	179
	b. Deweys Kunsttheorie und Tendenzen der Avantgarde	180
	c. Die Kunst im System	182
C.1.2.	Die Erlebnisqualität von Kunstsituationen	185
	a. Rollendistanz durch Rollenidentifikation	186
	b. Handlungs- und Wahrnehmungsstrategien	188
	c. Selbstgenuß im Fremdgenuß	189
	d. Distanz als Handlungsschranke	190
	e. Ein Konsistenzproblem	191
	f. Komplexe Strategieentwicklung durch Handlungsschranken	192
C.2.	Die Vermittlungsfunktion des Kunstarrangements	194
C.2.1.	Deweys Zeichentheorie	194
	a. Natürliche Zeichen und Symbole	195
	b. Das Kunstprodukt - ein Symbol?	196
	c. Die Kritik von Max Black	199
	d. Vier Bedingungen einer Theorie des Kunstzeichens in Deweys Sinne	200
C.2.2.	Ikon, Symbol, Metapher und Rahmenzeichen	202
	a. Die Grundbegriffe von Morris` semiotischer Weiterentwicklung von Deweys Ästhetik	202
	b. Die ikonische Wertdesignation des Kunstzeichens	203
	c. Kritik: Symbole und Literatur	205
	d. Der Interpretantenbezug als das infinitesimal ausdehnbare Bewußtsein	206
	e. Komplexe und neue Bedeutungsbezüge durch Metaphernbildung	210
	f. Der Besitz der designierten Eigenschaft	213
	g. Indexikalische Rahmenzeichen und Handlungsschranken	214
	h. Deweys Museen als Rahmenzeichen mit Doppeldesignation	216

C.3.	Die affirmative Sollfunktion der Kunst	218
C.3.1.	Kunst und die Designation von Werten	218
	a. Deweys anti-ästhetizistische Kunsttheorie	219
	b. Der Konformismus von Deweys politischer Kunsttheorie	219
	c. Dewey und das Kunsthäßliche	221
C.3.2.	'Politischer Idealismus' und die Ausgrenzung des Kunsthäßlichen	224
	a. Der idealistische Dualismus von Häßlichem und Schönem	225
	b. 'Politischer Idealismus' und Kunsthäßliches	231
	c. Adorno, das Kunsthäßliche und die ideologiekritische Funktion von Kunst	236
	d. Genuß und das Kunsthäßliche	238
	e. Die Ausgrenzung des Kunsthäßlichen als systeminadäquate Aberration	240
	f. Einige offene Fragen	241
C.3.3.	Das Ende der Kunst	243
	a. Hegels These vom Ende der Kunst	244
	b. Das Ende der Formentwicklung	245
	c. Das Ende der auratischen Kunst	247
	d. Das Ende der Kunst und die Gesellschaft	248
	e. Die Kunst der Postmoderne als Antipol zur Pseudoästhetisierung der Lebenswelt	250

Zusammenfassung und Schluß	253
Bibliographie	256
Namenregister	267

Vorwort

Die vorliegende Arbeit ist die leicht überarbeitete Fassung einer Untersuchung, die 1991 vom Fachbereich Philosophie und Sozialwissenschaften der Universität Hamburg als Dissertation angenommen wurde. Für die Unterstützung bei ihrer Entstehung möchte ich meinen Eltern, Freunden, Lehrern sowie verschiedenen Institutionen herzlich danken.
Das Cusanuswerk gewährte mir in den Jahren 1982-1990 eine Studien- und Promotionsförderung. Die Johanna und Fritz Buch-Gedächtnisstiftung ermöglichte mir im September 1989 einen Forschungsaufenthalt am John Dewey Center der Southern Illinois University (Carbondale, Illinois, USA). Diese Arbeit wurde gedruckt mit Unterstützung der Universität Hamburg.
Elisabeth Raters, Dr. August Raters, Dr. Georg Mohr und insbesondere Professor Dr. Klaus Oehler haben meine Dissertation kritisch durchgesehen. Professor Dr. Herbert Schnädelbach hat das Zweitgutachten erstellt. Bei der Erstellung der Druckfassung halfen mir Professor Dr. Annemarie Gethmann-Siefert, Silke Paszenski und Dr. Thomas Spitzley. Allen verdanke ich wichtige Änderungsvorschläge. Thomas Feddersen leistete jederzeit technischen Beistand.
Mein besonderer Dank gilt meinem Lehrer Professor Dr. Klaus Oehler für die langjährige Betreuung, für die intensive und ausdauernde Beratung während der Niederschrift der vorliegenden Dissertation und für Aufmunterung und Vertrauen auch in den ganz schwierigen Phasen der Arbeit.

Marie-Luise Raters-Mohr

Einleitung

Für viele Amerikaner ist John Dewey der "produktivste und einflußreichste Philosoph, den Amerika hervorgebracht hat"[1]. In Europa hingegen wurde er bislang kaum beachtet. Nur wenige seiner zahlreichen Bücher sind ins Deutsche übersetzt worden. Zu den auch in Deutschland bekannten Tatsachen gehört, daß Dewey, vor allem mit seinem Spätwerk, die Philosophie von Grund auf erneuern wollte. Bei einer Theorie, die mit einem solchen Anspruch auftritt, ist es nicht überraschend, wenn sie mit terminologischen Neuerungen arbeitet. Dies trifft in besonderem Maße für die Grundgedanken von Deweys spätem Hauptwerk zu: *Art as Experience* (1934).[2] Im Zentrum dieses Buches steht der Begriff "aesthetic experience", der am besten mit "ästhetische Situation" übersetzt wird.[3] Deweys Definition dieses Begriffs weicht erheblich von dem ab, was man aufgrund der semantischen Konnotationen des Adjektivs "ästhetisch" erwarten würde. Die Definition lautet: *Die ästhetische Situation ist ein prägnanter, nicht ablenkungsbedrohter, intensiv erlebter Widerstandsbewältigungsprozeß gegenüber einem bedeutenden Widerstand.*

Diese Definition ist sicherlich ungewöhnlich. Von ihren Implikationen zunächst noch abgesehen, fallen ohne weiteres zwei Besonderheiten auf: (1) Das ästhetische Feld ist durch die Qualität des Situationserlebens definiert. (2) Eine so definierte ästhetische Situation kann sich offenbar nicht nur in der Kunst, sondern in allen

---

[1] "John Dewey is the most productive and influential philosopher, that America has produced." *Guy Stroh: American Philosophy.* Princeton/ Toronto/ London/ Melbourne 1968, 237.
  Im Interesse der Lesbarkeit sind die englischen Zitate in deutscher Übersetzung wiedergegeben; die Originalzitate finden sich (wenn nicht nach einer deutschen Übersetzung zitiert wurde) jeweils zur schnellen Überprüfung in den Anmerkungen. Die Werke von John Dewey werden ausschließlich mit Siglen zitiert. Die übrigen bibliographischen Angaben werden bei der ersten Nennung vollständig und im weiteren Verlauf des Textes mit Siglen aufgeführt. Die Siglen sind in der Bibliographie durch Unterstreichungen gekennzeichnet.
  In einigen Sammelbänden sind Ausschnitte aus den wichtigsten Texten D.'s zusammengestellt. Vgl. *Texte der Philosophie des Pragmatismus* (Charles Sanders Peirce. William James. Ferdinand Canning Scott Schiller. John Dewey. Einl. und hrsg. von E. Martens. Stuttgart 1975.) sowie *John Dewey* (His Contribution to the American Tradition. Einl. und hrsg. von I. Edman. Indianapolis/ New York o.J.) sowie *John Dewey* (Erziehung durch und für Erfahrung. Einl. und hrsg. von H. Schreier. Stuttgart 1986.)

[2] Nach *Israel Scheffler (Four Pragmatists.* A Critical Introduction to Peirce, James, Mead and Dewey. London/ New York 1974, 189) bezeichnen viele *Art as Experience* als D.'s bestes Werk. Nach *J. Dewey (Art as Experience.* 278) ist die Ästhetik eines Philosophen Testinstanz für die Qualität seines ganzen Systems.

[3] Vgl. A.1.2. zur Übersetzung von "aesthetic experience" mit "ästhetische Situation" sowie von "having an experience" mit "eine Situation ereignet sich".

Lebensbereichen ereignen. Die Definition der ästhetischen Situation legt also von vornherein die Vermutung nahe, daß *Art as Experience* über den Rahmen einer herkömmlichen Theorie der Kunst weit hinausgeht. Charakteristisch für das Werk ist eine außergewöhnlich enge Verwobenheit von philosophischer Systematik, politischem Appell und Theorie der Kunst. Diese Dreidimensionalität ist in der Dewey-Literatur bislang nicht herausgearbeitet worden. Wegen des Übergewichts der philosophisch-systematischen und der politischen Dimension ist (trotz des Titels und der von Dewey gewählten Beispiele) eine Theorie der Kunst in *Art as Experience* nur in (allerdings interessanten) Ansätzen vorhanden.

Im Teil A. dieser Arbeit werden die drei genannten Ebenen, die bei Dewey in oft verwirrender Weise ineinander greifen, separat vorgestellt. Die Darstellung ist in der Weise gewichtet und angeordnet, wie es das Spätwerk nahelegt. Sie soll zugleich als Einführung in Deweys spätes Systemdenken dienen. Dewey wollte in 'einfacher', nicht philosophischer Sprache schreiben. Das bringt für eine Interpretation die Aufgabe mit sich, die von Dewey selbst nicht explizit angegebenen Begriffsdefinitionen aus dem Theorie-Kontext zu rekonstruieren. Dies ist unverzichtbar, da die für Deweys spätes System spezifischen Optionen ihren Gehalt und ihre Pointen großenteils aus dem (von Dewey intendierten) Kontrast zu traditionellen Konzeptionen beziehen.

Deweys philosophische Entwicklung, die bei einem von Hegel geprägten objektiv-idealistischen Systemdenken ihren Ausgang nahm, war von Anfang an davon geleitet, eine 'neue', von den 'Vorurteilen' und Prämissen der Tradition unabhängige Metaphysik (vgl. A.1.) zu entwickeln. In der umfangreichen amerikanischen Literatur zu diesem Thema wurde jedoch etwas Wesentliches unterlassen: die systematische Herausarbeitung der logischen Struktur von Deweys Traditionskritik, die Dewey selbst nur in polemischen, manchmal auch grob verfälschenden Angriffen gegen einzelne traditionelle Positionen vorgebracht hat, und die die Leitlinien seines späten Systemdenkens enthält (vgl. A.1.1.).

Schon 1905 hatte Dewey seine 'neue Methode' vorgestellt, aus der er zuerst 1922 in den *Carus-Vorlesungen* (aus denen im Jahr 1925 *Experience and Nature* hervorging) und dann 1934 in *Art as Experience* sein spätes philosophisches System enwickelte. Nach dieser Methode darf der Philosoph keine aus der Tradition überlieferten 'Vorurteile' haben und muß sich statt dessen dem primären, emotionalen, nicht-reflexiven Situationserleben zuwenden. Im Zentrum von Deweys spätem Systemdenken steht also die Analyse der *allgemeinen Züge jeder Situation*. Dabei betont Dewey besonders, daß im primären Situationserleben das, was die Tradition aus einer Reflexionsperspektive heraus als subjektive und objektive Erlebnisanteile getrennt problematisiert hatte, zu einer ursprünglichen Einheit des Handelns und Erlebens verschmolzen ist. Die Überwindung der künstlichen, reflexiven Subjekt-Objekt-Trennung zugunsten einer praxisrelevanten Philosophie ist das Ziel von

Deweys später Philosophie. Aus den allgemeinen Zügen jeder Situation (Widerstandsbewältigungsprozeß, einzigartige Qualität, Erlebnisdimension) leitet er in *Art as Experience* seine *Unterscheidung zwischen ästhetischen und gewöhnlichen Situationen* ab: Eine ästhetische Situation trägt die oben angegebenen Merkmale, während eine gewöhnliche Situation sich als unbedeutender Widerstandsbewältigungsprozeß mit diffuser und monotoner Erlebnisqualität darstellt (vgl. A.1.2.).
Art as Experience ist auch der Höhepunkt von Deweys politischer Theorie. Dewey sieht die Hauptaufgabe eines Philosophen darin, die Kontinuität zwischen alltäglichen und ästhetischen Erlebnisbereichen der Lebenswelt aufzuzeigen. Ästhetische Situationen in dem oben angegebenen Sinne können sich nach Dewey nicht nur im Bereich der Kunst ereignen, sondern unter günstigen Bedingungen in allen Bereichen menschlichen Schaffens. Das ist der Kern von Deweys politischem Appell (vgl. A.2.). Sein politisches Ideal, das 'Ideal der Versöhnung' aller sozialen, nationalen und rassischen Trennungen, stellt er in seiner Utopie von einer idealen Gesellschaft vor (vgl. A.2.1.). Dieses Ideal fällt mit dem philosophischen 'Ideal der Versöhnung' aller Dualismen der traditionellen Philosophie zusammen. Der Tatsache, daß *Art as Experience* ein *idealer System- bzw. ein utopischer Gesellschaftsentwurf* ist (vgl. A.2.2.), wurde in der Dewey-Literatur bislang keine Beachtung geschenkt.
Mit der distinkten Herausarbeitung der philosophisch-systematischen und der politischen Dimension wäre *Art as Experience* schon umfassend beschrieben, wenn Dewey nicht Erlebnisse im Bereich der Kunst immer wieder als ausgezeichnetes Beispiel für eine ästhetische Situation herangezogen hätte. Die kunsttheoretische Dimension von *Art as Experience* (vgl. A.3.) ist ganz von diesem (systemimmanent folgerichtigen) *Beispielstatus der Kunst* geprägt. Dewey will vor allem zeigen, daß die Kunst kein elitärer, von der Lebenswelt prinzipiell unterschiedener Erlebnisbereich ist. Diese Intention macht sich in seinen ungewöhnlichen Definitionen der zentralen Begriffe traditioneller Kunsttheorien bemerkbar, die er ohne weitere Spezifizierung auf die Lebenswelt überträgt (vgl. A.3.1.). Dewey betrachtet die Kunst insbesondere unter dem (letztlich politischen) Aspekt, daß Kunst als "universale Sprache" ein besonders wirksames Ausdrucks- und Kommunikationsmedium ist (vgl. A.3.2.). Seinem philosophisch-systematischen Ansatz entsprechend analysiert er jedoch nicht das, was im Kommunikationsprozeß distinkt zu betrachten wäre, sondern er betont vorrangig die Verschmelzung dieses in der Reflexion zu Trennenden im aktualen Kunsterleben. Das Medium der Kunst beispielsweise definiert er als die Beziehung des Sinnesorgans zu den Zeichenträgern und nicht etwa nur als den Zeichenträger. Seine Kriterien für ein ästhetisches Urteil (vgl. A.3.3.) sind identisch mit den Merkmalen der ästhetischen Situation, die in allen Bereichen der Lebenswelt erlebt werden kann. Obwohl Dewey in *Art as Experience* fast auf jeder Seite über Kunst spricht, spielt sie (als bloßes Beispiel) eine untergeordnete Rolle. Es geht Dewey eigentlich nicht um Kunst, sondern viel-

mehr um die *Aufhebung der philosophischen Dualismen und die Ästhetisierung der Lebenswelt*.

Dementsprechend wurde in der Dewey-Literatur fast ausschließlich die politische und die philosophisch-systematische Ebene diskutiert. Die philosophisch-systematische Diskussion wird im Teil B. thematisiert. Dabei wird deutlich, daß die heterogenen kritischen Richtungen teilweise gegeneinander ausgespielt werden können (was insbesondere für die bislang relativ unbeachtet gebliebene Metaphysikkritik im Verhältnis zur Kritik des subjektiven Idealismus zutrifft). Im Zentrum der Diskussion steht die *Idealismuskritik*, die seit nunmehr fast neunzig Jahren in den U.S.A. ausführlich, aber nie systematisch diskutiert wurde. Der amerikanischen Dewey-Literatur fehlt eine einheitliche Argumentationsbasis, weil nicht geklärt ist, was ein "idealistisches System" kennzeichnet. Als Kronzeugen idealistischen Denkens werden so grundsätzlich divergierende Autoren wie Baumgarten, Kant oder Hegel herangezogen. Die Folge ist ein uneindeutiges, ja diffuses Bild vom sachlichen Gehalt derjenigen Argumente, aufgrund derer über die Stichhaltigkeit der gegen Dewey gerichteten Idealismuskritik zu entscheiden wäre. Eine Diskussion dieser Kritik muß sich also in erster Linie auf die von Dewey selbst angeführten "Merkmale jedes idealistischen Systems" berufen.
Es gibt vier Richtungen der Kritik. Die meistdiskutierte der direkt gegen *Art as Experience* gerichteten Kritiken hat Stephen Pepper (vgl. B.1.) formuliert: Dewey sei in seinem Spätwerk zum *Hegelianismus* seiner Frühphase zurückgekehrt, indem er implizit ein allem individuellen Kunsterleben zugrundeliegendes absolutes Kunstwerk angenommen hätte. Obwohl diese Kritik in der Dewey-Literatur insgesamt viel Beachtung gefunden hat,[4] wurden Peppers Argumente dennoch häufig derart verkürzt dargestellt, daß ihr eigentlicher Gehalt verkannt wurde. Vor allem wurde Peppers wichtigste These bislang nicht beachtet, derzufolge Dewey wegen der im Hegelschen Sinne idealistischen Fundamente seines Systems keine adäquate Theorie der (angeblichen) Abwesenheit des Häßlichen in der Kunst entwickelt habe.
Benedetto Croce (vgl. B.2.) begründet seine Idealismuskritik mit einer *Plagiat*kritik: Dewey habe wesentliche Thesen von ihm übernommen; da nun sein eigenes System ein idealistisches sei, treffe eben dies auch auf Deweys Theorie zu. Die Dewey-Literatur hat es bis heute versäumt, Croces Ästhetik zur Klärung der Standpunkte in die Diskussion mit einzubeziehen, obwohl dies aufgrund von dessen Plagiatkritik nahegelegen hätte. Bei einer näheren Überprüfung dieser Kritik stellt

---

[4] Dies gilt insbesondere für *Thomas Alexander (John Dewey's Theory of Art, Experience and Nature: The Horizons of Feeling*. Albany 1987), der, von Peppers Kritik angeregt, die zentralen Begriffe in Deweys Spätwerk mit denen seiner vom Hegelschen Denken geprägten Frühphase vergleicht.

man erneut fest, daß die verschiedenen Autoren, die an der Diskussion beteiligt waren, nicht dasselbe unter "Idealismus" verstehen. Legt man Deweys Kriterien zugrunde, so ist Croces Ästhetik, entgegen seiner Selbsteinschätzung, keine rein idealistische. Ferner zeigt sich, daß Dewey sich nur von solchen Theorieelementen Croces hat 'inspirieren' lassen, die an Deweys Kriterien gemessen gerade als nichtidealistisch zu beurteilen sind. Von daher mag sich vielleicht Croces Plagiatkritik rechtfertigen lassen; seine Idealismuskritik jedoch greift nicht, da sie Kriterien zugrundelegt, die den Intentionen und der Systematik Deweys inadäquat sind.

Die *Kritik des subjektiven Idealismus* (vgl. B.3.1.) ist die wichtigste Kritik, die gegen Deweys spätes System gerichtet wurde. Diese Diskussion wurde seit Deweys erster öffentlicher Formulierung seiner 'neuen Methode' (1905) geführt. Sie besagt im Kern, daß Dewey den traditionellen Subjekt-Objekt-Dualismus entgegen seinem eigenen Anspruch nicht überwunden habe. Er habe den Versuch unternommen, aus einem begrenzten, subjektiven Situationserleben ewige logische und ethische Wahrheiten sowie ein wirklichkeitsumfassendes System abzuleiten, was jedoch nur durch die Annahme einer absoluten spekulativen Instanz oder aber durch die Begrenzung der philosophischen Analyse auf das von Menschen Erkennbare (wodurch im Kantischen Sinne eine spekulative Sphäre jenseits des menschlichen Erkennens angenommen werde) möglich sei. Für Dewey gibt es jedoch weder ewige logische und ethische Wahrheiten noch eine problematische Grenze zwischen dem Ganzen des Erlebbaren bzw. dem Seienden (Natur) und dem Bewußtsein als individueller, subjektiv-begrenzter Instanz des Erlebens. Im Gegenteil dehnt Dewey seinen Bewußtseinsbegriff in geradezu befremdlicher Weise auf das Ganze des Situationskontinuums Natur aus, wenn er ausführt, daß alles, was ist oder war, in jedes aktuale Situationserleben in irgendeiner Weise mit einfließt. In der *Metaphysikkritik* (vgl. B.3.2.), die in der Literatur fast undiskutiert geblieben ist, wurden gerade diejenigen Theorieelemente (ewige Wahrheiten, die Konzeption eines erlebnisunabhängigen Ichs) vermißt, deren Annahme die Basis der Kritik des subjektiven Idealismus bildet. Die Metaphysikkritik kann somit als direkte Widerlegung der Kritik des subjektiven Idealismus gewertet werden. Idealismusfeindlichkeit war ein zentrales Merkmal der amerikanischen Philosophie unseres Jahrhunderts. Von daher ist es kaum ein Zufall, daß sich die Dewey-Diskussion auf diese Frage konzentrierte. Dewey geht in philosophisch-systematischer Hinsicht seinen eigenen Kriterien entsprechend nicht von idealistischen Prämissen aus. Insgesamt ist Rortys Einschätzung zutreffend, nach der Deweys philosophisches System eine interessante Traditionskritik, aber keine Metaphysik im traditionellen Sinne ist.[5] Die Idealismusdebatte ist aber auch deshalb von Bedeutung, weil sich aus (in Deweys Sinne) idealistischen Argumentationsmustern innerhalb einer

---

[5] Richard Rorty: *Consequences of Pragmatism*. Essays 1972-1980. Minnesota 1982, 72f.

Theorie der Kunst zwangsläufig eine *Ausgrenzung des Häßlichen* aus dem Bereich der Kunst ergibt.

Die politische Ebene von *Art as Experience* wird im Diskussionsteil nicht eigens thematisiert, weil sich die Weltanschauung eines Autors wohl letztendlich der sachlichen Beurteilbarkeit entzieht. Außerdem sind sowohl Deweys Versuche, die Philosophie praxisrelevant zu gestalten, als auch sein persönliches pädagogisches und soziales Engagement gerade in einer Zeit ohne Zweifel attraktiv, in der die Relevanz der Philosophie gegenüber anderen Wissenschaften fraglich geworden ist. Die politische Dimension von *Art as Experience* wird nur unter einem einzigen, betont unpolitischen Aspekt diskutiert: Durch die Übertragung von politischen Argumentationsmustern und Idealen (die als solche durchaus vertretbar sind) auf einen anderen Reflexionsbereich (auf eine Theorie der Kunst) können sich Perspektivenverengungen ergeben, so daß die Theorie dem Gegenstand *dieses* Reflexionsbereichs nicht im vollen Umfang gerecht werden kann.

Zur kunsttheoretischen Dimension von *Art as Experience*, die im Teil C. diskutiert wird, gibt es in den U.S.A. weniger Literatur als zum System. Das entspricht zwar dem Charakter von Deweys Theorie der ästhetischen Situation, die vor allem ein philosophischer Systementwurf mit einer dominanten politischen Ebene ist; andererseits gibt es aber durchaus ein verdecktes kunsttheoretisches Potential, das es aufzuzeigen gilt. Dewey ist aus politischen und philosophisch-systematischen Gründen ein erklärter Gegner von Dualismen, Trennungen und scharfen Bereichsabgrenzungen. Nach *Art as Experience* wird die Kunstsituation in einer Art erlebt, in der alle lebensweltlichen Situationen unter günstigen gesellschaftlichen Bedingungen erlebt werden könnten. Also vermeidet er es, spezifische Merkmale der Kunstsituation im Gegensatz zu lebensweltlichen Situationen mit vergeichbarer Erlebnisqualität herauszuarbeiten. Dies wurde in der Dewey-Literatur nahezu einhellig mitvollzogen und gewürdigt. Es gibt jedoch einen offenkundigen Unterschied zwischen Kunstsituationen und lebensweltlich ästhetischen Situationen: Die Kunstsituation entsteht *nur* durch Vermittlung eines Produkts, das von einem Künstler absichtlich und 'künstlich' geschaffen wurde. Das führt zu der wichtigsten Frage, die an Deweys Kunsttheorie zu richten ist: Warum kann durch die 'künstliche' Designation eines bedeutenden Widerstands (im Sinne eines lebensweltlich noch nicht realisierten Wertes beispielsweise) überhaupt ein intensiver Widerstandsbewältigungsprozeß erlebt werden? An dieser Frage läßt sich mit Rekurs auf Jauß und Pepper aufzeigen, wodurch sich die Erlebnisqualität der Kunstsituation eben doch von der Erlebnisqualität lebensweltlich ästhetischer Situationen unterscheidet (vgl. C.1.).

In *Art as Experience* wird unproblematisiert die Prämisse vorausgesetzt, daß durch ein Kunstprodukt ein lebensweltlich bedeutender Widerstand zur Disposition gestellt werden kann. Dewey grenzt die Analyse der Strukturen des Kunstprodukts in seiner Theorie der Kunst (aus den genannten philosophisch-systematischen und politischen Gründen) konsequent aus. Es ist jedoch möglich, aus Deweys rudimentär formulierter Zeichentheorie Kategorien für die semiotische Betrachtung der Kunstsituation abzuleiten (vgl. C.2.). Charles W. Morris[6] hat Ansätze zu einer derartigen zeichentheoretischen Weiterentwicklung von Deweys Theorie der Kunst angeboten: Kunstprodukte sind Zeichen, die einen positiven Wert designieren. Dieses Resultat kommt Deweys politisch-kunsttheoretischer These entgegen, nach der Kunst die einer Gesellschaft zugrundeliegenden, noch nicht realisierten, positiven Werte zum Ausdruck bringen soll, um so durch Identifikation der Rezipienten mit den designierten Werten zum 'Ideal der Versöhnung' aller Menschen innerhalb dieser Gesellschaft beizutragen.

Nun gibt es aber Kunstprodukte, die (meistenteils mit häßlichen Ausdrucksmitteln) Unwerte designieren. Im letzten Diskussionspunkt wird damit die im Teil B. behandelte Idealismusdebatte wieder aufgegriffen: Dewey vertritt zwar keinen philosophisch-systematischen, aber einen seinen eigenen Kriterien entsprechenden 'politischen Idealismus', der erstens eine systeminadäquate Ausgrenzung der Kunstprodukte, die durch häßliche Ausdrucksmittel Unwerte designieren, nach sich zieht, und der zweitens zu dem (ebenfalls systeminadäquaten) Theorem der Möglichkeit eines 'Endes der Kunst' führt (vgl. C.3.).

Gerade auch in Deweys kunsttheoretischen Ausführungen wirken sich terminologische Ambivalenzen, aber auch phänomeninadäquate Deutungsmuster negativ aus. Die Komplexität und die Vielzahl seiner Aussagen vermag Dewey häufig nicht zu der argumentativen Prägnanz zu bringen, die eine präzise Gewichtung seiner theoretischen Optionen erst ermöglichte. Seine Konzeptionen verbleiben oft in eher assoziativen Kontexten, die zwar Plausibilität reklamieren mögen, die aber nicht den kunsttheoretischen Standards genügen, die von anderen zeitgenössischen Autoren verbindlich gemacht wurden. Es würde eine gesonderte Abhandlung erfordern, aus Deweys Ansätzen zu einer Kunsttheorie eine konsistente, umfassende Theorie abzuleiten. Am Ende von Teil C. werden dementsprechend viele Fragen offen bleiben müssen, und es kann nur angedeutet werden, wie sich eventuell aus Deweys Theorie der ästhetischen Situation *Theorien des Kunsthäßlichen und des Kitsches* ableiten ließen.

---

[6] *Charles W. Morris: Esthetics and the Theory of Signs.* In: *Journal of Unified Signs* 8. Den Haag 1939. Im Text zit. nach *ders: Ästhetik und Zeichentheorie.* Übers. von R. Posner. München 1972, 89-118.

A. Die drei Ebenen von "Art as Experience"

A.1. Das philosophische System

A.1.1. Deweys philosophische Entwicklung

Dewey hat seine späte 'Metaphysik' zuerst in *Experience and Nature* im Jahre 1925 und dann neun Jahre später in *Art as Experience* dargelegt. Er beanspruchte, auf der Basis seines Erfahrungsbegriffs eine dualismenfreie, wirklichkeitsumfassende Metaphysik unabhängig von den Prämissen und Fragestellungen der philosophischen Tradition entwickelt zu haben. Deweys umfangreiches Lebenswerk nahm seinen Ausgang bei einem von Hegel geprägten idealistischen[1] Systemdenken. Geradezu das *Leitmotiv* seiner philosophischen Entwicklung war aber die Schöpfung einer 'neuen Metaphysik', die nicht auf traditionelle Fragestellungen und Prämissen und insbesondere *nicht* auf die Annahme eines *Subjekt-Objekt-Dualismus vor jeder Erfahrung* zurückgreift.

Diese konsequente philosophische Entwicklung, die in seinem hier thematisierten späten Erfahrungssystem gipfelte, wird meistens[2] in drei Phasen unterteilt: Es wird eine *idealistische Frühphase* angenommen (beginnend mit Deweys erster Veröffentlichung im Jahr 1882), die dann um die Jahrhundertwende von Deweys instrumentalistischer oder *pragmatistischer Phase* abgelöst wurde, in der er sich weg von der psychologischen Analyse der Erfahrung politischen, sozialen und pädagogischen Aufgaben zuwandte. Die *Carus-Vorlesungen* (1922) bildeten nach allgemeinem Konsens den Wendepunkt zu Deweys Reife- oder *organizistischer Phase*. In dieser dritten Phase entwickelte er sein hier thematisiertes ausgebildetes Erfahrungssystem. Man könnte ab 1948 von einer (wegen Deweys Tod nicht abgeschlossenen) vierten, *sprachkritischen* Phase[3] sprechen, in der Dewey die nicht verstummende Idealismuskritik zu widerlegen versuchte, indem er für sein nicht-

---

[1] Der Begriff "idealistisch" wird in der ganzen Arbeit so verwendet, wie er in A.1.1.c. anhand D.'s Traditionskritik definiert wird.

[2] Sowohl die Namensgebung als auch die genaue zeitliche Einordnung der jeweiligen Phasen unterscheiden sich bei den verschiedenen Autoren nur geringfügig; vgl. *R. Bernstein* (in *John Dewey: Freedom.* xix-xxxviii.) Auf Bernsteins Phaseneinteilung (1882-1903/ 1903-1925/ 1925-1952) berufen sich die meisten D.-Interpreten. Vgl. *Th. Alexander* (*J.D.'s Theory of Art*, 40f., 58.) sowie *Raymond D. Boisvert* (*Dewey's Metaphysics*. New York 1988, 15ff.). Das zentrale Thema von Boisvert ist die Analyse dieser drei Entwicklungsstadien von D.'s Metaphysik: Idealismus, Experimentalismus, Naturalismus.

[3] *J. Dewey: Correspondence 1932-1951.* Insg.

idealistisches System ein neues, nicht idealistisch besetztes Vokabular entwickelte. Diese Phase ist sehr aufschlußreich für die Dewey-Interpretation, weil Dewey hier den subjektivistisch besetzten Erfahrungbegriff durch Begriffe wie "Situation", "Ereignis" oder "Kultur" ersetzten wollte.

John Dewey wurde am 20.10.1859 als dritter von vier Söhnen des Kolonialwarenhändlers Archibald Sprague Dewey und seiner Frau Lucina Rich Dewey in Burlington (Vermont) geboren.[4] Ab 1874 besuchte er die Universität von Vermont, wo deutsche Schulphilosophie gelehrt wurde. Außerdem belegte Dewey hier einen Kursus in Physiologie, dem ein Text von Th.H. Huxley zugrundelag.[5] Nach einigen Jahren als Lehrer an der Highscholl von Oil City (Pennsylvania) und als Dorfschullehrer in Vermont begann Dewey im Jahr 1882 sein Philosophiestudium an der Johns-Hopkins-Universität in Baltimore.[6] Hier begegnete er Ch.S. Peirce, der bis 1884 an dieser Universität Lektor für Logik war. Wie in Vermont wurde Dewey wiederum gleichzeitig mit deutschem idealistischen Gedankengut (die Johns-Hopkins Universität, geleitet von Daniel Gilman, unterrichtete nach dem Vorbild der Göttinger Universität) und mit modernen Naturwissenschaften konfrontiert. George Sylvester Morris, Deweys einflußreichster Lehrer, las über die Dichter Samuel Taylor Coleridge und John Keats und vor allem über Hegel; die

---

[4] D.'s Werk wurde oft vor seinem lebensweltlichen Hintergrund gedeutet, der aber hier nicht thematisiert werden soll. Vgl. *Georg Dykhuizen (The Background of Dewey's Philosophy*. In: *The Journal of Philosophy* 55. 21. 1958, 881f.). *Ders. (The Life and Mind of John Dewey*. Carbondale 1973, insg.) stellt D.'s Leben und insbesondere seine Universitätslaufbahn sehr ausführlich dar.
Zu D.'s Universitätslaufbahn sowie zu äußeren biographischen Daten vgl. *I. Scheffler (Four Pragmatists*. 191-196) sowie *Richard Bernstein (John Dewey*. In: *The Encyclopedia of Philosophy* 2. New York 1967, 380-385) sowie *Klaus Mainzer (John Dewey*. Instrumentalismus und Naturalismus in der technisch-wissenschaftlichen Lebenswelt. In: *Grundprobleme der großen Philosophen*. Philosophie der Neuzeit. Göttingen 1991, 170f.) sowie *Eduard Baumgarten (Die geistigen Grundlagen des amerikanischen Gemeinwesens II*. Der Pragmatismus. Frankfurt 1938, 212ff.).

[5] *Lewis E. Hahn*: *Dewey's Philosophy and Philosophic Method*. In: *Guide to the Works of John Dewey*. Hrsg. von J.A. Boydston. London/ Amsterdam 1970, 18. Siehe auch *R. Bernstein (John Dewey*. 1967, 380).

[6] Nach *Robert Dewey (The Philosophy of John Dewey*. A Critical Exposition of his Method, Metaphysics, and Theory of Knowledge. The Hague 1977, 61-70) hat D. durch G.St. Hall die *Principles of Psychology* von W. James studiert. *Th. Alexander (J.D.'s Theory of Art*. 18) nennt den idealistischen Philosophen G.S. Morris und den Psychologen G.St. Hall die einflußreichsten Lehrer D.'s. Nach *Herbert W. Schneider (Dewey's Psychology*. In: *Guide*. 1) hat G.S. Morris in Deutschland bei H. Ulrici und vor allem bei A. Trendelenburg studiert, wo dieser "eine biologische und Aristotelische Neuformulierung der Hegelschen Theorie der Objektivation des Geistes ausgearbeitet hatte." ("Trendelenburg had worked out a biological and Aristotelian reformulation of Hegel's theory of the objectiation of mind.") Dieser Einfluß macht sich bis in D.'s Spätwerk deutlich bemerkbar.

behavioristisch-experimentellen Psychologie war durch den von W. Wundt geprägten St.G. Hall vertreten. Nach seiner Promotion über das Thema *The Psychology of Kant* im Jahr 1884 war Dewey 10 Jahre lang Dozent (visiting professor) für Logik und Moralphilosophie an den Universitäten von Michigan (wo er mit G.H. Mead zusammenarbeitete) und Minnesota. Er heiratete seine erste Frau, mit der er sechs Kinder hatte. Deweys pragmatistische Schaffensphase wurde eingeleitet mit der Übernahme einer Philosophieprofessur an der Universität von Chicago im Jahr 1894, wo seine interdisziplinäre und praxisorientierte Arbeit begann. Vor allem gründete er als Leiter der philosophischen Abteilung und des pädagogischen Seminars die *Laboratory School*, seine der Universität angegliederte Versuchschule für Pädagogik. Weil Dewey und seine Frau weitere zehn Jahre später als Leiter dieser Schule vom Chicagoer Universitätspräsidenten trotz Elternproteste entlassen wurden, nahm Dewey einen Ruf an die Columbia Universität in New York City an, wo er bis zu seiner Emiritierung im Jahr 1930 blieb. Er heiratete nach dem Tod seiner ersten Frau ein zweites Mal und adoptierte zwei Kinder. Es begann eine lange Zeit der großen, zumeist politisch motivierten Reisen (eine mehrjähriger Aufenthalt in China, Reisen in die Türkei, nach Japan und Mexiko), sowie von spektakulären öffentlichen Auftritten im Trotzki-Prozeß und in einigen McCarthy-Prozessen, bis Dewey am 1. Juni 1952 in New York City im Alter von 92 Jahren starb.

In Deweys idealistischer Frühphase werden üblicherweise nochmals drei Entwicklungsetappen unterschieden. Da aber weder bezüglich der Charakterisierung noch bezüglich der zeitlichen Eingrenzung dieser Etappen Konsens besteht, soll zunächst sein frühes idealistisches Systems als Ganzheit dargestellt werden (a.). Dann wird Deweys schrittweise Distanzierung von den idealistischen Kernthesen des frühen Systementwurfs nachvollzogen, die zur Entwicklung seiner mittleren Position führte. Diese instrumentalistische Periode ist bestimmt von Deweys Forderung nach praktischer Relevanz der Philosophie (b.), von seiner Traditionskritik (c.) und von der Entwicklung seiner charakteristischen philosophischen Methode (d.).

a.   Deweys frühes System (Psychology, 1887/1889)

Dewey begann seine philosophische Laufbahn als Psychologe[7], und zwar mit dem Studium traditioneller Selbstbewußtseinstheorien. Dabei entdeckte er, daß diese Theorien von der (in Deweys Augen willkürlichen) Prämisse eines *problematischen Subjekt-Objekt-Dualismus* ausgehen. Deweys Kritik an den aufgeführten

---

[7]   H.W. Schneider: *D.'s Psychology*. In: *Guide*. 1-15. Zu einer Würdigung der psychologischen Elemente von D.'s Ästhetik siehe *Elisabeth D. van Loo (Jung and Dewey and the Nature of Artistic Experience*. Diss. Tulane University 1973).

Richtungen soll nicht dahingehend diskutiert werden, ob Deweys Argumente überzeugend sind. Es soll lediglich aufgezeigt werden, daß Dewey aus dieser Beobachtung schon in seinen ersten, psychologisch orientierten Schriften seine Kritik an der *Begriffshypostasierung* entwickelte, die er bis zum Ende seines Lebens immer wieder als allgemeinen und fundamentalen Fehler der gesamten traditionellen Philosophie anprangerte.[8]

"Abgestritten wird die Korrektheit der Vorgehensweise, nach der, wenn ein bestimmtes Element *in* der Erkenntnis als notwendig für die Erkenntnis entdeckt wird, dann daraus geschlossen wird, daß dieses Element eine Existenz vor oder abgetrennt von der Erkenntnis hat."[9]

Für Dewey erhebt die traditionelle Philosophie ein einzelnes Reflexionsprinzip, einen isolierten Teil der Erfahrung (in diesem Fall die Annahme einer problematischen Subjekt-Objekt-Trennung) zum metaphysischen Prinzip, wodurch die unmittelbar "gehabte Erfahrung"[10] von dem 'Vorurteil' verstellt wird, das durch das metaphysische Prinzip errichtet wird. Durch diese 'Vorurteilsbehaftetheit' sind folgende drei psychologischen Positionen, mit denen sich Dewey auseinandersetzte, nicht in der Lage, die eigentlichen Probleme der Selbstbewußtseinsproblematik plausibel zu lösen:
(1) Durch George Sylvester Morris wurde der junge Dewey in den Jahren 1882-1886 mit dem *Romantischen Idealismus* der Dichter S.T. Coleridge und J. Keats bekannt. In der Romantik war die *Introspektion* (die Selbstbeobachtung, das konzentrierte Empfinden von Seelenströmungen und Gefühlen) die fundamentale Methode der Psychologie. Dewey kritisierte, daß in dieser Methode die Einflüsse der Außenwelt auf das Selbstbewußtsein vernachlässigt werden. Mit der Introspektion, die nur temporär vereinzelte Empfindungen und Bewußtseinsstadien erfassen kann und eine problematische Subjekt-Objekt-Trennung hypostasiert, wird außerdem die Kontinuität des Bewußtseinsstroms bzw. das 'Ich' als kontinuierliche Instanz in verschiedenen Situationen nicht erklärt.[11]
(2) Im *englischen Empirismus Lockes* wurde das Bewußtsein nach Deweys Auffassung als Summe isolierter Sinnesdaten interpretiert. Die Individualität der Erfah-

---

[8] Für eine überzeugende Behandlung dieses Themas siehe *Th. Alexander (J.D.'s Theory of Art.* insg.) sowie *Richard Bernstein (John Dewey*. In: *The Great American Thinkers*. Hrsg. von A.W. Brown. New York 1966, 9-21) sowie *J. Dewey (Experimentalism*. 147-160.).

[9] "What is denied is the correctness of the procedure which, discovering a certain element *in* knowledge to be neccessary for knowledge, therefore concludes that this element has an existence prior to or apart from knowledge." *J. Dewey: Standpoint*. 125.

[10] Diese Formulierung stammt von D.; vgl. den Titel des 3. Kapitels von *Art as Experience: Having an Experience*. (Zur Problematik dieser Ausdrucksweise vgl. A.1.2.).

[11] *J. Dewey*: *New Psychology*. 53f.

rung eines bestimmten Subjekts, welche Bedingung von kreativen Prozessen sei, wurde in dieser 'Taubenschlagtheorie' des Bewußtseins nicht erfaßt:

> "Diese reiche und bunte Erfahrung - niemals dieselbe in zwei Nationen oder zwei Individuen, in zwei Momenten desselben Lebens - ... war hübsch ordentlich und vorsichtig getrennt, ihre Teile beschriftet und weggeschlossen in dem entsprechenden Taubenschlag, das Inventar aufgenommen, und das Ganze gestempelt mit der Briefmarke *un fait accompli*."[12]

(3) In seiner Doktorarbeit über die Psychologie Kants aus dem Jahr 1884 kritisierte Dewey zum einen, daß Kant menschliche Vermögen wie das Gefühl und den Verstand voneinander trenne.[13] Außerdem würden einzelne Elemente in der unmittelbaren Erfahrung (Raum und Zeit z.B.) zu Erkenntnisprinzipien erhoben (Begriffshypostasierung, s.o.). Vor allem wandte er sich gegen die Annahme einer unerkennbaren Objektsphäre im Gegensatz zu einer Sphäre des Erkennbaren. Seine Kritik an Kant war identisch mit der von G.S. Morris, der prägnant formulierte:

> "Die exakte Wissenschaft vom Erkennen hat nichts zu tun mit unerkennbaren Objekten. ... Das phänomenale Objekt ist kein Schleier und kein Graben, wodurch effektiv die Sicht auf das noumenale Objekt verschlossen würde."[14]
>
> "Mit anderen Worten, das *ist*, was *erkannt* wird. Erkenntnis und Sein sind korrelative Begriffe. Wenn wir deshalb erkennen, was das wahre *Objekt* der *Erkenntnis* ist, dann erkennen wir, was die finale und absolute Bedeutung der Begriffe *Sein* und *Realität* ist."[15]

---

[12] "That rich and colored experience, never the same in two nations, in two individuals, in two moments of the same life ... was neatly and carefully dissected, its parts labeled and stowed away in their pigeon holes, the inventory taken, and the whole stamped with the stamp of *un fait accompli*." *J. Dewey: New Psychology*. 48.

[13] Diese Dissertation wurde nie veröffentlicht. Nach *K. Mainzer (Instrumentalismus*. 170) ist sie aber in wesentlichen Punkten in *J. Dewey (Kant*. 34-47) wiedergegeben.

[14] "The science of knowledge has nothing to do with unknowable objects. ... The phenomenal object is not a veil or screen effectually to shut out from us the sight of the noumenal object." *George S. Morris: Philosophy and Christianity*. New York 1883, 44f. Im Text zit. nach *H.W. Schneider: Dewey's Psychology*. In: *Guide*. 2.

[15] "In other words, that is which is known,. Knowledge and being are correlative terms. When we know therefore what is the true object of knowledge, we know what is the final and absolute significance of the terms being and reality." *G.S. Morris: Philosophy and Christianity*. 70. Im Text zit. nach *H.W. Schneider: Dewey's Psychology*. In: *Guide*. 2.

Gegen die Begriffshypostasierung der drei genannten Selbstbewußtseinstheorien entwickelte Dewey folgende *Fundamentalkonzeptionen* seines *frühen idealistischen Systemdenkens*, die auch in seinem Spätwerk noch zentrale Bedeutung haben: Den ersten Ansatz zur Überwindung des Subjekt-Objekt-Dualismus sah Dewey im *Denkmodell des organischen Ganzen*. Th. Alexander hat nachgewiesen, daß dieses an Hegel orientierte Modell im Denken der Lehrer Deweys an der *Johns Hopkins University* eine zentrale Rolle gespielt hatte und das verbindende Element zwischen seinen philosophischen und naturwissenschaftlichen Studien war. Aus der Retrospektive schrieb Dewey:

> "Die Hegelsche Synthese von Subjekt und Objekt, Materie und Geist, dem Göttlichen und dem Menschlichen war aber nicht hauptsächlich eine intellektuelle Formel; sie wirkte als eine enorme Erlösung, als eine Befreiung."[16]

Das Modell des organischen Ganzen impliziert die These, daß das Bewußtsein nicht *a priori* so und so beschaffen und mit einem angeborenen Habitus ausgestattet ist, sondern daß es sich durch Interaktion mit der Umwelt entwickelt, die nach Hegel durch die von anderen Menschen mitgestaltete Kultur[17] bestimmt ist. Dewey betonte unter dem Einfluß von G.S. Morris schon in seinen frühen Reflexionen über die Subjektsphäre, daß sie zumindest in ihrer qualitativen Beschaffenheit abhängig von dem Kontakt mit Umweltereignissen ist:

> "Gleichzeitig mit dieser Entdeckung des inneren Zusammenhalts des mentalen Lebens erkannte ich die Relation, in der es zu dem übrigen Leben steht, das in Gesellschaft organisiert ist. Die Idee der Umwelt ist eine Notwendigkeit für die Idee des Organismus, und mit der Konzeption von Umwelt wird es unmöglich, das psychische Leben als ein individuelles, isoliertes Ding zu betrachten, das sich in einem Vakuum entwickelt."[18]

Den Einfluß seiner beiden Naturwissenschaftslehrer Th.H. Huxley und St.G. Hall auf sein frühes System formuliert Dewey so:

---

[16] "Hegel's synthesis of subject and object, matter and spirit, the divine and the human, was, however, no mere intellectual formula; it operated as an immense release, a liberation." *J. Dewey: Experimentalism*. 153.

[17] "Kultur" wird hier (gegen die von Nietzsche und Spengler eingeführte Trennung beider Begriffe mit ihrer 'anti-aufklärerischen Spitze') gemäß dem angelsächsischen Sprachgebrauch so verwendet, daß die Bedeutung von "Zivilisation" mit eingeschlossen ist.

[18] "Along with this recognition of the solidarity of mental life has come that of the relation in which it stands to other lives organized in society. The idea of environment is a necessity to the idea of organism, and with the conception of environment comes the impossibility of considering psychical life as an individual, isolated thing developing in a vacuum." *J. Dewey: New Psychology*. 56.

> "Unbewußt wurde ich letztlich zu dem Wunsch nach einer Welt und einem Leben geführt, die dieselben Eigenschaften hätten, wie sie der menschliche Organismus nach dem Bild hat, das bei dem Studium von Huxleys Forschungen entstanden ist."[19]
>
> "Der Einfluß der Biologie im allgemeinen auf die Psychologie ist sehr groß gewesen ... Der Biologie ist das Konzept vom Organismus angemessen ... In der Psychologie hat diese Konzeption zur der Entdeckung geführt, daß das mentale Leben ein organischer, einheitlicher Prozeß ist, der sich gemäß den Gesetzen allen Lebens entwickelt. <Das mentale Leben ist> kein Theater für die Ausstellung von unabhängigen, autonomen Fähigkeiten und kein *Treffpunkt*, an dem sich isolierte, atomare Sinneswahrnehmungen und Ideen treffen mögen, <dabei immer noch> äußerlich kontrovers gehalten werden und sich dann für immer voneinander trennen."[20]

Robert Dewey verfolgt zwei andere späte Theoriemodelle bis zu ihren Anfängen bei Deweys frühen naturwissenschaftlichen Studien.[21] Deweys späte Konzeption der Erfahrung als *Interaktion* beziehungsweise als *Widerstandsbewältigungsprozeß* hat demnach ihren Ursprung in Darwins Evolutionstheorie.[22] J. Deweys Naturdefinition als dynamisches, kontingentes Situationskontinuum ist von Heisenbergs *Prinzip der Undeterminiertheit* beeinflußt. Nach Dewey war das physikalische Weltbild bis Heisenberg von der Newtonschen Vorstellung geprägt, daß die Welt aus elementaren, unveränderlichen Substanzen besteht, die untereinander einen kausalen Zusammenhang bilden. Die Erkennbarkeit der Welt sowie die sichere Voraussage von Naturereignissen ist prinzipiell möglich - der Mensch ist jedoch zeitlich und räumlich zu sehr begrenzt, um jemals alle kausalen Naturzusammenhänge vollständig überblicken zu können. Heisenbergs Theorie zufolge gibt es

---

[19] "Subconsciously, at least, I was lead to desire a world and a life that would have the same properties as had the human organism in the picture of it derived from the study of Huxley's treatment." *J. Dewey: Experimentalism.* 147f.

[20] "The influence of biological science in general upon psychology has been very great ... To biology is due the concept of organism ... In psychology this conception has led to the recognition of mental life as an organic unitary process developing according to the laws of all life, and not a theatre for the exhibition of independent autonomous faculties or a *rendevous* in which isolated, atomic sensations and ideas may gather, hold external converse, and then forever part." *J. Dewey: New Psychology.* 56.

[21] R. Dewey (Philosophy of J.D. xiii) führt seine Verwandtschaft mit D. auf den gemeinsamen Urahnen Thomas Dewey zurück, der zwischen 1630 und 1633 von England nach Dorchester, Massachusetts emigriert ist.

[22] R. Dewey: *Philosophy of J.D.* 54-61. Siehe auch *J. Dewey (Darwinism.* 3-14) sowie *Paul Henning (Die weltanschaulichen Grundlagen von John Deweys Erziehungstheorie.* Diss. Leipzig 1928, 16.).

jedoch diese unveränderlichen Substanzen nicht, so daß auch die Theorie von der völligen Determiniertheit der Natur aufgegeben werden muß.[23] Die Natur ist dementsprechend als sich ständig veränderndes, kontingentes Ganzes zu betrachten, das nie als Ganzes erkennbar, aber (in Situationen, die Dewey später "ästhetische Situationen" nennen wird) doch als Ganzes erlebbar ist.
Damit nicht willkürlich (erfahrungsbehindernde) Prämissen über das Wesen von Erfahrung gesetzt werden, bevor überhaupt eine Erfahrung gemacht worden ist, forderte Dewey bereits in seinen ganz frühen Schriften die *Hinwendung zur 'lebendigen' Erfahrung*:

> "Erfahrung ist realistisch, nicht abstrakt. Psychisches Leben ist die vollste, tiefste und reichste Manifestation dieser Erfahrung. Die Neue Psychologie will ihre Logik von dieser Erfahrung her gewinnen, anstatt der heiligen Unverletzlichkeit und Integrität der letzteren <der Erfahrung> Gewalt anzutun, indem man sie zwingt, zu gewissen vorgefaßten abstrakten Ideen zu passen."[24]

Weil die lebendige Erfahrung in Deweys Frühwerk *Erfahrung für ein Bewußtsein* ist, muß die Psychologie als Analyse des Bewußtseins der Ausgangspunkt aller Philosophie ('Erste Philosophie') sein. Dewey nannte diese These von der Vorrangigkeit der Bewußtseinsanalyse vor allen anderen philosophischen Fragen den *psychologischen Standpunkt*.[25] Das Bewußtsein soll gemäß Deweys Kritik an traditionellen Selbstbewußtseinstheorien als Bewußtsein *in* seiner spezifischen Umwelt betrachtet werden. Die Psychologie als 'Wissenschaft vom Bewußtsein' impliziert dementsprechend das Studium sämtlicher Wissenschaften, in denen Einzelaspekte der menschlichen Beziehung zur Umwelt erforscht werden (Natur-, Human-,

---

[23] *R. Dewey (Philosophy of J.D.* 122f) über *W. Heisenberg (Über den anschaulichen Inhalt der quantentheoretischen Kinematik und Mechanik.* In*: Zeitschrift für Physik* 43. 1927, 197ff.). D. kannte Heisenbergs Theorie nach *R. Dewey (Philosophy of J.D.*, 122) aus der populärwissenschaftlichen Darstellung von *P.W. Bridgeman (The New Vision of Science.* In: *Harper's Magazine.* 1929). Heisenbergs Artikel waren noch nicht übersetzt, als D. über das Prinzip der Undeterminiertheit zu schreiben begann. Vgl. auch *J. Dewey (Freedom.* 234-243) zu den (physikalischen) Koordinaten Raum und Zeit als Ursache für Individuation.

[24] "Experience is realistic, not abstract. Psychical life is the fullest, deepest, and richest manifestation of this experience. The New Psychology is content to get its logic from this experience, and not to do violence to the sancity and integrity of the latter by forcing it to conform to certain preconceived abstract ideas." *J. Dewey: New Psychology.* 59.

[25] *J. Dewey: Standpoint.* 122-143.

Sozial-[26] und Kulturwissenschaften). Die Psychologie ist hier (wie später die Philosophie) eine alle anderen Wissenschaften umfassende *Kulturwissenschaft*.[27]
Weil in Deweys Frühwerk Erfahrung immer Erfahrung für ein Bewußtsein und alle Unterscheidungen (einschließlich der Unterscheidung zwischen Subjekt- und Objektsphäre) Unterscheidungen innerhalb des Bewußtseins waren, stand er vor dem Problem, daß er keine Kriterien für Intersubjektivität und die Bildung von wahren Sätzen hatte. Das führte Dewey dazu, die *wahre Hypothese des absoluten Idealismus* aufzustellen, nämlich das "Postulat eines universalen Bewußtseins"[28], "weil man letztendlich ohne Widerspruch die Existenz eines anderen Bewußtseins, das völlig ohne Beziehung zum eigenen Bewußtsein ist, nicht postulieren kann."[29]
Das individuelle Bewußtsein ist Manifestation eines absoluten Bewußtseins im Hegelschen Sinne. Kommunikation ist möglich, weil der Kosmos in einem absoluten Bewußtsein geeint ist. Die Psychologie studiert im individuellen Bewußtsein sowie in Sprache, Gesellschaftsstruktur und Kunst Manifestationen des absoluten Bewußtseins. Als umfassendes Studium des absoluten Bewußtseins ist die Psychologie die eigentliche Wissenschaft der Philosophie.[30]
Dewey hat sich in seinem Frühwerk nur selten und beiläufig (vor allem im Kontext ethischer Fragestellungen) zur *Kunst* geäußert.[31] In der Kunst als Symbol der Harmonie des Absoluten manifestiert sich dessen Werthaftigkeit in einer Einheit von Erkennen, Fühlen und Wollen. Die *Kraft der Imagination* (ein Begriff, der in Deweys Spätwerk mit anderer Bedeutung ebenso zentral sein wird) als Fähigkeit der Kunstrezeption ist die Fähigkeit, in der Vielfalt des Wahrnehmbaren die zugrundeliegende Einheit des Absoluten zu entdecken. In der Kunsterfahrung wird die zugrundeliegende Einheit von Mensch und Natur im Absoluten erfahren. Insgesamt vertrat Dewey in seiner Frühphase einen idealistischen Kunstbegriff (vgl. A.1.1.c.), und in seiner mittleren Phase spielte die Kunst keine Rolle.
Der Übergang zu dieser pragmatistischen Phase vollzog sich als Auseinandersetzung mit den *Schwächen seines frühen Systems*. Dewey wollte durch die 'Hinwendung zur lebendigen Erfahrung' die Philosophie auf ein neues, psychologi-

---

[26] Vgl. *R. Dewey (Philosophy of J.D.* 78-84) zum Einfluß von G.H. Mead, A.W. Small und W.I. Thomas auf D.'s Soziologie und Sozialpsychologie.

[27] *R. Dewey: Philosophy of J.D.* 2-8.

[28] *J. Dewey: Standpoint.* 138.

[29] "This leads Dewey to postulate the 'true hypothesis' of absolute idealism, because ultimately one cannot posit, without contradiction, the existence of another consciousness totally unrelated to one's own." *Th. Alexander: J.D.'s Theory of Art.* 23.

[30] *J. Dewey: Philosophic Method.* 144-167.

[31] *J. Dewey (Psychology.* 267-280) sowie *ders. (Poetry.* 110-124) sowie *ders. (Outlines.* 239-388) sowie *ders. (Rezension.* 189-196) sowie *ders. (Imagination.* 192-201) sowie *ders. (Aesthetic Element.* 202f.). Zu Deweys früher Ästhetik vgl. *Th. Alexander (J.D.'s Theory of Art.* 35-40).

sches Fundament stellen, durch das sie von den traditionellen 'Begriffshypostasierungen' und insbesondere vom 'Vorurteil' der problematischen Subjekt-Objekt-Trennung befreit wäre. Seine Lösung lautete:

"Vom psychologischen Standpunkt aus ist die Beziehung von Subjekt und Objekt eine Relation, die innerhalb des Bewußtseins existiert."[32]

In Deweys frühem System bestand immer noch eine problematische Trennung zwischen Subjekt und Objekt (und zwar innerhalb des Bewußtseins), die nur durch die Annahme eines absoluten Bewußtseins aufgehoben werden konnte. Intersubjektivität und die Verifizierung von Aussagen sind nur durch die Prämisse einer Harmonie im absoluten Bewußtsein möglich. Dewey betonte, daß er das Postulat eines universalen Bewußtseins aus der unmittelbaren Erfahrung abgeleitet habe und sprach von einer 'Hypothese'. Was aber ist eine 'wahre Hypothese', die aus der Erfahrung abgeleitet ist und dann zum allgemeinen ('wahren') Prinzip erhoben wird, anderes als eine Begriffshypostasierung, die Dewey so vehement kritisiert hatte? Trotz offensichtlicher Unterschiede[33] (Dewey sprach sich gegen die Anwendung der Hegelschen dreistufigen dialektischen Logik auf alle Naturphänomene aus[34] und betrachtete vor allem die Ergebnisse der Einzelwissenschaften als Material für die umfassende 'Bewußtseinswissenschaft' Psychologie) bestand die neue Methode, die er angekündigt hatte, ganz nach Hegelschem Vorbild in der Analyse der Manifestationen des absoluten Bewußtseins.

Wegen dieser Mängel war Dewey ungefähr im Jahr 1890 von seinen Kritikern[35] aufgerufen, sein System in drei Punkten neu zu überdenken und zu verbessern: Es bestand ein Mißverhältnis zwischen Anspruch und Ergebnis seiner neuen Methode

---

[32] "From the psychological standpoint the relation of subject and object is one which exists within consciousness." *J. Dewey: Standpoint.* 131. L. Hahn (*Deweys Philosophy and Philosophic Method.* In: *Guide.* 25) erwähnt *Morton G. White (The Origin of Dewey's Instrumentalism.* New York 1943) in diesem Zusammenhang als ausgezeichnete Darstellung der Entwicklung von D.'s Instrumentalismus.

[33] *Th. Alexander: J.D.'s Theory of Art.* 22f.

[34] "Es gibt keinen Weg, von der Logik *auf logischem Wege* zur Philosophie der Natur zu gelangen. ... In Wahrheit gehen wir überhaupt nicht von der Logik zur Natur <über>. Die Bewegung ist <im Gegenteil> eine Bewegung <in die> umgekehrte <Richtung, also eine Bewegung von der Naturbetrachtung zur Ableitung von logischen Gesetzmäßigkeiten.>." ("There is no way of getting from logic to the philosophy of nature *logically.* ... In truth we do not go from logic to nature at all. The movement is a reverse movement." *J. Dewey: Philosophic Method.* 164f.). In *ders. (Experimentalism.* 147-160) äußert sich D. über den bleibenden Hegeleinfluß auf sein Denken.

[35] Vgl. *Shadworth H. Hodgson (Illusory Psychology.* In: *John Dewey - The Early Works* 1. Hrsg. von J.A. Boydston. Carbondale/ Edwardsville 1969, xli-lvii) sowie die von *Th. Alexander (J.D.'s Theory of Art.* 283f.) erwähnte Kritik von W. James und St. Hall.

(b). Es wurde eine Präzisierung seiner Traditionskritik und eine konsequente Distanzierung von der Annahme eines absoluten Bewußtseins verlangt (c). Seine 'neue Methode' war zu unpräzise dargestellt. Statt einer neuartigen Analyse der Erfahrung hatte Dewey bis jetzt nur eine Einordnung der Erkenntnisse verschiedener Einzelwissenschaften in das Hegelsche System vorgenommen (d).

b. Deweys Hinwendung zu praktischen Problemen

Um neuartige Ergebnisse zu präsentieren, wandte sich Dewey in seiner mittleren Phase direkt den 'praktischen Problemen der Menschen' zu. Nach Scheffler ist es "symbolisch für Deweys grundsätzliche Einstellung zur Philosophie, daß er seine Hauptaufgabe nicht darin sah, philosophische Probleme zu lösen, sondern viel eher die Probleme der Menschen"[36]. Dewey konzentrierte sich auf *pädagogische* Fragen und entwarf eine eigene experimentalistische, nicht autoritäre Erziehungsmethode, die er an der von ihm gegründeten *Chicagoer Versuchsschule* erprobte. In Europa wie auch in den U.S.A. wurde der Pädagoge Dewey lange Zeit sehr viel mehr diskutiert als der Philosoph Dewey. Außerdem engagierte er sich politisch als "demokratischer Sozialist"[37]. In den Prozessen gegen seinen politischen Gegner Trotzki und gegen seinen philosophischen Kontrahenten Russell setzte er sich unabhängig von seinen eigenen Interessen überzeugend für einen fairen Prozeßverlauf ein. Gegen die McCarthy-Prozesse und gegen soziale Probleme in den U.S.A. seiner Zeit bezog er klare Positionen vor der amerikanischen Öffentlichkeit und gründete im Jahr 1892 seine eigene Zeitung mit dem Titel *Thought News*.[38] Für Dewey gilt in besonderm Maße: "Die Männer, die amerikanische Philosophiegeschichte

---

[36] "... symbolic of Dewey's basic attitude toward philosophy - that its main role is not to solve the problems of philosophers but rather to deal with the problems of men." *I. Scheffler: Four Pragmatist.* 187. Siehe auch *James Gouinlock (John Dewey's Philosophy of Value.* New York 1972, iv).

[37] H. Putnam am 25. September 1990 anläßlich des Festvortrags *Hat Philosophie eine Zukunft?* Im Rahmen des *15. Deutschen Kongresses für Philosophie der Allgemeinen Gesellschaft für Philosophie in Deutschland e.V.* in Hamburg.

[38] Siehe *Lewis Feuer (The Social Sources of Dewey's Thought.* In: *The Journal of Philosophy* 55.21. 1958, 882ff.) zur Frage: "Was waren die Kräfte, die einen jungen Anhänger der freien Kirche aus Vermont, einen Republikaner und Hegelianer in den politisch radikalen Erziehungsreformer, den Pragmatisten und Naturalisten verwandelten?" ("What where the forces which transformed a young Vermonter Congregationalist, Republican, and Heglian into the political radical educational reformer, pragmatist and naturalist?") Danach hatten insbesondere die 'Back-to-the-People'-Bewegung (1885-1900) der amerikanischen Intellektuellen sowie Mitglieder des Sozial-Journalismus (insb. Franklin Ford) Einfluß auf die politische Entwicklung D.'s. Zu den politischen Einflüssen sowie zum 'Deweyismus' als wirkmächtige Manifestation der progressiv-liberalen Reformideen in den U.S.A. zu D.'s Lebzeiten siehe auch *Arthur E. Murphy (John Dewey and American Liberalism.* In: *The Journal of Philosophy* 57. 1960, 420-436).

gemacht haben, sind nicht nur aus der Fachgelehrtenschaft hervorgegangen, sondern auch aus Staatsämtern, aus Farmen und Fabriken."[39] *Praxisnähe* - die direkt aus Deweys Traditionskritik erwachsen ist - sollte fortan ein wesentlicher Charakterzug von Deweys Philosophie sein.

c. Deweys Traditionskritik

Nicht zuletzt durch Rortys Einfluß ist Deweys Traditionskritik (welche die wichtigste Voraussetzung für seine späte Erfahrungskonzeption bildet) bekannt geworden. Rorty urteilte 1982 im Kapitel *Dewey`s Metaphysics* aus *Consequences of Pragmatism*, Deweys späte 'Metaphysik' bestehe "ganz grob, aus Beiträgen zur historischen und kulturellen Genese von Problemen, die traditionellerweise 'metaphysisch' genannt werden, durchsetzt von Vorschlägen aus verschiedenen umgangssprachlichen Versatzstücken, die nach Deweys Ansicht helfen, die Irrealität (oder zumindest die Vermeidbarkeit) dieser Probleme einzusehen. Es ist leichter, sein Buch <*Experience and Nature*> für eine Erklärung dafür zu halten, warum niemand eine Metaphysik braucht, als es selbst als ein metaphysisches System zu bezeichnen."[40]

Nun besteht die Schwierigkeit, daß es 'die Metaphysikkritik' im Sinne einer systematisch-geschlossenen Analyse 'der' Tradition in Deweys Werk nicht gibt. Das, was Rorty Deweys Traditionskritik genannt hat, besteht lediglich in unzähligen, oft polemischen Angriffen gegen Einzelpositionen der gesamten 2500-jährigen abendländischen Metaphysik von Platon bis Hegel, die er überschlägig als "idealistische Tradition" bezeichnet. Im Jahr 1903 distanzierte sich Dewey in dem Essay *Studies in Logical Theory* dezidiert vom Idealismus und insbesondere von seiner frühen idealistischen Hypothese eines absoluten Bewußtseins. In *Experience and Objective Idealism* (1906), *Reconstruction in Philosophy* (1920), *The Quest for Certainty* (1929) sowie den Hauptwerken seiner Reifeperiode läßt sich weitere Kritik an den Dualismen einzelner idealistischer Systeme finden.

Deweys verstreute Traditionskritik läßt sich in folgenden vier Punkten zusammenfassen:

(1) Nach Dewey hat die Entwicklung der gesamten abendländischen Metaphysik ihren Ausgang genommen in der *antiken, politisch motivierten Trennung zwischen*

---

[39] *Josef F. Blau: Men and Movements in American Philosophy.* New York [4]1955. Im Text zit. nach: *Philosophie und Philosophen Amerikas.* Übers. von H.W. Kimmel. Meisenheim/ Glan 1957, 7.

[40] "Dewey's book constists, very roughly, of accounts to the historical and cultural genesis of the problems traditionally dubbed 'metaphysical', interspersed with recommendations of various pieces of jargon which, Dewey thinks, will help us to see the irreality (or at least, the evitability) of these problems. It is easier to think of the book as an explanation of why nobody needs a metaphysics, rather than as itself a metaphysical system." R. Rorty: *Consequences*. 72.

Theorie und Praxis, mit der insbesondere Platon[41] seine rein theoretisch-reflexive Existenz als Philosoph rechtfertigen wollte. Zum Gegenstand des Denkens wurde nicht etwas erklärt, was praktische Anwendungsmöglichkeiten hat, sondern 'das reine Denken' selbst. Damit sei der erste Fundamentaldualismus der Metaphysik geschaffen worden: der zwischen dem vollkommen Seienden als Gegenstand des reinen Denkens der Philosophen einerseits und dem unvollkommen Seienden, das in praktische, alltägliche Lebenssituationen involviert ist, andererseits.

(2) Die Geschichte der Metaphysik habe dann in der Ausformung oder Variation dieses Dualismus als einer Legitimation der praxisfernen Tätigkeit der Philosophen bestanden. Die Bestimmung des Gegenstands des reinen Denkens habe sich im Laufe der dualistisch geprägten traditionellen Metaphysik verändert, geblieben sei jedoch das Bestreben (das 'Vorurteil'), *von den normalen Lebenssituationen einen Bereich abzugrenzen*, der Gegenstand des reinen Denkens der Philosophen ist. Dewey erwähnt hier die Kantische Trennung zwischen 'Ding an sich' und 'Erscheinung' genauso wie Hegels objektiven Idealismus. Vor allem aber kritisiert er, daß eine Trennung von *Subjekt und Objekt des Erkennens* in der ursprünglichen Einheit des praktischen Handelns nicht unmittelbar erfahrbar sei.

(3) Dem Gegenstand des reinen Denkens wird das Attribut 'Vollkommenheit' zugesprochen. Damit ist ein weiteres Strukturmerkmal der traditionellen Metaphysiken entdeckt: Dem wie immer gearteten Fundamentaldualismus, dem 'Ausgangsvorurteil' jedes metaphysischen Ansatzes, werden weitere Attribute und Phänomene dualistisch-antagonistisch beigeordnet, bis sich das idealistische System als *Zwei-Sphären-System* darstellt. Durch diese Beiordnung entsteht eine eigentliche Seinssphäre gegenüber einer minderwertigen Seinssphäre als konstituierendes Merkmal aller idealistisch-dualistischen Systeme.[42] Dewey erwähnt unter anderem folgende sphärenkonstituierende Dualismen:

---

[41] Nach *Raymond D. Boisvert (Rorty, Dewey and Post-Modern Metaphysics*. In: *Southern Journal of Philosophy* 27.2. 1989, 176f.) hat Rorty D. lediglich deshalb als Traditionszertrümmerer bezeichnet, um seine eigene Philosophie abzusichern. Rorty habe nie akzeptiert, daß D. eine Metaphysik habe schreiben wollen. Nach Bosivert kann "der größte Unterschied zwischen Rorty und Dewey an den unterschiedlichen Lesarten Platons gemessen werden." Für Rorty habe "die platonische Tradition ihre Nützlichkeit überlebt." "Dewey <hingegen> liest Platon, indem er den Schwerpunkt von der Erkenntnistheorie auf die Sozialphilosophie verlegt" und die Sokratische Dialogkultur würdigt. ("The greatest distance between Rorty and Dewey can be measured by there respective readings of Plato." <mit Bezug auf Rorty> "...platonic tradition as having outlived its usefulness." "Dewey's reading of Plato alters the emphasis from epistemology to social philosophy.")

[42] Beachte die Parallele zu den Dualismen der philosophischen Temperamente nach *William James (Pragmatism. A New Name for Some Old Ways of Thinking*. New York 1907. Im Text zit. nach: *Der Pragmatismus. Ein neuer Name für alte Denkmethoden*. Einl. u. Hrsg. von K. Oehler. Übers. von W. Jerusalem. Hamburg 1977, 7).

eigentliche Sphäre	*mindere Sphäre*
Objekt	Subjekt
Vernunft	Sinnlichkeit
Geist	Materie
Ganzes	Teil
Universales	Individuelles
Allgemeines	Einzelnes
Gutes	Böses
Wahres	Schein
Form	Stoff
Vollkommenheit	Minderwertigkeit
Harmonie	Widerständigkeit
kontemplative Ausgeglichenheit	Leiden
Theorie	Praxis
Ideal	Wirklichkeit
Ewigkeit	Vergänglichkeit
Kunst	Alltag
(Schönes)	(Häßliches)[43]

(4) Außerdem wird zwischen den Begriffen innerhalb einer Seinssphäre ein *strenges Ableitungsverhältnis* angenommen. Einem Begriff aus einer Seinssphäre werden attributiv Begriffe derselben Sphäre zugeordnet. Dem "Wahren" beispielsweise werden die Attribute "gut", "vollkommen" und "ewig" zugesprochen. Auch darf ein Begriff aus der einen Sphäre nicht in Verbindung mit einem Begriff der anderen Sphäre gedacht werden. Die Begriffe aus verschiedenen Sphären werden als nicht kompatibel betrachtet. Etwas Wahres ist nicht häßlich. Etwas Vergängliches ist nicht schön. Bei der Kunst stören ausgerechnet ihre sinnlichen Elemente. Dieses *methodische Exklusionsverhältnis*[44] zwischen den beiden Sphären hat Dewey mit

---

[43] Die Tatsache, daß Dewey in *Art as Experience* den Dualismus von Schönem und Häßlichem in der Kunst *nicht* erwähnt, ist Gegenstand der Kritik in C.3.2.

[44] "Der Punkt, der betont werden muß, ist, daß <der> Dualismus solche Dinge wie Geist und Materie, Mensch und Natur, <und> Emotion und Intellekt trennte <und es so> nahezu unmöglich machte, die menschliche Erfahrung in einer oranizistischen, ganzheitlichen Weise zu untersuchen." ("The point to be emphasized is that dualism separated such things as mind and matter, man and nature, and emotion and intellect, making it nearly impossible to examine human experience in an organistic, holistic way." *Rodman B. Webb: The Presence of the Past. John Dewey and Alfred Schutz on the Genesis and Organization of Experience.* Florida 1975, ²1978, 3f. Webb vergleicht D.'s Konzeption der bedeutungsvollen unmittelbaren Situationsqualität mit dem Relevanz-Begriff von A. Schutz, welcher als "Prozeß, durch den Objekte die Aufmerksamkeit des Menschen erregen, der Prozeß, der determiniert, was der gegenwärtigen

guten Gründen (weil es in der Geschichte der Philosophie schon seit dem Mittelalter nicht mehr so vertreten wurde) nur in polemischen Seitenhieben und nicht explizit kritisiert - doch ohne diese Ergänzung ist Deweys Kritik an der 'Starrheit' der sogenannten 'idealistischen' Systeme jedoch unverständlich. Wenn Dewey jedoch die Trennung von traditioneller Philosophie und modernen Naturwissenschaften kommentiert, mit denen sich die "moderne Philosophie" die "Brut an Dualismen" eingehandelt hat, welche jetzt ihr "Hauptproblem" bildet, liest sich das folgendermaßen:

> "Sie <die Trennung der Wissenschaften> operierte auf der Grundlage einer scharfen Trennung der Interessen, Angelegenheiten und Absichten der menschlichen Aktivität in zwei 'Bereiche' oder, mit einem seltsamen Sprachgebrauch, in zwei 'Sphären' - nicht Hemisphären. Eine galt als 'hoch' und sollte deshalb die höchste Rechtsprechung über die andere ausüben, die als inhärent 'niedrig' angesehen wurde. Der höheren Sphäre wurde der Name 'geistig', ideal verliehen, und sie wurde mit der Moral identifiziert. Die andere war das Phsychische, wie es von den Verfahren der neuen Wissenschaft bestimmt wurde. Als niedrig war sie materiell, ihre Methoden paßten nur auf das Materialistische und die Welt der Sinneswahrnehmung, nicht auf die der Vernunft und der Offenbarung."[45]

Situation angemessen ist und was nicht", definiert ist. ("By 'relevance' Schutz meant the process by which objects come to mans attention, the process which determines what is and is not pertinent to the situation at hand.") *Ders.: a.a.O. 19.* Nach *J.R. Searle (Speech Acts.* Cambridge 1969. Im Text zit. nach: *Die Ableitung des Sollens aus dem Sein.* In: *Sprechakte.* Frankfurt 1971, 261) gilt: "Eine der ältesten metaphysischen Unterscheidungen ist die zwischen Tatsache und Wert. Ihr liegt die Vorstellung zugrunde, daß Werte stets auf irgendeine Weise vom Dasein vernünftiger Wesen abhängig sind und nicht in der Welt existieren können, zumindest nicht in der Welt der Steine, Flüsse, Bäume und natürlichen Tatsachen. Anderenfalls würden sie aufhören, Werte zu sein, und würden einfach ein Teil dieser Welt werden." Auf den ersten Blick ist Searles Kritik an D. Humes und G.E. Moores 'naturalistischem Fehlschluß' verwandt mit Deweys Idealismuskritik. Allerdings läßt sich das 'Sein' nicht als Gegensatz zum 'Sollen' in die minderwertige Ableitungskette einordnen, weil in traditionellen metaphysischen Systemen den Elementen der eigentlichen Seinssphäre (insbesondere dem Wahren, dem Guten und der Vernunft) zugesprochen wurde, 'im höchsten Maße seiend' zu sein. Außerdem gilt das Sein als Gegensatz des weniger werthaften Nichtseins, und nicht des Sollens. Die Diskussion um den 'naturalistischen Fehlschluß' ist also eine Metaphysikkritik ganz anderen Charakters.

[45] *J. Dewey: Reconstruction.* 34f.

d. Deweys neue Methode

Deweys *neue Methode* entwickelte sich direkt aus seiner Idealismuskritik: Sie sollte der Vermeidung politisch motivierter Vorurteile bzw. eines Subjekt-Objekt-Dualismus dienen.
(1) Sie wurde beeinflußt von den *Principles of Psychology* (1890) von W. James sowie durch den von Ch.S. Peirce entwickelten *pragmatistischen Wahrheitsbegriff*.[46] Deweys 'Begriffshypostasierung' führt James auf einen *psychologischen Irrtum* zurück: Das Ergebnis von Erfahrungsanalysen (Sinnesqualitäten im britischen Empirismus, Relationen im Rationalismus etc.) wird mit der Bedingung der Möglichkeit dieser Erfahrung verwechselt. James sprach sich gegen das Primat des Kognitiven innerhalb der Erfahrung aus. Eine Erfahrung wird nicht in ihren einzelnen Erlebnisbestandteilen rational erkannt und dann zu einem Ganzen zusammengesetzt, sondern die Erfahrung hat eine unmittelbar *ganzheitliche emotionale* Qualität. Sie wird genausowenig in diskreten Daten vermittelt, wie man bei einer Limonade die Bestandteile Zucker, Wasser und Fruchtsaft einzeln herausschmeckt. Deshalb kann man auf ein transzendentales Ego verzichten, das die diskreten Teile der Erfahrung wieder zusammensetzt. Das *Bewußtsein* ist keine abgeschlossene, statische Entität, sondern ein *Ereignisfeld*, ein Erfahrungsstrom in der Zeit. Es hat einen *Kern* der Aufmerksamkeit, in dem die Erfahrungsdaten klar und analysierbar sind, und einen Horizont ("graue Ränder"), an dem die Erfahrungsdaten zwar präsent, aber unscharf und nur in bezug auf ihre Gefühlsqualität, also emotional erfaßbar sind. Die emotionale Qualität einer Erfahrung ist abhängig von der Interpretation gemäß dem individuellen Handlungsinteresse. Das mentale Element ist letztlich emotional fundiert, denn es zielt auf die Wahl der für einen bestimmten Zweck adäquaten Mittel und Handlungsstrategien ab.[47] Damit vertrat James die von Ch.S. Peirce in seiner Abhandlung *How to Make Our Ideas Clear* (1878) entwickelte *pragmatistische Wahrheitstheorie*, nach der sich die Wahrheit einer Hypothese über eine Erfahrung nicht im idealistischen Sinne an einem absoluten, kognitiven Kriterium belegen läßt, sondern sich durch die Bewährung der aufgrund der Hypothese entwickelten Handlungsstrategien in der Zukunft zeigt.[48] Wahrhei-

---

[46] *Th. Alexander*: *J.D.'s Theory of Art*. 72ff. Siehe auch *L. Hahn* (*Philosophic Method*. In: *Guide*. 63).

[47] Über den emotionalen Charakter und über die Klassifizierbarkeit des handlungstreibenden Willens vgl. *William James* (*The Principles of Psychology*. New York 1890. Im Text zit. nach: Cambridge/ Massachusetts/ London 1983, 1058-1193).

[48] *K. Oehler* in: *W. James*: *Pragmatism*. xix. Siehe auch *J.F. Blau* (*American Philosophy*. 275-299, 391-395) zum pragmatistischen Wahrheitsbegriff bei D., Peirce und James: In Peirces Abhandlung liegt der Schwerpunkt auf der These, daß sich Wahrheiten durch Gewohnheiten entwickeln (392). Bei James dagegen steht weniger die Genese als die Verifikation durch Praktikabilität im Zentrum (291, 394). D.'s instrumentalistischer Wahrheitsbegriff ist eine Synthese aus James' und

ten werden durch einen *Praktikabilitätstest* überprüft. Sie gelten dann als allgemeingültig (wenn auch immer mit prinzipiellem Fallibilitätsvorbehalt), wenn sie von einer Gemeinschaft und im Idealfall von der *unendlichen Forschergemeinschaft* als solche aufgrund vorangegangener Verifikationsprozesse anerkannt werden.

(2) Nach Dewey ist der idealistisch-dualistische 'psychologische Irrtum' in dem Interesse der Philosophen an der Bewahrung der bestehenden, feudalistischen Gesellschaftsordnungen begründet: Sie sind daran interessiert, die Trennung von praktischen und theoretischen Tätigkeiten (des Philosophen im Sinne Platons) aufrecht zu erhalten. Er bezeichnete idealistische Philosophen deshalb pauschal als autoritätshörig und konservativ.[49] Den Ewigkeitsanspruch, den die traditionelle Philosophie für ihre Systeme aufgestellt hatte, interpretierte Dewey als Ausdruck des Bedürfnisses nach der Ewigkeit des Feudalismus.[50] Diese Autoritätshörigkeit habe sich aber nicht nur auf die Entwicklung der Demokratie hemmend ausgewirkt, sondern auch den Fortschritt von Philosophie und Einzelwissenschaften behindert. Dewey fordert vom Wissenschaftler, alte Theoriemodelle immer wieder in bezug auf ihre Praxisrelevanz zu bezweifeln und sogar zu zerstören, um anschließend besser verifizierte, autoritätsunabhängigere, praxisrelevantere Theorien zu entwickeln. Diesen Prozeß nennt er "Reconstruction". Die 'Autorität' eines anerkannten Gelehrten darf nicht dazu führen, daß seine Theorien nicht angezweifelt werden. 'Autorität' soll nicht nur im Staat, sondern auch in der Wissenschaft

---

Peirces Wahrheitsbegriff (392). Nach *Jan Beckmann* (*Pragmatismus. Charles S. Peirce.* FernUniversität Hagen 1982. 38ff.) liegt der Unterschied zwischen James' und Peirces Wahrheitsbegriff darin, daß James Wahrheit mit praktischer Bewährung identifiziert, während für Peirce wegen seines Fallibilismus-Vorbehaltes eine endgültige Verifizierung nicht möglich ist: Ein wahres Urteil bewährt sich nicht im Handeln und gilt dann für immer als wahr (wie bei James), sondern es ruft ein Verhalten hervor, daß die jeweiligen Wünsche befriedigt. Siehe außerdem *Homer G. Richey* (*Die Überwindung der Subjektivität in der empirischen Philosophie Diltheys und Deweys*. Diss. Göttingen 1935, 28ff.) zu einem Vergleich von D.'s und Diltheys nicht-idealistischem Wahrheitsbegriff: "Deweys Begriff von Wahrheit ist nicht wesentlich verschieden von dem Diltheys ... Wahrheit ist ein Produkt des gemeinsamen Handelns, des gesellschaftlichen Lebens. Die Philosophie besitzt keinen 'privaten Zugang' zur Wahrheit, sagt Dewey."

[49] Einige Beispiele finden sich in *J. Dewey* (*Reconstruction*): Gleichsetzung von Kants Vernunftsystem mit der Herrschaftsform des Absolutismus (144f.); Hegels Rechtfertigung des Privateigentums und der Autorität staatlicher Institutionen und Begründung des Nationalstaatsgedankens in der Philosophie des Deutschen Idealismus (244ff.); Aristoteles' Rechtfertigung der Sklaverei (214f., 235). "Aristoteles konnte zu seiner Zeit die Logik der generellen Begriffe <Allgemeinbegriffe>, die höher standen als die Individuen, leicht benutzen, um zu zeigen, daß die Institution der Sklaverei im Interesse sowohl des Staates als auch der Sklavenklasse war." (235).

[50] Gegen diese haltlose und ungerechte Gleichsetzung von politischer Haltung und philosophischer Überzeugung hat sich vor allem B. Croce gewehrt; vgl. B.2.2.

vom 'Consensus Omnium Prinzip' abgelöst werden, damit ein "demokratischer Geist" in Wissenschaft und Philosophie wirksam wird.[51]
(3) Unter dem Einfluß von W. James entstand der Aufsatz *The Reflex Arc Concept in Psychology* (1896). Dewey wandte sich hier gegen das statische Reiz-Reaktions-Schema des Behaviorismus und entwickelte einen Vorläufer seines späteren *Interaktionsmodells*. Signale aus der Außenwelt (sein Beispiel ist ein plötzlich auftretendes, lautes Geräusch) sind in ihrer Bedeutung situationsabhängig. In der Silvesternacht hat derselbe 'Reiz' ganz andere Handlungen zur Folge als beispielsweise im Krieg. Diese These von der 'situationsabhängigen Bedeutungsgenese' war die Basis seiner späten Bedeutungstheorie.
(4) Den Abschluß von Deweys Frühphase bildete *The Postulate of the Immediate Empiricism* (1905). Hier wurden Thesen vertreten, die bis zu Deweys Tod in gereifter und ausgearbeiteter Form die Fundamente seines Erfahrungssystems bilden werden. Nach dem *Postulat des unmittelbaren Empirizismus* soll darauf verzichtet werden, mit 'Vorurteilen' jeder Art an die unmittelbar erlebte Situation (Erfahrung) heranzutreten. "Unmittelbarer Empirizismus postuliert, daß Dinge ... genau das sind, als was sie erfahren werden."[52] Dewey unterschied zwischen der Realität einer Erfahrung und der Wahrheit einer Hypothese über eine Erfahrung. Keine Erfahrung ist realer als eine andere. Wenn ein plötzlicher Knall ein Erschrecken hervorruft, ist diese Ausgangssitutaion im selben Sinne real wie die Anschlußsituation, in der man sich davon überzeugt, daß der Knall nur von einem windbewegten Fenster stammt. *Die Reflexionserfahrung ist meistens zwar "wahrer", aber "nicht realer" als die ursprüngliche unmittelbar erlebte Situation*:

> "Die Erfahrung hat sich geändert; das heißt, daß das erfahrene Ding sich geändert hat - nicht, daß eine Nicht-Realität einer Realität Platz gemacht hat, <und auch> nicht, daß irgendeine transzendentale (nichterfahrene) Realität sich geändert hat, und auch nicht, daß die Wahrheit sich geändert hat, sondern einzig und allein die erfahrene konkrete Realität hat sich geändert. ... Der Inhalt der letzteren <kognitiven> Erfahrung ist kognitiv betrachtet zweifelsohne *wahrer* als

---

[51] In *J. Dewey (Reconstruction.* 20) wird zustimmend C.D. Darlington zitiert: "Wir brauchen ein Ministerium für Ruhestörung, das kalkulierten Ärger erzeugt; die Routine zerstört, die Selbstzufriedenheit untergräbt." Siehe auch *J. Dewey (Democracy.* insg.), wo der 'demokratische Geist' in der Erziehung ebenfalls als Antipol zur (bequemen und verantwortungsunfähigen) Autoritätshörigkeit definiert wird.

[52] "Immediate Emipiricism postulates that things ... are what they are experienced as." *J. Dewey: Postulate.* 393.

der Inhalt der ersten <die emotionale Schreckerfahrung>, aber er ist in keinem Sinne realer."[53]

Wahrheit ist keine höhere Form der Realität, die über kognitive Prozesse erfaßt wird. Eine Erfahrung gilt als wahr, wenn sich die Hypothesen über die Situation in zukünftigem Handeln bewähren. Wahrheit basiert nicht auf einem System von Sätzen, die eindeutig entweder wahr oder falsch sind sondern auf erfolgreicher Strategiebildung innerhalb konkreter Handlungssituationen. Deshalb kann Dewey den Komparativ von "wahr" bilden, obwohl dieses Attribut in traditionellen Theorien nicht steigerungsfähig ist. "Wahrheit" muß als Grenzwert betrachtet werden, an den man sich mit unterschiedlich praktikablen Handlungsstrategien annähern kann, und nicht als absolute 'Entweder-Oder-Instanz'. Eine Hypothese kann heute wahr sein und in der Zukunft unter veränderten Umweltbedingungen falsch. Kognitive Erfahrungen (Reflexionen) haben keinen höheren Wert als die emotionale, unmittelbar erlebte Erfahrung für das Sich-Verhalten. Kognitive und emotionale Elemente bilden im Erfahrungsprozeß eine Einheit, weil die Reflexion vom individuellen Interesse (also von einer Emotion) sowohl initiiert als auch gelenkt wird. Die kognitive Erfahrung ist demnach kein besonderer Typ der Erfahrung, sondern das Kognitive ist ein Element im insgesamt emotional geprägten Erfahrungsprozeß.

Eine Hypothese kann auch dann wahr sein, wenn die auf ihr basierende Handlung vom moralischen Standpunkt aus nicht gut ist. Dewey durchbricht so die idealistischen Ableitungsverhältnisse, nach denen das Wahre ewig, schön, gut und rein kognitiv zu erfassen war. Für Dewey ist das Wahre noch nicht einmal identisch mit dem Realen: Es gilt nur solange, wie es sich im Handeln bewährt.

Dewey stellt sich jetzt die Aufgabe, *verschiedene Realitäten der Erfahrung* (bzw. der Situation) anstelle einer Realität und deren verschiedenen Annäherungen an sie zu untersuchen.[54] Er verzichtet fortan darauf, nach 'objektiv wahren und immer gültigen' Elementen in der Erfahrung zu suchen, weil solche Scheinergebnisse zukünftige Situationsanalysen verhindern. Dadurch wird willkürliche Prämissensetzung vor der Erfahrung vermieden. "Allgemein" hat nach Abschluß seiner idealistischen Frühphase lediglich noch die Bedeutung, daß die entsprechende Aussage aus einem empirischen 'Verallgemeinerungsprozeß', aus einem induktiven Analyseprozeß heraus entstanden ist. Deweys primärer Analysegegenstand ist seitdem

---

[53] "The experience has changed; that is, the thing experienced has changed - not that an unreality has given place to a Reality, nor that some transcendental (unexperienced) Reality has changed, not that truth has changed, but just and only the concrete reality experienced has changed ... The content of the latter experience cognitively regarded is doubtless *truer* than the content of the earlier, but it is in no sense more real." J. Dewey: *Postulate*. 395.

[54] J. Dewey: *Postulate*. 394.

die unmittelbar erlebte Situation bzw. die unmittelbar gehabte Erfahrung, in der Subjektsphäre und Objektsphäre nicht problematisch getrennt sind, sondern eine ursprüngliche Einheit bilden:

> "In jedem Fall ist der Kern der Frage, *welche Sorte von Erfahrung* gemeint oder angezeigt ist ... so daß wir einen Gegensatz haben, <und zwar keinen Gegensatz> zwischen *einer* Realität und <entweder> verschiedenen Annäherungen an <diese *eine* Realität> oder phänomenalen Repräsentationen dieser <*einen*> Realität, sondern <wir haben einen Gegensatz> zwischen verschiedenen Bereichen der Erfahrung."[55]

Damit sind die Fundamente von Deweys nicht-idealistischem Erfahrungssystem durch die Präzisierung seiner neuen Methode gelegt. *Die neuartige Methode besteht in der 'vorurteilsfreien' Analyse verschiedenener 'Realitäten von Erfahrungen'.* Nach *The Postulate of Immediate Empiricism* (1905) wendet er sich siebzehn Jahre lang vorwiegend praktischen (sozialen und pädagogischen) Aufgaben zu. Erst im Jahr 1922 greift Dewey die Fragen seiner Frühphase in den *Carus-Vorlesungen* wieder auf, aus denen dann 1925 die erste Formulierung seines späten Erfahrungssystem in *Experience and Nature* hervorgeht. Es folgt 1934 *Art as Experience* und weitere vier Jahre später *Logic - Theory of Inquiry*, worin die kognitive Situation nach den hier dargestellten Prinzipien analysiert wird.
Nachdem in A.1.1. die Entwicklung von Deweys philosophisch-systematischen Denken in seiner idealistischen Frühphase dargestellt wurde, wird in A.1.2. das System aus seiner dritten, organizistischen Phase vorgestellt.

A.1.2. Situation und ästhetische Situation

Deweys neue Methode, die er im Jahr 1905 formuliert hatte, forderte die Überwindung der problematischen Subjekt-Objekt-Trennung durch die Analyse "verschiedener Realitäten der Erfahrung". Genau diese stehen als die "allgemeinen Züge der Erfahrung"[56] im Zentrum seines späten Systems.
Zunächst sollen hier jedoch einige terminologische Schwierigkeiten ausgeräumt werden. Von der Kritik des subjektiven Idealismus wurde vorgebracht, daß Dewey in seinem späten Systemdenken trotz seiner Traditionskritik im subjektiven Idealismus verhaftet geblieben sei, weil er eine 'Metaphysik' durch die Analyse der 'generellen Züge der Existenz' ausgehend von der 'subjektiven' Erfahrung

---

[55] "In each case the nub of the question is, *what sort of experience* is meant or indicated ... so that we have a contrast, not between *a* Reality, and various approximations to, or phenomenal representations of Reality, but between different realms of experience." *J. Dewey: Postulate.* 394.

[56] *R. Rorty: Consequences.* 80f.

geschaffen habe (vgl. B.3.1.). Dewey hat in seinen Antworten auf diese Kritik (die wichtigste seine Antwort an Kahn)[57] lediglich immer wieder betont, daß diese Begriffe in seinem System keine traditionelle, sondern eine 'neue' Bedeutung hätten - ohne allerdings Genaueres über diese 'neuen Bedeutungen' verlauten zu lassen. Erst in seiner vierten 'sprachkritischen' Phase begann er, eine neue Terminologie für seine späte 'Metaphysik' zu erarbeiten - ein Bemühen, das leider nicht vollendet werden konnte. Von dem Begriff "Metaphysik" distanzierte sich Dewey, weil jede traditionelle Metaphysik spekulativ aus vorgefaßten Prämissen Aussagen über das Ganze des Seienden mit dem Anspruch ewiger Gültigkeit entwickelt habe.[58] Statt dessen spricht man besser von Deweys *System*. Den Begriff "Interaktion", in dem durch die Vorsilbe "inter" die Vermittlung von zwei getrennten Phänomenen erfaßt wird, wollte Dewey durch "Transaktion" ersetzen, weil im unmittelbaren Erleben die in der Reflexion trennbaren Elemente des Erlebens zu einem untrennbaren Ganzen verwoben sind.[59] Dieser Begriff ist aber wohl vom Hegelschen Idealismus geprägt und gibt das Gemeinte nicht adäquat wieder. Deshalb wird hier von *Widerstandsbewältigungsprozeß* gesprochen. Der problematischste Begriff bleibt bis zuletzt der Erfahrungsbegriff.[60] Dewey verwendet in seiner dritten Phase die Formulierung "having an experience" (vgl. den Titel des 3. Kapitels von *Art as Experience*). Diese Formulierung ist nicht zu übersetzen.

---

[57] J. Dewey: *Experience and Existence*. 709-712. "Herr Kahn schließt seinen Artikel mit der Frage ab: 'Enthält seine <D.'s> Metaphysik irgendeine Existenz *jenseits* der Erfahrung?' Meine Antwort ist, daß mein *philosophischer* Standpunkt bzw. meine <philosophische> Theorie in bezug auf Erfahrung <absolut> keine Existenz jenseits *der Reichweite* der Erfahrung einschließt." ("Mr. Kahn concludes his article by asking: 'Does his <D.'s> Metaphysics include any existence *beyond* experience?' My answer is that my *philosophical* view, or theory, of experience does not include any existence beyond *the reach* of experience." 707)

[58] "Herr Kahns gesamte Abhandlung beharrt, soweit ich das beurteilen kann, auf der Behauptung, daß ich <die Begriffe> 'philosophisch' und 'metaphysisch' als Synonyme betrachte. ... Nichts könnte von den Fakten dieses Falles weiter entfernt sein ... die Wörter *'Metaphysik'* und *'metaphysisch'* würden Sinn machen vor *experimentalistischen* Hintergründen, anstatt vor dem Hintergrund <der Annahme> eines höchsten Seienden hinter der Erfahrung, das als Untermauerung dient. ("Mr. Kahn's whole treatment rests, as far as I can judge, upon the assumption that I regard philosophical and metaphysical as synonyms ... Nothing could be farther from the facts of these case. ... the words *metaphysics* and *metaphysical* would make sense on *experimental* grounds, instead upon the ground of ultimate Being behind experience serving as its under-pinning." J. Dewey: *Experience and Existence*. 712.

[59] J. Dewey: *Correspondence*. 179, 298f., 354f.

[60] J. Dewey: *Correspondence*. 89, 121-128, insb. 143f. (Situation), 155f., insb. 162 (Ereignisfeld), 214f. (Stufentheorie), 252ff., insb. 591. Siehe auch *Ralph W. Sleeper (The Necessity of Pragmatism*. New Haven/ London 1986, 106-109), der allerdings die Vermeidung der Begriffe "experience" und "metaphysics" für überflüssig hält, weil D. sie hinreichend durch Definition von der Tradition abgesetzt hätte.

Wenn man sagt "eine Erfahrung haben" oder "eine Erfahrung machen", dann wird die Erfahrung wie ein Ding behandelt, das ein Subjekt 'besitzen' oder 'machen' kann. Um die daraus zwangsläufig folgende Frage nach dem 'Subjekt der Erfahrung' abzuwenden, schlägt Dewey in *Experience and Nature* eine Analogie vor zwischen "having a house" und "having an experience". Die Eigenschaften einer Situation seien genauso unabhängig von dem Faktum, daß jemand die Situation erlebt, wie die Eigenschaften eines Hauses nicht von dem Faktum berührt werden, daß jemand das Haus besitzt.[61] Dieser Analogieschluß zwischen "having a house" and "having an experience" ist natürlich schon deshalb nicht haltbar, weil eine Situation in Deweys Sinne ohne jemanden, der die Situation erlebt, gar nicht denkbar wäre, während ein besitzerloses Haus immer noch ein Haus wäre. Außerdem ist es zumindest dann nicht gleichgültig, ob ein Haus besitzerlos ist oder nicht, wenn 'Ich' der Besitzer bin. Also muß auch hier eine Alternative gesucht werden. In seinem Spätwerk (das allerdings in einem Zeitraum von 25 Jahren geschrieben wurde, so daß terminologische Differenzen nicht weiter verwunderlich sind) verwandte Dewey die Begriffe "Existenz", "Situation", "Ereignis" und "Kultur" in verschiedenen Kontexten synonym zum Erfahrungsbegriff.[62] In *Experience and Nature* faßt Dewey unter der Überschrift "die allgemeinen Züge der Existenz" die "Merkmale jeder Erfahrung" (aus *Art as Experience*) oder die "verschiedenen Realitäten der Erfahrung" (aus *The Postulate of the Immediate Empiricism*). "Existenz" wiederum wird an anderer Stelle mit "Ereignis" identifiziert.[63] Dann wieder sind die "Züge der Existenz" identisch mit den allgemeinen Merkmalen von Reflexionssituationen.[64] Als Dewey kurz vor seinem Tod *Experience and Nature* neu herausgeben wollte, beabsichtigte er, in der Überarbeitung den Erfahrungsbegriff im Titel durch den Begriff "Kultur"[65] zu ersetzen. Der Erfahrungsbegriff seines späten Systems bezeichnet nicht das aus der neuzeitlichen Erkenntnistheorie ver-

---

[61] J. Dewey: *Experience and Nature*. 231f.

[62] "Existence", "situation", "event", "culture". Zur Gleichsetzung von "generic traits of all existence" mit "the basic types of involvements" (ein Begriff von Hofstädter, einem "wohlwollenden Interpreten, der D. als Metaphysiker interpretiert") siehe *R. Rorty (Consequences*. 77); von "general traits of existence", "generell traits of experience" und "generic traits of nature" siehe *J. Gouinlock (J.D.'s Philosophy of Value*. 2, 5-58); von "experience", "situation" und "event" siehe *Th. Alexander (J.D.' Theory of Art*. 104-118).

[63] "Jede Existenz ist ein Ereignis." ("Every existence is an event.") *J. Dewey: Experience and Nature*. 71.

[64] "Wir können den metaphysischen Gegenstand auch <von dem der Wissenschaften> abgrenzen durch den Bezug auf gewisse irreduzible Merkmale, die sich in allem und jedem Gegenstand wissenschaftlichen Forschens finden lassen." ("We may also mark off the metaphysical subject-matter by reference to certain irreducible traits found in any and every subject of scientific inquiry.") *J. Dewey: Metaphysical Inquiry*. 4.

[65] *R. Rorty: Consequences*. 72.

traute, bipolare Verhältnis zwischen einem Erkenntnissubjekt und einem diesem Subjekt äußerlichen Objekt, sondern eine komplexe *Situation*[66], in der zu einer untrennbaren Einheit des Handelns verschmolzen ist, was in der nicht ursprünglichen, künstlichen Haltung der Reflexion als Subjektives und Objektives ('Kultur', 'Umwelt') unterschieden wird. Man muß D.Ch. Mathur zustimmen, daß der Begriff "Situation" das von Dewey Gemeinte am treffendsten wiedergibt.

> "Insbesondere der *Situations*begriff ist fundamental in Deweys Philosophie der Erfahrung. Situation ist der Gesamtgehalt der umweltgegebenen Objekten und der Ereignisse, *so wie* sie durch den Organismus *erfahren werden...*"[67]

Dewey selbst definiert den Situationsbegriff so:

> "Das, was mit dem Wort 'Situation' bezeichnet wird, ist *weder* ein einzelnes Objekt *noch* <ein einzelnes> Ereignis *noch* eine Anhäufung von Objekten und Ereignissen. Denn weder erfahren noch beurteilen wir Objekte und Ereignisse jemals in Isolation, sondern nur in Verbindung mit einem kontextuellen Ganzen. Dieses Letztere ist es, was 'Situation' genannt wird."[68]

Im weiteren Verlauf dieser Arbeit (auch in den Übersetzungen der Zitate) wird Deweys "having an experience" mit "eine Situation ereignet sich" übersetzt.[69]

---

[66] "... das Wort 'Erfahrung' wird nicht länger gebraucht, und wir können die subjektivistischen oder mentalistischen Färbungen loswerden, die ihm <dem Begriff "Erfahrung"> so oft anhaften ..." ("... the word 'experience' is no longer needed, and we can get rid of the subjectivistic or mentalistic colorings so often attached to it ...") *J. Dewey: Correspondence*. 246. Auch Th. *Alexander (J.D.'s Theory of Art*. 94, 104-118) schlägt den Situationsbegriff als Alternative vor.

[67] "The notion of *situation* in particular is fundamental to Dewey's theory of experience. Situation is the total content of environmental objects and events *as experienced* by that organism..." Dinech Ch. Mathur: The Significance of 'Qualitative Thought' in Dewey's Philosophy of Art. Diss. Columbia University 1955, 6. Das Thema dieser Arbeit ist der Einfluß von Deweys Theorie der Qualität in *Experience and Natur* und in der *Logic* auf die Theorie der ästhetischen Situation (Erfahrung).

[68] "What is designed by the word 'situation' is *not* a single object or event or set of objects and events. For we never experience nor form judgements about objects and events in isolation, but only in connection with a contextual whole. This latter is what is called a 'situation'." *J. Dewey: Logic*. 66.

[69] Es gibt auch gegen diese Übersetzung vom deutschen Sprachgebrauch her Bedenken. Man könnte erstens einwenden, daß Situationen lediglich Randbedingungen für Ereignisse sind, und daß in der Formulierung "eine Situation ereignet sich" der kategoriale Unterschied zwischen Randbedingungen einerseits und dem, was unter diesen Bedingungen geschieht, andererseits, verwischt wird. Genau das ist aber in D.`s Definition von "experience" intendiert, wie beispiels-

Sobald die Betonung auf der Erlebnisqualität von Situationen liegt, wird alternativ die Formulierung "eine Situation wird erlebt" (bzw. "Situationserleben") gewählt. Es werden bewußt zwei Formulierungen verwendet, um Deweys Intention wiederzugeben, daß an jedem Situations-*Erleben* ein 'Ich' beteiligt ist, daß dieses 'Ich' aber kein abgetrenntes, sondern ein von den *Ereignissen* determiniertes ist.

a. *"Experience and Nature"*: *Die allgemeinen Züge jeder Situation*

Die Analyse der "allgemeinen Züge der Situation" bilden den Kern von Deweys spätem, dem Anspruch nach wirklichkeitsumfassenden System. Um diesen universalen Anspruch zu erfüllen, stützt Dewey in *Experience and Nature* seine Situationsanalyse mit einer Drei-Stufen-Theorie.

> "Die Unterscheidung zwischen physikalischer, psycho-physikalischer und mentaler Stufe ist somit eine <Unterscheidung> von Stufen wachsender Komplexizität und Innigkeit von Interaktionen inmitten natürlicher Ereignisse."[70]

Nach Th. Alexander werden die untere physikalische und die mittlere biologische Situationsstufe von der höchsten menschlichen Stufe eingeschlossen und überhöht.[71] R. Bernstein spricht von der "physiochemischen, psychophysischen und der Stufe des *menschlichen* Situationserlebens".[72] Diese *Stufen*theorie ist problematisch wegen des implizierten *Hierarchie*gedankens, demzufolge die jeweils niedrigeren Situationsstufen unabhängig existieren und unabhängig von den höheren Stufen bestimmbar sein müßten. Es ist jedoch nicht angemessen, von 'reinen' "physikalischen" und "biologischen" Situationsstufen zu sprechen, denn alle Situationen sind zwangsläufig *von Menschen* erlebte Situationen. Mit den drei Stufen aus *Experience and Nature* können also nur drei allgemeine Merkmale gemeint sein, die in

---

weise sein infinitesimal ausdehnbarer Naturbegriff beweist. Man könnte außerdem einwenden, daß Situationen statisch bzw. konstant, Ereignisse dagegen dynamisch bzw. prozeßhaft in der Zeit verlaufend sind. D.`s "experience" hat aber gerade diesen Doppelcharakter. 'Experience' hat als Widerstandsbewältigungsprozeß sowohl einen Verlauf in der Zeit (die Situation 'ereignet sich') als auch einen eindeutigen Höhepunkt, eine Konsummationsphase, von der aus sich die Situation als 'eine' Situation darstellt. Deshalb ist die Formulierung "eine Situation ereignet sich" die treffendste Übersetzung für "having an experience".

[70] "The distinction between physical, phsyco-physical, and mental is thus one of levels of increasing complexity and intimacy of interaetion among natural events." *J. Dewey: Experience and Nature*. 261.

[71] *Th. Alexander: J.D.'s Theory of Art.*, 1987, 107ff.

[72] "The three plateaus of natural transactions are the physiochemical, the psychophysical, and the level of human experience". *Richard Bernstein: John Dewey.* In: *The Encyclopedia of Philosophy* 2. New York 1967, 382 (ohne Hervorhebungen).

jeder (von einem Menschen erlebten) Situation distinkt zu betrachten sind. Die "wachsende Komplexizität und Innigkeit der Interaktionen" käme dann je nach Gewichtung der drei Stufen zustande.

Diese drei 'Stufen' bilden *ohne* die hierarchische Anordnung die unausgesprochene Basis der Theorie der ästhetischen Situation in *Art as Experience*. Hier werden bei der Unterscheidung von ästhetischen und gewöhnlichen Situationen folgende drei Merkmale *jeder* Situation als (aus *Experience and Nature*) bekannt vorausgesetzt: (1) Jede Situation ist (der psycho-physikalischen Stufe entsprechend) ein *Widerstandsbewältigungsprozeß*. (2) Jede Situation hat (der physikalischen Stufe entsprechend) eine *einzigartige Qualität*, die durch eine unendliche Kette von vorangegangenen und gegenwärtig-parallelen Ereignissen determiniert ist. (3) Jede Situation wird (der mentalen Stufe entsprechend) *erlebt*, wobei das *Bewußtsein* als traditionelle Instanz des Erlebens *infinitesimal* ausdehnbar auf das Ganze des kosmisch Erlebbaren ist.

(zu 1) Für Dewey ist das individuelle Leben, die Entwicklung einer Gesellschaft und die gesamte Natur ein Kontinuum von *Interaktionsprozessen*.

> "Das Wesen des Situationserlebens ist durch essentielle Bedingungen des Lebens determiniert. Obwohl der Mensch anders als Vögel und wilde Tiere ist, so teilt er doch die grundlegenden Vitalfunktionen mit ihnen und hat dieselben grundlegenden Anpassungen vorzunehmen, wenn er den Lebensprozeß fortsetzen soll. Da er dieselben vitalen Bedürfnisse hat..."[73]

Diese Interpretation des Lebens ist von Darwins Evolutionstheorie beeinflußt und hat den amerikanischen Pragmatismus insgesamt entscheidend geprägt.[74] Interaktionsprozesse werden durch Widerstände, durch ein Problem[75] initiiert; ihr Sinn ist die Entwicklung von Widerstandsbewältigungsstrategien - die Anpassung des Organismus an die Umwelt oder der Umwelt an die Bedürfnisse des Organismus. Interaktionsprozesse sind *Widerstandsbewältigungsprozesse*.[76] Das folgende Modell ist eine Synthese, denn Dewey selbst entwickelt die Zyklusstruktur

---

[73] "The nature of experience is determined by essential conditions of life. While man is other than bird and beast, he shares basic vital functions with them and has to make the same basal adjustments if he is to continue the process of living. Having the same vital needs...". *J. Dewey: Art as Experience*. 19.

[74] *J. Dewey: Darwinsim*. 3-14.

[75] "Die problematische Situation ist für Dewey das Paradigma für <alle> Interaktion<sprozesse>, die die Menschen durchleben." ("The problematic situation is, for Dewey, the paradigm of interaction, which human beings undergo.") *Philipp Zeltner: John Dewey's Aesthetic Philosophy*. Amsterdam 1975, 19.

[76] *Arnold Gehlen (Der Mensch. Seine Natur und seine Stellung in der Welt*. Berlin 1940/ Wiesbaden ^{9}1978, 6) spricht vom "gehemmten Lebensprozeß" (vgl. A.1.2.c.).

nirgendwo vollständig. In jeder seiner Darstellungen wird eine Distributionsmöglichkeit ausgelassen, die dafür dann in einer anderen zu finden ist.[77]

Widerstandsbewältigungszyklus

{1} Auftauchen eines neuen Widerstandes gegen das vitale Interesse
{2} Widerstandsbestimmung
{3} Entwicklung mehrerer, situativ bedingter Lösungsstrategien
{4} Wahl der wahrscheinlich besten Lösungsstrategie
{5} Phase der direkten Aktivität gegen den Widerstand
{6} *Kulminationsphase*

{6.a} Erfolg   {6.b} Scheitern
{7.a} *Konsummationsphase*[78]   {7.b} *keine Konsummation*
(*zurück zu {1}*)

                          {7.b.1} *Resignation*   {7.b.2} *Verstärktes*
                          Ablenkung   *Widerstandserleben*
                          (*zurück zu {1}*)   (*zurück zu {2}*)

Die *Zyklus*struktur impliziert die Struktur eines endlosen Situationsstroms, in dem jeder erreichte Abschluß {6} immer wieder durch eine neue Irritation irgendwann gestört, instabil und Anfang eines neuen Prozesses wird. Bei erfolglosen Widerstandsbewältigungsaktivitäten {6.b} hängt der erreichte Zustand von der *Bedeutung des Widerstandes* für die Fortsetzung des Lebensprozesses ab. Ein bedeutender Widerstand {7.b.2} *muß* bewältigt werden. Der erfolglose *und* bedeutende Widerstandsbewältigungsprozeß kann nicht einfach ohne Ergebnis abgebrochen werden, und es werden nach dem Mißerfolg immer wieder neue Problembewältigungsenergien aktiviert (zurück zu {2}). Romeo hatte im Gegensatz zu Don Juan gar keine Zeit, neben seiner Julia noch anderen Damen schöne Augen zu machen, weil der Komplex von Widerständen gegen sein bedeutendes vitales Interesse (an Julia) in der Umwelt (weniger von Seiten der Dame) so stark war - und vielleicht sind sie sich nur deshalb so tragisch-treu bis in den Tod geblieben.

---

[77] Zum Widerstandsbewältigungszyklus in Erziehungsprozessen siehe *J. Dewey* (*Democracy*. 139f., 186-203); in Reflexionssituationen siehe *I. Scheffler* (*Four Pragmatists*. 227-235) sowie die fünfphasige Beschreibung bei *R. Dewey* (*Philosophy of J.D.* 45f.). Unter dem Titel *Wie sucht man eine Lösung* beschreibt *K. Mainzer* (*Instrumentalismus*. 184f.) in einem (allerdings nicht zyklischen) Schema die Phasen der Widerstandsbewältigung. Nach *ders*. (a.a.O. 183) wollte D. eine neue Wissenschaft etablieren, und zwar die *Heuristik* als Lehre von der Problemlösung.

[78] Dieser Begriff ist dem englischen Ausdruck "consummating phase" nachgebildet. Die wörtlichen deutschen Übersetzungen "Befriedigungsphase" oder "Vollziehungsphase" oder "Erfüllungsphase" wären unpassend.

Unbedeutende erfolglose Widerstandsbewältigungsprozesse {7.b.1} sind dagegen ablenkungsbedroht (zurück zu {1}). Vielleicht verdankt Don Juan seinen Ruhm nicht nur seinen schönen Augen, sondern auch der Fähigkeit, seine 'Widerstandsbewältigungsenergien' nur in erfolgversprechenden Situationen zu aktivieren, um seinem 'Image' nicht zu schaden. Jedoch auch wenn der Zustand nach einer erfolgreichen Aktivitätsphase ein harmonischer ist {7.a}, taucht nach einer gewissen Zeit ein neuer Widerstand auf, der die Ausgeglichenheit des Organismus mit seiner Umwelt vernichtet (zurück zu {1}). Dann beginnt ein neuer Prozeß, der aber mit dem abgeschlossenen ein Kontinuum bildet, weil seine Voraussetzungssituation durch den abgeschlossenen Widerstandsbewältigungsprozeß determiniert ist. Vielleicht hinterließ Don Juan die gebrochenen Herzen, die ihm die Literaturgeschichte nachsagt, weil er nach der erfolgreichen Eroberung einer Dame überall anderen attraktiven Damen begegnete.

Die Analyse jeder Situation als Widerstandsbewältigungsprozeß nimmt spätestens seit Deweys mittlerer Phase in jedem seiner Werke eine zentrale Stellung ein. Durch Widerstandsbewältigungsprozesse werden soziale Zusammenhänge ausgebildet. In einer sich ständig verändernden Umwelt müssen Normen dynamisch sein und innerhalb einer Kulturgemeinschaft in einem *kollektiven Widerstandsbewältigungsprozeß* experimentell verifiziert oder falsifiziert werden.[79]

> "Der Schluß .... ist: daß die Moral mit all dem Tun sich zu befassen hat, in das eine Wahlentscheidung zwischen Möglichkeiten eingeht. ... Das Bessere ist das Gute. Das Beste ist nicht besser als das Gute, sondern einfach das Gute, das man entdeckt hat." ... "Weil es kein Rezept letzter Instanz gibt, nach dem man diese Frage entscheiden könnte, ist alles sittliche Urteil Experimentsache und nach der Hand einer möglichen Revision unterworfen."[80]

Mit der Erziehung zur experimentalistischen Normentwicklung[81] will Dewey gegen Autoritätshörigkeit ankämpfen.

> "Es ist deshalb sinnlos, von einem Ziel der Erziehung zu reden, wenn beinahe jeder Akt des Schülers vom Lehrer angeordnet wird..."[82]
> "Wenn wir nach Zielen der Erziehung suchen, so handelt es sich

---

[79] Hier macht sich der Einfluß des Fallibilitätsprinzips von Peirce bemerkbar, dessen Student D. an der *Johns Hopkins Universität* in Baltimore gewesen war (vgl. das Doubt-Belief-Schema in Peirces Abhandlung *The Fixation of Belief*).
[80] J. Dewey: Human Nature. 288f.
[81] Zu D.'s Erziehungstheorie siehe *P. Henning (Erziehungstheorie.* insg.)
[82] J. Dewey: Democracy. 139.

darum nicht um solche, die außerhalb des Erziehungsvorganges liegen..."[83]

Das Ziel von Deweys Erziehungstheorie ist nicht die Ausbildung eines bestimmten Menschentyps, sondern der Fähigkeit, innerhalb eines demokratischen Gemeinwesens angemessene, sozial verantwortbare Widerstandsbewältigungsstrategien zu entwickeln. In Deweys Abhandlung über den Wahrheitsbegriff (*How we think*) wird die Wahrheitsfindung in Anlehnung an Peirces *How to Make Our Ideas Clear* als ein experimentalistischer Widerstandsbewältigungsprozeß beschrieben, in dem aus einem diffusen Irritationsgefühl klare Handlungsstrategien bzw. wahre Sätze entwickelt werden.

"So verwandeln sich für den Pragmatismus Begriffe in Hypothesen, und es entsteht ein System wissenschaftlicher Sätze, in dem die Gültigkeit der Konsequenzen ein Kriterium für die Prämisse ist, aus denen sie abgeleitet werden. Die Hypothesen werden durch ihre empirischen, experimentellen Folgerungen bestätigt oder widerlegt. Im Pragmatismus kommt es zu einer funktionsfähigen Einheit von Theorie und Praxis, und es gehört zu den großen Leistungen auch der Nachfolger von Peirce, besonders von James und Dewey, je auf ihre Weise die Einheit von theoretischem und praktischem Verhalten in ihrer Philosophie folgenreich zur Darstellung gebracht zu haben."[84]

Dewey bezeichnet mit dem Begriff "Widerstand" nicht, wie man umgangssprachlich vermuten könnte, ausschließlich eine aggressive Einschränkung des Sich-Verhaltens. *Widerstände sind alle Situationselemente, die menschliches Sich-Verhalten herausfordern*, also sowohl *aggressive Hemmnisse* des Sich-Verhaltens als auch *nicht realisierte Werte*. Wenn jemand eine Gesellschaftsutopie entwirft, steht in der Situation ein Widerstand zur Disposition, denn der Entwurf eines utopischen Zustandes fordert Sich-Verhalten heraus, das darauf gerichtet ist, den Ist-Zustand dem utopischen Zustand anzugleichen. Auch Sehnsüchte und Hoffnungen sind demnach widerständig.[85]

(zu 2) Nach Dewey hat jede Situation eine unverwechselbare, *einmalige Qualität*, die durch eine unendliche Kette von vorangegangenen Ereignissen und von der unendliche Fülle der Daten, die die gegenwärtige kosmische Gesamtsituation aus-

---

[83] J. Dewey: Democracy. 137.

[84] K. Oehler. In: *Charles S. Peirce: How to Make Our Ideas Clear*. In: *Popular Science Monthly* 12. 1878. Im Text zit. nach: *Über die Klarheit unserer Gedanken*. Einl. u. Hrsg. von K. Oehler. Frankfurt a.M. 1968/ ³1985, 17.

[85] Der Hinweis auf D.'s weiten Widerstandsbegriff ist wichtig, um die Übertragung der allgemeinen Merkmale der ästhetischen Situation auf Erlebnisse im Kontext 'schöner' Kunst in A.3. sowie die Kritik in C.3. nachvollziehen zu können.

machen, determiniert ist. "Eine Situation ist ein Ganzes durch ihre unmittelbar eindringliche Qualität."[86] "Das durchdringend Qualitative ist nicht nur das, was alle Konstituenten in ein Ganzes zusammenbindet, sondern es ist selbst einzigartig; es konstituiert in jeder Situation eine *individuelle* Situation, unteilbar und nicht duplizierbar."[87] Die Einzigartigkeit einer Situation ist durch die individuelle Konstellation des kosmisch insgesamt Erlebbaren in dieser Situation bedingt, das jedoch in unterschiedlicher Gewichtung in jeder Situation als Ganzes impliziert ist. Alles, was ist oder war, fließt letztendlich in den unendlichen Horizont jedes konkreten Handlungsvollzuges mit ein, aber nur ein Bruchteil der unendlichen Fülle von Situationselementen steht jemals im Focus des Erlebens und wird bewußt.[88] Ereignisse, die in einer Zeit stattgefunden haben, als es noch keine Menschen gab, stehen niemals im Focus eines Erlebens - aber die Teilung der Kontinentalplatten beispielsweise bestimmt bis heute weltweite politische Grundgegebenheiten. Die *Natur* ist das unendliche Ursachenkontinuum all dessen, was konkrete Handlungsvollzüge determiniert und was selbst durch konkrete Handlungsvollzüge determiniert ist. Bernstein bezeichnet sie als Summe aller Handlungsvollzüge. Die Natur hat keine statischen Merkmale, weil der Kosmos als Summe des Erlebbaren dynamisch und kontingent ist, weil sich immer und überall etwas das Ganze des Situationskontinuums Veränderndes ereignet.

Die individuelle Qualität jeder unmittelbar erlebten Situation ist gekennzeichnet durch eine vollständige Verschmelzung von Außenweltkonstellation und persönlicher Befindlichkeit desjenigen, der in der jeweiligen Situation ist.[89] Eine Tren-

---

[86] "A situation is a whole in virtue of its immediately pervasive quality." *R. Bernstein: John Dewey* (1966). 95.

[87] "The pervasively qualitative is not only that which binds all constituents into a whole but is also unique; it constitutes in each situation an *individual* situation, indivisible and unduplicable." *J. Dewey: Logic.* 68.

[88] Zur Bedeutung des Unterbewußten im Erleben sagt *J.Dewey (Experience and Nature.* 299): "Abgesehen von der Sprache, von eingespeister und logisch folgerichtiger Bedeutung, bedienen wir uns ständig einer immensen Fülle von unmittelbaren organischen Wahl<kriterien>, von <unmittelbaren, organisch gesteuerten Kriterien für> Zurückweisungen und Akzeptanzen ... Wir sind uns der Qualitäten vieler oder der meisten dieser Akte nicht bewußt; wir unterscheiden oder identifizieren sie nicht objektiv. Aber sie existieren als Gefühlsqualitäten und haben eine emorme, direkte Wirkung auf unser Verhalten." ("Apart from language, from imputed and inferred meaning, we continually engage an immense mulitude of immediate organic selections, rejections, welcomings ... We are not aware of the qualities of many or most of these acts; we do not objectively distinguish or identify them. Yet they exist as feeling qualities, and have an enomous directive effect on our behaviour.")

[89] *Šister A.M. Tamme (A Critique of John Dewey's Theory of Fine Art in the Light of the Principles of Thomism.* Diss. Washington 1956, 36) kritisiert diesen "experience"-Begriff als zu umfassend. *G. Kennedy (Dewey's Concept of Experience, Indeterminate and Problematic.* In: *The Journal of Philosophy* 56.21. 1959, 803f.) sowie *Richard Bernstein (John Dewey's Metaphysics of*

nung von Subjektivem und Objektivem ist erst in einer nachträglichen Reflexionssituation annähernd möglich. Die Einheit einer Situation entsteht durch individuelle Schwerpunktsetzung im menschlichen Erleben. Damit behauptet Dewey jedoch nicht die Abhängigkeit der Welt von einem erkennenden Subjekt: "Es gibt selbstverständlich eine natürliche Welt, die unabhängig von den Organismen existiert, aber diese Welt ist *Umwelt* nur, insofern sie direkt oder indirekt Lebensfunktionen betrifft."[90] Das Modell 'unerfahrbare Objektsphäre' oder einen vom menschlichen Erleben unabhängigen Objektbegriff hält Dewey ebenfalls für eine Fiktion.[91] Er definiert "Objekte" nicht als das, was dem Subjekt äußerlich ist und gegenübersteht, sondern als "Ereignisse mit Bedeutungen".[92] Bedeutung ist identisch mit der emotionalen Erlebnisqualität einer Situation. Nur etwas, das erlebt wird, hat Bedeutung, und nur etwas, das Bedeutung hat, ist Objekt.

> "Die Qualitäten waren niemals 'in' den Organismen; sie waren immer Qualitäten von Interaktionen, an denen sowohl außerorganische Dinge als auch Organismen teilhaben. Sobald sie benannt werden, ermöglichen sie Identifikation und Unterscheidung von Dingen, damit diese als Mittel in einem weiteren Verlauf der gesamten Handlung dienen. Deshalb sind sie <die Qualitäten> ebensosehr Qualitäten der beteiligten Dinge wie <Qualitäten> des Organismus. Für Kontrollzwecke können sie eigens entweder dem Ding oder dem Organismus oder einer bestimmten Struktur des Organismus zugeordnet werden."[93]

Experience. In: *The Journal of Philosophy* 58. 1961, 7) nennen D.'s einzigartiger Situationsqualität in Anlehnung an Santayana *tertiäre Qualität.* Nach *ders.* (a.a.O. 6) sowie *ders. (John Dewey's Theory of Quality.* In: *The Journal of Philosophy.* 56. 1959, 961) läßt sich D.'s unmittelbare Erlebnisqualität allerdings eher mit Peirces Kategorie der *Firstness* vergleichen als mit dem Raster von primären, sekundären (und tertiären) Qualitäten, das auf den Britischen Empirismus zurückgeht.

[90] "There is, of course, a natural world that exists independently of the organism, but this world is *environment* only as it enters directly, and indirectly into life-functions." J. Dewey: *Logic.* 33.

[91] Mit dieser Realitätskonzeption folgt D. in einem wesentlichen Punkt seinem Lehrer Peirce. Vgl. auch *R. Bernstein (J.D.'s Metaphysics.* 5-14).

[92] "Objects being events-with-meainings..." J. *Dewey: Experience and Nature.* 166f., 324. Den nicht-dualistischen Charakter von D.'s Objekt-Begriff bearbeitet *Kenneth C. Chandler (Realism without Dualism - An Examination of Dewey's Non-Dualistic Realism.* Diss. Texas 1973).

[93] "The qualities never were 'in' the organism; they always were qualities of interactions in which both extra-organic things and organisms partake. When named, they enable identification and discrimination of things to take place as means in a further course of inclusive interaction. Hence they are as much qualities of the things engaged as of the organism. For purposes of control they may be referred specially to either the thing or to the organism or to a specified structure of the organism." J. Dewey: *Experience and Nature.* 259.

(zu 3) Jede Situation wird nach Dewey *unmittelbar erlebt*.[94] Erleben entsteht direkt aus dem Faktum, daß jede Situation ein Widerstandsbewältigungsprozeß ist:

> "Der Rhythmus 'Verlust der Integration in der Umwelt' und 'Wiederentdeckung der Einheit' ist nicht nur dauernd im Menschen, sondern er wird ihm auch bewußt; seine Bedingungen sind Material, aus denen <d>er <Mensch> seine Intentionen formt. Emotion ist das bewußte Zeichen eines aktualen oder nahe bevorstehenden Bruches."[95]

Die traditionelle Instanz des Erlebens ist das *Bewußtsein*. Das Bewußtsein ist nach Dewey keine abgeschlossene, nur subjektive Sphäre, sondern es umfaßt *potentiell* sowohl räumlich als auch zeitlich *die Summe des insgesamt Erlebbaren*, weil das in einer konkreten Situation direkt Erlebbare ist, wie es ist, durch seine spezifische Einbettung im Koordinatensystem des Situationskontinuums 'Natur'. Nur das im Zentrum Stehende ist bewußt - zum Bewußtsein insgesamt gehört jedoch auch das unbewußt Miterlebte, das letztlich das Ganze der Natur einschließt.[96] Das individuelle Bewußtsein ist wie bei W. James lediglich individuelle Schwerpunktsetzung:

> "...das Bewußtsein muß innerhalb dieses transaktionalen Prozesses funktional verstanden werden. ... es ist charakterisiert durch einen unmittelbaren Fokus der intensiven Problembewältigung <Befaßtheit>, durch ein mehr oder weniger genaues Mitempfinden des Kontextes, und durch einen stillschweigend gefühlten Horizont, der den letztendlich determinierenden Hintergrund von Bedeutungen darstellt."[97]

---

[94] Zur Situationsqualität siehe *Victor Kestenbaum (The Phenomenological Sense of John Dewey*. Habit and Meaning. New Jersey 1977, 72f.). *Ders. (a.a.O.* 72) stellt einen Zusammenhang zwischen unmittelbarem Erleben und Gewohnheiten her: "Wenn der menschliche Organismus nicht von bestimmten Arten von Gewohnheiten in Besitz genommen wäre, dann wäre nichts unmittelbar erlebbar ..." ("If the human organism were not possessed of certain kinds of habit, nothing would be immediately experiencable ...").

[95] "The rhythm of loss of integration with environment and recovery of union not only persists in man but becomes consciousness with him; its conditions are material out of which he forms purposes. Emotion is the conscious sign of a break, actual or impending." *J. Dewey: Art as Experience.* 20f. (270).

[96] Nach *H.G. Richey (Überwindung der Subjektivität.* 44ff.) deutet *J. Dewey (The Quest for Certainty.* 102, 115ff., 160-163) an, daß seine Überwindung der Subjektivität von Einsteins Relativitätstheorie und Heisenbergs Prinzip der Undeterminiertheit beeinflußt ist. Vgl. auch *R. Dewey (Philosophy of J.D.* 122).

[97] "...consciousness must be understood functionally within this transactional process. ... it is characterized by an immediate focus of intensive concern, a proximate sense of context, and a

Bewußtseinserweiterung ist eine größere Komplexität der Akzentsetzungen. Akzente sind Grenzen - aber fließende. Dem unendlichen Strom aktual erlebter oder erinnerter Situationen sind keine Grenzen gesetzt: Eine Kaffeetasse auf dem Schreibtisch lenkt die Konzentration darauf, daß dieser aus Holz ist, daß Holz aus Argentinien kommt, daß Wälder absterben. In jede individuelle Situation fließt das Ganze all dessen, was potentiell im Zentrum der Aufmerksamkeit stehen kann, mehr oder weniger deutlich (bedeutend) mit ein. Nur die Zeit begrenzt menschliches Erleben: Niemand kann jedes Phänomen irgendwann einmal ins Zentrum seines Erlebens stellen. Durch die Kommunikation unter den Menschen und durch die Kontinuität des Erlebbaren aber fließt alles in jede unmittelbar erlebte Situation 'irgendwie' mit ein. Deshalb meinte Dewey, die *Identität des Erlebbaren mit dem Existierenden* behaupten zu können, ohne in einen subjektiven Idealismus oder einen Solipsismus zu verfallen. Diese (zugegebenermaßen befremdliche) These von der infinitesimalen Ausdehnbarkeit des Bewußtseins auf das Ganze des Erlebbaren bildet eines der meistdiskutierten Theorieelemente seiner späten Metaphysik.

Deweys 'Selbstbewußtseinstheorie' muß als eines der schwächsten Elemente seines Systems gelten. Die (im Kontext seiner Theorie von der infinitesimalen Ausdehnbarkeit des Bewußtseins naheliegenden) Fragen nach dem nicht-empirischen 'Ich' und nach der Konstellation von erlebendem Bewußtsein und der Außenwelt werden nämlich einfach 'vom Tisch gewischt' mit der These, daß das Bewußtsein und die Außenwelt *im unmittelbaren Erleben* eine untrennbare Einheit bilden, daß das Bewußtsein durch Bedingungen (durch Widerstände) der Lebenswelt determiniert wird, und daß es deshalb keine 'unerkennbare Objektsphäre' gibt:

> "...Erfahrung <Situationserleben> ist sowohl Erfahrung <Erleben> *von* der Natur als auch Erfahrung <Erleben> *in* der Natur. Es ist nicht die Erfahrung <das Situationserleben>, welche<s> erfahren <erlebt> wird, sondern die Natur - Steine, Pflanzen, Tiere, Krankheiten, Gesundheit, Temperatur, Elektrizität und so weiter. Dinge, die in bestimmter Weise interagieren, sind Erfahrung <Situationserleben>, sie *sind*, was <wie sie> erfahren wird <erlebt werden>."[98]

---

tacitly felt horizon which provides the ultimate determing ground of meaning." Th. Alexander: *J.D.'s Theory of Art.* xix. Zu D.'s Bewußtseinsbegriff vgl. *ders. a.a.O.* 15-55.

[98] "... experience is *of* as well as *in* nature. It is not experience which is experienced, but nature - stones, plants, animals, diseases, health, temperature, electricity, and so on. Things interacting in certain ways are experience; they *are* what is experienced." J. Dewey: *Experience and Nature.* 4a. (Hier wurde "experience" trotz erschwerter Lesbarkeit sowohl mit "Situationserleben" als auch mit "Erfahrung" übersetzt, weil sich die Kritik des subjektiven Idealismus auf derartig doppeldeutige Äußerungen in D.'s Werk bezieht.)

Kestenbaum spricht 'metaphorisch' von "Selbst und Welt" als "Aspekte einer einzigen Spannung"[99]. Die Selbstbewußtseinstheorien sind nach Dewey in der paradoxen Situation, daß sie aus dem Bedürfnis nach einem sicheren Grund für die Erkenntnis bzw. für das Sich-Verhalten-zur-Welt heraus entstanden sind und sich gleichzeitig diesen sicheren Grund *(fundamentum inconcussum* nach Descartes)[100] immer mehr entziehen. Weil Untersuchungen dieser Art zu keinem befriedigenden Ergebnis führten, hätten sie keine Relevanz für praktische Strategieentwicklung und deshalb keinen Platz in der Philosophie. Dewey leugnet nicht, daß man in bestimmten Kontexten von einem 'Ich' sprechen könne, das sich als von der Außenwelt abgetrennt empfindet. Diese Form des Selbstbewußtseins träte jedoch nur in Situationen mit starken Widerständen gegen die Handlungsvollzüge auf und ließe sich nur in solchen Kontexten und in 'künstlicher' Reflexionshaltung analysieren. Für das unmittelbare, nicht-reflexive Situationserleben jedoch zieht Dewey die Rede vom 'Ich' ausdrücklich in Zweifel:

> "Im ersten Fall und <in erster> Absicht ist es nicht exakt oder wichtig, 'ich erlebe' oder 'ich denke' zu sagen. 'Es' erlebt oder wird erlebt, 'es' denkt oder wird gedacht, ist eine angemessenere Redewendung. <Eine> Situation, eine regelmäßige Folge von Angelegenheiten mit ihren eigenen charakteristischen Eigenschaften und Beziehungen ereignet sich, geschieht und ist, was sie ist. Während und innerhalb dieser Geschehnisse, nicht außerhalb von ihnen oder ihnen zugrundeliegend, sind diese Ereignisse, die Selbst genannt werden."[101]

---

[99] *V. Kestenbaum: Phenomenological Sense of J.D..* 70, 74, 79, 93f.

[100] Nach *Gerhard Krüger (Die Herkunft des philosophischen Selbstbewußtsein* . In: *Logos* 22. 1933, 225-272. Im Text zit. nach: Darmstadt 1962) ist das *Selbstbewußtsein* mit Augustinus aus dem christlichen Rekurs auf das eigene Innere des gegenüber der Allmacht Gottes ohnmächtigen Menschen entstanden. Das Selbstbewußtsein des Descartes sei das genaue Gegenteil von Gottvertrauen. Seinen Höhepunkt hatte dieses Sicherheitsdenken gegenüber einem täuschenden Gott in der Aufklärung, wo der Mensch als autonomes Subjekt gesehen wird. *Klaus Oehler (Die Lehre vom Noetischen und Dianoetischen Denken bei Platon und Aristoteles* Ein Beitrag zur Erforschung der Geschichte des Beuwßtseinsproblems in der Antike. Hamburg 1962, ^{2}1985) zeigte, daß die christliche Anthropologie, besonders bei Augustinus, die Ausformung des philosophischen Selbstbewußtsein zwar entscheidend gefördert und beschleunigt hat, daß aber das für die neuzeitliche Philosophie zentrale Problem der Reflexion und des Selbstbewußtsein schon, wenn auch nicht in der gleichen Weise, in der vorchristlichen Philosophie eine Rolle gespielt hat. Zur Rolle von Widerstandsbewältigungsprozessen ders. (a.a.O. 3ff). Zum Unterschied der antiken und neuzeitlichen Bewußtseinsanalyse vgl. ders. (a.a.O. 250ff.). Das antike Verständnis der logischen Struktur der Selbstbeziehung in der Selbstreflexion des Selbstbewußtseins behandelt ders. *(Der Unbewegte Beweger des Aristoteles.* Frankfurt 1984).

[101] "In first instance and intent, it is not exact or relevant to say 'I experience' or 'I think'. 'It' experiences or is experienced, 'it' thinks or is thought, is a juster phrase. Experience, a serial

Dewey hat also durch die Konzentration auf das 'Ich' im Sich-Verhalten eine dualistische Fragestellung schon im Ansatz vermieden. Seine These, daß das 'Ich' eine bestimmte Konstellation von altem Situationserleben ist, löst jedoch gerade das Problem nicht, daß das 'Ich' in verschiedenen Handlungskontexten trotz der Veränderung, denen es unterliegt, als gleichbleibendes empfunden wird.

b. "Art as Experience": Ästhetische und gewöhnliche Situation

Nachdem in *Experience and Nature* die allgemeinen Merkmale *jeder* Situation analysiert wurden, werden in *Art as Experience* ästhetische und gewöhnliche Situationen unterschieden. In philosophischer Tradition bedeutet "ästhetisch", daß etwas (eine Situation oder ein Objekt) mit einer besonderen Wahrnehmungsqualität ausgestattet ist, welche zu einem Wahrnehmungsgenuß führt. Als ästhetisch in diesem Sinne gilt vor allem die Kunst. *Für Dewey sind jedoch ausschließlich Situationen ästhetisch*. Eine "ästhetische Situation" ist definiert als *prägnanter, nicht ablenkungsbedrohter, intensiv erlebter Widerstandsbewältigungsprozeß*. Solche Situationen können offensichtlich *nicht nur im Bereich Kunst* erlebt werden. Es würde also zu einem fundamentalen Mißverständnis führen, wenn man Deweys ästhetische Situationen mit 'Kunstsituationen' oder 'dem Erleben von Schönem' schlicht identifizieren würde. Auch ist 'gewöhnlich' bei Dewey nicht identisch mit 'lebensweltlich': Ästhetische Situationen (die von gewöhnlichen Situationen unterschieden werden) können sich auch in der 'normalen' Lebenswelt ereignen. Gewöhnliche und ästhetische Situationen sind nicht dualistisch, sondern nur graduell voneinander unterschieden. Die Grundstrukturen gewöhnlicher Situationen sind in verdichteter Form Grundstrukturen ästhetischer Situationen: "... das Ästhetische ... ist die geklärte und intensivierte Entwicklung von Merkmalen, die zu jeder normalerweise vollständigen Situation gehören."[102] Durch die Analyse der ästhetischen Situation können Rückschlüsse darauf gezogen werden, wie alle Situationen unter günstigen Umständen beschaffen sein könnten und welche Mängel gewöhnliche Situationen aufweisen. Dewey sieht die Hauptaufgabe

---

course of affairs with their own characteristic properties and relationships, occurs, happens, and is what it is. Among and within these occurences, not outside of them nor underlying them, are those events which are denominated selves." *J. Dewey: Experience and Nature*. 232 (Den Kontext bildet ein Analogieschluß von "having a house" und "having an experience", um "im ersten Fall" zu zeigen, daß die Situationseigenschaften genauso unabhängig vom 'Ich' sind, wie die Eigenschaften eines Hauses von seinem Besitzer, insofern man nicht ausdrücklich "im zweiten Fall" seine Aufmerksamkeit auf die Tatsache, daß das Haus besessen bzw. daß die Situation erlebt wird, richtet.)

102 "... the esthetic ... is the clarified and intensified development of traits that belong to every normally complete experience." *J. Dewey: Art as Experience*. 52f.

eines Philosophen darin, "die Kontinuität der ästhetischen Situation mit normalen Lebensprozessen wiederzuentdecken"[103].

> "Denn <eine> ästhetische Situation ... ist <eine> Situation, die von Kräften befreit ist, die ihre Entwicklung als Situation behindern und <sie> in Unordnung bringen; das heißt, befreit von Faktoren, die <die> Situation, wie sie direkt erlebt wird, etwas außerhalb ihrer selbst unterordnen. Also muß der Philosoph <sich> der ästhetischen Situation zuwenden, wenn er wissen will, was <eine> Situation ist."[104]

Jede Situation ist (1) ein Widerstandsbewältigungsprozeß, der (2) qualitativ einzigartig und (3) unmittelbar erlebt wird. Von dieser Definition aus *Experience and Nature*, die in *Art as Experience* stillschweigend vorausgesetzt wird, leitet Dewey am Höhepunkt seines Systemdenkens seine Unterscheidung zwischen *gewöhnlichen* und *ästhetischen* Situationen ab.[105]
(zu 1) Jede Situation ist ein *Widerstandsbewältigungsprozeß*.
Eine gewöhnliche Situation ist ein *ablenkungsbedrohter* Prozeß, weil entweder banale Widerstände zur Disposition stehen, oder Widerstände, die nur Mittel für etwas anderes sind (wie es nach Dewey bei Fließbandarbeit der Fall ist). Eine gewöhnliche Situation ist ein Prozeß ohne eine Konsummationsphase {7.a}[106], also ohne befriedigenden Abschluß. Ein gewöhnlicher Prozeß wird ohne eine Lösung abgebrochen {7.b.1}.

> "Häufig aber ist die erlebte Situation unvollständig. Dinge werden erlebt, aber nicht so, daß sie zu *einer* Situation zusammengefügt werden. ... wir beginnen und dann halten wir an - nicht, weil die Situation die Konsummationsphase erreicht hat, um derentwillen sie

---

[103] "...that of recovering the continuity of esthetic experience with normal processes of living." *J. Dewey*: Art as Experience. 16. Nach *R. Dewey* (Philosophy of J.D. 120) "betont Dewey, daß die Philosophen sicherer eine Metaphysik errichten könnten, wenn sie den Charakteristiken der Welt Beachtung schenken würden, die sich in unsophistischen Formen des Situationserlebens offenbaren." ("Dewey emphasizes that philosophers would build a metaphysics more securely if they would attend to the characteristics of the world which are revealed in unsophisticated forms of experience.")

[104] "For esthetic Experience ... is experience freed from the forces that impede and confuse its development as experience; freed, that is, from factors that subordinate an experience as it is directly had to something beyond itself. To esthetic experience then, the philosopher must go to understand what experience is." *J. Dewey, Art as Experience*. 278.

[105] *J. Dewey* (Art as Experience. 278) spricht von der Ästhetik als Testinstanz für die Leistungsfähigkeit eines Systems.

[106] Diese Ziffern in geschweiften Klammern beziehen sich auf das Schema in A.1.2.a.

ausgelöst worden ist, sondern wegen äußerer Unterbrechungen oder aus innerer Lethargie."[107]

In einer ästhetischen Situation stehen *bedeutende* und *starke* Widerstände zur Disposition.[108] Wenn der Widerstand bedeutend und stark ist, muß der Zyklus *mehrmals* mit *identischem* Widerstand durchlaufen werden: Im ästhetischen Widerstandsbewältigungsprozeß wird so durch jedes vorläufige Scheitern {7.b.2} ein noch höheres Maß an Bewältigungsenergie aktiviert {2}. Weil man einen bedeutenden Widerstand nicht einfach ignorieren kann, kehrt man in ästhetischen Zyklen solange zur Strategieentwicklungsphase {2} zurück, bis der Widerstand entweder bewältigt (bzw. der Wert realisiert) oder aber ein Modus gefunden ist, trotz des bedeutenden und starken Widerstandes weiterzuleben {7.a}. Eine ästhetische Situation hat also viele[109] Kulminationsphasen {6} und irgendwann eine *Konsummationsphase* {7.a}, von der aus sich der gesamte Prozeß mit seiner Vielzahl von Ruhephasen {7.b.1}, Enttäuschungen {6.b} und Neuanfängen {2} als sinnvoll und einheitlich darstellt.

"Im Gegensatz zu solchem <gewöhnlichen> Situationserleben erleben wir *eine* Situation, wenn das erfahrene Material seinen vorbestimmten Gang bis hin zur Vollendung durchläuft. ... eine Situation ... ist so derart abgerundet, daß ihr Ende Konsummation und nicht Abbruch und Stillstand ist."[110]

Ästhetische Situationen sind *vollständige Widerstandsbewältigungsprozesse mit* (eventuell mehreren Kulminationsphasen und) *einer Konsummationsphase*. Das heißt mit anderen Worten, daß die ästhetische Situation im Gegensatz zur gewöhnlichen *nicht ablenkungsbedroht* ist.[111]

---

[107] "Oftentimes, however, the experience had is inchoate. Things are experienced but not in such a way that they are composed into *an* experience. ... we start and then we stop, not because the experience has reached the end for the sake of which it was initiated but because of extraneous interruptions or of inner lethargy." J. Dewey: *Art as Experience*. 42.

[108] *Joseph Ratner (Intelligence in the Modern World*. John Dewey's Philosophy. New York 1939, 958-962) bezeichnet die Widerstandsbewältigungsdimension sogar als wichtigste Dimension der ästhetischen Situation. Siehe *A.M. Tamme (A Critique.* 30f.) zur Widerstandsbewältigung als 'Wurzel der Kunst'. Auch *Ph. Zeltner (Aesthetic Philosophy.* 15-30) betont den "problematischen" Charakter von ästhetischen Situationen.

[109] J. Dewey: *Art as Experience*. 142.

[110] "In contrast with such experience, we have *an* experience when the material experienced runs its course to fulfillment. ... A situation ... is so rounded out that its close is a consummation and not a cessation." *J. Dewey: Art as Experience*. 42.

[111] J. Dewey (*Art as Experience*. 278) spricht in diesem Zusammenhang auch von einer "reinen Erfahrung" (bzw. Situation): "Denn <die> ästhetische Erfahrung (Situation) ist Erfahrung (Situation) in ihrer Vollständigkeit. Wäre der Begriff 'rein' in der philosophischen Literatur nicht

(zu 2) Jede Situation hat eine *einzigartige Qualität*.
Die Qualität gewöhnlicher Situationen ist *diffus* oder *eintönig*. Ohne Konsummationsphase {7.a} bilden die Phasen der gewöhnlichen Situation kein einheitliches Ganzes. Sie ist nicht als 'eine' Situation[112] präsent und geht im eintönigen Fluß der gewöhnlichen Situationen unter. Die Qualität ästhetischer Situationen dagegen ist *prägnant*. Die einzigartige Qualität einer ästhetischen Situation bleibt facettenreich in Erinnerung. Ihre emotionale Qualität, in die eine infinitesimale Fülle von Einzelqualitäten einfließt, ist begrifflich nicht faßbar (vgl. B.1.2.d.). Sie ist bei aller Vielfalt ein "organisches Ganzes".[113]
(zu 3) Jede Situation wird *erlebt*.
Weil in gewöhnlichen Situationen kein hoher Grad an Widerstandsbewältigungsenergien aufgebracht wird, werden sie als *langweilig* erlebt.

---

so oft mißbraucht worden, und wäre er nicht so oft verwendet worden, um zu suggerieren, es gäbe etwas Geringes, Unreines in der eigentlichen Natur der Erfahrung (Situation) und um etwas jenseits der Erfahrung (Situation) zu bezeichnen, dann dürften wir sagen, daß ästhetische Erfahrung (Situation) reine Erfahrung (Situation) ist." ("For esthetic experience is experience in its integrity. Had not the term 'pure' been so often abused in philosophic literature, had it not been so often employed to suggest that there is something alloyed, impure, in the very nature of experience and to denote something beyond experience, we might say that esthetic experience is pure experience.") Der Begriff "rein" wird jedoch in der Kantischen Tradition mit den *a priorischen* Anschauungsformen und Verstandesbegriffen assoziiert, die eben nicht aus der "Erfahrung" stammen. Durch die Übersetzung von "experience" mit "Situation" ist dieses Problem nicht gelöst, weil auch die Formulierung "reine Situation" Assoziationen an die Transzendentalphilosophie wecken würde. Weil D. sich offensichtlich nicht auf die Kantische Terminologie bezieht, wird hier weiterhin von der 'nicht ablenkungsbedrohten Situation' die Rede sein, um derartige Mißverständnisse zu vermeiden.

Nach *G.H. Müller (Rezension: Kunst als Erfahrung.* In: *Philosophischer Literaturanzeiger* 36. 1983, 125) setzt D. "stillschweigend ästhetische Erfahrung mit sinnlicher Erfahrung gleich, aber so gewiß alle ästhetische Erfahrung auch sinnliche Erfahrung ist (und zwar sogar: sinnliche Erfahrung im emphatischen Sinne *reiner* sinnlicher Erfahrung), so gilt umgekehrt gerade nicht, daß sinnliche Erfahrung immer (notwendig) auch ästhetische Erfahrung ist, und daran krankt das ganze Werk." Müller übersieht erstens den Widerspruch von *reiner und sinnlicher Erfahrung*, den D. durchaus problematisiert. Zweitens hat die ästhetische Situation nach D. nicht nur sinnliche Elemente (vgl. A.1.2.c.). Drittens ist es seltsam, daß *Art as Experience* sowohl im Kantischen Sinne ein "Beitrag zur transzendentalen Ästhetik" (125) als auch "eine einzige von der Idee ins Ästhetische transponierte Hegelei" (126) sein soll. Schließlich wäre zu schlicht, wie Müller es tut, als Leitmotiv von *Art as Experience* zu formulieren, "daß nur das Ganze die Wahrheit sei" (126).

[112] *J. Dewey: Art as Experience.* 196f. Siehe auch *J. Ratner (Intelligence.* 962f.).

[113] Zu einer philologischen Analyse von D.'s 'Qualität der ästhetischen Situation' vgl. *D.Ch. Mathur (Qualitative Thought.* Insg.).

"Gewöhnliches Situationserleben ist oft von Apathie, Abgespanntheit und Stereotypie infiziert."[114]
"Die Feinde des Ästhetischen sind weder das Praktische noch das Intellektuelle. <Die Feinde> sind die Langeweile; die Trägheit unklarer Zielsetzungen; die Unterwerfung unter Konventionen in der Praxis und in intellektueller Handlungsstrategie. Strikte Abstinenz, erzwungene Unterwerfung und Engstirnigkeit einerseits und Ausschweifung, Inkohärenz und ziellose Nachgiebigkeit andererseits sind in gegensätzliche Richtungen Abweichungen von der Einheit einer Situation."[115]

In einem ästhetischen Widerstandsbewältigungsprozeß dagegen, in dem ein bedeutender Widerstand zur Disposition steht, ist das Interesse eindeutig gerichtet. Sämtliche Dimensionen des Sich-Verhaltens (Intellekt, praktische Fähigkeiten, Leidenschaften und Begierden) sind auf die Bewältigung des Widerstandes brennglasartig konzentriert. Die ästhetische Situation ist *wegen der Bedeutung des Widerstandes* eine intensive, dramatische[116], hochgradig bewußt, überwiegend emotional und leidenschaftlich erlebte Situation.

" 'Bewußtsein' ist umso schärfer und intensiver in dem Grad der Neuorientierungen, die verlangt werden, und es nähert sich dem Nichts, wenn der Kontakt reibungslos und die Interaktion fließend ist. Es ist verworren, wenn Bedeutungen in eine unbestimmte Richtung rekonstruiert werden, und es wird klar, wenn sich eine endgültig maßgebliche Bedeutung entwickelt."[117]

Der Begriff "Intensität" ist zentral im Kapitel *Die Organisation der Energien* von *Art as Experience*. Intensität ist eine Maßeinheit für die im Widerstandsbewältigungsprozeß gleichgerichtet aufgewandten Energien. Diese Energien sind erstens Energien, die von den vitalen Kräften des Organismus bereitgestellt werden, und

---

[114] "Ordinary experience is often infected with apathy, lassitude and stereotype." *J. Dewey: Art as Experience*. 264.

[115] "The enemies of the esthetic are neither the practical nor the intellectual. They are the humdrum; slackness of loose ends, submission to convention in practice and intellectual procedure. Rigid abstinence, coerced submission, tightness on one side and dissipation, incoherence and aimless indulgence on the other, are deviations in opposite directions from the unity of an experience." *J. Dewey: Art as Experience*. 47.

[116] V. Kestenbaum: *Phenomenological Sense of J.D.* 12.

[117] " 'Consciousness' is more acute and intense in the degree of the readjustments that are demanded, approaching the nil as the contact is frictionless and interaction fluid. It is turbid when meanings are undergoing reconstruction in an undetermined direction, and becomes clear as a decisive meaning emerges." *J. Dewey: Art as Experience*. 270.

zweitens die Determinanten der jeweiligen Situation, die als Mittel selektiert und als Widerstandsbewältigungsenergie eingesetzt werden. Gegenüber einem bedeutenden Widerstand wird ein hoher Grad an Widerstandsbewältigungsenergie aktiviert - die Situation ist intensiv:

> "In dem ästhetischen Objekt (ein Objekt mit einem äußeren Zweck kann natürlich genauso wirken) operiert das Objekt so, daß es die Energien konzentriert, die voneinander getrennt mit vielen verschiedenen Dingen bei verschiedenen Gelegenheiten beschäftigt gewesen sind; und es gibt ihnen diese besondere rhythmische Organisation, die wir ... Klärung, Intensivierung und Konzentration genannt haben."[118]

Die gewöhnliche Situation ist in Deweys spätem System also ein *diffuser, ablenkungsbedrohter, monotoner* Widerstandsbewältigungsprozeß gegenüber einem *unbedeutenden* Widerstand. Die ästhetische Situation dagegen ist ein *prägnanter, nicht ablenkungsbedrohter, intensiv* und unmittelbar erlebter Widerstandsbewältigungsprozeß gegenüber einem *bedeutenden* Widerstand.

c. Weitere Merkmale der ästhetischen Situation

Dewey nennt weitere Merkmale der ästhetischen Situation, die aber eigentlich Implikationen der schon genannten sind. Diese Präzisierungen sind von Bedeutung, wenn es in A.3. um die Übertragung der allgemeinen Merkmale der ästhetischen Situation (die in jedem Lebensbereich erlebt werden kann) auf die Kunstsituation geht.

(1) Man könnte nach dem oben Dargestellten vermuten, daß das Gefühl für Dewey *das* Vermögen ist, mit dem der Mensch ästhetisch erlebt. Es gibt nach Dewey jedoch kein isoliertes ästhetisches Vermögen. *Alle Vermögen* des menschlichen Sich-Verhaltens sind nach Dewey *unter dem Primat der Emotion* in der ästhetischen Situation zur *gleichgerichteten* Tätigkeit der *Kraft der Imagination* verschmolzen.[119] Diese Tätigkeit läßt sich weder auf Abstraktion noch auf Assoziation reduzieren, sondern sie ist das umfassende Vermögen der Synthese von vergangenen und gegenwärtigen Erlebnisdaten zur ganzheitlichen ästhetischen Situation mit

---

[118] "In the esthetic object the object operates - as of course one having an external use may also do - to pull together energies that have been separately occupied in dealing with many different things on different occasions, and to give them that particular rhythmic organization that we have called ... clarification, intensification, concentration." *J. Dewey, Art as Experience.* 181 (159, 184, 186).

[119] *J.Dewey (Art as Experience.* 271) kritisiert, daß der Begriff " 'Imagination' mit 'Schönheit' die zweifelhafte Ehre teilt, das Hauptthema in ästhetischen Schriften von enthusiastischer Ignoranz zu sein." (" 'Imagination' shares with 'beauty' the doubtful honor of being the chief theme in esthetic writings of enthusiastic ignorance.")

eindeutiger Erlebnisqualität und prägnanter *Bedeutung*.[120] Die Emotion hat im ästhetischen Prozeß unter allen (in der Reflexion zu trennenden) Vermögen des Sich-Verhaltens die Stellung eines primus inter pares. Erkenntniselemente sind also in einem ästhetischen Prozeß nicht ausgeschlossen; wegen des Primats der Emotion ist ästhetische Erkenntnis jedoch keine intellektuelle, sondern "imaginative Erkenntnis".[121]

> "Es ist nicht möglich, in einer vitalen[122] Situation das Praktische, Emotionale und Intellektuelle voneinander zu trennen und die Eigenschaften des einen <hierarchisch> von den Charakteristiken der anderen abzugrenzen. Die emotionale Phase fügt die Teile zu einem einzigen Ganzen zusammen..."[123]

Im Begriff "Kraft der Imagination" sind "sense" und "mind" zu einer Einheit verschmolzen.[124] Beide Begriffe bezeichnen bei Dewey lediglich in der Reflexion zu trennende, im Handlungsprozeß aber verwobene Bedeutungsfelder. Weil Dewey die Gemeinsamkeit beider Felder betonen will, legt er keinen Wert auf distinkte technische Begriffsdefinitionen. Einen derartigen Maßstab an die folgenden Ausführungen anzulegen, wäre also im Sinne von Deweys Theorie der ästhetischen Situation unangebracht. In Deweys Bedeutung von "sense"[125] ist die Trennung zwischen Wahrnehmung, Emotion und Denken aufgehoben. "Sense" kann mit "Gefühl", "Sensibilität", "Sinnesorgan", "Wahrnehmung", "Sinnlichkeit", "Bedeutung", "Sinnhaftigkeit" (im Gegensatz zu "Sinnlosigkeit") und stellenweise sogar mit "Begehren" übersetzt werden. Alle Unterscheidungen innerhalb des Begriffsfeldes sind in der Gleichgerichtetheit des Handelns aufgehoben: Die Wahrnehmung ist Ursache der Bedürfnisbildung und damit der Ziel- und Strategiesetzung, des Begehrens. Dieses Begehren ist ein starkes Gefühl. Ein

---

[120] *J. Dewey: Art as Experience.* 28f.
[121] Siehe *J. Dewey (Art as Experience.* 329ff.) zur Rolle der imaginativen Erkenntnis in der Erziehung und zur Etablierung des Wertesystems einer Kultur. B. Croce (vgl. B.2.) sieht in D.'s "imaginativer Erkenntnis" eine Verwandtschaft zu Baumgartens "cognitio clara sed non distincta".
[122] "Vital" ist ein Begriff, den Dewey oft verwendet, um die emotionale Erlebnisqualität der ästhetischen Situation zu bezeichnen. Siehe *V. Kestenbaum (Phenomenological Sense of J.D.* 25ff.) zur Stellung der Emotion als 'primus inter pares' bei D. und Merleau-Ponty (hier im Anschluß an Husserl), wo die Interaktion als "präobjektives Phänomen" interpretiert wird.
[123] "It is not possible to divide in a vital experience the practical, emotional, and intellectual from one another and to set the properties of one over against the characteristics of the others. The emotional phase binds parts together to a single whole ..." *J. Dewey: Art as Experience.* 61.
[124] *J. Dewey: Art as Experience.* 27f. (Statt *mind* steht hier *intellect*. D. verwendet beide Begriffe weitgehend synonym.)
[125] Zu D.'s Verständnis von *sense* vgl. auch *J. Ratner (Intelligence.* 957).

Begehren kann zwar manchmal unbewußt sein, aber es ist immer auf etwas für die konkreten Lebensvollzüge Bedeutendes gerichtet. Bedeutungslose Sinnesempfindungen[126] bezeichnet Dewey als pathologisch (Schock oder Wahn). Die Kraft der Imagination ist die umfassende Fähigkeit, sinnlich Wahrnehmbares bedeutungsvoll zu arrangieren durch In-Beziehung-Setzen von Situationsdaten der Gegenwart mit Daten und Werten aus vergangenen und gegenwärtigen Situationen.[127] "Mind" wird in *Experience and Nature* als umfassender, bewußter und unbewußter Erlebnishorizont eines Individuums oder auch einer nationalen oder sozialen Gemeinschaft definiert. Nach Dewey zeigt die umgangssprachliche Formulierung: "der Geist einer Gruppe oder einer Person", daß "mind" eben nicht nur das Reflexionsvermögen bezeichnet, sondern den individuellen oder kollektiven Erlebnishorizont als Ausgangspunkt jeder Handlung.[128] Daten des Erlebniskontinuums (mind) sind Daten der Wahrnehmung, des Begehrens und des Fühlens (sense), die sich im Lebensvollzug mit Bedeutung und Wert gefüllt haben. Im philosophischen Sprachgebrauch können insbesondere das Bewußtsein, die planende Intelligenz[129] und ein zugrundeliegendes, noetisches Prinzip mit dem Begriff "mind" bezeichnet werden. Deweys Theorie vom infinitesimal auf das Ganze des Situationskontinuums 'Natur' ausdehnbare Bewußtsein wurde schon dargestellt. "Reflexion" (ein Synonym für "planende Intelligenz") definiert Dewey als die Fähigkeit der Inbeziehungsetzung von Daten aus vergangenen und gegenwärtigen Situationen im Hinblick auf ihr *Ursache-Wirkungsverhältnis*. Planende Intelligenz ist insofern ein wesentlicher Bestandteil der imaginativen Fähigkeit, denn die Synthese von neuen Bedeutungen vollzieht sich auch durch den Einblick in Ursache-Wirkungsverhältnisse.[130] Planende Intelligenz ist nicht getrennt von der Sinnlichkeit, denn in Planungsvollzügen spielen sowohl Wahrgenommenes als auch Begehren und Gefühl (als Motor für alle Aktivitäten) eine Rolle.[131] Die Kraft der Imagination hat also nichts gemein mit einem "interesselosen Wohlgefallen" im Sinne Kants.[132]

---

[126] *J. Dewey: Art as Experience.* 129, 221f.

[127] *J. Dewey: Art as Experience.* 121-129.

[128] *J. Dewey: Art as Experience.* 57f., 267-270.

[129] Zu *intelligence* als Indiz für die "Notwendigkeit eines aktiven <absoluten> Geistes" ("necessity of active Spirit") in D.'s Frühwerk siehe *Th. Alexander (J.D.'s Theory of Art.* 31f.).

[130] Die Bedeutung der Einsicht in Ursache-Wirkungsverhältnisse ist nach *J. Dewey (Art as Experience.* 52) im Kunstschaffen besonders offensichtlich, denn der Künstler muß die Gestaltung des *physical materials* (vgl. A.3.2.c.1) im Hinblick auf die von ihm gewünschte Wirkung planen.

[131] *J. Dewey: Art as Experience.* 261f.

[132] Zur Kant-Kritik vgl. *J. Dewey (Art as Experience.* 257-263, 271).

Dewey verwendet die Begriffe "Intuition" und "Inspiration" nahezu synonym mit dem Begriff "Imagination".[133] Bei "Intuition" liegt der Hauptakzent auf dem plötzlichen In-Erscheinung-Treten des Ergebnisses der imaginativen Tätigkeit (wegen dieser Plötzlichkeit sind in vielen traditionellen Ästhetiktheorien der ästhetischen Tätigkeit geheimnisvolle Ursachen unterstellt worden).[134] Nach Dewey wird intuitive Tätigkeit mystisch erlebt, weil die synthetisierende Intuitions- bzw. Imaginationstätigkeit eine Ausdehnungstendenz bis hin zur Ahnung der umfassenden Ganzheit des Universum hat.[135] "Inspiration" bezeichnet die intensive Gefühlsqualität, welche die imaginative Tätigkeit begleitet. Sie wird als flammende, im Ringen um den Ausdruck oftmals schmerzliche Leidenschaft[136] oder als totale Inbeschlagnahme (seizure)[137] beschrieben.

(2) Die Kraft der Imagination synthetisiert alle Situationselemente zu einem qualitativ eindeutigen, durchdringenden, prägnanten Ganzen. Diese eindeutige Qualität der ästhetischen Situation ist ihre *Bedeutung*.[138] Das Eingehen von Erlebnissen und Werten aus *vergangenen* Situationen in die aktuale Bedeutungsgenese nennt Dewey "funding". "Fusion" ist ein umfassenderer Begriff, nämlich die Verschmelzung *aller* Ebenen der ästhetischen Situation (Elemente aus vergangenen und gegenwärtigen Situationen) zu einem Ganzen, das sich in der Konsummationsphase als die originär neu erlebte Bedeutung der Situation präsentiert. Stephen Pepper hat die Widersprüche in Deweys Bedeutungslehre in seinem Aufsatz *The Concept of Fusion in Deweys Aesthetic Theory*[139] herausgearbeitet: Dewey habe Charakterisie-

---

[133] Die Sonderstellung des Begriffs "Kraft der Imagination" wurde quasi 'statistisch' (Häufigkeit) erschlossen. Zur Unterscheidung von "Inspiration" als totale Inbeschlagnahme (seizure) und "Imagination" als Entdeckung der innewohnenden Relationen vgl. auch *A.M. Tamme (A Critique*. 39-47).

[134] *J. Dewey: Art as Experience*. 270f.

[135] *J. Dewey: Art as Experience*. 196-199. Vgl. auch *ders*. (a.a.O. 273f.) mit ähnlichen Thesen zur Imagination.

[136] *J. Dewey: Art as Experience*. 70-73.

[137] Der Begriff "seizure" steht mit ausdrücklicher Berufung auf D. im Zentrum von Peppers Ästhetik (*Stephen Pepper: Aesthetic Quality*. New York 1937, 27f., 228).

[138] Vgl. *V. Kestenbaum (Phenomenological Sense*. 58) zur Neuheit und Intensität unmittelbar emotional erlebten Bedeutung. Zu einem Vergleich von D.'s frühem und spätem Bedeutungsbegriff vgl. *Th. Alexander (J.D.'s Theory of Art*. 27f.).

[139] Vgl. *Stephen Pepper (The Concept of Fusion in Dewey's Aesthetic Theory*. In: *Journal of Aesthetics and Art Criticism* 12. 1953-1954, 169-176) zur Unterscheidung von *funding* und *fusion*. Siehe auch *ders*. (*Aesthetic Quality*. 24, 43ff.) zu *fusion* und *funding*. Peppers Unterscheidung wird aufgegriffen von *A.M. Tamme (A Critique*. 37). Tamme kritisiert, daß die Begriffe bei D. nicht exakt voneinander abgegrenzt sind und definiert dann ähmlich wie Pepper: "*Fusion* ist der allgemeinere Begriff; sobald Erinnerungselemente aus der Vergangenheit involiert sind, die Tonfall und Tendenz der Situation angeben, handelt es sich um *funding*." ("Fusion is

rungen identifiziert, die logisch nicht identifziert werden können. Nach Dewey *ist* die durchdringende Qualität die prägnante Ganzheit der Situation, die organische Ganzheit der Situation *ist* die für die konkreten Lebensvollzüge relevante prägnante Bedeutung, die intensive Erlebnisqualität *ist* die durchdringende Qualität der Situation selbst, die Fusion *ist* die Qualität etc. Die Bedeutung, die in der Konsummationsphase erlebt wird, ist der Situation nicht angehängt, sondern die Fusion bzw. der 'gemeinsame Nenner' aller in der Situation miteinander verwobenen Einzelelemente. Sie ist *durchdringende* (persuasive) Erlebnisqualität. Wie aber können Aspekte identisch sein, wenn einige (die an der Konsummationsphase prägnant erlebte Bedeutung z.B.) sich erst in einem zeitlich eindeutigen Moment des Situationsprozesses herauskristallisieren, andere (der Prozeß der Fusion z.B.) aber die Situation in ihrem Verlauf erfassen?

Dewey behält die Ambivalenz von "meaning" als "Wichtiges" wie auch als "Zeichen-" und "Sinnhaftes" bei: Die Phänomene, die im Prozeß integriert sind, füllen sich mit Bedeutung in dem Sinne, daß ihre Verwendbarkeit und Instrumentalität für den Handlungsprozeß prägnant erlebt werden. Die prägnante, bedeutungsvolle Ganzheit, die in der Konsummationsphase erlebt wird, ist *komplex* und *vielschichtig*. Die unendlich vielen Situationsebenen nennt Dewey "individualisierte Teile", die jedoch (vergleichbar mit den einzelnen Akten eines Theaterstückes) ihre Individualität nicht verlieren.[140] Zu diesen Teilen gehören die vielfältige Aktivität der Kraft der Imagination (Wahrnehmung, planende Intelligenz, Begehren etc.) sowie Teile in der Zeit, nämlich die einzelnen Phasen, die sich von der Konsummationsphase der Situation aus als Teile eines zyklisch organisierten, auf die Konsummationsphase organisch zulaufenden Ganzen offenbaren. Der Prozeß der Individualisierung von alten Situationsebenen (funding) kann bis zur Ahnung des unendlichen Situationskontinuums 'Natur' fortgesetzt werden. Je komplexer und vielschichtiger eine Situation ist, desto bedeutender und ästhetischer ist sie.[141]

(3) Die *Bedeutung* der ästhetischen Situation kommt durch den *bedeutenden Widerstand* zustande. Anders ausgedrückt: Die geistige Dimension der ästhetischen Situation ist direkt auf ihre animalische Dimension zurückzuführen.

> "... deshalb ermöglicht die volle Anerkennung der Kontinuität der Organe, Bedürfnisse und Basistriebe der menschlichen Kreatur mit seinen animalischen Vorfahren ... die Aufzeichnung eines Grundrisses des menschlichen Situationserlebens, auf dem die Superstruktur des phantastischen und einzigartigen Situationserlebens des Menschen

---

the more general term; when it involves memory elements from the past which give tone and trend to an experience, there is funding.")

[140] J. Dewey: *Art as Experience*. 43.
[141] J. Dewey: *Art as Experience*. 175f., 206-210.

errichtet ist. Was im Menschen besonders ausgeprägt ist, macht es ihm möglich, unter das Niveau der wilden Tiere zu sinken. Es ermöglicht ihm <aber> auch, jene Einheit von sinnlichem Begehren und Impuls, von Gehirn und Auge und Ohr, die im tierischen Leben beispielhaft gegeben ist, zu ungeahnten Höhen zu bringen und sie mit bewußt gewordenen Bedeutungen zu sättigen, die von Kommunikation und überlegtem Ausdruck stammen."[142]

Dieser Zusammenhang zwischen den "Basistrieben", die der Mensch von seinen "animalischen Vorfahren" geerbt hat, und der spezifisch menschlichen Fähigkeit, geistige Bedeutungen zu schaffen, ist nicht ohne weiteres einsichtig. A. Gehlen hat eine Theorie des Zusammenhangs von Widerstandsbewältigung und Bedeutungsgenese entwickelt, mit der diese These Deweys deutlicher gemacht werden kann. Während die Instinkte des Tieres auf die Bedürfnisbefriedigung in seiner Umwelt genau eingerichtet sind, ist der Mensch nach Gehlen (der den Begriff aus J.G. Herders *Preisschrift über den Ursprung der Sprache* von 1772 übernommen hat) ein *Mängelwesen*. Seine Handlungen sind keine automatischen Reizreaktionen, sondern er ist (der Begriff stammt aus M. Schelers *Die Stellung des Menschen im Kosmos* von 1928) *weltoffen*: Im Gegensatz zum Tier ist der Mensch nicht nur den Reizen einer spezifischen Umwelt, sondern insgesamt der Summe aller überlebensfördernden Reize in allen denkbaren Umwelten gegenüber offen. Um in dieser Situation der *Reizüberflutung* handlungsfähig zu bleiben, kann der Mensch die ihm gemäßen Reize auswählen, auf die er reagieren *will*: Er ist *instinktentlastet*. Diese *Selektionsfähigkeit* durch Instinktentlastung ist die *elementarste Form des Bewußtseins*:

> "Während das Tier eingespannt ist in das Drangfeld der jeweiligen Situationen und Situationsveränderungen, kann der Mensch eigentätig sich zurückziehen und Distanz schaffen. ... Beim Menschen kann die Bewegungsgewohnheit andere Bewegungsgewohnheiten in Schach halten und so durch Überwindung des Automatimus das Bewußtsein in Freiheit setzen."[143]

---

[142] "... Full recognition, therefore, of the continuity of the organs, needs and basic impulses of the human creature with his animal forbears ... makes possible the drawing of a ground-plan of human experience upon which is erected the superstructure of man's marvelous and distinguishing experience. What is distinctive in man makes it possible for him to sink below the level of the beasts. It also makes it possible for him to carry to new and unprecedented heights that unity of sense and impulse, of brain and eye and ear, that is exemplified in animal life, saturating it with the conscious meanings derived from communication and deliberate expression." *J.Dewey: Art as Experience.* 28.

[143] *A. Gehlen: Der Mensch.* 19. Auf einen wichtigen politischen Unterschied zwischen D. und Gehlen soll hingewiesen werden: Nach Gehlen sind Institutionen möglichst wenig anzuzweifeln,

Weil der Mensch ein Mängelwesen ist, bietet ihm keine Umwelt die spontane Befriedigung seiner Bedürfnisse; sie muß mit vorsorglichem Blick auf die Zukunft bearbeitet und verändert werden. Vorsorgen ist Handeln. Der Mensch ist also kein nur reagierendes, sondern ein *handelndes Wesen*. Die Kriterien des Handelns sind (im Gegensatz zu Reiz-Reaktions-Schemata) nicht angeboren, sondern in der individuellen Umwelt des Menschen zu erlernen. Sie stammen aus vergangenen Situationen in einer bestimmten Umwelt. Das Sich-Einrichten-Können (Lernen) in der Umwelt ist ein Ausgleich für die Instinktmängel des Menschen und eine spezifisch menschliche Weise der Anpassung. Das Handeln des Menschen umfaßt jedoch zwei Aspekte: Handeln ist nicht nur Eingreifen in die Umwelt, sondern auch Anpassung. Anpassung setzt *Selbstempfindlichkeit* des Menschen, also das Erleben des Gelingens oder Mißlingens, der Adäquatheit des Handelns in bezug auf die Umwelt, voraus. Die Bewußtheit ist also sowohl Selektionsfähigkeit gegenüber den Reizen der Umwelt als auch Selbstempfindlichkeit. Sie ist die elementare Form menschlicher Geistesaktivität und damit Bedingung von komplexeren Geistesaktivitätsformen wie Sprache, Kunst oder Philosophie. Mit Berufung auf Dewey bezeichnet Gehlen Widerstände als Bedingung von Bewußtwerdung, und damit als Bedingung für alles Geistige:

> "Die von J.M. Baldwin, Bergson, Dewey u.a. begründete Lehre von der Beziehung des Bewußtseins auf den gehemmten Lebensprozeß <Widerstandsbewältigungsprozeß> stützt sich auf verschiedene Tatsachen. Einmal darauf, daß die Wahrnehmung offenbar bei bewegten Lebewesen im Sinne der 'Vorverlegung der Reaktion' auf das noch nicht in Kollisions- oder Gefahrennähe gerückte Fernding arbeitet. Sodann auf die allgemeine Erscheinung, daß bewußtlose und automatisierte und sicher funktionierende Abläufe jeder Art erst dann bewußt werden, wenn sie nicht mehr störungssicher vor sich gehen. Schließlich kann man jederzeit feststellen, daß unerwartete Hemmungen unserer Handlungen eine Reflexion freisetzen."

> "Die Ästhetik John Deweys hat mit genialem Griff alle unmittelbar sinnliche, experimentierende und erfinderische Erfahrung in sich einbezogen ... Die in der Kunst von vornherein angelegte, jedoch erst bei höherer Entwicklung genutzte Möglichkeit zur Inversion der Antriebsrichtung besteht darin, daß das Lustgefühl zum Zwecke bewußter Handlungen gemacht wird, die den Zweck intendieren."[144]

---

damit der Mensch seine Energien auf 'Wichtigeres' lenken kann. Nach *J. Dewey (Democracy)* jedoch sind staatliche Institutionen keine absoluten Autoritäten, sondern gemäß den sich wandelnden Normen einer Gesellschaft veränderbar.

[144] *A. Gehlen: Der Mensch.* 68, 247f.

Alle geistigen Errungenschaften sind nach Dewey letztlich auf emotionale ästhetische Widerstandsbewältigungsprozesse zurückzuführen. Nach seiner Erkenntnislehre *(Logic, Qualitative Thought)* ensteht eine neue Idee in einem die Erlebnisinhalte synthetisierenden Prozeß mit durchdringender, unmittelbarer[145], insbesondere emotionaler Qualität; in derartigen Prozessen entwickeln sich nach *Ethics* und *Human Nature and Conduct* gesellschaftlich verbindliche Normen und nach *Democracy and Education* die menschliche Persönlichkeit mit ihren individuellen Charakterzügen. Die Theorie von der geistigen Dimension ästhetischer Widerstandsbewältigungsprozesse ist ein Grundbestandteil von Deweys später Philosophie.

(4) Die vielschichtige Bedeutung ist keine diffuse, zufällige Anhäufung von Situationselementen, sondern sie ist durch das Gerichtetsein des Erlebens auf den in die Situation involvierten Widerstand geordnet. Spannung und Einheit der ästhetischen Situation entstehen, weil die einzelnen Widerstandsbewältigungsphasen so zwangsläufig und unausweichlich ineinander übergehen wie nach W. James das Starten und Landen im Vogelflug.[146] Widerstände als Gliederungsfaktoren bezeichnet Dewey als *die* Bedingung für ästhetische Formen.[147] Energieentladung ohne gliedernde Phasen der Aktivitätsenergiestauung (also ohne aktive Pausen[148]) ist bloßes "Ausspeien".

Viele (wenn nicht zumindest indirekt sogar alle) Widerstände gegen Leben und Lebensqualität lassen sich als *Einschränkungen von Lebensraum oder Lebenszeit* beschreiben.[149] Durch das Zusammenspiel von Raum und Zeit ensteht *Rhythmus*. Die durch die Gerichtetheit auf den Widerstand geschaffene Ordnung der ästhetischen Situation nennt Dewey also ihre "rhythmische Gliederung". Wieder nimmt Dewey seine Doppelperspektive ein: Was für die *Reflexion* die rhythmische Gliederung der Situation ist, bedingt das *Erleben* von Raum- und Zeitphänomenen als Grundbedingungen der lebenserhaltenden Interaktionsprozesse[150]. *Rhythmus* ist "geordnete Variation von Veränderungen"[151], also Abwechslung, die Langeweile verhindert und dennoch die Kontinuität des Ganzen bewahrt. Rhythmus ist für

---

[145] *J. Dewey: Art as Experience.* 195ff.

[146] *J. Dewey: Art as Experience.* 62.

[147] *J. Dewey: Art as Experience.* 143, 149, 151, 159, 161-165. Zum komplementären Verhältnis der 'feindlichen' Faktoren Konflikt und Organisation sowie der praktischen, der intellektuell-analytischen und der regulierenden Aktivität im Kunstschaffen vgl. *St. Pepper (Aesthetic Quality.* 47-53).

[148] *J. Dewey: Art as Experience.* 159.

[149] *J. Dewey: Art as Experience.* 29.

[150] *J. Dewey: Art as Experience.* 187ff., 223.

[151] "... rhythm ... is ordered variation of changes". *J. Dewey: Art as Experience.* 158. Zum Begriff "Rhythmus" vgl. auch *Ph. Zeltner (J.D.'s Aesthetic Philosophy.* 68ff.).

Dewey *Modulation* und *Variation*[152], nicht aber Ordnung durch eintönige Wiederkehr oder willkürlicher Wechsel.[153]

(5) Die *Konsummationsphase* {7.a} der ästhetischen Situation wird nach Dewey als ausgezeichneter Moment, als Vollendung des ästhetischen Prozesses, die plötzlich und quasi aus dem Nichts auftaucht, *erlebt*. In einer künstlichen Reflexionshaltung aber stellt sich heraus, daß die Konsummationsphase eigentlich Ergebnis und Endpunkt einer langen Reihe von Geneseaktivitäten ist.[154] Dewey vergleicht die Konsummationsphase mit einer Geburt: Wie ein Kind neun Monate lang im Leib der Mutter heranreift und dann zu dem einen Zeitpunkt seiner Geburt plötzlich als unverwechselbares Individuum in die Welt tritt, so erwächst aus der vagen Situationskonstellation, die am Anfang jedes ästhetischen Prozesses steht, in der Konsummationsphase eine prägnante Situationsqualität, die Bedeutung der Situation. Die prägnante Situationsqualität wirkt durch die Plötzlichkeit ihres In-Erscheinung-Tretens und durch ihre Originalität[155] wie spontan entworfen. Sie ensteht jedoch in einem mühsamen und langwierigen Prozeß des Ringens, des "Ertastens eines dunklen Ziels", den Dewey auch einen Prozeß des "Brütens" nennt.[156]

> "Wenn die Geduld ihre perfekte Arbeit getan hat, wird der Mensch
> von der entsprechenden Muse ergriffen und spricht und singt, als ob
> es ihm ein Gott diktiert."[157]

Mit dem griechischen Begriff "Kairos" erfaßt Dewey den Doppelcharakter von Erlebnisqualität und tatsächlicher Genese der Konsummationsphase. Kairos ist vor allem in der Genieästhetik der in Raum und Zeit ausgezeichnete Moment, in dem

---

[152] *St. Pepper (Aesthetic Quality.* 114-167) unterscheidet sozial gewachsene und mathematisch-artifizielle sowie übertragbare (äußerliche) und innewohnende rhythmische Organisationsmodelle.

[153] *J. Dewey: Art as Experience.* 168-174.

[154] Man könnte außerdem einwenden, daß man nicht gleichzeitig von einer Konsummations*phase* und einem ausgezeichneten *Moment* bzw. *Zeitpunkt* sprechen könne. Hier muß ebenfalls zwischen der Erlebnisdimension und der künstlichen Reflexionshaltung unterschieden werden: In einer künstlichen Reflexionshaltung kommt man zu dem Ergebnis, daß es einen Zeit*punkt* nicht gibt, und daß jeder Zeitabschnitt eine *Phase* ist, die sich zumindest theoretisch in noch kürzere Phasen unterteilen läßt. Deshalb spricht D. in seiner *Analyse* von einer Konsummations*phase*. Die *Erlebnisqualität* der Konsummationsphase jedoch wird als Höhe*punkt* beschrieben, als aufgezeichneter Zeit*punkt*.

[155] Vgl. *St. Pepper (Aesthetic Quality.* 54-70) zu "Neuheit" (novelty) als ästhetischer Kategorie (mit wohl übertriebenen Rückschlüssen auf die ästhetische Situation von Kindern, für die alles neu ist).

[156] *J. Dewey: Art as Experience.* 79.

[157] "When patience has done its perfect work, the man is taken possession of by the appropriate muse and speaks and sings as some god dictates." *J. Dewey: Art as Experience.* 79f.

der göttliche oder geniale Funke als Inspiration im Künstler überraschend zur Wirkung gelangt. Dewey sieht von der traditionellen metaphysischen Ursachenbestimmung (Genie, Gott etc.) ab: Kairos ist 'nur noch' der ausgezeichnete Moment in Raum und Zeit, an dem menschliches Handeln zur Erfüllung gelangt. Damit nähert sich Dewey der Aristotelischen Wortbedeutung[158], wonach Kairos das "Gute in der Kategorie der Zeit", der günstige Moment ist, in dem die Zufälle der Gegenwart die Pläne der Vergangenheit im Hinblick auf eine beabsichtigte Zukunft stützen. Auch wenn das Für und Wider einer Handlung in der Anfangsphase gut erwogen worden sind, tritt gleichwohl das Gelingen plötzlich und überraschend in Erscheinung. Wie Aristoteles dehnt auch Dewey den Kairos-Gedanken über die Kunst auf alle Bereiche des menschlichen Handelns aus. Auch das Ergebnis eines ästhetischen Denkprozesses ist von einer Prämissenkette vorbereitet: Der Schluß isoliert sich plötzlich von seinen Voraussetzungen, er ist aber genetisch nicht von ihnen zu trennen ('Gedankenblitz' als Analogon zur 'Spontaneität' in Kunstsituationen). Eine ästhetische Situation ist nach Dewey wesentlich durch ihren *Abenteuercharakter* gekennzeichnet. Sie ist ein Aufbruch ins Unbekannte und in ihrem Verlauf *spannend*, weil ihr Ergebnis überraschend ist; man sieht in der Konsummationsphase Vertrautes in einem ganz neuen Licht.[159]

---

[158] *Aristoteles: Nikomachische Ethik.* Übers. von E. Rolfes. Hrsg. von G. Bien. Hamburg ³1972, 1096a26, 1110a13, 1104a8. *Ders. (a.a.O.* 1174b3-13) betont genau wie D. den Unterschied zwischen der Erlebnisqualität des Kairos (plötzliches Auftauchen, Überraschung) und seiner tatsächlichen Genese (Prozeß, vorangegangene Planung usw.). D. erwähnt Aristoteles in diesem Zusammenhang nicht. Der Einfluß von Aristoteles auf D.'s spätes System wurde oft diskutiert. In *Raymond D. Boisvert (Dewey's Metaphysics.* New York 1988) werden ausführlich die aristotelischen Elemente in D.'s System diskutiert. Nach *J.M. Dewey* (in: *The Philosophy of John Dewey.* Hrsg. von P.A. Schillp. Illinois 1939, ²1970, 35f.) sowie *Th. Alexander (J.D.'s Philosophy of Art.* 84ff) sowie *R.W. Sleeper (The Necessity of Pragmatism.* 7ff.,78ff.) sowie *R. Bernstein* (in: *J. Dewey: Freedom.* xxvi) lernte D. ab 1904 von dem Aristoteliker Woodbridge (vgl. B.3.1.b.) von der *Columbia-University*, nachdem dieser die Zeitschrift *Journal of Philosophy, Psychology, and Scientific Methods* gegründet hatte. Vgl. *R. Dewey (Philosophy of J.D.* 106-109, 95) zum *matter/form*-Schema (vgl. A.3.2.c.) sowie zur Überwindung der aristotelischen Annahme eines 'Ersten Unbewegten Bewegers'. Vgl. *J. Gouinlock (J.D.'s Philosophy of Value.* 1) zum Einfluß der aristotelischen Metaphysik auf D.'s Versuch, die "generellen Züge der Existenz" (Situation) zu analysieren. Nach *R. Bernstein* (in: *J. Dewey: Freedom.* xxxviiif.) sowie *J. Gouinlock (J.D.'s Philosophy of Value.* 13) sowie *R. Dewey (Philosophy of J.D.* insg.) hatte D. wie Aristoteles einen naturwissenschaftlichen Zugang zur Philosophie. Vgl. *R.W. Sleeper (John Dewey and the Metaphysics of American Democracy.* In: *Doctrine and Experience.* Hrsg. von V. Potter. New York 1988, 123ff.) zum Einfluß der aristotelischen Theorie/Praxis-Trennung auf D.'s Theorie.

[159] *J. Dewey: Art as Experience.* 44f.,143f.,276.

(6) Dewey bezeichnet die ästhetische Situation im Gegensatz zur gewöhnlichen als *harmonisch* und *erfreulich*.[160] Weil in der Tätigkeit der Imagination *alle* in der Reflexion zu trennenden Vermögen des Sich-Verhaltens in gleicher Weise und gleichgerichtet aktiviert werden, ist die ästhetische Situation an ihrer Konsummationsphase von Harmonie und Befriedigung im Sinne *psychischer Ausgeglichenheit* begleitet. Psychische Ausgeglichenheit (nach vielen Ästhetiktheorien ein wesentliches Merkmal des ästhetischen Erlebens) kommt also nach Dewey nicht durch Unterdrückung der Sinnlichkeit, sondern durch eine nicht-hierarchische Aktivierung aller Vermögen des Sich-Verhaltens[161] zustande. Harmonie bedeutet bei Dewey auch die Erfüllung[162] der Situationsbewegung im Erleben der prägnanten Bedeutung, die in der Konsummationsphase erlebt wird. Weil die neue Bedeutung der ästhetischen Situation richtungsweisend für die Handlungsstrategien der Zukunft sind, ist die in der ästhetischen Situation erlebte Zeit *sinnvoll gelebte* und *als sinnvoll erlebte* Zeit.[163] Die Konsummationsphase der ästhetischen Situation ist begleitet von dem Erlebnis eines grundsätzlichen Angepaßt-Seins an die Welt, einer grundsätzlichen Harmonie von Mensch und Welt. Ein solches Erleben von Weltgeborgenheit ist nach Dewey *Glückserleben*.[164]

> "Glück und Freude sind jedoch etwas anderes. Sie entstehen durch eine Erfüllung, die bis in die Tiefen unseres Seins reicht - einer Erfüllung, die die Anpassung unseres gesamten Seins an die Bedingungen des Daseins ist. Im Lebensprozeß bedeutet ein erreichter Zustand der Ausgeglichenheit gleichzeitig den Beginn einer neuen Beziehung zur Umwelt, die die Potenz zu neuen Anpassungen mit sich bringt, die durch Widerstandsbewältigungsprozesse zustande gebracht werden muß. Die Zeit der Konsummation ist auch der Beginn von etwas Neuem. Jeder Versuch, das Gefühl der Freude, das die Zeit der Erfüllung und der Harmonie begleitet, über seine gesetzte Dauer hinaus auszudehnen, stellt einen Rückzug aus der Welt dar. Folglich bedeutet das die Verringerung und den Verlust von Lebensenergie. Aber: durch die Phasen von Verwirrung und Konflikt dauert die tiefverwurzelte Erinnerung an eine zugrundeliegende Harmonie, eine Empfindung,

---

[160] J. Dewey: *Art as Experience*. 12, 16ff.

[161] J. Dewey: *Art as Experience*. 28f., 149-152, 158-165.

[162] J. Dewey: *Art as Experience*. 46.

[163] Zur Zeitdimension und zur Spontaneität der ästhetischen Situation siehe Th. Alexander (*J.D.'s Philosophy of Art*. 100ff.) sowie V. Kestenbaum (*Phenomenological Sense of J.D.*. 46f.).

[164] J. Dewey: *Art as Experience*. 20, 23, 34f. Nur wenn D. von der politischen Funktion der Kunst spricht, definiert er Harmonie als das prägnante Erleben dessen, was in der Lebenswelt desjenigen, der die Situation erlebt, bewahrenswert und wertvoll ist. (J. Dewey: *Art as Experience*. 17, 24. Kritik in C.3.).

von dem das Leben besessen ist wie von dem Empfinden, auf einen Fels gegründet zu sein."[165]

Für Dewey ist *Aktivität die Quelle jeglicher Freude*. Aktivität wird durch bedeutende Widerstände intensiv herausgefordert. In einer Welt ohne Widerstände könnten nach Dewey keine ästhetischen Situationen erlebt werden.[166] Es ist zweitrangig, ob sich ein Widerstandsbewältigungsprozeß an der Kulminationsphase {6} als erfolgreicher Prozeß herausstellt:

"Widerstandsbewältigungsprozeß und Konflikt können selbst genossen werden, obwohl sie mit Schmerzen verbunden sind, wenn sie als Mittel erlebt werden, eine Situation zu entwickeln..."[167]

Dewey selbst hat übersehen, welche wesentliche und typisch pragmatistische Konsequenz sich aus diesem Element seiner Theorie ergibt: Es muß *ästhetische Leidenssituationen* geben, die dennoch von einem gewissem harmonischen Geborgenheitsgefühl begleitet sind, weil der Mensch elementar erlebt, daß er sich-verhalten kann. Ob der Widerstand endgültig besiegt worden oder ob nur eine Möglichkeit gefunden sei, das Leben trotz des Widerstandes mit einer annehmbaren Lebensqualität fortzuführen, ist zweitrangig gegenüber dem umfassenden Erlebnis, als Mensch so handeln zu können, daß auch die Zukunft noch Handlungsperspektiven offen hält. Selbst schmerzhafte Widerstandserlebnisse können demnach genußträchtig sein, wenn sie als Mittel zur Intensitätssteigerung und als Training des Sich-Verhaltens erlebt werden. (Fortsetzung vgl. C.3.).

Das Kapitel A.1. zusammenfassend läßt sich sagen: Die ästhetische Situation ist ein intensiver, prägnanter, unmittelbar erlebter Widerstandsbewältigungsprozeß gegenüber einem bedeutenden Widerstand. In der ästhetischen Situation sind (1) alle Kräfte des Sich-Verhaltens unter dem Primat der Emotion als Kraft der Imagination gleichgerichtet aktiviert und es entstehen (2) neue Bedeutungen. Die ästhe-

---

[165] "But happiness and delight are a different sort of thing. They come to be through a fulfillment that reaches to the depths of our being - one that is an adjustment of our whole being with the conditions of existence. In the process of living, attainment of a period of equilibrum is at the same time the initiation of a new relation to the environment, one that brings with it potency of new adjustments to be made through struggle. The time of consummation is also one of beginning anew. Any attempt to perpetuate beyond its term the enjoyment attending the time of fulfillment and harmony constitutes withdrawal from the world. Hence it marks the lowering and loss of vitality. But, through the phases of perturbation, and conflict, there abides the deep-seated memory of an underlying harmony, the sense of which haunts life like the sense of being founded on a rock." *J. Dewey: Art as Experience*. 23.

[166] *J. Dewey (Art as Experience*. 22ff.) sowie *ders. (Experience and Nature*. 89f.) übersieht, daß auch keine gewöhnlichen Situationen erlebt werden könnten (vgl. C.3.3.d.).

[167] "Struggle and conflict may be themselves enjoyed, although they are painful, when they are experienced as means of developing an experience..." *J. Dewey: Art as Experience*. 47.

tische Situation ist (3) ein widerstandsorientiertes, (4) komplexes, vielschichtiges, rhythmisch auf einen Konsummationspunkt hin organisiertes Ganzes. Sie wird (5) als spannend und (6) als harmonisch erlebt.

A.2. Deweys politischer Appell

A.2.1. Das politische 'Ideal der Versöhnung'

Deweys Theorie der ästhetischen Situation ist sehr viel mehr als (besser gesagt: am allerwenigsten) eine Theorie der Kunst. In der politischen Dimension von *Art as Experience* und auch von *Experience and Nature* wird gezeigt, daß sich nicht nur in der Kunst, sondern *in allen Lebensbereichen* unter angemessenen gesellschaftlichen Bedingungen ästhetische Situationen ereignen können. In diesem *politischem Appell* gipfeln sowohl Deweys ursprünglich politisch motivierte Idealismuskritik als auch seine Theorie der ästhetischen Situation.

Nun gilt aber die Kunst gemeinhin als *der* Bereich, in dem sich ästhetische Situationen ereignen. Das Verhältnis von Kunst und Gesellschaft, das Dewey in seinem politischen Appell entwirft, ist also nicht identisch mit dem bestehenden; dieses bestehende Verhältnis ist sogar noch nicht einmal auf dem Wege zum Idealzustand in Deweys Sinne. Dementsprechend werden in der folgenden Darstellung drei Ebenen im Verhältnis von Kunst und Gesellschaft unterschieden, die *Istzustand* (a.), *Sollzustand* (b.) und *Idealzustand* (c.) genannt werden.

a. Kunst und Alltag: Istzustand

(1) Die Tatsache, daß Kunst aus dem alltäglichen Leben ausgeschlossen ist und einen eigenen Erlebnisbereich mit einer eigenen Qualität bildet, erklärt Dewey in *Experience and Nature* ebenso wie die Existenz idealistischer Systeme von einer politischen Perspektive her: In der platonisch-griechischen Antike sei eine *Trennung von Theorie und Praxis* gesellschaftlich gewachsen und philosophisch manifestiert worden, um die in der Polis bestehende Hierarchie zwischen Handwerkern und privilegierten Adeligen aufrechtzuerhalten. Theoretische Tätigkeit zielt auf das Allgemeine (jenseits individueller Zwecke). Sie hat ihren Zweck in sich selbst, nämlich im "reinen Denken".[168] Eine praktische Tätigkeit hingegen ist in der Antike als Tätigkeit definiert, die ihren Zweck außerhalb ihrer selbst hat. Etwas, das selbst Zweck ist, galt als wertvoller gegenüber dem, das nur Mittel für etwas

---

[168] J. Dewey: *Experience and Nature*. 355ff.

anderes ist. In der Antike wurde deshalb das Kunstschaffen als eine Form von praktischer Tätigkeit weniger geachtet als das Denken.
(2) Nach Dewey wurden in seiner Gegenwart (in den U.S.A. zu Beginn unseres Jahrhunderts) die praktischen Tätigkeiten aufgewertet, und zwar nicht zuletzt wegen der praktischen Elemente des Kunstschaffens.[169] Dewey sieht hier jedoch den antiken Dualismus zwischen Theorie und Praxis in neuer Form bewahrt, nämlich in einer Trennung von Tätigkeiten, die *an sich zweckhaft und befriedigend sind*, und anderen, die nur *Mittel für einen Zweck* außerhalb ihrer selbst sind, zwischen 'in sich zweckhaften' Führungsaufgaben, künstlerischer Kreativität und akademischen Tätigkeiten einerseits, und 'nur nützlichen' Routinearbeiten in Fabriken zur Sicherung des Lebensunterhaltes andererseits. "So nennen wir sie <die mechanischen Routinearbeiten> optimistischerweise 'nützlich' ... und denken ..., daß wir ihr Vorhandensein irgendwie gerechtfertigt und erklärt haben."[170] Auch die Trennung zwischen Arbeitswelt und ästhetischen Bereichen der Lebenswelt diene (wie bei den Griechen) der Rechtfertigung einer hierarchischen Gesellschaft:

> "Die traditionelle Trennung zwischen einigen Dingen, die hauptsächlich als Mittel für etwas anderes gelten und anderen, die hauptsächlich als Selbstzweck gelten, ist eine Widerspiegelung der isolierten Existenz von arbeitender und müßiger Klasse, <also> von Produktion, die nicht auch befriedigend ist und von Befriedigung, die nicht produktiv ist."[171]

(3) Eine schlecht organisierte Gesellschaft ist nach Dewey durch Separierung von Klassen, Rassen oder Tätigkeitsformen gekennzeichnet. Seine eigene Gesellschaft war wegen des Dualismus von mechanischen und ästhetischen Tätigkeiten eine schlecht organisierte Gesellschaft.[172] Außerdem war sie von zwei *dualierenden Wertesystemen* geprägt. Nach dem christlich-humanistischen Wertesystem (Kant) soll jede Person als Zweck und nie als Mittel zu etwas anderem betrachtet werden. Diese Würde der Person ist unvereinbar mit dem ökonomischen Wertesystem, in dem der Wert eines Menschen nach seiner Produktivität gemessen wird. Nach

---

[169] *J. Dewey: Experience and Nature.* 357.

[170] "So we optimistically call them 'useful' ... thinking that ... we have somehow justified and explained their occurence." *J. Dewey: Experience and Nature.* 362.

[171] "The traditional separation between some things as mere means and others as mere ends is a reflection of the insulated existence of working and leisure classes, of production that is not also consummatory, and consummation that is not productive." *J. Dewey: Experience and Nature.* 368.

[172] *J. Dewey: Art as Experience.* 344. Nach *R.W. Sleeper* (Metaphysics of American Democracy. 144ff.) ist D.'s Kritik an der amerikanischen Demokratie auch 1988 noch gültig, weil es zuviele soziale Gruppen gibt, die nicht am Normenrekonstruktionsprozeß beteiligt sind.

Dewey 'krankt' seine Zeit an einer Alleinherrschaft des Ökonomischen.[173] Bei mechanischer Fließbandarbeit ist das Ziel des Produktionsprozesses für den Arbeiter nicht von Interesse: er ist dem Produkt seiner Arbeit entfremdet. Die Nutznießung wird dem Besitzer der Produktionsmittel sowie einem Käufer überlassen, zu denen der Arbeiter selbst keine Beziehung hat.[174] In einer solchen Arbeitswelt können sich keine ästhetischen Situationen ereignen, denn jede ästhetische Handlung hat nach Dewey *ihr Ziel in sich selbst*.[175] Damit fordert Dewey eine radikale Änderung von Produktionsverhältnissen, in der der Arbeiter nicht auch der Nutznießer (des Mehrwerts) seiner Produkte ist. Wenn Arbeiter am Gewinn ihres Produktes angemessenen Anteil hätten, wenn ihre Arbeitsbedingungen sie nicht zu rein mechanischer Tätigkeit zwängen, wenn sie ein höheres Selbstbewußtsein durch bessere Lebensbedingungen hätten, dann könnten sich auch in der Arbeitswelt ästhetische Situationen ereignen.

(4) Äußerlich haben sich diese Verhältnisse nach Dewey in liebloser, rein zweckorientierter Gestaltung der Arbeitswelt sowie in einer Trennung von Gebrauchsgegenständen und schönen Gegenständen manifestiert. Die 'Häßlichkeit' vieler Fabriken und Bankgebäude zeigen, daß die 'normale' Lebenswelt nicht als Bereich gilt, in dem sich ästhetische Situationen ereignen können.[176] Dabei ließe sich Zweckmäßigkeit durchaus mit ästhetischer Gestaltung vereinbaren.[177] Vor allem die *Verbannung der Kunst in Museen und Konzertsäle* ist nach Dewey ein Symptom für eine schlecht organisierte, von Trennungen beherrschte Gesellschaft. Ein Niedergang der Kunst[178] vollzieht sich immer parallel zum Niedergang der jeweiligen Gesellschaftsform. "Niedergang der Kunst" heißt bei Dewey nicht etwa, daß den Künstlern nichts mehr einfällt, sondern daß die Kunst in abgetrennte Bereiche außerhalb des gewöhnlichen Lebens, in Museen und Theater, verbannt wird. Ein solcher Prozeß habe schon zur Zeit Alexanders des Großen stattgefunden, wo gleichzeitig Kunst[179] erstmals ausgestellt (also aus der normalen Lebenswelt entfernt) wurde, und eine bestehende Gesellschaftsordnung auseinanderbrach.[180] Später hätten sich Nationalismus und Imperialismus manifestiert, indem die Erobe-

---

[173] *J. Dewey: Art as Experience.* 340f., 346f.

[174] *J. Dewey: Art as Experience.* 45f., 344ff.

[175] Nach *Sidney Hook (John Dewey - Philosopher of Growth.* In: *The Journal of Philosophy* 56. 1959, 1017) unterscheidet Dewey in einem Kommentar zur amerikanischen Depressionszeit zwischen "earning one's life" und "living one's life".

[176] *J. Dewey: Art as Experience.* 235 (zitiert in C.3.).

[177] *J. Dewey: Art as Experience.* 33f., 264-267.

[178] *J. Dewey: Art as Experience.* 216f., 264f.

[179] D. bezieht sich vielleicht auf die Bibliothek in Alexandria. J.G. Droysen nannte 1836 das mit Alexander d.Gr. beginnende Zeitalter "Hellenismus".

[180] *J. Dewey: Art as Experience.* 331.

rer durch die Präsentation des Eroberten in Museen ihren Besitzanspruch daran dokumentierten. In Deweys vom kapitalistischen Besitzstreben geprägter Gesellschaft sei Kunst seitdem nur noch als teures Prestige- und Sammelobjekt und als Zeugnis von Bildung und elitärem Bewußtsein betrachtet worden.[181]

(5) In hierarchisch organisierten Gesellschaften entstehen nach Dewey *Ästhetiktheorien*, in denen Kunst als besonderer Bereich außerhalb der Lebenswelt interpretiert wird, und nach denen die Existenz der Künstler (die den Anforderungen der zweckorientierten Gesellschaft nicht entsprechen) durch Exzentrik gerechtfertigt wird.[182] Die Kunst ist (was in der Antike gar nicht verstanden worden wäre[183]) lediglich l'art pour l'art und nur eine Fluchtmöglichkeit aus einer bedrückenden Lebenswelt, die darüber hinaus nicht jedermann zugänglich ist. Sie gilt nur deshalb als der einzige Bereich, in dem sich ästhetische Situationen ereignen können, weil die Lebenswelt entgegen ihrer Möglichkeiten so gestaltet ist, daß dort keine ästhetischen Situationen erlebt werden können.

> "Die Feindschaft gegen die Assoziation von *fine art*[184] mit normalen Lebensprozessen ist ein ergreifender, sogar tragischer Kommentar in bezug auf das Leben, wie es gewöhnlich gelebt wird. Nur weil dieses Leben üblicherweise so kümmerlich, verfehlt, trostlos und beschwerlich ist, wird die Idee in Erwägung gezogen, daß zwischen dem Prozeß des normalen Lebens und der Kreation und dem Genießen von *works of esthetic art* irgendein innewohnender Antagonismus besteht."[185]

> "In einer unvollkommenen Gesellschaft - und keine Gesellschaft wird jemals vollkommen sein - wird *fine art* immer in gewissem Maße eine Flucht aus den hauptsächlichen Aktivitäten des Lebens oder eine nebensächliche Dekoration derselben sein."[186]

---

[181] *J. Dewey: Art as Experience.* 12-15.

[182] *J. Dewey: Art as Experience.* 15. Siehe auch *J. Ratner (Intelligence.* 955f.).

[183] *J. Dewey: Art as Experience.* 10ff.

[184] Zu Übersetzungsmöglichkeiten von Begriffen wie "work of art", "fine art", "art product" etc. vgl. A.3.1.

[185] "The hostility to association of fine art with normal processes of living is a pathetic, even a tragic, commentary on life as it is ordinarily lived. Only because that life is usually so stunted, aborted, slack, or heavy laden, is the idea entertained that there is some inherent antagonism between the process of normal living and creation and enjoyment of works of esthetic art." *J. Dewey: Art as Experience.* 34.

[186] "In an imperfect society - and no society will ever be perfect - fine art will be to some extent an escape from, or an adventitious decoration of, the main activities of living." *J. Dewey: Art as Experience.* 87.

(6) Wenn Kunst nur als Zeugnis für Reichtum, Geschmack und Bildung betrachtet und in Museen, Konzertsäle oder sogar in private Abgeschlossenheit verbannt wird, trägt sie *entgegen ihrer eigentlichen Natur* dazu bei, die *zwar faktische, aber unnatürliche Trennung zwischen gewöhnlichen und ästhetischen Erlebnisbereichen* zu bekräftigen. Für den Durchschnittsmenschen wird die Chance, auch im Alltag ästhetische Situationen zu erleben, durch Gewöhnung an den unästhetischen Charakter der Lebenswelt immer mehr verschlossen. Das Bedürfnis nach ästhetischen Situationen wird dann vordergründig befriedigt durch Pseudo-Kunst, die der Flucht aus dem bedrückenden Alltag dient und zu lebenswelt-entfremdenden Träumen und Illusionen verleitet:[187]

> "Die Künste, die heutzutage die meiste Vitalität für den Durchschnittsmenschen haben, sind Dinge, die er nicht als Kunst bezeichnen würde: beispielsweise der Kinofilm, Jazzmusik, der Comics und allzuhäufig <sogar> Zeitungsberichte über Liebesnester, Morde und Banditengeschichten. Denn sobald das, was er als Kunst kennt, in Museen und Galerien abgeschoben ist, findet der ununterdrückbare Impuls nach in sich selbst genußvollem Situationserleben eine solche Ausweichmöglichkeit, wie sie die tägliche Umgebung zur Verfügung stellt."[188]

b. Kunst und Alltag: Sollzustand

Wenn eine Gesellschaft auf dem 'Weg zum Besseren', also auf dem Weg zur Aufhebung aller Trennungen, zum 'Ideal der Versöhnung' ist, kann die Kunst ihre eigentliche Funktion[189] wahrnehmen. Diese besteht nach Dewey darin, die in der Gesellschaft schon bestehenden Entwicklungstendenzen prägnant zum Ausdruck zu bringen, intensiv erlebbar zu machen und damit die Entwicklung der Gesellschaft voranzutreiben.
(1) Dazu muß die Kunst zunächst einmal jedermann außerhalb von Museen und Theatern lebensweltlich zugänglich gemacht werden. Kunst soll vermitteln, daß "in einer Gesellschaft jedoch, die besser geordnet ist als die, in der wir leben, ein

---

[187] *J. Dewey: Art as Experience.* 264f.

[188] "The arts which today have most vitality for the average person are things he does not take to be arts: for instance, the movie, jazzed music, the comic strip, and, too frequently, newspaper accounts of love-nests, murders, and exploits of bandits. For, when what he knows as art is relegated to the museum and gallery, the unconquerable impulse towards experiences enjoyable in themselves finds such outlet as the daily environment provides." *J. Dewey: Art as Experience.* 11f. D.'s These, Filme, Jazzmusik und Comics seien Pseudokunstprodukte, ist in bezug auf viele Filme, Comics und Jazzmusik nicht richtig.

[189] Zur Sollfunktion der Kunst vgl. *Th. Alexander (J.D.'s Theory of Art.* 188f.).

unendlich größeres Glück, als es heute der Fall ist, alle Arten des Schaffens begleiten würde... Kunstwerke, die nicht aus dem gewöhnlichen Leben entfernt sind, ... sind Zeichen für ein vereinigtes kollektives Leben."[190] Dewey war wie kaum ein anderer Philosoph bestrebt, seine Theorien in der Praxis zu überprüfen. Sein spätes Interesse für Kunst ist wahrscheinlich auf seine Begegnung mit dem Industriellen A.C. Barnes zurückzuführen, der ihm seine eigene Gemäldegalerie und die berühmten Museen Europas erschloß. Dieser Diskurs über Kunst hatte wohl entschieden soziale Dimensionen, denn Barnes gestaltete im Jahr 1917 unter dem Einfluß von Deweys *Democracy and Education* die Arbeitsplätze in seinen Fabriken 'ästhetischer', indem er seine Monet-Gemälde in den Fabrikhallen aufstellte.[191] (Über die Wirkung dieser freundlichen Maßnahme gibt es keine Berichte...)
(2) Auch im Umgang mit moderner Technik ist es möglich, ästhetische Situationen zu erleben.[192] Sie bietet eine neue Zugriffsmöglichkeit des Menschen auf die Natur und könnte so ein Hilfsmittel zur Realisierung des 'Ideals der Versöhnung' zwischen Mensch und Umwelt sein, wenn der Umgang mit Technik nicht auf stupide, gleichförmige Tätigkeiten[193] (beispielsweise an den Fließbändern der Fabriken) reduziert wäre. Dewey 'rät', daß die Arbeiter soviel über technische Prozesse lernen sollten, daß sie die Technik zu kreativer, phantasievoller Tätigkeit einsetzen könnten. Nach Mead kann ein ästhetischer Umgang mit der Technik zum 'Ideal der Versöhnung' der Menschen voneinander führen, wenn technische Schaffensprozesse als gemeinschaftliche gestaltet würden. Nur rein mechanische Arbeit iso-

---

[190] "But in a better-ordered society than that in which we live, an infinitely greater happiness than is now the case would attend all modes of production .... Works of art that are not remote from common life ... are signs of a unified collective life." *J. Dewey: Art as Experience.* 87.

[191] Th. Alexander (*J.D.'s Theory of Art*. 55) beschreibt Barnes als jähzornigen Millionär, der eine der besten Sammlungen von französischen Impressionisten in der westlichen Welt besaß. Er hörte regelmäßig D.'s Vorlesungen. Sein Einfluß auf D.'s Ästhetik kann gar nicht hoch genug eingeschätzt werden: D. widmet sie "To Albert C. Barnes. In Gratitude."

[192] *J. Dewey: Art as Experience.* 346. Nach *Robert E. Innis (Dewey's Aesthetic Theory and the Critique of Technology.* In: *Phänomenologische Forschungen.* Hrsg. von E.W. Orth. Freiburg/München 1984, 7) enthält D.'s *Art as Experience* "praktisch alle Elemente, die gebraucht werden für eine 'ästhetische Kritik' der Technologie" ("practically all the elements needed for an 'aesthetic critique' of technology"). Innis analysiert D.'s Thesen von der möglichen Aufhebung des Mittel/Zweck-Dualismus und von den Konsequenzen der modernen Technik für die Wahrnehmungsgewohnheiten (Übergewicht des Optischen im 20. Jahrhundert). Er vergleicht *Art as Experience* mit der ästhetischen Kritik der Technologie durch die Frankfurter Schule und mit der Phänomenologie. (Die Vermutung von Anm.3 auf S.12, D.'s Sprachgebrauch in *Art as Experience* sei durch seine Heidegger-Lektüre im Jahr 1930 beeinflußt worden, ist jedoch nicht nachvollziehbar.) Nach *S. Hook (Growth.* 1016) hat D. bemerkenswert früh (lange, bevor das Potential und die Gefahren der Atomenergie entdeckt worden sind) die ungeahnten Möglichkeiten der modernen Technik erkannt.

[193] *J. Dewey: Art as Experience.* 47, 168-174.

liert die Arbeiter untereinander.[194] Für seine Gesellschaft wünscht sich Dewey also Kunst, die zum Ausdruck bringt, daß sich *auch in einer technisch organisierten Gesellschaft unter anderen Produktionsbedingungen in allen Bereichen der Lebenswelt ästhetische Situationen ereignen könnten.*
(3) In jeder Gesellschaft sollte Kunst das Charakteristische einer Kultur manifestieren, feiern und bewahren.[195]

> "Die ästhetische Situation ist eine Manifestation, eine Aufzeichnung und Feier des Lebens einer Zivilisation, ein Mittel, um ihre Entwicklung voranzutreiben, und sie ist auch das endgültige Urteil über die Qualität einer Zivilisation."[196]
> "... das *work of art* entwickelt und akzentuiert, was in den Dingen des alltäglichen Vergnügens charakteristischerweise wertvoll ist."[197]

Durch das Erleben des Gemeinsamen einer Kulturgemeinschaft erleben sich die Mitglieder der Kulturgemeinschaft als Verantwortungsgemeinschaft. Dadurch können die Trennungen, die innerhalb der Gesellschaft im Sollzustand noch bestehen, langfristig aufgehoben werden.[198] Die Manifestation des Bewahrenswerten einer Kultur in der Kunst[199] hat für Dewey auch eine *zeitliche Dimension*; die Menschen innerhalb einer Zivilisation sind von einem gemeinsamen Vergangenheitserbe geprägt und tragen die Verantwortung dafür, dieses Erbe im Hinblick auf eine 'versöhnte' Zukunft zu bewahren. Kunstsituationen im Kontext von historischen Kunstprodukten sollten also unter der Perspektive erlebt werden, daß sie in einer konkreten Gegenwart entstanden sind, deren Ereignisse und Ideen unsere heutige Gegenwart geprägt haben.[200] Erlebt werden kann die Kontinuität innerhalb einer Kultur, aber auch die zwischen verschiedenen Kulturen.[201]

---

[194] George H. Mead: The Nature of Aesthetic Experience. In: *International Journal of Ethics* 36. 1926. Im Text zit. nach: *Theorien der Kunst.* Hrsg. von D. Henrich, W. Iser. Übers. von J. Kulenkampf. Frankfurt 1982, 350f.

[195] Dieses 'Charakteristische' nennt V. Kestenbaum (*Phenomenological Sense of J.D.*) die "habitual meanings" einer Gesellschaft. Vgl. *Hans G. Gadamer (Die Aktualität des Schönen. Kunst als Spiel, Symbol und Fest.* Stuttgart 1977) zur Einschätzung der Kunst als Fest.

[196] "Esthetic experience is a manifestation, a record and celebration of the life of a civilization, a means of promoting its development, and is also the ultimate judgement upon the quality of civilization." *J. Dewey: Art as Experience.* 329 (275).

[197] "... the work of art develops and accentuates what is characteristically valuable in things of everyday enjoyment." *J. Dewey: Art as Experience.* 17.

[198] Sidney Hook: *John Dewey - An Intellectual Portrait.* New York 1939. Im Text zit. nach: Westport 1971, 208.

[199] *J. Dewey: Art as Experience.* 24.

[200] Ein Beispiel wäre das Gemälde *Die Freiheit führt das Volk auf die Barrikaden* von E. Delacroix, 1830, Musée National du Louvre, Paris. *J. Dewey (Art as Experience.* 329) führt das Beispiel der

(4) Situationsspezifische Ideale einer Gesellschaft sind nach Dewey die Aussichten auf den jeweils relativ besseren Zustand der Gesellschaft, ausgehend von einem Jetztzustand, in dem diese Perspektiven schon angelegt sind. Diese Ideale sind in besonderen Maße von der Kunst[202] zu feiern, zu bewahren und weiterzuentwickeln. Dewey führt historische Beispiele[203] für diese mögliche Wechselwirkung von Kunst und Gesellschaft durch die Manifestation der situationsspezifischen Ideale an.[204] Nach Dewey hatten Epen und Tragödien in der Antike eine *politisch-pädagogische Funktion*, die weit über den "profanen Schönheitsdienst"[205] hinausgegangen ist. Kunst kann zur Aufhebung aller gesellschaftlichen und nationalen Trennungen beitragen, weil sie die effektivste, vollkommenste Form der Kommunikation, eine allen Menschen verständliche "universale Sprache"[206] ist. Dewey betont an ex-

---

Magna Charta an. Vgl. auch folgende Parallele: "Historisches Wissen ist nach Nietzsche nur in der Applikation dieses Wissens im gelingenden Lebenszusammenhang objektiv ... So entschärft Nietzsche das Leitproblem des Historismus, indem er es nicht primär als *Erkenntnis-*, sondern als Lebensproblem stellt und damit auf die *praktische* Ebene transponiert. ... Geschichte als Bestandstück einer neuen Kultur, die nicht bloß 'Dekoration des Lebens' wäre, rückt damit in die Nähe der *Kunst* im weitesten Sinne." *Herbert Schnädelbach: Geschichtsphilosophie nach Hegel. Die Probleme des Historismus*. Freiburg/ München 1974. 86f. Binnenzitat *F. Nietzsche: Vom Nutzen und Nachteil der Historie für das Leben. Unzeitgemäße Betrachtungen. Zweites Stück*. München 1966, 285.

[201] *J. Dewey*: Art as Experience. 24, 330.

[202] Nach *J. Dewey (Valuation*. 3ff.) hat auch das gewöhnliche Handeln eine Wertedimension.

[203] So ist der Parthenon-Tempel (dorischer Tempel der Athene; 447-432 v.Chr. von Iktinos und Kallikrates errichtet) nach *J. Dewey (Art as Experience*. 113-117) Ausdruck des vereinigten Kollektivs der antiken Polis. In primitiven Kulturen und den Vorstadien unserer eigenen Kultur bilden nach D. das Praktische, das Religiöse, das Soziale und die Kunst eine Einheit (vgl. Jagd-, Fruchtbarkeits-, Todesrituale); es gibt weder eine Trennung zwischen Museum und alltäglicher Lebenswelt noch zwischen Kunst-, Kult und Gebrauchsgegenständen. In den Ritualen werde der "natürliche Rhythmus des Lebens" und damit die Identifikation des Einzelnen mit der Gemeinschaft gefeiert. Also hätten sich nach *J. Dewey (Art as Experience*. 9-25) in diesen Kulturen überwiegend ästhetische Situationen ereignet (Kritik vgl. C.3.1.b.). Die Einführung des deutschen Kirchenliedes durch M. Luther ist nach D. aus einem neuen Selbstbewußtsein des Volkes entstanden. Die Zentralperspektive zeigt das neue Weltbild der Renaissance: Der vernünftige Mensch versteht sich (anders als im Mittelalter) als Zentrum der Wahrheitsfindung und des Kosmos. Das kunstreglementierende Konzil von Nizäa (787) sei ein Indiz, daß die Kirche sich der idealbildenden Funktion der Kunst bewußt gewesen sei.

[204] *J. Dewey: Art as Experience*. 329-333.

[205] *Walter Benjamin: Das Kunstwerk im Zeitalter seiner technische Reproduzierbarkeit*. In: *Zeitschrift für Sozialforschung* 5. Frankfurt 1936. Im Text zit. nach: Frankfurt 1963/1977, 17. Die politische Dimension von *Art as Experience* weist auffällige Parallelen zur materialistischen Ästhetik auf (vgl. C.3.).

[206] *J. Dewey: Art as Experience*. 275, 291, 338.

ponierter Stelle[207], daß unter günstigen gesellschaftlichen Bedingungen Kunst eher als ethische Traktate die Ausbildung der konkreten Ideale einer Gesellschaft und letztendlich die Versöhnung aller Menschen untereinander bewirken könne. Intellektuelle ethische Abhandlungen systematisierten und 'sammelten' lediglich die situationsspezifischen Ideale, die im Bereich der Kunst geschaffen werden. Deshalb ist Kunst das "ausgezeichnete Instrument des Guten".[208]

c. Kunst und Alltag: Idealzustand

(1) Der Prozeß der Weiterentwicklung dieser situationsspezifischen Ideale ist ein unendlicher Prozeß des Zulaufens auf Deweys höchstes politisches Ideal: 'Das Gute' in Deweys politischem Appell ist das 'Ideal der Versöhnung', das besagt, daß sich irgendwann alle Menschen als eine Verantwortungsemeinschaft empfinden werden und dann eine weltumfassende ideale Gesellschaft bilden.[209] Die ideale Gesellschafts*form* ist die *Demokratie,* in der alle in gleicher Weise an dem experimentalistischen Normenrekonstruktionsprozeß beteiligt sind:

> "Die ideale Gesellschaft ist für Dewey eine Gemeinschaft, die ein Maximum an Wachstum für jede Person gestattet, <und zwar> durch ihre eigene Aktivität und Selbstentwicklung... Sie ist frei von künstlichen Barrieren, die die Mitglieder voneinander trennen, sie fördert den freien Austausch von Ideen, und sie behandelt alle Ideen, die den gemeinsamen Aktivitäten zugrundeliegen, als Hypothesen - <die> gegenüber dem Erleben in <allen> übrigen Situationen offen <sind>, die von allen kritisiert werden können, die von solchen Aktivitäten betroffen sind, und <die> durch Prozeduren revidierbar <sind>, die die gemeinsame Zustimmung <aller Betroffenen> gewinnen <müssen>. Das ist das Ideal der Demokratie."[210]

---

[207] J. Dewey: *Art as Experience.* 347-352. (Es handelt sich um den Schluß des Buches).

[208] J. Dewey: *Art as Experience.* 350.

[209] J. Dewey (*Art as Experience.* 335-340) zur Bedeutung von Kunst aus fremden Kulturen. Vgl. die Analogie zum unendlichen Verifikationsprozeß sowie zu Peirces Konzeption der unendlichen Forschergemeinschaft und speziell zu seiner Lehre vom *Summum Bonum* (vgl. A.1.1.d.).

[210] "An ideal society, for Dewey, is an association that allows for maximum growth of each person, through its own activity and self-development ... It is free of artificial barriers dividing its members from one another, it fosters the free exchange of ideas, and it treats the ideas underlying its common activities as hypotheses - open to the rest of experience, criticizable by all whom such activities affect, and revisable by procedures enlisting their common consent. This is the ideal of democracy." *I. Scheffler: Four Pragmatists.* 242. "In seiner <D.'s> idealen Gesellschaft wird die Kultur nicht mehr vom Ideal objektiver Kognition dominiert, sondern vom Ideal ästhetischer Steigerung." *Richard Rorty (Philosophy and the Mirror of Nature.* Princeton

(2) Die ästhetische Situation ist für Dewey die höchste Form der Situation, weil in ihr die Überwindung aller sozialen und philosophischen Trennungen erlebt werden kann. Wenn der Philosoph die Grundstrukturen jeder Situation analysieren will, soll er demnach die ästhetische Situation in das Zentrum seiner Analyse stellen, und die Ästhetik ist Prüfstein jedes philosophischen Systems.[211]
Jetzt stellt sich eine wichtige Frage: Ist die *Theorie der ästhetischen Situation im umfassenden Sinne* oder die *Theorie der Kunstsituation* dieser Höhepunkt von Deweys Systemdenkens? So bezeichnet er die "Idee der Kunst als eine bewußte Idee" als "höchste intellektuelle Errungenschaft in der Geschichte der Menschheit".[212] Nach *Experience and Natur* ist Kunst "die vollständige Kulmination der Natur, und ... 'Wissenschaft' ist angemessenerweise ein Handlanger..."[213]. Oft scheint Dewey also der Kunstsituation die ausgezeichnete Position innerhalb seines Systems zuzuschreiben, obwohl diese These sehr gewagt wäre. Die Lösung ist folgende: Auf dem Höhepunkt seines Systemdenkens unterscheidet Dewey nicht mehr zwischen Kunstsituationen und lebensweltlich ästhetischen Situationen, so daß sich die in diesem Absatz gestellte Frage für ihn nicht stellt. Wenn man die politische Dimension von *Art as Experience* betrachtet, wird deutlich, daß die Identifizierung von lebensweltlich-ästhetischer Situation und Kunstsituation für Dewey nicht Ausgangspunkt seiner Theorie war, sondern sich zwangsläufig und unausweichlich daraus ergeben hat, daß er in politischer Hinsicht am Höhepunkt seines Schaffens seine Utopie einer idealen Gesellschaft formuliert hat. Wenn nämlich die Kunst ihre Soll-Funktion irgendwann einmal mit letzter Konsequenz erfüllen könnte, entstünde eine Welt ohne gesellschaftliche, nationale und rassische Trennungen. In der Lebenswelt würden sich nur noch ästhetische Situationen ereignen. In Deweys *idealer Gesellschaft* gäbe es die Kunst als den Bereich, in dem in besonderem Maße ästhetische Situationen erlebt werden, nicht mehr, *weil die Lebenswelt selbst vollkommen ästhetisiert wäre*; sie wäre durch nichts von der Kunst unterschieden und so beschaffen, wie es heute leider nur die Kunst ist. Wenn die Kunst ihre Sollfunktion erfüllen und die Gesellschaft ihren Idealzustand erreichen könnte, würde sich die Notwendigkeit und Existenzberechtigung von Kunst aufheben. Es gäbe kein Bedürfnis mehr nach Kunst, weder als 'Flucht' aus einer schlechten Gesell-

---

1979. Im Text zit. nach: *Der Spiegel der Natur. Eine Kritik der Philosophie.* Übers. von M. Gebauer. Frankfurt a.M. 1987, 23). Nach *Marc Belth (The Concept of Democracy in Dewey's Theory of Education.* Diss. Columbia University 1956) muß D.'s Demokratie offen sein für kontrollierbaren Normenwandel, an dem alle Interessengruppen beteiligt sind. Die staatlichen Institutionen müssen dem Normenwandel gemäß modifizierbar sein.

[211] J. Dewey: *Art as Experience.* 278.
[212] "... the *idea* of art as a conscious idea - the greatest intellectual achievement in the history of humanity." J. Dewey: *Art as Experience.* 31.
[213] "<Art is> the complete culmination of nature, and that 'science' is properly a handmaiden..." J. Dewey: *Experience and Nature.* 358. (Ders.: *Art as Experience.* 33.)

schaft noch als 'Instrument des Guten' in einer Gesellschaft auf dem Weg zum besseren Zustand. Dewey identifiziert lebensweltlich-ästhetische Situationen mit Kunstsituationen nicht etwa, weil er die reale Existenz von Kunst in seiner Gesellschaft übersieht: In *Art as Experience* steht jedoch nicht der in einer schlecht organisierten Gesellschaft real existierende Erlebnisbereich Kunst im Zentrum, sondern Deweys *utopische Vorstellung einer völligen Verschmelzung von Lebenswelt und Kunst unter idealen gesellschaftlichen Bedingungen*. Dewey räumt ein, daß es niemals eine vollkommene Gesellschaft geben wird.[214] Weil seine Utopie nie Realität werden wird, und weil es wohl immer Kunst geben wird, die sich von der Lebenswelt unterscheidet - nur deshalb und quasi 'nebenbei' macht Dewey auch Aussagen über den in seiner unvollkommenen Gesellschaft real existierenden Erlebnisbereich Kunst, die im Kapitel A.3. noch dargestellt werden. Sein eigentliches Thema aber ist seine Utopie.

Deweys philosophische Entwicklung nahm seinen *Ausgangspunkt* bei der Beobachtung, daß gesellschaftliche Hierarchien und Trennungen durch philosophische Dualismen gestützt worden sind. Sie nahm ihren *Verlauf* in dem Versuch, einzelne gesellschaftliche Trennungen (beispielsweise die zwischen mechanischen und ästhetischen Tätigkeitsbereichen) als künstliche Trennungen zu entlarven und zu versöhnen. Der *Höhepunkt* von Deweys politischem Appell gipfelt in der Formulierung des 'Ideals der Versöhnung' aller Menschen in einer idealen Gesellschaft, zu dessen Realisierung die Kunst unter besseren gesellschaftlichen Umständen in besonderem Maße beitragen könnte. Weil am Höhepunkt von *Art as Experience* die Formulierung des 'Ideals der Versöhnung' aller Menschen steht, ist in ethisch-politischer Hinsicht Deweys Theorie der ästhetischen Situation der höchste Punkt seines späten Systems. Die Leitthese dieser Arbeit lautet, daß in *Art as Experience* wegen des Übergewichts der politischen und der philosophisch-systematischen Dimension eine Theorie der Kunst nur in Ansätzen vorhanden ist. Mit der These, daß in Deweys Theorie der ästhetischen Situation die politische Utopie sehr viel wichtiger ist als eine Kunsttheorie im engeren Sinne, erreicht diese Arbeit ihren ersten Fixpunkt.

A.2.2. Das philosophische 'Ideal der Versöhnung'

Am Höhepunkt von Deweys Schaffen[215] bilden Philosophie und politischer Appell (gemäß dem 'Ideal der Versöhnung') eine Einheit: Das politische Ideal ist, umge-

---

214   J. *Dewey*: Art as Experience. 87. (Zitiert in A.1.2.a.)
215   J. *Dewey*: Art as Experience. 31, 278, 301, 329. (Ders.: *Experience and Nature*. 369f.)

wandelt in einen abstrakten Strukturbegriff, auch Angelpunkt der philosophisch-systematischen Dimension von Deweys Theorie der ästhetischen Situation.[216]

a. Der systemimmanente Status des 'Ideals der Versöhnung'

In Art as Experience formuliert Dewey sein höchstes philosophisches Ideal. Dieses ist ebenfalls ein 'Ideal der Versöhnung', denn der Philosoph Dewey hat es sich zur Hauptaufgabe gemacht, alle Dualismen der philosophischen Tradition zu 'versöhnen', indem er ihre Nichtexistenz im unmittelbaren Situationserleben nachweist.[217] Wie schon in Kapitel A.1.2. dargestellt, ist Deweys 'Hauptangriffspunkt' die Annahme einer Subjekt-Objekt-Trennung im Sinne von Descartes. Eine adäquate 'Versöhnung' von Subjektivem und Objektivem, von Organismus und Umwelt, von Ich und Außenwelt ist nach Dewey in der Definition der ästhetischen Situation als Widerstandsbewältigungsprozeß erfolgt: Leben[218] und Lebensqualität werden durch die Aktivitäten des Sich-Verhaltens bewahrt, die auf eine Harmonie zwischen Organismus und Umwelt zielen, welche im 'Idealfall' der ästhetischen Situation so vollständig ist, daß jede Trennung zwischen subjektiven und objektiven Situationsanteilen 'versöhnt' ist.[219] Genauso wie in politischer Hinsicht das 'Ideal der Versöhnung' wohl nie verwirklicht wird, hat auch das philosophisch-systematische 'Ideal der Versöhnung' lediglich den Status eines *imaginären Konvergenzpunktes* aller Lebensprozesse. Die tatsächliche 'Versöhnung' aller Gegensätze (z.B. bei Hegel in der Geschichte oder im Christentum das Paradies) ist undenkbar, weil das das Ende aller Widerstandsbewältigungsprozesse und damit

---

[216] Auf die politischen Argumente, mit denen J. Dewey (Art as Experience. 12-15, 26f., 250-254) immer wieder die Versöhnung traditioneller philosophischer Positionen gefordert hat, soll hier noch einmal hingewiesen, aber nicht weiter eingegangen werden: D. kritisiert am platonischen Idealismus die Ableitung und Legitimation eines hierarchischen Staatsmodells aus einer in D.'s Sinne hypostasierten Seelendreiteilungslehre. Er kritisiert am subjektiven Idealismus, daß der Bezug der subjektiven Erfahrung zur Welt und zum Leben nicht hergestellt werden könne.

[217] P.M. Zeltner: J.D.'s Aesthetic Philosophy. 10.

[218] Nach J. Dewey (Human Nature. 82f.) ist das Leben der oberste Wert bzw. die "oberste Autorität"..

[219] In bestimmten Situationen (insbesondere in Reflexionssituationen) ist nach J. Dewey (Art as Experience. 253f.) eine Trennung von Subjektivem und Objektivem doch sinnvoll: Wer eine Straße überquert, sollte zwischen Subjektivem und Objektivem unterscheiden können und wissen, daß er nicht das heranbrausende Auto ist. Die Banalität dieses Beispiels zeigt noch einmal, daß D. den eigentlichen Problemen traditioneller Erkenntnistheorien nicht gerecht wird. Im Kontext "Urteil/Ausdruck" hat der Begriff "das Objektive" die Bedeutung "intersubjektiv nachprüfbar" und "das Subjektive" die Bedeutung von "willkürlich"(89, 253, 308). In dieser Definition klingen schon eher traditionelle erkenntnistheoretische Fragestellungen nach Intersubjektivität von Aussagen etc. an, die allerdings nicht weiter verfolgt werden. Zum Begriffspaar "Subjekt/Objekt" siehe auch R. Dewey (Philosophy of J.D. 34ff.) sowie A.M. Tamme (A Critique. 27).

des Lebens selbst bedeuten würde. Ein erreichter Versöhnungszustand (die Umsetzung eines situationsspezifischen Ideals) ist immer der Ausgangspunkt für einen neuen Konflikt. Das 'Ideal der Versöhnung' ist Ideal im Sinne der allgemeinen Tendenz, der abstrakten Form aller konkreten Interaktionsprozesse: Es ist ein reiner *Strukturbegriff*. Als 'roter Faden' durchzieht das 'Ideal der Versöhnung' traditioneller philosophischer Dualismen Deweys spätes Systemdenken.

b. Situationsspezifische Ideale

Neben dem politisch-philosophischen 'Ideal der Versöhnung' als allgemeiner Form jeder ästhetischen Situation spielen nach Dewey in jeder ästhetischen Situation *situationsspezifische Ideale* (die er auch "Werte" nennt) eine Rolle, nämlich als die zur Bewältigung individueller Widerstände angestrebten *individuellen Lösungen* des jeweiligen Konfliktzustandes. Diese sind nur solange gültig, bis der nächste Widerstand auftaucht. Sie sind also keine statischen Entitäten, sondern sie konstituierten sich in einer individuellen Situation und haben immer den vorläufigen Charakter einer hypothetischen Ausgangsposition im experimentellen Widerstandsbewältigungsprozeß. Ideale, die vergangenen erfolgreichen Interaktionsprozessen die Richtung gewiesen haben, können, wenn sie sich immer wieder bewähren, in der Zukunft zu relativ stabilen Werten für künftige Widerstandsbewältigungsprozesse werden.[220] Nach Dewey gibt es aber keine absoluten Ideale mit Ausnahme des 'Ideals der Versöhnung', das jedoch nur ein Strukturbegriff oder (so könnte man unter Verwendung eines Kantischen Terminus sagen) eine regulative Idee ist. Die situationsspezifischen Ideale haben in der Situation, in der sie enstehen, absolute Gültigkeit, doch in den Wandlungen von Geschichte und Umwelt müssen sie als korrigierbar betrachtet werden. Der Wert von ästhetischen Situationen liegt nach Dewey nicht darin, daß sie sich den ewigen Idealen annähern (wie nach seiner Interpretation in idealistischen Theorien), sondern darin, daß aus ihr in Auseinandersetzung mit bestehenden situationsspezifischen Idealen neue, situationsangemessenere Ideale hervorgehen.[221]

Mit seiner Konzeption von den situationsspezifischen Idealen erhebt Dewey den Anspruch, den Dualismus von Idealem und Konkretem 'versöhnt' zu haben[222], indem er annimmt, daß Ideale nicht vor jedem Situationserleben und mit ewiger Gültigkeit existieren, sondern daß sie aus aktual erlebten Situationen entstehen. Nur wegen ihrer Genese aus konkreten, lebensweltlichen Situationen können sie

---

[220] Vgl. dazu in Anlehnung an D. auch *G.H. Mead (Aesthetic Experience.* 347f.).
[221] *J. Dewey: Art as Experience.* 325.
[222] Bei *J. Dewey (Human Nature)* ist die Theorie von den konkreten Idealen und dem Ideal der Versöhnung zentral.

Bedeutung für das Leben[223] haben: Nach Dewey sind die situationsspezifischen Ideale keine 'wurzellosen Utopien', sondern 'Kräfte in Natur und Gesellschaft'.

c. Instrumentales und Finales

Deweys späte Theorie der idealen 'Versöhnung' von Finalem und Instrumentalem in der ästhetischen Situation ist in seiner mittleren Phase durch die These von der *Identität von Mittel und Zweck* vorbereitet[224] worden: Ein Zweck ist für Dewey die jeweils in einer konkreten Situationen angestrebte Konfliktlösung, die nur für eine gewisse Zeit Bestand hat und zum Ausgangspunkt für den nächsten Konfliktlösungsprozeß wird. Mittel und Zweck sind lediglich in der Reflexion zu trennen. Es gibt keine objektive Unterscheidung zwischen Mittel und Zweck, weil sich der Charakter des Mittel- bzw. Zweckseins in der individuellen Situation erst ergibt.[225] Alles, was in der einen Situation Mittel ist, kann in einer anderen Zweck sein und umgekehrt. In der Trennung von instrumentalen und finalen Tätigkeiten sieht Dewey das wichtigste Defizit der Gesellschaft im Amerika des frühen 20. Jahrhunderts - sein politischer Appell, die instrumentalen Tätigkeiten so zu gestalten, daß sie final im Sinne von in sich selbst befriedigend sind, wurde schon dargestellt. (vgl. A.2.1). In *Art as Experience* betont er außerdem den instrumentalen *und* finalen Charakter der Kunst, die sowohl Mittel der Stellungnahme zu gesellschaftlichen Bedingungen (instrumental) als auch individueller Selbstausdruck (final) sein kann.[226]

d. Immanenz und Transzendenz

Obwohl Dewey in puritanischer Atmosphäre[227] aufgewachsen war, spielte die Religion nach eigenem Zeugnis in seiner Philosophie lange kaum eine Rolle.[228] Im

---

[223] *J. Dewey: A Common Faith.* 32f.

[224] Die Strategie, politische Anliegen mit philosophischen Argumenten zu stützen, entspricht *J. Dewey (Reconstruction.* 214f.).

[225] J. Dewey, *Human Nature*, 1922, S.35ff..

[226] *J.Dewey: Art as Experience.* 363. Nach *Mortimer Kadish (John Dewey and the Theory of Aesthetic Practice.* In: *New Studies in the Philosophy of John Dewey.* Hrsg. von St.M. Cahen. Hanover 1977, 103) hat D. in seiner Theorie der ästhetischen Situation den Dualismus von Konsumgenuß (consumption) und Produktion (production) überwunden.

[227] Zum Einfluß des Puritanismus auf die amerikanische Philosophie vgl. *J.F. Blau (American Philosophy.* 10ff.). Zur Religionsphilosophie von W. James und D. vgl. *a.a.O.,* 294f., 402f. Nach *H.G. Richey (Überwindung der Subjektivität.* 48ff.) betont D. im Gegensatz zu W. James die Nicht-Privatheit des Glaubens mit dem Argument, daß er sich immer im öffentlichen Handeln manifestiere. Vgl. auch *N. Guterman (John Dewey's Credo.* In: *John Dewey - The Later Work* 9. Hrsg. von J.A. Boydston. 1986, 423-425) sowie *H.N. Wieman (John Dewey's Common Faith.*

Jahr 1934 wurde dann seine Religionsphilosophie *A Common Faith* veröffentlicht.[229] Religionsphilosophie und Theorie der ästhetischen Situation stehen nicht nur zeitlich in enger Verwandtschaft.[230]

Die religiöse Qualität einer Situation besteht darin, daß zum Situationserleben die 'Ahnung einer Transzendenz' gehört: In einer Situation, in deren Zentrum zunächst einmal ein Baum steht, kann das Interesse zum Fels 'wandern', auf dem der Baum steht, dann zum Moos auf dem Felsen und so fort, bis die *potentiell unendliche Ausdehnbarkeit des Erlebens* im Zentrum steht. Diese Transzendenz bleibt jedoch (in Analogie zum "situationsspezifischen Ideal" und zur "kollektiven Individualität") immer eine (Natur-) *immanente Transzendenz*, denn sie ist die stetige, infinitesimale, in der Lebenszeit eines Menschen nicht zu beendende Annäherung an das begrenzte, aber in der Fülle seiner Einzelelemente nie ganz zu erfassende Ganze des Situationskontinuums 'Natur'. Die ästhetische Qualität ist umfassender: Mit dem Transzendenzerlebnis ist das Erlebnis der Verantwortung für Mitmensch und Natur verbunden.

Mit der Tendenz zur unendlichen Ausdehnung beschreibt Dewey sowohl *religiöse* als auch *ästhetische* Situationen.[231] Die *religiöse Qualität ästhetischer Situationen* ist im Kontext von Deweys infinitesimalem Bewußtseinsbegriff in Kapitel A.1.2.a. schon dargestellt worden. Umgekehrt hat die *religiöse Situation ästhetische Qualität*. Dewey unterscheidet die Zugehörigkeit zu einer bestimmten Religion einerseits und natürliche Frömmigkeit andererseits. Letztere hat ästhetische Qualität: In religiösen Situationen mit ästhetischer Dimension wird die Geborgenheit des Menschen im Kosmos erlebt - und damit auch die *Verantwortung* des Menschen für

---

a.a.O., 426-434) sowie *ders. (Is Dewey A Theist. a.a.O.* 438ff.) sowie *E.E. Aubrey (Is Dewey A Theist? a.a.O.*, 435-437) zu D.'s Religionsphilosophie. (D.'s Antworten *a.a.O.*, 293ff.) Vgl. *Corliss Lamont (A New Light on Dewey's A Common Faith*. In: *The Journal of Philosophy* 58. 1961, 21-28) zum Diskussionsstand um D.'s Religionsphilosophie. Vgl. *R. Dewey (Philosophy of J.D.* 24ff.) zur experimentalistischen Methode in D.'s Religionsphilosophie.

[228] *J. Dewey: Experimentalism.* 153f.

[229] Nach *J. Dewey (A Common Faith.* 6f.) sind Religionen kulturell gewachsen und gegebenenfalls einer gewissen gesellschaftlichen Situation angemessen, aber sie können keinen objektiven Wahrheitsanspruch erheben (vgl. situationsspezifischen Ideale und den pragmatistischen Wahrheitsbegriff). Experimentalistisches Denken hat höheren Autoritätsanspruch als die Lehren der Religionen. Gott ist keine Person, sondern der Name einer regulativen Idee im Kantischen Sinne. Religionsfreiheit ist für D. ein "Imperativ".

[230] *R. Bernstein (John Dewey*. 1966, 161) bezeichnet Deweys Behandlung der religiösen Situationsqualität als den "Kulminationspunkt seiner ganzen Philosophie". Zu Parallelen von *A Common Faith* und *Art as Experience a.a.O.*, 159-166.

[231] Ob eine Situation eine religiöse Situation oder eine Kunstsituation oder im umfassenden Sinne eine ästhetische Situation ist, läßt sich letztendlich nicht durch die Erlebnisqualität der Situation, sondern nur durch den Kontext bestimmen; vgl. dazu A.3.1.

den Kosmos.²³² Die wichtigste Erlebnisdimension der religiösen Situation mit ästhetischer Qualität ist ethisch bzw. politisch, nämlich das Bekenntnis zur Versöhnung der Menschengemeinschaft. Dieses ist unabhängig von einer bestimmten Religion und sollte das gemeinsame Bekenntnis (the common faith) aller Menschen sein.²³³ Nach Dewey ist dieser "transzendierende Gemeinschaftssinn" gerade in der Kunst zu erleben, weil Kunst aus religiösen Riten entstanden ist, in denen das Gemeinsame einer Zivilisation gefeiert wurde. Sie ist als "universale Sprache" sehr viel "religiöser" als Riten, die aus einer bestimmten Religion in einer bestimmten Zivilisation gewachsen sind.²³⁴

e. Individuelles und Allgemeines

Die mit dem philosophischen Subjekt-Objekt-Dualismus verwandten soziologisch-politischen Dualismen werden in Begriffen wie "Selbst", "Person", "Individuum", "Privatwelt" einerseits und "Außenwelt", "Gesellschaft", "Kollektiv" und "öffentliche Welt"²³⁵ andererseits erfaßt. Auch diese Begriffsverhältnisse sind nach Dewey lediglich auf die erlebte Situation gerichtete Perspektiven der Reflexion. Für Dewey gibt es keinen angeborenen, determinierenden Wesenskern. Das *Angeborene* ist ein diffuses Potential, das Struktur und *Individualität* (Persönlichkeit) erst durch Erlebnisse gewinnt. *Person* ist eine sich im Lauf der Zeit durch Interaktion in einer bestimmten Gesellschaft konstituierende, dynamische Größe.²³⁶ *Individuation* ist Anreicherung von Erlebnissen. Die individuelle Persönlichkeit eines Menschen ist die individuelle Summe seiner bis jetzt erlebten Situationen.²³⁷
Das Individuelle ist gekennzeichnet durch eine bestimmte, einmalige Merkmalsstruktur. *Allgemein* ist nach Dewey alles, was erfahrungsgemäß jederzeit als mit sich identisch angenommen werden kann. (Beispielsweise ist das allgemeine Ideal jeder Situation das 'Ideal der Versöhnung'.) Das Allgemeine bezeichnet außerdem alles, was prinzipiell erlebbar ist und in eine individuelle Situation eingehen kann (also das Situationskontinuum 'Natur').²³⁸ Das Individuelle und das Allgemeine, die Privatsphäre und die öffentliche Welt sind 'versöhnt' im 'kollektiv Individuellen' einer Kulturgemeinschaft. Dieses Konzept ist ein Zentralbegriff von Deweys

---

232 *J. Dewey (Art as Experience.* 19f.) sowie *ders. (A Common Faith.* 18f.)
233 *J. Dewey: A Common Faith.* 57f.
234 *J. Dewey: Art as Experience.* 275.
235 Vgl. *J. Dewey (Art as Experience.* 251) zur weitgehenden Synonymie der Begriffspaare. Vgl. *R.B. Webb (The Presence of the Past.* 37-57) zu "privat/ öffentlich" in der "alltäglichen Lebenswelt" bei D. (und A. Schutz).
236 Vgl. *R. Dewey (Philosophy of J.D.* 46ff.) zur sozialen Determiniertheit der Person.
237 *J. Dewey: Art as Experience.* 286.
238 *J. Dewey: Art as Experience.* 113.

Gesellschaftslehre. Das 'kollektiv Individuelle' ist allgemein, weil es das für alle Mitglieder einer Gesellschaft Erlebbare umfaßt. Es ist individuell, weil das konkret zu einem bestimmten Zeitpunkt Erlebbare innerhalb einer bestimmten Kulturgemeinschaft durch bestimmte Konstellationen determiniert ist. Das 'kollektiv Individuelle' einer Kulturgemeinschaft ist zwar sehr komplex, aber in dieser Komplexität weist es eine einmalige Merkmalsstruktur auf. Kollektiv individuell sind insbesondere die einer Gesellschaft zugrundeliegenden 'situationsspezifischen Werte', die sich in der Kunst manifestieren (A.2.1.b.). Weil Kunst den "unauslöschlichen Stempel" der jeweiligen Kultur trägt, unterscheidet sich beispielsweise asiatische Kunst von antiker Kunst - sie ist in diesem Sinne individuell.[239] Sie ist individuell, weil sie "den Destillierapparat des persönlichen Erlebens passiert hat"[240]. Kunst ist jedoch auch allgemein, weil das, was in ihr ausgedrückt wird, der allen gemeinsamen Welt entstammt. Deshalb kann Kunst gleichzeitig individueller Selbstausdruck und von allgemeiner, gesellschaftlicher Bedeutung sein.[241]

Durch das 'Ideal der Versöhnung' meinte Dewey, die politisch-philosophische Hauptaufgabe des Philosophen, die verlorengegangene Kontinuität von lebensweltlichen und ästhetischen Situationen neu zu entdecken und alle traditionellen philosophischen Dualismen zu 'versöhnen', gelöst zu haben.[242]

A.3. Deweys Kunsttheorie

A.3.1. Ästhetisch, Kunst und Schönheit

In *Art as Experience* verschwimmen immer wieder folgende drei Ebenen: Dewey spricht über den in seiner Gesellschaft *real existierenden Erlebnisbereich* Kunst und über die *Sollfunktion* der Kunst und über seine *Utopie von einer vollkommen ästhetisierten Lebenswelt*. Es ist nicht in Deweys Interesse, eine distinkte Unterscheidung zwischen Kunstsituationen und lebensweltlich-ästhetischen Situationen zu entwickeln. Die Elemente von *Art as Experience*, aus denen sich eine Theorie der Kunst entwickeln läßt, sind nur *Zusätze* zu einem idealen Gesellschafts- und Systementwurf, in dem es den abgetrennten Bereich Kunst nicht mehr gibt: Deweys Kunsttheorie muß als Analyse der Kunst innerhalb einer Gesellschaft im *Soll-Zustand* (A.2.1.b.) verstanden werden.

---

[239] *J. Dewey*: Art as Experience. 333ff.
[240] "... passed through the alembic of personal experience." *J. Dewey*: Art as Experience. 88.
[241] *J. Dewey*: Art as Experience. 122, 88.
[242] *J. Dewey*: Art as Experience. 9, 16. Nach *J. Gouinlock* (*J.D.'s Philosophy of Value*. vii) ist D. vor allem Moralphilosoph. Die Merkmale eines "idealistischen Systems". (vgl. A.1.1.c.) sind nicht zu verwechseln mit D.'s "idealem System".

a. 'Auch' und 'überwiegend' ästhetisch

Auch lebensweltliche Situationen (praktisches Handeln und Denkprozesse) können ästhetisch sein, wenn sie nicht ziellos oder unbewußt sind. Dewey bezeichnet die Kunstsituation als 'überwiegend' ästhetisch, während lebensweltliche Situationen gegebenenfalls 'auch' ästhetisch sind. Praktisches Handeln[243] und intellektuelle Prozesse sind 'auch' ästhetisch, wenn sie nicht ziellos oder unbewußt und im Vollzug leidenschaftlich sind. "Ein hauptsächlich praktischer Handlungsablauf ... mag schädlich für die Welt und seine Konsummation nicht wünschenswert sein. Aber er hat ästhetische Qualität."[244] Der abgeschlossene Syllogismus hat die für ästhetische Situationen typische Konsummationsphase, in der sich das Ergebnis des Denkprozesses isoliert, das aber nicht von den Prämissen abtrennbar ist. "Wenn eine Konklusion erreicht ist, ist sie die <Konklusion> einer Bewegung von Antizipation und Kumulation, einer <Bewegung>, die letztendlich zur Vollendung gelangt. ... Kurz gesagt, die ästhetische kann nicht scharf von der intellektuellen Situation getrennt werden, weil letztere ein ästhetisches Gepräge haben muß, um selbst vollendet zu sein."[245]

Deweys Unterscheidung von 'auch' ästhetischen und 'überwiegend' ästhetischen Situationen ist problematisch, weil jede graduelle Unterscheidung nur dann in einem konkreten Fall nachvollziehbar ist, wenn gleichzeitig ein Maßstab (z.B. für die Intensität einer Situation) formuliert wird. In *Experience and Nature* entwirft Dewey eine plausiblere Kennzeichnung: Er unterscheidet hier zwischen der primären und der sekundären Phase einer Situation. Die *sekundäre Phase* einer Situation ist von einer nicht ursprünglichen Reflexionshaltung geprägt. Der *primären Phase* werden in *Experience and Nature* Attribute zugesprochen, mit denen in *Art as Experience* die ästhetische Situation beschrieben wird. Eine Reflexionssituation beispielsweise ist danach 'auch' ästhetisch, wenn sie eine primäre Phase im Sinne der Unterscheidung aus *Experience and Nature* hat.[246] Sie müßte phasenweise

---

[243] Vgl. *M.R. Kadish* (*Aesthetic Practice*. 98-105) zu den Vorteilen von D's Ästhetisierung der praktischen Wissenschaften.

[244] "... a course of action that is dominantly practical ... may be one that is harmful to the world and its consummation undesirable. But it has esthetic quality." *J. Dewey: Art as Experience*. 45f.

[245] "If a conclusion is reached, it is that of a movement of anticipation and cumulation, one that finally comes to completion. ... In short, esthetic cannot be sharply marked off from intellectual experience since the latter must bear an esthetic stamp to be itself complete." *J. Dewey: Art as Experience*. 45.

[246] *J. Dewey: Experience and Nature*. Insg. (3f.). *Ph. Zeltner* (*J.D.'s Aesthetic Philosophy*) stellt die Unterscheidung von sekundären und primären Situationsphasen in das Zentrum seiner Analyse von *Art as Experience*. Unmittelbares Erleben ist für D. *die* philosophische Haltung und sogar Methode. Das kritisiert *R. Dewey* (*Philosophy of J.D.* 37ff.) als "Inkompabilität".

unmittelbares Erleben sein. Kunstsituationen wären danach 'rein' ästhetisch, weil sie nur primär, also emotional und unmittelbar erlebt werden.
Diese Unterscheidung birgt jedoch zwei Probleme. Erstens entsteht ein Widerspruch dazu, daß nach Dewey im ästhetischen Erleben *alle* Kräfte des Sich-Verhaltens (also auch die Reflexionsfähigkeit) aktiviert werden: Kunstsituationen werden nach *Art as Experience* nicht ausschließlich emotional und nicht völlig ohne Reflexionsphasen erlebt. Außerdem könnten sich nach dieser Definition in einer idealen Gesellschaft, in der sich ja nur ästhetische Situationen ereignen, ausschließlich Situationen ohne Reflexionsphasen ereignen. Das widerspräche Deweys Ideal der demokratischen Gesellschaft, in der die Intelligenz aller Mitglieder am Prozeß der Normenrekonstruktion beteiligt sein soll. Dewey greift die Unterscheidung von 'auch' ästhetischen und 'überwiegend' ästhetischen Kunstsituationen in *Art as Experience* (vielleicht aus den genannten Gründen) nicht wieder auf. So sei nur festgehalten, daß die Kunstsituation unmittelbares Erleben ist, während 'auch' ästhetische Situationen nur phasenweise und zwar vorzugsweise am finalen Höhepunkt des Prozesses unmittelbar erlebt werden.

b. Kunst, Kunstprodukt, Kunstsituation und Schönheit

Die Grundbegriffe jeder traditionellen Ästhetik sind "Kunst" ("art"), "Kunstwerk" ("work of art") und "Schönheit" ("beauty"). Diese Begriffe definiert Dewey so, daß sie auch auf jede lebensweltlich-ästhetische Situation angewandt werden können. Deweys Definitionen dieser bekannten 'Begriffshülsen' wirken vor dem Hintergrund traditioneller Ästhetik befremdend. Eine Abgrenzung der Kunst von anderen Bereichen der Lebenswelt gibt es in *Art as Experience* also auch in terminologischer Hinsicht nicht.

> " 'Kunst' hört auf, sich auf eine bestimmte Klasse von Objekten oder auf ein abtrennbares Wesen zu beziehen, und die 'Ästhetik' hört auf, sich auf einen eigentümlichen Typ der subjektiven Erfahrung zu beziehen."[247]

(1) *Kunst* (art) ist kein besonderer Seinsbereich, sondern die Qualität einer (ästhetischen) Handlung. Der Begriff ist "der Natur nach adjektivisch", nämlich ein Synonym zu "ästhetisch":

---

[247] " 'Art' ceases to refer to a fixed class of objects or to a detachable essence, and the 'aesthetic' ceases to refer to a peculiar type of subjective experience." *Th. Alexander*: *J.D.'s Theory of Art*. 188. (Hier wurde der Begriff "experience" bewußt mit "Erfahrung" übersetzt, weil Alexander sich offensichtlich auf traditionelle Ästhetiktheorien bezieht, in denen die "subjektive Erfahrung" zentral ist in einem Sinn, der D.'s "aesthetic experience" ausdrücklich entgegengesetzt ist.)

"*Art* ist eine Qualität des Tuns und dessen, was getan wird ... Wenn wir sagen, daß Tennisspielen, Singen, Schauspielen und eine Menge anderer Aktivitäten *arts* sind, dann benutzen wir eine elliptische Art, zu sagen, daß da *art in* der Ausführung dieser Aktivitäten ist, und daß diese *art* das Getane und Gemachte so qualifiziert, daß in denen, die es <das Getane und Gemachte> wahrnehmen, <andere> Aktivitäten erweckt werden, in denen ebenfalls *art* ist."[248]

Diese Definition wird allerdings nicht strikt durchgehalten. Wenn Dewey den Begriff "art" im Plural verwendet ("arts"), scheint er meistens den Erlebnisbereich Kunst bzw. "die Künste" zu meinen. Um "künstlerisch" von "ästhetisch" zu unterscheiden, benutzt Dewey oft den Begriff "artistic". Für den traditionellen Erlebnisbereich Kunst verwendet Dewey manchmal den Begriff *"schöne Kunst"* ("fine art"). Durch das Adjektiv *"fine"* jedoch wird ein Großteil der real existierenden (häßlichen) Kunstprodukte ausgeschlossen (vgl. C.3.). Die Verwendung von mehreren Begriffen (ästhetisch/*art*) für dasselbe (die Qualität "ästhetisch") ist nicht zweckmäßig. *Kunst* bezeichnet deshalb in dieser Arbeit fortan ausschließlich den *Bereich, in dem Kunstsituationen im traditionellen Sinne* erlebt werden können. Daß es auch lebensweltlich-ästhetische Situationen geben kann, ist damit nicht ausgeschlossen.

(2) Ein *art product* (Kunstprodukt) ist nach Dewey ein physisches Objekt, das in einer ästhetischen Situation entstanden ist, die Strukturen der ästhetischen Situation besitzt, und das deshalb potentiell wieder Ausgangspunkt einer ästhetischen Situation sein kann.

"... es gibt einen Unterschied zwischen dem *art product* (Statue, Gemälde oder was immer) und dem *work of art*. Ersteres ist das Physikalische und Potentielle; das Letztere ist aktiv und <wird> erlebt. Es <Letzteres> ist, was das Produkt tut, sein Wirken."[249]

"Das *product of art* - Tempel, Gemälde, Statue, Gedicht - ist nicht das *work of art*. Das *work* findet statt, wenn ein Mensch mit dem *product*

---

[248] "Art is a quality of doing and of what is done ... When we say that tennis-playing, singing, acting, and a multitude of other activities are arts, we engage in an elliptical way of saying that there is art *in* the conduct of these activities, and that this art so qualifies what is done and made as to induce activities in those who perceive them in which there is also art." *J. Dewey: Art as Experience.* 218 (329).

[249] "... there is a difference between the art product (statue, painting or whatever) and the *work* of art. The first is the physical and potential; the latter is active and experienced. It is what the product does, its working." *J. Dewey: Art as Experience.* 167.

so zusammenarbeitet, daß das Ergebnis eine Situation ist, die genossen wird ..."[250]

Wenn Dewey den Begriff "*art products*" verwendet, nennt er meistens in Klammern Beispiele wie "Gemälde", "Gedicht", "Statue". Daraus kann man schließen, daß es für Dewey doch eine Klasse von Objekten gibt, zu denen Gemälde, Gedichte und Statuen gehören. Er betont jedoch gleichzeitig, daß alle Prozesse mit allen Produkten menschlichen Schaffens (sogar mit aufgeräumten Zimmern, sofern sie aus ästhetischen Prozessen heraus entstanden sind[251]) unter günstigen gesellschaftlichen Umständen *art products* sein können. Es ist nicht sinnvoll, durch in Klammern gesetzte Beispiele den Bezug eines Begriffs kenntlich zu machen. Produkte, die aus einem 'auch' ästhetischen Prozeß heraus entstanden sind, werden fortan "*ästhetische Produkte*" heißen. Objekte wie Gemälde und Statuen, aber auch die physische Präsenz der Schauspieler in einem Theaterstück sowie die Schallwellen eines Musikstücks heißen fortan "*Kunstprodukte*". Wiederum ist es durch diese begriffliche Differenzierung nicht ausgeschlossen, daß im Kontext von ästhetischen Produkten Situationen mit derselben Qualität wie im Kontext von Kunstprodukten erlebt werden können.

(3) Der Begriff "*work of art*" bezeichnet bei Dewey die ästhetische Situation, die durch das Involviertsein eines *art products* zustandekommt.[252] Ein *work of art* findet meistens im Bereich Kunst statt; es kann aber auch im Kontext eines ästhetischen Produktes (wie bei der Entwicklung einer mathematischen Formel beispielsweise) erlebt werden. Hier werden ästhetische Situationen, in die ein lebensweltlich ästhetisches Produkt involviert ist und solche, die nicht durch ein Produkt menschlichen Schaffens initiiert wurden (Deweys Beispiel ist eine Atlantiküberquerung) in dem Begriff "*lebensweltlich ästhetische Situation*" zusammengefaßt, während der Typ von ästhetischen Situationen, in die ein Kunstprodukt involviert ist, "*Kunstsituation*" heißt.

(4) Aus Deweys Traditionskritik ergibt sich zwangsläufig, daß "*Schönheit*" in *Art as Experience* nahezu überhaupt nicht vorkommt. "Schönheit" sei in der Tradition durch "Begriffshypostasierung" "zu einem eigenständigen Objekt erstarrt", wodurch dieser Begriff "für die Belange der Theorie zu einem hemmenden

---

[250] "The *product* of art - temple, painting, statue, poem - is not the *work* of art. The work takes place when a human being cooperates with the product so that the outcome is an experience that is enjoyed ..." J. Dewey: Art as Experience. 218 (17). Vgl. Ph. Zeltner (J.D.'s Aesthetic Philosophy. 67) zum Verhältnis von *art product* und *work of art*.

[251] J. Dewey: Art as Experience. 84.

[252] Th. Alexander (J.D.'s Theory of Art. 187) sieht eine Ähnlichkeit mit Heideggers Kunstwerkbegriff. Sicher besteht außerdem eine Parallele zu Gadamers Werk-Begriff.

Begriff" geworden ist.²⁵³ Hinter einer anderen Theorie, in der "Schönheit" als "objektiviertes Wohlgefallen" definiert worden sei, stünde die "Idee, eine ästhetische Qualität gehöre nicht zu den Objekten, sondern werde durch den Geist in die Gegenstände hineinprojiziert."²⁵⁴ Der Begriff "schön" sollte also im Kontext von Deweys Kunsttheorie nicht verwendet werden, und wenn überhaupt, dann sollte er die Intensität, die Höhepunktorientiertheit sowie den harmonischen Gesamtcharakter (also den ästhetischen Charakter) einer Situation bezeichnen.²⁵⁵

A.3.2. Kunst als Ausdrucksmedium

Die Beschreibung der Kunst als universale Sprache und als ausgezeichnetes Kommunikationsmedium nimmt in *Art as Experience* großen Raum ein. Dewey stellt drei Theorieansätze nebeneinander. Seine Ausführungen zu den Medien der Künste erinnern entfernt an das Bühlersche Kommunikationsmodell (a). In seiner Ausdruckstheorie verwendet Dewey teilweise dieselben Begriffe wie Croce in seiner

---

[253] "Unfortunately, it has been hardened into a peculiar object ... For purposes of theory, it then becomes an obstructive term." *J. Dewey: Art as Experience*. 135. (Vgl. C.3.2.)

[254] Das vollständige Zitat lautet: "Such a separation lies behind the idea that esthetic quality does not belong to objects as objects but is projected into them by mind. It is the source of the definition of beauty as 'objectified pleasure'..." *J. Dewey: Art as Experience*. 253.

[255] *J. Dewey: Art as Experience*. 42f., 135, 166, 295-298. Folgendes Übersetzungs- und Begriffsraster ist bis jetzt herausgearbeitet worden:
(1) "experience"/ "having an experience"/ "it works" = "Situation"/ "eine Situation ereignet sich", "eine Situation wird erlebt"/ "es ereignet sich".
(2) "ordinary experience" = "gewöhnliche Situation" (Gegensatz zu "ästhetische Situation"; nicht zu verwechseln mit "lebensweltliche Situation").
(3) "aesthetic experience"/ "work of art" = "ästhetische Situation" (Oberbegriff für "Kunstsituation" und "lebensweltlich ästhetische Situation").
(4) "work of fine art"/ "artistic experience" = "Kunstsituation" (eine Situation, die sich im Kontext eines Kunstproduktes ereignet).
(5) "arts"/ "fine art" = "die Künste"/ "Kunst" (Bereich, in dem im Kontext von Kunstprodukten Kunstsituationen erlebt werden können).
(6) "lebensweltlich ästhetische Situationen" sind "ästhetische intellektuelle Situationen", "ästhetische praktische Situationen" oder "ästhetische religiöse Situationen".
(7) "art", "esthetic" = "ästhetisch".
(8) "artistic"/ "artist" = "künstlerisch" / "Künstler"
(9) "art product", "esthetic product" = "ästhetisches Produkt" (Oberbegriff für "lebensweltlich ästhetisches Produkt" und "Kunstprodukt").
(10) "product of fine art" = "Kunstprodukt" (z.B. Gemälde, Statuen, Präsenz des Schauspielers).
(11) "lebensweltlich ästhetische Produkte" sind Produkte, die in einer lebensweltlich ästhetischen Situation entstanden sind (Formeln als Ergebnis eines abgeschlossenen Syllogismus, ein aufgeräumtes Zimmer etc.).
(12) "ordinary product" = "gewöhnliches Produkt".

Ästhetiktheorie, doch sie haben andere Bedeutungen (b). Die Analyse der Kunstsituation in *substance/form*-Kategorien erinnert an Santayanas Analyseraster (c).[256]

a. Kunst als Medium

Nach Ph. Zeltner unterscheiden sich Kunstsituationen von lebensweltlich ästhetischen Situationen durch den Besitz eines Mediums.[257] Dewey bezieht sich tatsächlich in seinen Beispielen zum Thema "Medium" nahezu ausschließlich auf Kunstprodukte und "Künstler" ("artists"). Weil seine Ausführungen zum Medium insgesamt am ehesten geeignet sind, als Ansätze zu einer Theorie der Kunst im engeren Sinne gewertet zu werden, soll hier die Frage nach der Übertragbarkeit auf lebensweltlich ästhetische Situationen (die entgegen Zeltners These nicht eindeutig zu beantworten wäre) ausnahmsweise außer Acht gelassen werden.

Daß in jede Kunstsituation ein Medium involviert ist, trägt in besonderem Maße zur Intensivierung des ästhetischen Erlebens im Kontext eines Kunstprodukts bei.[258] Eine Kunstsituation ist kommunikativ und expressiv, weil sie ein Medium als "verbindendes Glied" hat.[259] Zu jeder Kunstsituation gehören Künstler, Medium und Rezipient:

> "Der Hörer ist ein unverzichtbarer Partner. Das *work of art* ist nur dann vollständig, wenn es sich in dem Situationserleben eines anderen Menschen als dem, der es schuf, ereignet. ...Es gibt den Sprecher, das Gesagte und denjenigen, zu dem gesprochen wird. Das äußere Objekt, das *product of art*, ist das verbindende Glied zwischen Künstler und Hörerschaft. Sogar wenn der Künstler in Einsamkeit arbeitet, sind alle drei Relata präsent. Das Werk ist im Entstehen, und der Künstler muß zum Stellvertreter der rezeptiven Hörerschaft werden. ...Er beobachtet und versteht, wie eine dritte Person beobachten und interpretieren

---

[256] *Karl Bühler*: Sprachtheorie. Die Darstellungsfunktion der Sprache. E.A. Jena 1934. (D. kannte dieses Modell natürlich nicht; *Art as Experience* wurde im selben Jahr wie Bühlers Buch veröffentlicht. Es ist jedoch bemerkenswert, daß sich hier unabhängig voneinander, aber zeitgleich in den U.S.A. und in Europa ähnliche Ideen entwickelt haben.). *Bendetto Croce (Estetica com scienza dell' espressione e liguistica generale.* Mailand/ Palermo/ Neapel ^{1}1902, ^{2}1903. Im Text zit. nach: *Ästhetik als Wissenschaft des Ausdrucks und allgemeine Linguistik.* Theorie und Geschichte. Übers. von K. Federn. Leipzig 1905) vertritt die Identitität von Ausdrucksergebnis und Ausdruckshandlung. *George Santayana (The Sense of Beauty).* Being the Outline of Aesthetic Theory. New York 1896. Im Text. zit nach: New York 1955, 35-51, 53-117) analysiert das *material* und die *form* der verschiedenen Künste. (Auf diese beiden Ästhetiktheorien bezieht sich D. mehrmals.)

[257] *Ph. Zeltner: J.D.'s Aesthetic Philosophy.* 77 (vgl. C.2.).

[258] *J. Dewey: Art as Experience.* 199.

[259] *J. Dewey: Art as Experience.* 66f.

könnte."
"Das Medium ist ein Vermittler. Es ist ein Bindeglied zwischen Künstler und Betrachter."[260]

(1) Dewey könnte mit dem Begriff "Medium" das Kunstprodukt meinen, im Sinne des materialen Zeichenträgers der Semiotik oder des Codes von Bühler. Mit dieser Interpretation sind jedoch zwei Probleme verbunden:
Es müßte angenommen werden, daß das Kunstprodukt als Zeichenträger besondere materiale Eigenschaften hat, die die Bedeutungen designierten, welche im Interpretationsprozeß erschlossen werden könnten. Es entspricht der naiven Erfahrung, daß in jede Kunstsituation ein solches bedeutungsvermittelndes Kunstprodukt involviert ist. Andererseits würde Dewey so mit den Kunstprodukten entgegen seinem Progamm eine von lebensweltlichen Produkten unterschiedene Objektklasse einführen. Letztendlich ist es nicht wahrscheinlich, daß Dewey die Existenz der Klasse der Kunstprodukte als einer Produktklasse mit besonderen kommunikativen Eigenschaften gegenüber lebensweltlich ästhetischen Produkten zugeben würde, auch wenn sich manche Passagen von *Art as Experience* so lesen lassen (Fortsetzung in C.2.).
In Bühlers Kommunikationsmodell hat der Interpret den Status eines Kommunikationssubjekts, während das Kunstprodukt das Medium im Sinne eines Codes, eines zu interpretierenden Objekts wäre. Diese Interpretation des Mediums ist problematisch, weil es für Dewey keine Trennung von Subjektivem und Objektivem im ästhetischen Erleben gibt.[261] Nach Dewey ist das Medium im ästhetischen Situations*erleben* weder subjektiv noch objektiv[262]; es ist mehr als der materiale Zeichenträger, mehr als das Kunstprodukt: es ist die *Beziehung* zwischen dem im Hinblick auf das beabsichtigte Erleben einer Kunstsituation geformten *physical material* und dem komplementären *Organ* desjenigen, der die Kunstsituation erlebt. Die sinnlichen Elemente innerhalb einer Kunstsituation sind nach Dewey nicht 'Träger' oder 'Darsteller' der Bedeutung, sondern sie sind so unmittelbar mit der Bedeutung verwoben wie eine schwangere Frau mit ihrem Kind.[263] Das Medium der ästhetischen Situation *ist* die relativ isolierte, konzentrierte und intensive Aktivie-

---

[260] "The hearer is an indispensable partner. The work of art is complete only as it works in the experience of others than the one who created it. ...There is the speaker, the thing said, and the one spoken to. The external object, the product of art, is the connecting link between artist and audience. Even when the artist works in solitude all three terms are present. The work is there in progress, and the artist has to become vicariously the receiving audience. ... He observes and understands as a third person might note and interpret." "The medium is a mediator. It is a go-between of artist and perceiver." J. Dewey: Art as Experience. 111, 204.

[261] Zu D.'s Distanzierung von einem Subjekt im Kommunikationsprozeß vgl. C.2.2.

[262] *J. Dewey: Art as Experience.* 292.

[263] *J. Dewey: Art as Experience.* 122.

rung eines Sinnesorgans durch die sinnlich wahrnehmbaren Situationselemente. Das Medium einer Kunstsituation beispielsweise, in der ein Gemälde als Kunstprodukt im Zentrum steht, *ist* das *Wechselspiel* zwischen dem Auge einerseits und den Farbpigmenten und der Oberflächenstruktur der Pinselstriche andererseits.[264]

(2) Der Besitz eines Mediums ist das gemeinsame Merkmal aller Künste[265] - und Dewey macht allgemeine Aussagen über die unterschiedlichen Charaktere der spezifischen *Medien der Künste*. Er betont zwar, daß er damit weder Objektklassen außerhalb der Lebenswelt einführt noch die Kunstgattungen distinkt voneinander trennt - faktisch unterscheidet er aber ganz traditionell die verschiedenen Kunstgattungen, indem er ihre *allgemeinen Designate* sowie den *Grad der Unmittelbarkeit* (Emotionalität) des Erlebens klassifiziert.[266]

In der *Architektur* werden die elementaren Widerstandsverhältnisse im anorganischen Bereich (Belastung, Spannung, Druck und Gegendruck, Lichtverhältnisse etc.) als Grundverhältnisse aller Existenz ausgedrückt. Außerdem wird durch Gebäude die elementare Sehnsucht der Menschen nach Schutz und Unvergänglichkeit ins Zentrum des ästhetischen Erlebens gestellt. Drittens werden von der Architektur die der Gesellschaft zugrundeliegenden Werte "absorbiert": "Die Häßlichkeit der meisten Fabrikgebäude" und die reine Funktionalität vieler Bankgebäude haben ihre Ursache darin, daß dem Schöpfungsprozeß eine Werteverwirrung zugrundegelegen hat.[267]

Skulpturen vermögen wie Gebäude der Zeit zu trotzen. Sie lassen nach Dewey persönliche Unsterblichkeitssehnsucht erleben, weil Skulpturen individuelle Entitäten (meistens Personen) darstellen. Sie verkörpern wie Gebäude die Werte der jeweiligen Gesellschaft. Außerdem bringen sie elementare physikalische Bedingungen der Existenz zum Ausdruck, denn sie sind durch Balance und Ausgeglichenheit der Teile bestimmt.[268]

> "Kurz, die Emotionen, die zu dem Medium am besten passen, sind Vollendung, Ernst, Gemütsruhe, Balance und Frieden."[269]

---

[264] J. Dewey: Art as Experience. 199f.

[265] J. Dewey: Art as Experience. 205.

[266] J.Dewey: Art as Experience. 199. Vgl. Ph.M. Zeltner (J.D.'s Aesthetic Philosophy. 81-120) zu D.'s Charakterisierung der verschiedenen Medien der Künste, insbesondere der Musik.

[267] J. Dewey: Art as Experience. 234ff. (235).

[268] J. Dewey: Art as Experience. 236-239. Hier macht sich D.'s einseitiges Kunstverständis bemerkbar: Es gibt sehr aggressive, 'unelegante' Skulpturen (vgl. C.3.2.). Die Charakterisierungen der Künste sind insgesamt deutlich von Deweys persönlichem Geschmack bestimmt; eine kritische Diskussion erübrigt sich deshalb.

[269] "In short, the emotions to which the medium is best suited are finish, gravity, repose, balance, peace." *J. Dewey: Art as Experience.* 238.

In der *Malerei* stehen die Beschaffenheit des Auges sowie die Relevanz von Sehfähigkeit und Lichtverhältnissen im Zentrum des ästhetischen Erlebens. Welche Widerstandsbewältigungsprozesse im Kontext von Malerei durchlebt werden können, vermag Dewey nicht allgemein anzugeben, weil es ganz verschiedene Bildinhalte und -formen gibt.[270] Da die Malerei auf Anschaung angelegt ist, steht sie im unmittelbaren Kontakt zur Lebenswelt. Jede Veränderung in der Lebenswelt - wie die Erfindung des Mikroskops - schlägt sich sofort in neuen Maltechniken nieder. Dewey zitiert zur abstrakten Malerei A. Barnes:

> "Wenn wir in einem Bild überhaupt keine Repräsentation irgendeines speziellen Objekts entdecken können, dann könnte es doch Qualitäten repräsentieren, die *alle* speziellen Objekte miteinander teilen, wie beispielsweise Farbe, Ausdehnung, Festigkeit, Bewegung, Rhythmus etc."[271]

Während in Architektur und Skulptur ausgeglichene Stimmungen vorherrschen, spiegelt die *Musik* die Widerständigkeit aller Lebensprozesse. Dissonanzen und ihr Streben nach Auflösung in Konsonanzen sind für Dewey genauso im Leben verwurzelt wie die rhythmische Gliederung und das Aufeinandertreffen von antagonistischen Energien in der Musik. Das Ohr ist das Warnorgan der Natur, das auch im Schlaf wachsam bleibt. Insofern wirkt Musik auf den menschlichen Organismus sehr viel direkter und unmittelbarer als andere Künste. Ein Geräusch aktiviert auch

---

[270] Diese Lücke wird gefüllt von *Dorothee Lehmann (Das Sichtbare der Wirklichkeiten. Die Realisierung der Kunst aus ästhetischer Erfahrung. John Dewey - Paul Cézanne - Mark Rothko. In: Kunst - Geschichte und Theorie* 18. Essen 1991). Lehmann will D.'s "Ansatz für die Kunstwissenschaft nutzbar machen" (11), indem sie über die Rezeptionsästhetik hinaus die Werk-Betrachter-Relation in einer Weise thematisiert, in der auch die Bildanalyse ihren Stellenwert hat. Die Werkanalyse von Paul Cézannes *Aquarelle mit dem Motiv der Montagne Sainte-Victoire* (Winterthur, 1904/1906) und Mark Rothkos *Ohne Titel* (Washington 1969) ist parallel zur Analyse des Kunst*erlebens* angeordnet. Die beiden Werke wurden ausgewählt, weil "sie selbst den menschlichen Blick auf das Phänomen der Erfahrung thematisieren" (15). Nach Lehmann hat D. das Ästhetische als den "Bruch durch die Routine" der "Sehgewohnheiten", als Hinterfragung der "lebensweltlichen Ordnungsfaktoren Raum und Zeit" definiert (162). "Es war ein ausdrückliches Anliegen Rothkos, ästhetische Erfahrung zu ermöglichen und die gewohnte Sichtweise zu durchbrechen. Die späten Werke leisten daher wie die Werke Cézannes auf besondere Weise einen Beitrag zur Diskussion über "Kunst als ästhetische Erfahrung, wie sie im Sinne Deweys geführt werden kann. Da das Thema der Werke die Wahrnehmung ist, ... läßt sich am Beispiel der Werke Rothkos der Prozeß 'ästhetische Erfahrung' unmittelbar betrachten." (121)

[271] "When we cannot find in a picture representation of any particular object, what it represents may be the qualities which *all* particular objects share, such as color, extensity, solidity, movement, rhythm etc." A.C. Barnes: *The Art in Painting*. New York ²1928, 52. Zitiert in: *J. Dewey: Art as Experience*. 99.

ohne intellektuelle Interpretationsleistung den ganzen Körper. Unmusikalität ist eine elementarere Störung der natürlichen Verbindung zwischen Gehör und Organismus. Musik ist wegen ihrer unmittelbaren Wirkung am unabhängigsten von allen geistigen Prozessen und die ideologiefreieste Kunst.[272] Eine Ausnahme macht Dewey bei "abstrakter Musik": weil sie sich mathematisch-rationaler Gestaltungsprinzipien bedient, ist sie weniger unmittelbar (emotional) und kann niemals populär werden.[273]

Die *Literatur* nimmt nach Dewey eine Sonderstellung unter den Künsten ein. Ihr *material* (die Wörter) hat bereits Bedeutung, bevor es dem künstlerischen Gestaltungsprozeß unterworfen wurde - Wörter sind Symbole, die eine kulturell festgelegte Bedeutung haben. Also gibt es in der Literatur keine Kluft zwischen ungeformtem und geformtem *physical material* wie in allen anderen Künsten. Während durch Musik unmittelbar (emotional) ein bedeutender Widerstandsbewältigungsprozeß erregt wird, verweisen andere Künste, die gesehen werden (Malerei, Skulptur, Plastik), *auch* indirekt (nämlich über eine Interpretationsleistung) auf den bedeutenden Widerstandsbewältigungsprozeß. Wörter haben aber vor allem eine geistige Bedeutung, die verstanden werden muß. Wegen ihrer geistigen Dimension ist die Literatur die Kunstgattung, in der im besonderen Maße Ideale formuliert werden. Andererseits ist die Literatur in Gefahr, zu ideologischen Zwecken mißbraucht zu werden. Weil die Literatur aus Wörters besteht, welche direkt aus gesellschaftlichen Konvention entstanden sind, ist sie außerdem davon bedroht, in Konventionen zu erstarren - sie bedarf "der ständigen Auffrischung".[274]

---

[272] *J. Dewey: Art as Experience.* 241-244 (Kritik in C. Einführung).

[273] *Ph. Zeltner (J.D.'s Aesthetic Philosophy.* 97ff.) kritisiert diese Einschränkung, weil auch abstrakte Musik eine nichtrationale, emotionale Wirkungsebene habe. Diese Kritik muß noch verschärft werden: (1) Jede Komposition, der weder ein Programm noch ein Text zugrundeliegt, heißt "abstrakte Musik" (auch Sinfonien etc.). Hier wurde wahrscheinlich ein Begriff aus der Malerei auf die Musik übertragen. (2) Jede Musik bedient sich mathematisch-rationaler Gestaltungsprinzipien - gerade die physikalischen Spannungsverhältnisse (Obertonverhältnisse) populärer Musik mit einfacher Harmonik lassen sich klar in mathematischen Formeln erfassen. (3) Gemeint ist wohl eher avantgardistische Musik (A. Webern z.B.). Auch diese Musik hat emotionale Ebenen. (4) Die Erfahrung zeigt, daß das Hörerlebnis umso intensiver und emotionaler wird, je vertrauter die musikalischen Ausdrucksmittel und je größer die Hörerfahrung für den Rezipienten sind. (5) Eine Gleichsetzung von Emotionalität und Popularität ist in jedem Falle falsch.

[274] *J. Dewey: Art as Experience.* 244f. *Th. Alexander (J.D.'s Theory of Art.* 286. Anm. 32) kritisiert, daß D. hier eine idealistische <die Hegelsche> Rangordnung der Künste nach dem Grad ihrer Spiritualität vertrete, wonach die Literatur den höchsten Rang einnehme. D. führt tatsächlich eine systeminadäquate Hierarchie ein, in der jedoch die Musik als die am unmittelbarsten erlebte Kunst (wie aus anderen Gründen auch bei Schopenhauer) an oberster Stelle steht. Das sieht auch *Thomas Baumeister (Kunst als Erfahrung: Bemerkungen zu Deweys 'Art as Experience'.* In: *Zeitschrift für philosophische Forschung* 37. 1983, 618): "Es ist ... nicht die Denotationsbeziehung von Zeichen und Symbolen, an denen sich für Dewey das Wesen

(3) Dewey hat also anscheinend zwei Begriffe von "Medium". Einerseits ist "Medium" die Symbiose von Sinnesorgan und sinnlichen Elementen der Situation; andererseits werden die Medien der Künste nach Kunstproduktklassen klassifiziert. Diese Doppelbedeutung läßt sich folgendermaßen erklären: Es gibt grundsätzlich zwei Grundhaltungen, nämlich unmittelbares (emotionales) Erleben selbst und nachträgliche Reflexion über das emotionale Erleben. Reflexion ist die angemessene Haltung für den Autor von *Art as Experience*, der eine Theorie des ästhetischen Situationserleben schaffen will. Diese Reflexion kann wiederum zwei Gegenstände haben (und das trennt Dewey leider nie): Es kann aus der Retrospektive erstens die *Erlebnisqualität* analysiert werden, und zweitens kann *das im Erleben zu einer Einheit Verschmolzene* getrennt betrachtet werden. Wenn Dewey die Reflexionshaltung des zweiten Typs annimmt, bezeichnet der Begriff "Medium" das, was eine Bedeutung 'vermittelt' (das Kunstprodukt). Dewey nimmt in *Art as Experience* nahezu ausschließlich die Reflexionshaltung des ersten Typs ein, indem er die Erlebnisqualität von Situationen beschreibt. In diesem Fall 'vermittelt' das Medium der Kunstsituation nicht, sondern es *ist* die *Vermittlung*, die vollständige Verschmelzung zweier in der Reflexion zu trennender Erlebniselemente. Im Medium der Kunst ist das, was in der Reflexion als 'Dargestelltes' eingestuft werden könnte, mit dem, was derjenige, der die Situation erlebt, in das Kunsterleben mit einbringt, symbiotisch verschmolzen.[275]

b. Kunst als Ausdruck

Die Aktivität der Kräfte der Imagination ist für Dewey identisch mit der Ausdruckshandlung, welche wiederum identisch mit dem Ausdrucksergebnis ist.[276] Wie beim Saftpressen der Saft ist, was er ist, als Ergebnis der vorangegangenen Preßhandlung, so ist das 'Ergebnis der Ausdruckshandlung' untrennbar von der Ausdruckshandlung selbst.[277]

---

bedeutungsvoller Erfahrung und der Erfahrung von Bedeutungen primär darstellt. Hierin zeichnet sich bereits die Affinität seines Ansatzes mit Kunstformen ab, in denen die repräsentierende Komponente von untergeordneter Bedeutung ist: wie etwa in der Musik und der nichtfigurativen Malerei."

[275] Natürlich ist die Kunstsituation dennoch von der Beschaffenheit des Kunstproduktes abhängig; ein Medium des ersten Typs (ein Vermittler) kann nur in ein Medium des zweiten Typs (eine Vermittlung) eintreten, wenn es einen bedeutenden Widerstand zur Disposition stellt (vgl. C.2.).

[276] Ein ähnlicher Zusammenhang zwischen Imagination (bzw. Intuition) und Ausdruck wurde von B. Croce hergestellt. Deshalb greift die Idealismuskritik unter anderem hier an (vgl. B.2.).

[277] J. Dewey: *Art as Experience*. 88. (Man muß beachten, daß es D. wieder um die Bekämpfung von Dualismen geht. Es ist natürlich weder ein Charakteristikum ästhetischer Handlungsprozesse noch eine besonders originelle Erkenntnis, daß das Ergebnis einer Handlung untrennbar mit der Handlung selbst verbunden ist - das wird mit dieser seltsamen Metapher auch nicht beansprucht.)

(1) Meistens definiert Dewey die originär[278] neue Bedeutung, die am Höhepunkt der Kunstsituation erlebt wird, als das *Ergebnis der Ausdruckshandlung*. Als Ergebnis der Audruckshandlung wird aber auch das expressive Produkt des künstlerischen Schaffensprozeß bezeichnet.[279] Diese *Doppeldeutigkeit* ist genauso wie die von "Medium" zu erklären: Wenn in einer nachträglichen Reflexion die im Schöpfungsprozeß zu einer Einheit verwobenen Elemente getrennt betrachtet werden, ist das Ergebnis der Ausdruckshandlung das Kunstprodukt. Wenn das Erleben reflektiert wird, ist das Ergebnis dagegen das Erleben der neuen Situationsbedeutung.

(2) Dewey unterscheidet *Aussagen* und *Ausdrücke*. Aussagen (statements) haben statische Bedeutungen, die von jedermann in gleicher Weise verstanden werden. Der Prototyp von Aussagen sind wissenschaftliche Definitionen - die Formel H_2O steht immer für Wasser. Der Lernprozeß im Umgang mit Aussagen ist einmalig und eindimensional.

Die Bedeutungen von Ausdrucksobjekten entstehen im Ausdrucksakt selbst. Es gibt keine fest definierte Entschlüsselungslogik für Ausdrucksobjekte, sondern einen breiten Spielraum für Interpretation und individuelles Erleben. Die Ausdruckshandlung ist ein komplexer Prozeß, der die ganze Existenz desjenigen berührt, der eine Situation erlebt. Die Bedeutung eines Ausdrucks, der sich auf Wasser bezieht, umfaßt außer der chemischen Zusammensetzung auch die Erlebnisqualität des Wassers in einem konkreten Interaktionsprozeß. Kunst ist individueller *Ausdruck*. Kunsterleben entsteht für Dewey nicht aus schematisch decodierbaren *Aussagen*. Also dürfen Künstler keine Schematismen verwenden. Dewey stellt das schematische Darstellen von Gemüts- und Leidenszuständen von Heiligen durch hängende Mundwinkel in den "meisten der früheren religiösen Gemälden" den individuellen Märtyrerdarstellungen von Giotto gegenüber.[280] Die These, daß Kunsterleben nur durch individuellen Ausdruck initiiert wird, sieht Dewey bestätigt in einem Brief van Goghs an dessen Bruder, in dem der Maler versucht, eines seiner Bilder (eine Brücke) zu beschreiben. Van Gogh beschränkt sich zwar keinesfalls auf die Beschreibung der äußeren Merkmale der Brücke, sondern versucht durchaus, mit Worten die emotionale Dimension, die "tiefe Einsamkeit" zu erfassen. Diese Beschreibung bleibt jedoch unzureichend gegenüber dem Erleben des

---

Vgl. auch *Ph. Zeltner (J.D.'s Aesthetic Philosophy*. 31-47) zu D.'s Ausdruckstheorie. Vgl. *V. Kestenbaum (Phenomenological Sense of J.D*. 41-56) zu einem Vergleich von D.'s und Merleau-Pontys Theorien der expressiven Akte.

[278] D. spricht wahrscheinlich von der "originär neuen" Bedeutung einer Situation, weil die Bedeutungen in der jeweiligen Situation erst entstehen.

[279] *J. Dewey: Art as Experience*. 89.

[280] *J. Dewey: Art as Experience*. 96-99.

Kunstprodukts: Das Bild ist expressiv, während im Brief (nur) Aussagen formuliert werden.[281]

(3) Die *Ausdruckshandlung* beschreibt Dewey als *geplanten Interaktionsprozeß*, in dessen Verlauf sich die Bedeutung der Situation synthetisiert. Ein Ausdrucksakt ist für Dewey zwar emotional, aber keine ungeformte, planlose Impulssetzung. Am Beginn jeder expressiven Handlung steht ein Antrieb, der den ganzen Organismus in Bewegung setzt - im Gegensatz zu einem isolierten Antriebsfaktor, wie beispielsweise Nahrung, die den Gaumen berührt und Speichelfluß auslöst.[282] Von dem ganzheitlichen Antrieb her definieren sich Zielsetzung, Strategie und Bedeutung des Interaktionsprozesses. Dewey illustriert diese These von der Geplantheit des Ausdrucksaktes mit dem Schreien eines Babys.[283] Wenn das Baby keinen Einblick in den Zusammenhang von Bedürfnisbefriedigung und Weinen, von Ausdrucksabsicht und Form bzw. Strategie des Ausdrucksaktes hat, ist sein Weinen reine Gefühlsäußerung. Erst, wenn es diesen Zusammenhang festgestellt hat, kann es seine Gefühlsäußerung zweckhaft eingesetzen - sein Schreien wird zum Ausdrucksakt.

(4) Der Ausdrucksakt ist ein mühsames Ringen um die Kongruenz von Rohmaterial und Form.[284] Ein Künstler ist demnach jemand, der ausdauernd um diese Kongruenz ringt. Van Gogh beschreibt seinen mühsamen, oft vagen Prozeß der Suche nach einem klaren Ausdruck.[285] E.A. Poe weist darauf hin, daß der Theaterbesucher nur das Ergebnis des ästhetischen Schöpfungsprozesses (die Aufführung) sieht, nicht aber den hohen Aufwand, der vor und während der Vorstellung hinter den Kulissen getrieben wird[286].

(5) In der Kunst wird nach Dewey der Dualismus von 'Freiheit' des künstlerischen Selbstausdrucks und 'Notwendigkeit' bzw. 'Gesetzmäßigkeit' des ästhetischen Schaffens 'versöhnt'.[287] Künstlerische Freiheit ist die Fähigkeit, im Rahmen *vorgegebener Determinanten* eine *genuin neue Ordnungsstruktur* nach Maßgabe des künstlerisch-individuellen *Interesses* zu schaffen. Sie ist nicht Willkür oder Exzen-

---

[281] Vgl. *J. Dewey (Art as Experience.* 89-99) zu diesem Abschnitt.
[282] *J. Dewey: Art as Experience.* 64.
[283] *J. Dewey: Art as Experience.* 66f.
[284] D. vermutet, daß Gott die Eigendynamik des Materials selbst nicht übersehen konnte, als er anfing die Welt zu schaffen. Erst am siebten Tag habe er gesehen, daß es gut war, wie uns das Buch Genesis berichtet. *A.M. Tamme (A Critique.* 87) kritisiert, daß Dewey die Bibelberichte willkürlich ergänze: Im Schöpfungsbericht stehe nichts von einer Überraschung Gottes. Dieser theologische Einwand mag berechtigt sein, doch sollte man D.'s 'Schöpfungsbericht' lediglich als Veranschaulichung seiner Ausdruckstheorie lesen und nicht als alttestamentliche Bibelexegese.
[285] Vgl. *J. Dewey (Art as Experience.* 78f.) mit einem Hinweis auf die analoge Beschreibung der religiösen "Erleuchtung" bei W. James.
[286] *J. Dewey: Art as Experience.* 80.
[287] *J. Dewey: Experience and Nature.* 357-361.

trik; aus ihr darf nie etwas Chaotisches entstehen, wenn auch die innewohnenden Ordnungsstrukturen nicht immer spontan erkennbar sind. Sie offenbart sich an der originellen und individuellen Sicht auf das zu gestaltende *inner* und *outer material*, das aber seine eigenen Gesetzmäßigkeiten in den Prozeß der aktual erlebten ästhetischen Situation mit einbringt. Deweys Konzept von der *künstlerischen Freiheit als individuelle Assimilation des Notwendigen* steht explizit im Zusammenhang mit der Kantischen Konzeption der transzendentalen Freiheit. Freiheit geht danach vom Modus der Potentialität in den Modus der Aktualität über, wenn das transzendentale Subjekt der Freiheit die Gesetze der Moral zu seinen eigenen Gesetzen macht.[288]

Die innewohnende Ordnung der ästhetischen Situation und des Kunstproduktes ist keine monotone Gleichförmigkeit und keine starre Befolgung von Regeln (eine solche Gestaltung nennt Dewey "Tick-Tack-Methode" in Anlehnung an die Gleichförmigkeit des Tickens einer Uhr[289]). Kein Sänger singt mit Sinustongenauigkeit, und trotzdem ist das Timbre großer Sänger 'richtig', 'schön' und zumindest für geschulte Ohren unverwechselbar.[290] Gerade die Abweichungen von der Norm bieten die Möglichkeit zur Auffindung neuer Gesetzmäßigkeiten. Gesetze, die von Meistern einer Kunstgattung aufgestellt werden, müssen von ihren Schülern als Ausgangspunkt zu neuer, origineller und individueller Gestaltung betrachtet werden. Das einzige 'Gesetz', dem ein Künstler neben den innewohnenden Gesetzten des *materials* folgen muß, ist die "Notwendigkeit zur Aufrichtigkeit".[291] Seine Ausdrucksabsicht muß dem Künstler nicht notwendig bewußt sein, doch eine Diskrepanz zwischen bewußt gelenktem Tun und tieferer (entweder unbewußter oder bewußt verborgener) Gefühlsschicht darf nicht bestehen, denn das ist die Hauptquelle von Künstlichkeit.[292]

c. Deweys Analyseraster

Dewey will in seiner Kunstreflexion zeigen, daß im aktualen Erleben einer Kunstsituation alle Trennungen der Reflexion (politische, philosophische und kunsttheoretische) zu einer Einheit verschmolzen sind. Von diesem Grundanliegen be-

---

[288] *J. Dewey*: Art as Experience. 286. Vgl. ebenda auch die Anmerkung zu Schiller und Kant.
[289] *J. Dewey*: Art as Experience. 168. Es erscheint allerdings unwahrscheinlich zu sein, daß diese Gleichförmigkeit jemals als ästhetisches Prinzip gefordert wurde. Deshalb ist diese Kritik undurchsichtig. *Ph. Zeltner (J.D.'s Aesthetic Philosophy.* 71) verweist in diesem Zusammenhang auf amerikanische Filme mit "Dschungel-Motiven". Vielleicht meint Zeltner die Sorte von Filmen, die aus der klischeehaften Aneinanderreihung von 'Heldentaten' bestehen.
[290] *J. Dewey*: Art as Experience. 169.
[291] "...necessity of sincerity." *J. Dewey*: Art as Experience. 193.
[292] *J. Dewey*: Art as Experience. 69.

herrscht, unterläßt er es meistens, das, was im Erleben zu einer untrennbaren Einheit verschmolzen ist, in seiner Reflexion zu trennen. Einzig Deweys Modifizierung des aristotelischen Stoff/Form-Schemas bietet ein Instrumentarium für die nachträgliche Analyse einer aktual erlebten Kunstsituation.
(1) Die in der Reflexion von der *form* zu trennende *matter* eines Kunstwerks synthetisiert sich nach Dewey aus sechs, in zwei Triaden angeordneten, nicht streng unterscheidbaren Elementen.
(1.1) Die erste Triade *subject* (oder auch *matter for*) - *subject-matter* - *actual substance* (oder auch *matter in*) führt Dewey in *Art as Experience* explizit als Analyseraster im 6. Kapitel seiner Ästhetik in Anlehnung an Bradleys Unterscheidung von *substance* und *subject* ein[293].
Das *subject* einer Kunstsituation definiert Dewey als den allgemeinen Gegenstand des Kunsterlebens, der so, aber auch anders dargestellt werden kann: ein äußerer Anlaß (z.B. ein politisches Ereignis wie die französische Revolution), ein Topos der künstlerischen Tradition (*Ödipus*-Sage) oder ein menschlicher Wert (treue Liebe bis in den Tod wie in Shakespeares *Romeo und Julia* oder in Wagners *Der Fliegende Holländer*). Die *actual substance* ist nach Dewey die aktual erlebte Kunstsituation als Gesamtheit aller im Prozeß aktivierten Erlebnisebenen. Dazu gehören das Vorwissen des Rezipienten, seine Werte und alte Erlebnisse, aber auch das Charakteristische des Kunstproduktes. Die *actucal substances* sind in jeder aktual erlebten Kunstsituation verschieden, auch wenn identische Kunstprodukte (also identische *subjects*) zur Disposition stehen. Die *actual substance* ist als konkretes Kunsterleben individuell und einmalig. Sie synthetisiert sich aus den fünf übrigen Kategorien und ist von der *form* der Kunstsituation nur in der Reflexion getrennt. Dewey betont, daß sie keinesfalls mit dem *Titel* eines Kunstproduktes gleichzusetzen ist: Titel könnten zwar Assoziationsketten in Gang setzen, bezeichnen aber nicht das Wesen der Kunstsituation, zu dem das Kunstprodukt Anreiz bietet. Sie haben lediglich den Status eines Hinweisschildes und dienen der direkten Bezugnahme. Die *subject-matter* ist der unbewußte und bewußte Erlebnishorizont, den ein individueller Rezipient bzw. Künstler in bezug auf das allgemeine *subject* mitbringt. Dewey wählt das Beispiel eines Kunstproduktes, in dem das Töten eines Albatrosses gestaltet wird: die *subject-matter* ist die Summe aller Grausamkeits- und Mitleidserlebnisse, die derjenige, der die Situation erlebt, schon hatte. Die Kategorie der *subject-matter* ist eine Erweiterung von Bradleys Kategorien und stellt wohl eine Würdigung des subjektiven Anteils im Erleben einer Kunstsituation dar. Es kann vermutet werden, daß Dewey diese Kategorie einführte, um noch einmal zu betonen, daß in der aktual erlebten Kunstsituation in der Reflexion zu trennende subjektive und objektive Elemente zu einer untrennbaren Einheit verwoben sind.

---

[293] A.C. Bradley: *Poetry for Poetry's Sake*. In: *Oxford Lectures on Poetry*. London 1926, 3-34.

(1.2) Die zweite Triade *physical material* (oder auch *physical stuff* oder auch *stuff*) - *outer material* - *inner material* (oder auch *mental material* oder auch *inner stuff* oder auch *mental stuff*) ist aus verstreuten Kontexten erschlossen. Sie spielt im Gegensatz zur ersten Triade eine untergeordnete Rolle.
Das *physical material* ist das, was bei Aristoteles durch die Kategorie der Substanz und in traditionellen Ästhetiken durch den Begriff "Stoff" erfaßt wurde (z.B. Holz, Eisen, aber auch Farben und Töne). *Outer material* ist das, was durch den individuellen Kontext zur Genese der Kunstsituation beigesteuert wird. Zu diesen Daten des äußeren Kontextes gehören die Beschaffenheit des *physical materials*, die Werte und Bedeutungen, auf die durch das Kunstprodukt verwiesen wird, sowie die gesamte kontextuale Einbettung der aktual erlebten Kunstsituation. Das *inner material* ist der bewußte und unbewußte Erlebnishorizont dessen, der die Situation erlebt. Dazu gehört in der Regel auch das *subject* der Kunstsituation (obwohl durchaus ein Fall denkbar ist, indem es zu einem ästhetischen Erleben im Kontext eines Kunstproduktes mit unbekanntem *subject* kommt). Die Kategorie *inner material* steht zur *subject - matter* im Verhältnis eines Oberbegriffs, weil sie den gesamten Erlebnishorizont (nicht nur den Ausschnitt, der das *subject* betrifft) desjenigen, der die Situation erlebt, umfaßt.
(1.3) Überschneidungen zwischen beiden Triaden zeigen sich also in folgenden Kategorien: *subject* überschneidet sich mit *outer material*, *subject-matter* überschneidet sich mit *inner material* und die *actual substance* setzt sich aus Erlebnisebenen zusammen, die mit den übrigen fünf Kategorien erfaßt werden.[294]
(2) Nach Dewey sind logische Relationen symbolische Repräsentationen der widerstandsorientierten Energieverhältnisse in gewöhnlichen und ästhetischen Interaktionsprozessen.[295] Dewey definiert die *form* der ästhetischen Situation als *Relation*, als die organische Verbindung von Teilen zu einem übergeordneten, integralen Ganzen. Im Formaspekt der ästhetischen Situation sind die Widerständigkeit der Einzelelemente und das Streben der Situationsbewegung auf die integrale Ganzheit der Situation impliziert. Die ästhetische Situation hat *form* durch die Kontinuität der Bewegung auf die Konsummationsphase hin, welche durch die Konstellation der gegen den Widerstand aktivierten Energien bestimmt ist.
Mit dem Begriff "Gestalt" ("shape") bezeichnet Dewey die zweckmäßige Anordnung[296] von Teilen (der ästhetischen Situation) auf ihren Endzweck (die Konsum-

---

[294] Vgl. zu diesem Abschnitt *J. Dewey (Art as Experience.* 81, 114-118) sowie *Ph. Zeltner (J.D.'s Aesthetic Philosophy.* 49-65).

[295] D. sieht sogar einen unmittelbaren Zusammenhang von zwischenmenschlichen Beziehungen (Freundschaft, Ehe, Partnerschaft etc.), Energieverhältnissen in der Natur und den logischen Relationen.

[296] D.'s Theorie von der ästhetischen *form* ist offensichtlich von G. Santayana *(The Sense of Beauty.* 96-101) beeinflußt; Santayana spricht mit Bezug auf die ästhetische *form* beispielsweise von einer "natürlichen Harmonie zwischen Nützlichkeit und Schönheit" ("natural harmony between utility

mationsphase) hin. Der Begriff "Design" ("design") ist ebenfalls als zweckmäßige Anordnung von Teilen zu einem Ganzen definiert, und zwar entweder im Sinne von "Absicht" (Entwurf, Strategie, Potentialität) oder im Sinne der Konkretisierung dieser Absicht (Grundriß, Struktur, Bauplan). Gestalt oder Design gehören zur ästhetischen Form; sie ist jedoch noch mehr als bloße Zweckmäßigkeit[297]: Ein Stuhl kann zweckmäßig sein, ohne jemals Ausgangspunkt für ästhetisches Erleben zu werden. Die ästhetische Form zeichnet sich durch Zweckmäßigkeit *und* durch Vielschichtigkeit der Erlebnisebenen aus.[298]

(3) Die ästhetische *form* als Organisation von Energien zur gleichgerichteten Bewegung auf einen integralen Höhepunkt hin ist im ästhetischen Erleben selbst nicht trennbar von der *actual substance* der ästhetischen Situation.[299] Hier wiederholt sich wieder das bekannte 'Versöhnungs'-Argumentationsmuster Deweys: Weil die Art und Weise der Energieorganisation (*form*) abhängig ist von dem, was organisiert werden soll, sowie vom Interesse desjenigen, der die Situation erlebt, sowie von den situationsspezifischen Umweltbedingungen, sind einigender Faktor *form* und zu einigendes Material *actual substance* (einschließlich der oben dargestellten Unterscheidungen) zwar nicht in der Reflexion[300], aber im aktualen ästhetischen Erleben nicht getrennt ('versöhnt').

"Also kann man außer in der Reflexion keine Unterscheidung machen zwischen *form* und *substance*. Das Werk selbst *ist matter*, welches zur ästhetischen *substance* geformt wurde."[301]

"Die Tatsache, daß ein *work of art* eine Organisation von Energien ist ... kann nicht gegen die Tatsache sprechen ... daß die Organisation keine Existenz außerhalb <der Energien> hat."[302]

---

[297] and beauty") (97). Zu einem Vergleich von Santayanas und D.'s Ästhetiktheorie vgl. *Bernhard H. Suits (The Aesthetic Object in Santayana and Dewey*. Diss. Illinois 1958, 3.Teil).

St. Pepper (Aesthetic Quality. 168-219) bezeichnet als "pattern" die kulturell gewachsenen Ordnungsmuster einer Kunstgattung wie beispielsweise die Kompositionsregeln. *Design* ist die bewußte Abweichung von der Norm, die Interesse weckt und Bedingung der Individualität eines Kunstprodukts ist. Pepper beruft sich in gleicher Weise auf Santayana wie auf D. (6).

[298] Vgl. zu diesem Abschnitt *J. Dewey (Art as Experience*. 118-122, 139-146). Vgl. *R. Boisvert (D.'s Metaphysics*. 156-176) zur Entwicklung von D.'s *form*-Begriff (mit rekurs auf die aristotelische Metaphysik). Nach Boisvert ist das *form*-Prinzip das Zentrum von D.'s später Metaphysik.

[299] *J. Dewey: Art as Experience*. 193-196.

[300] *J. Dewey: Art as Experience*. 114.

[301] "Hence there can be no distinciton drawn, save in reflection, between form and substance. The work itself *is* matter formed into esthetic substance." *J. Dewey: Art as Experience*. 114.

[302] "The fact that a work of art is an organization of energies ... cannot militate against the fact ... that organization has no existence outside of them." *J. Dewey: Art as Experience*. 195.

Dieses *matter/form*-Schema ist von allen Elementen von *Art as Experience* am ehesten geeignet, Richtlinien für ein kunsttheoretisches Analyseinstrumentarium in Deweys Sinne abzustecken.[303]

A.3.3. Das Urteil über Kunst

(a) Deweys Auseinandersetzung mit traditionellen Kunsttheorien, die Kriterien zur Abgrenzung von Kunst und Lebenswelt entwickelt haben, anhand derer 'ästhetische Urteile' gefällt werden können, nimmt in *Art as Experience* großen Raum ein. (c) Für Dewey gibt es nur ein einziges Kriterium für ein ästhetisches Urteil: Ein ästhetisches Urteil ist gerechtfertigt, wenn vorher eine Situation erlebt wurde, die alle Merkmale einer ästhetischen Situation hatte. (b) Ob es sich dabei um einen Rezeptions- oder um einen Kreationsprozeß gehandelt hat, ist gleichgültig.

a. Kritik an traditionellen Kunsttheorien

Deweys weitschweifige Kritik[304] an traditionellen Ästhetiktheorien ist lediglich aufschlußreich für die Interpretation seines eigenen Ansatzes, denn sie bleibt wegen starker Pauschalisierung banal: In der gesamten ästhetischen Tradition seien (angeblich) entweder ausschließlich objektiv meßbare Eigenschaften des Produktes oder subjektive Gefühle zum Maßstab des ästhetischen Urteils erhoben worden.[305]
(1) Deweys Kritik an *rationalistischen* und *platonisch-idealistischen* Kunsttheorien könnte man dem Umfang nach fast als den 'roten Faden' von *Art as Experience* bezeichnen.
Erstens kritisiert er die Suche nach 'objektiven' (d.h. subjektunabhängigen) und ewigen Maßstäben für das Schöne als autoritäre Einengung der Künste. Mit Hilfe eines solchen Maßstabes zu beurteilen, ob es sich bei einem Gegenstand um ein Kunstprodukt handele, sei eine akademische Verhaltensweise gegenüber dem Phänomen Kunst und verhindere ästhetisches Erleben. Es gebe keine ewig gültigen Kriterien und Regeln für das Kunstschaffen. Rationalistische und platonisch-idealistische Kunsttheorien hätten die Kunstprodukte wie Physiker exakt messen wollen, doch selbst in der Physik sei das Meßergebnis immer von Versuchsanordnungen

---

[303] Vgl. Ph. Zeltner (*J.D.'s Aesthetic Philosophy*. 49ff.) zur Untrennbarkeit von *matter* und *form*. Zeltner kritisiert zurecht, daß D.'s *form*-Begriff zur Analyse des formalen Aufbaus eines Kunstproduktes (der Struktur eines Musikstücks z.B.) nicht genügend differenziert sei (65). Es gibt tatsächlich in jedem Kunstprodukt eine mit der *form* des Kunsterlebens in irgendeiner Weise zusammenhängende *form* des *pysical material*, die ebenfalls sinnvoll in einer nachträglichen Reflexionssituation analysiert werden kann (Fortsetzung in C.2.2.).

[304] Eine zustimmende Darstellung von D.'s Kritik an traditionellen Kunsttheorien findet sich bei Ph. Zeltner (*J.D.'s Aesthetic Philosophy*. 111-118).

[305] J. Dewey: *Art as Experience*. 250ff.

und der Gestaltung der Meßgeräte abhängig. Die einzigartige Erlebnisqualität als das Charakteristische der ästhetischen Situation gegenüber der gewöhnlichen Situation sei individuell und nicht objektiv meßbar, denn nur Quantitäten (aber keine Qualitäten) seien meßbar.[306]
Ein ewig gültiger Maßstab verhindere die Weiterentwicklung der Künste. Große Künstler sind nach Dewey Häretiker, die durch den Bruch mit der Tradition neue Maßstäbe schaffen; objektive Maßstäbe sind Hemmschuhe für die innovativen Kräften der "wahren Meister".[307] So behauptet Dewey gegen die Klassizisten, daß die antike Kunst nicht wegen ihrer Regeltreue auch heute noch geschätzt werde, sondern weil sie in ihrer Zeit durch Emanzipation von tradierten Regeln genuin neu geschaffen worden ist. Die Geschichte der Künste sei notwendig ein sich ständig innovierender Prozeß.[308] In einer sich stetig verändernden Umwelt bestünde die Aufgabe der Künstler darin, immer wieder neue Ausdrucksbedürfnisse und adäquate Ausdrucksmittel zu entwickeln. Diese neuen Ausdrucksgestalten scheinen dem Kairos-Gedanken entsprechend wie durch ein Wunder neu geschaffen zu sein, doch sie sind in einem langen Prozeß der Auseinandersetzung mit der Tradition entstanden. Dieser "kollektive ästhetische Prozeß"[309] ist genauso in Phasen[310] gegliedert wie ein idnivueller ästhetischer Widerstandsbewältigungsprozeß.[311] In der ersten Phase ensteht im Künstler bewußt oder unbewußt eine Ahnung um die Inadäquatheit und Unlebendigkeit der ihm zur Verfügung stehenden Ausdrucksmittel und Techniken gegenüber seinen aus einer neuen Umwelt stammenden Ausdrucksbedürfnissen. Initiale des Wechselns sind das Aufbrechen eines sozialen Konsenses und ähnliche Veränderungen der Lebenswelt (technische Entwicklung z.B.).[312] Der Künstler experimentiert. In der zweiten Phase werden seine Kunstprodukte an die Öffentlichkeit herangetragen, wo sie oft zunächst auf Ablehnung stoßen, bis sie (leider nicht immer...) in einer dritten Phase akzeptiert und zur Norm erhoben werden. Das ist nach Dewey die "klassische Phase", während die erste und zweite Phase als "romantische Phase" zusammengefaßt werden. In der vierten Phase beginnt die Erstarrung der neuen Ausdrucksmittel, weil Epigonen sich ihrer bedienen, ohne den ursprünglichen, lebendigen Aus-

---

[306] *J. Dewey: Art as Experience.* 310f.

[307] *J. Dewey: Art as Experience.* 229f., 305-308.

[308] *J. Dewey: Art as Experience.* 325, 327.

[309] Dieser Ausdruck stammt nicht von D.; er wurde gebildet in Analogie zum "kollektiv Individuellen".

[310] *J. Dewey: Art as Experience.* 146-149.

[311] *W.Ch. Fish (Forming the Moral Self. A Theory of Moral Education Based on a Critical Analysis of Ethical Method to the Nature of the Self in the Ethical Theory of John Dewey. Diss. Columbia University 1972)* untersucht die zyklische Struktur der kollektiven Entwicklung von Werten.

[312] *J. Dewey: Art as Experience.* 307f., 216.

drucksimpuls zu haben. Schließlich entsteht wieder ein Ungleichgewicht zwischen Ausdrucksbedürfnis in einer mittlerweile veränderten Lebenswelt und der jetzt etablierten Norm in den künstlerischen Ausdruckstechniken: Der Prozeß beginnt von neuem.[313]

Dewey schreckt nicht davor zurück, Kritikern, die Regeln des Kunstschaffens entwerfen und ihre Kritiken daran orientieren, Neid, enttäuschten künstlerischen Ehrgeiz, persönlichen Konservatismus und Machtstreben als Motive für die Unterdrückung von innovativen Kräften in der Kunst zu unterstellen.[314] Ein Kritiker, der starre Regeln oder bestimmte Inhalte vertritt, beabsichtige, einen gesellschaftlichen Status quo und damit seine Position als Kritiker zu bewahren.[315] Die Geschichte der Kunstkritik sei als bloße Verurteilung des Innovativen "größtenteils der Rekord unerhörter Schnitzer".[316] Regeln seien 'Krücken' für den Umgang mit Kunst, wenn die notwendige Offenheit für individuelles, genuin neues Erleben fehle.[317]

Dewey unterstellt der Kunstkritik, die nach 'objektiven' Maßstäben urteilt, zwei logische "Trugschlüsse", nämlich Reduktion und Kategorienverwechslung. *Reduktion* ist die isolierte Beurteilung einer einzigen Ebene des ästhetischen Produktes; wenn eine einzelne Sinnesqualität oder ein einzelner formaler Gesichtspunkt (z.B. die Technik der Ausführung) oder aber die soziale und psychische Situation des Künstlers isoliert zum Maßstab der Beurteilung erhoben wird. So dürfen Tizians Gemälde nicht abgelehnt werden, weil er reich war oder während des Malens Kopfschmerzen hatte. *Kategorienverwechslung* ist ein Spezialfall der Reduktion (Dewey spricht unexakt von "Überschneidung" der beiden "Trugschlüsse"). Während Reduktion als Hervorhebung eines isolierten Maßstabs definiert ist, ist Kategorienverwechslung die Hervorhebung eines isolierten *und* außerkünstlerischen Maßstabs. Mathematische Aspekte (Symmetrie) sind ebensowenig zur Beurteilung einer Skulptur anzuwenden, wie Dürers falsches physikalisches Weltbild

---

[313] Der (auch für die Musik zutreffende) These D.'s, daß künstlerische Ausdrucksmittel in unmittelbarem Zusammenhang mit den Umweltgegebenheiten stehen, wird folgende "Bemerkung" von *Th. Baumeister (Bemerkungen.* 623) nicht gerecht: "In Beziehung auf die Musik verliert der Begriff der Interaktion zwischen Subjekt und Welt an Verbindlichkeit: zwar ist auch ein reines Instrumentalwerk von den Bewandtnissen des Lebens nicht völlig abgeschnitten, seine Bedeutung ist jedoch aus dieser Beziehung weder eindeutig noch erschöpfend zu bestimmen. Der Komponist interagiert auch nicht so sehr mit der Umwelt als mit den überlieferten Ausdrucksmitteln und Formtendenzen, die in ihm rege sind."

[314] *J. Dewey: Art as Experience.* 303f. Vgl. die Parallele zur Opportunismuskritik gegen idealistische Philosophie (vgl. A.1.1.c.) und idealistische Kunsttheorien (vgl. A.2.1.a).

[315] *J. Dewey: Art as Experience.* 191ff., 229f., 302-308.

[316] Das gesamte Zitat heißt: "Their history <of judical critics> is largely the record of egregious blunders." *J. Dewey: Art as Experience.* 305.

[317] *J. Dewey: Art as Experience.* 304.

gegen die künstlerische Qualität seines Schaffens spricht. Vor allem sind moralische Qualität und philosophische Tiefe kein Maßstab für die Beurteilung eines ästhetischen Produkts.[318] Drittens kritisiert Dewey die strengen Klassifizierungs- und *Hierarchisierungs*versuche von Kunstgattungen durch die an 'objektiven' Maßstäben orientierte Kunstkritik.[319] Auch die umgangssprachliche Einteilung der Künste in Malerei, Dichtung, Skulptur etc. hält Dewey letztlich für unergiebig[320] (obwohl er sich gleichzeitig gegen Versuche ausspricht, alle Unterschiede in den Künsten völlig zu nivellieren und, wie oben dargestellt, die 'Haupttendenzen' der Medien der Künste beschreibt[321]). Dewey argumentiert gegen Sir Joshua Reynolds Hierarchisierung der Künste nach der Würdigkeit ihres Materials[322], wonach nur heldische Charaktere von allgemeinem Interesse würdige Gegenstände der Kunst sind. Nach Dewey stammen die innovativen Kräfte in der Kunst oft nicht aus der obersten sozialen Schicht: Die Entwicklungsgeschichte der Kunst läßt sich (parallel zum gesellschaftlichen Fortschritt als Auflösung aller Klassen) darstellen als "Entheroisierung ihrer Gegenstände" - die Tragödientheorie des Aristoteles ist von Diderots und Ibsens Tragödien abgelöst worden, in denen 'ganz normale Leute' im Mittelpunkt der Handlung stehen. Eine in rationalistischen Ästhetiktheorien weitverbreitete Hierarchisierung ist die Unterteilung in zweckhafte und nicht-zweckhafte Künste, nach der 'auch zweckhafte' Künste wie die Architektur und die Design-Kunst als minderwertig gelten. Deweys These von der 'Versöhnung' des Finalen und Instrumentalen in der ästhetischen Situation entsprechend ist eine solche Unterscheidung unangemessen, weil jedes ästhetische Situationserleben auch instrumental (im Sinne von gesellschaftlich relevant) sein soll.[323] Außerdem wendet sich Dewey gegen die Kantische Einteilung der Künste in Augen- und Ohrenkünste mit dem Argument, zwischen den Sinnesorganen bestünden keine starren Trennungen. Die Tätigkeit eines Sinnesorgans ist nur der "Außenposten einer totalen organischen

---

[318] *J. Dewey: Art as Experience.* 319-323. Mir ist keine Kritik bekannt, wo ein Kunstprodukt abgelehnt wird, weil der Künstler Kopfschmerzen hat. Biographische Hinweise jeder Art (auf den verwirrten Geisteszustand von van Gogh oder auf die Homosexualität von Tschaikowskij, die sich in *Eugen Onegin* äußert etc.) sind durchaus sinnvoll, wenn sie nicht der Wertung, sondern der Analyse dienen.

[319] Vgl. *J. Dewey (Art as Experience.* 89f., 288-293) zur Kritik an Nachahmungs-, Darstellungs- und Abbildtheorien.

[320] *J. Dewey: Art as Experience.* 18ff., 226. D. scheint zwischen den analysierenden Kunstwissenschaften (Musikwissenschaft, Kunstgeschichte, Literaturwissenschaft etc.) einerseits und der kommerziell oder philosophisch orientierten, bewertenden Kunstkritik andererseits nicht zu unterscheiden.

[321] *J. Dewey: Art as Experience.* 233- 248.

[322] *J. Dewey: Art as Experience.* 191-193.

[323] *J. Dewey: Art as Experience.* 233-239.

Aktivität, an der alle Organe ... beteiligt sind".[324] Außerdem sei diese Klassifizierung schon deshalb nicht zutreffend, weil Dichtung z.b. ursprünglich gelesen oder gesungen wurde und erst durch die Erfindung der Buchdruckerkunst zur 'Augenkunst' erhoben worden sei. Distinktionen wie "das Komische", "das Tragische" können lediglich Tendenzen eines aktualen Kunsterlebens bezeichnen. Das Komische z.B. ist nicht allgemeingültig zu definieren, weil es viele verschiedene Gründe zum Lachen gibt.[325]

(2) Als Gegenpol zur starren Regelkritik ersetzt die *impressionistische Kritik*[326] das nach Intersubjektivität strebende Urteil durch Gefühlsreaktionen und Assoziationen. Daraus entsteht nach Dewey "das Chaos einer Subjektivität, dem objektive Kontrolle fehlt, und das, wenn es folgerichtig weiterverfolgt würde, in einem Durcheinander von Irrelevanzen enden würde - und <tatsächlich> manchmal <so> endet."[327] Ein Urteil, das sich auf die Artikulation des ersten Eindrucks und der unmittelbaren Gefühlsreaktion beschränkt, ist nach Deweys Urteilstheorie der Abbruch eines ästhetischen Urteilsgeneseprozesses in seiner ersten Phase.

b. Rezeption, Kreation und Urteilsgenese

Weil es in *Art as Experience* nicht um die Qualität von Objekten, sondern um die Analyse verschiedener Situationstypen geht, stellt sich nun die Frage, zu welchem Situationstyp eine Situation gehört, in der ein Urteil über Kunst gefällt werden kann. Dewey gibt folgende Antwort: Kreation, Rezeption und Urteilsgenese sind ästhetische Situationen und damit wesentlich identisch.

(1) Das *Verhältnis von Kreation und Rezeption* wird in der Tradition dualistisch beschrieben: Der Rezipient läßt sich im passiven Genießen (*aesthetic* im traditionellen Sinne) zu einer Erkenntnis führen, welche vom Künstler in aktiver (*artistic*) Arbeit am Kunstprodukt erschlossen wurde.[328] Das Kreationsvermögen gilt als besonderes Talent des Künstlers gegenüber den 'gewöhnlichen' Menschen. Rezeptionsvermögen (allerdings nur als Potential, das anhand objektiver Kriterien ausgebildet werden muß) hat auch der Alltagsmensch. Die Ausbildung von objektiven Kriterien für das Rezeptions- und Urteilsvermögen ist danach der eigentliche

---

[324] "...outpost of a total organic activity in which all organs ... participate." *J. Dewey: Art as Experience*. 221.
[325] *J. Dewey: Art as Experience*. 229.
[326] *J. Dewey: Art as Experience*. 308ff.
[327] "...the chaos of a subjectivity that lacks objective control, and would, if logically followed out, result in a medley of irrelevancies - and sometimes does." *J. Dewey: Art as Experience*. 308.
[328] Vgl. *Ph. Zeltner (J.D.'s Aesthetic Philosophy*. 28f.) zu D.'s Argumenten gegen eine Trennung von *artistic* und *aesthetic*. Vgl. *V. Kestenbaum (Phenomenological Sense of J.D.* 37) zum Verhältnis von Aktivität und Passivität im ästhetischen Erleben.

Gegenstand der Ästhetik. Dewey plädiert dafür, zu betonen, daß jeder ästhetische Akt Rezeptions- und Kreationselemente hat, gleichgültig, ob es sich insgesamt um einen Kreationsakt oder um einen Rezeptionsakt handelt.[329] In jedem ästhetischen Akt werden aktuelle und vergangene Erlebnisse (Rezeption) zur originär neuen Bedeutung der aktual erlebten Situation synthetisiert (Kreation). Rezeption und Kreation stehen weder im kontradiktorischen noch im derivaten Verhältnis zueinander, sondern sie ergänzen sich.

"Genau diese Erläuertungen aber zeigen (genauso wie die Beziehung, die im Erleben einer Situation zwischen Tun und Erleiden besteht), daß die Unterscheidung zwischen ästhetisch und artistisch nicht soweit getrieben werden kann, daß sie eine Trennung wird."[330]

(2) Der *Rezeptionsakt* ist kein schablonenartiges Wiedererkennen und Identifizieren. Er ist ohne kreative, aktive Bedeutungssynthese undenkbar. "Derjenige, der zu faul, zu träge, oder zu sehr in Konventionen verhärtet ist, um dieses *work* auszuführen, wird nicht sehen oder hören."[331] Ein Rezeptionsakt ist nicht passiv; die Bedeutung, die am Konsummationspunkt der ästhetischen Rezeptionssituation erlebt wird, ist das Ergebnis des Aktes, das dem Ergebnis eines Kreationsaktes entspricht.[332] Die Gestaltungsfähigkeiten des Künstlers läßt Dewey ebenfalls nicht als Trennungsgrund gelten: Im ästhetischen Rezipieren werden Relationen der Teile im Ganzen hergestellt. Das muß gelernt werden und ist mit der Schöpfungskraft des Künstlers vergleichbar.

(3) Der *Kreationsakt* hat im dreifachen Sinne 'rezipierende' Elemente. In den Kreationsprozeß fließen vergangene Erlebnisse ein, denen gegenüber sich der Schaffende auch rezeptiv verhält. Zweitens gibt es in jedem Kreationsprozeß Phasen, in denen der Künstler gegenüber dem Produkt seines Schaffens eine rezipierende Haltung einnimmt. Das *physical material* oder die Rohform des Produkts können den Künstler inspirieren und oft sogar seine ursprüngliche Ausdrucksabsicht ändern. Der Künstler nimmt drittens bewußt eine Rezeptionshaltung ein,

---

[329] J. Dewey: *Art as Experience*. 52-61. Zu einer Unterscheidung von Rezeption und Kreation (die in einer Theorie der Ästhetik von Interesse wäre) äußert sich D. nicht wesentlich; es geht ihm auch hier um die 'Versöhnung' eines traditionellen Dualismus.

[330] "These very illustrations, however, as well as the relation that exists in having an experience between doing and undergoing, indicate that the distinction between esthetic and artistic cannot be pressed so far as to become a separation." *J. Dewey: Art as Experience*. 54.

[331] "The one who is too lazy, idle, or indurated in convention to perform this work will not see or hear." *J. Dewey: Art as Experience*. 60f.

[332] *J. Dewey: Art as Experience*. 58, 181.

sobald er die Wirkung, die sein Produkt auf andere wahrscheinlich haben wird, selbstkritisch überprüft.[333]

(4) Im ästhetischen Urteil soll mitgeteilt werden, was in der vorangegangenen Kunstsituation erlebt wurde. "Theoretisch sollte es deshalb möglich sein, sofort vom direkten ästhetischen Situationserleben fortzuschreiten zu dem, was im Urteil involviert ist ...".[334] Also sind "Leidenschaft" und "brennendes Interesse" (also Erlebnisfähigkeiten) nach Dewey ebenso wichtige Kritikereigenschaften wie eine ausgebildete Analysefähigkeit. Kritik ist keine Anwendung starrer Regeln und kein banaler Bewertungsprozeß. Der Kritiker hat insbesondere die didaktische Aufgabe, demjenigen, der im Bereich der Kunst weniger bewandert ist, Orientierungshilfen zu geben.[335] Er soll Eigenschaften und Relationen der vom Kritiker selbst erlebten Kunstsituation aufdecken. Diese Phase der Kritik nennt Dewey die "notwendige Analysephase jeder Kritik". Der Kritiker muß das Ringen des Künstlers um seine Ausdrucksabsicht transparent machen und eventuell Kontextwissen (Biographie und soziale Situation des Künstlers, seine Stellung in der Geschichte der Kunstgattung etc.) anführen. Der Urteilsprozeß soll zum ästhetischen Prozeß werden, indem der Analysephase eine Synthesephase folgt, die Dewey die "schöpferische Antwort des Einzelnen, der urteilt" nennt. "Es ist an diesem Punkt, daß Kritik selbst ästhetisch wird".[336] Ein annähernd 'objektives' Urteil kann gefällt werden, indem der Kritiker seine eigene Voraussetzungssituation, seine Vorlieben und seine weltanschauliche Position im Urteil selbst transparent macht. Eine Bewertung des Produkts wie der Kritik kann der Leser der Kritik dann anhand der vom Kritiker vorgegebenen Kriterien selbst vornehmen.[337]

(5) Dewey führt ausführlich aus, daß die Kunstsituation in der Tradition fehlbeurteilt wurde, weil ein isoliertes ästhetisches Vermögen angenommen wurde. Für die sinnlichkeitsfeindlichen Idealisten sei dieses Vermögen ein rein geistiges gewesen.[338] Die strukturalistische Ästhetik habe die Wirkung von Kunstprodukten ausschließlich in einer den Sinnen angenehmen Kombination von Reizen, nicht aber in ihren Bedeutungen verwurzelt gesehen. In der psychologischen Ästhetik sei der Zusammenhang zwischen Reiz und Bedeutung auf Assoziationstätigkeit zurückgeführt worden, worin Dewey eine Hinzufügung von äußerlichen Bedeutungen zu

---

[333] J. Dewey, *Art as Experience*. 53-58, 111.

[334] "Theoretically, it should therefore be possible to proceed at once from direct esthetic experience to what is involved in judgement ..." *J. Dewey: Art as Experience*. 302.

[335] *J. Dewey: Art as Experience*. 314-317, 327f. Vgl. *S. Hook (Intellectual Portrait*. 203-206) zu D.'s Theorie der Kritik.

[336] "... creative response of the individual who judges. ... It is at this point that criticism becomes itself an art ..." *J. Dewey: Art as Experience*. 317.

[337] *J. Dewey: Art as Experience*. 311f.

[338] *J. Dewey: Art as Experience*. 26f., 252ff.

einem isolierten Sinnesreiz sieht.³³⁹ In Kreation, Rezeption und Urteilsgenese ist wie auch in den lebensweltlich ästhetischen Prozessen das umfassende Vermögen der Imagination aktiv; sie sind also auch deshalb wesentlich identisch, weil es nach Dewey kein besonderes Vermögen der Künstler gibt.³⁴⁰

c. Deweys Kriterien für ein Urteil über Kunst

Die einzigen Merkmale, die laut Dewey alle Künste gemeinsam haben, sind die Untrennbarkeit von Stoff und Form, die Individualisierung der Teile im Kunsterleben, der Besitz eines Mediums und die Bedingtheit durch Raum- und Zeitverhältnisse.³⁴¹ Die einzige Regel des Kunstschaffens ist die Beachtung der inneren Gesetzmäßigkeiten des *outer materials*.³⁴² Mit diesen Kriterien ist natürlich kein Urteil über ein zur Disposition stehendes Kunstprodukt zu fällen.
Deweys eigentliche Kriterien für ein Urteil über ein Kunstprodukt verbergen sich hinter der Aufforderung an die Kritiker, mitzuteilen, wie ihr eigenes Situationserleben im Kontext des fraglichen Produktes beschaffen war. *Die erlebte Situation muß eine Kunstsituation gewesen sein* - sie muß also alle Merkmale einer ästhetischen Situation aufweisen, und zusätzlich muß ein Medium vorhanden gewesen sein. Weil es Dewey aus politischen Gründen vor allem um die lebensweltlich-ästhetische Situation geht, entwickelt er seine eigentlichen Kriterien für ein Urteil über Kunstprodukte nicht mehr explizit und versichert lediglich, nicht dieselben Fehler wie die Tradition machen zu wollen.
Deweys Kriterien für ein Urteil über Kunstprodukte lassen sich durch folgende Überlegungen erschließen: (1) Wenn jemand im Kontext eines Produktes eine Kunstsituation erlebt hat, ist nach Dewey sein Urteil gerechtfertigt, daß es sich um ein Kunstprodukt gehandelt hat. (2) Wenn viele Rezipienten im Kontext des fraglichen Produkts eine Kunstsituation erlebt haben, *etabliert sich das fragliche Kunstprodukt in einer Kultur als Kunstprodukt*.³⁴³ (3) Wenn eine aktual erlebte Situation (gleichgültig, ob Rezeption oder Kreation) im Nachhinein als Kunstsituation bezeichnet werden soll, muß sie die in A.1.2. dargestellten Merkmale einer ästhe-

---

339 *J. Dewey: Art as Experience.* 104-109. Hier ist D.'s Kritik unverständlich. Kein Psychologe würde Assoziation als Hinzufügung von etwas Fremdem interpretieren, sondern eher - ganz in D.'s Sinne - als Integrationsprozeß von Daten aus vergangenem und gegenwärtigem Erleben.
340 Wieder liegt die Kritik nahe, daß D. das 'Versöhnende' so sehr betont, daß selbst die sinnvollen Unterscheidungen verlorengehen - und wieder muß betont werden, daß es um Darstellung und nicht um Bewertung von D.'s Theorie geht.
341 *J. Dewey: Art as Experience.* 195f., 199-206, 210-216.
342 *J. Dewey: Art as Experience.* 151. Ein Gegenbeispiel wäre der Butterstuhl von Beuys, denn Butter ist gerade kein geeignetes *outer material* zur Herstellung einer Sitzgelegenheit.
343 Vgl. *H.S. Thayer (The Logic of Pragmatism.* New York 1952, 32-49.) zu D.'s *common sense*-Prinzip, das hier zum Tragen kommt.

tischen Situation gehabt haben. (3.1) Die Situation sollte *nicht ablenkungsbedroht* gewesen sein, weil ein *bedeutender Widerstand* zur Disposition gestanden hat. (3.2) Sie sollte eine *prägnante, eindeutige Erlebnisqualität* gehabt haben, an die man sich im Nachhinein deutlich erinnert. (3.3) Das Erleben sollte *intensiv* statt langweilig gewesen sein. (3.4) Alle Kräfte des Sich-Verhaltens sollten gleichgerichtet und gleichberechtigt als *Kraft der Imagination* aktiviert worden sein. (3.5) Es sollte eine *originär neue Bedeutung* erlebt worden sein. (3.6) Die erlebte Situation sollte *vielschichtig, komplex* und *rhythmisch gegliedert* gewesen sein.[344] (3.7) Es müßte erlebt worden sein, daß der Mensch durch intensives Sich-Verhalten entweder sein Schicksal meistern oder aber es aushalten kann. Das Erleben dieser *Harmonie als grundsätzliche Weltgeborgenheit* muß die Quelle des Genusses gewesen sein, und nicht ein oberflächliches Vergnügen. (3.8) Die Situation sollte eine *Konsummationsphase* gehabt haben. (3.9) Die in der Situation verbrachte Zeit sollte als sinnvoll gelebte Zeit empfunden worden sein. (3.10) "Die Frage, die sich die Kritik stellen sollte, ist die nach der Adäquatheit von *form* und *matter*".[345] (In dieser Forderung sind Deweys Thesen über den Medium- und Ausdruckscharakter der Kunst zusammengefaßt.) (3.11) Nach Deweys wichtigster und zugleich problematischster Forderung soll die Kunst *Werte*, die einer Gesellschaft zugrundeliegen, *affirmativ* zum Ausdruck bringen, um so zur Verwirklichung des 'Ideals der Versöhnung' beizutragen.

Eine Kunsttheorie ist in *Art as Experience* offenbar nur in Ansätzen vorhanden, weil Dewey aus philosophischen und politischen Gründen eine klare Abgrenzung des Erlebnisbereichs Kunst ablehnt. Nach Dewey kann in jeder ästhetischen Situation erlebt werden, daß alle philosophischen und gesellschaftlichen Trennungen nicht ursprünglich und deshalb überwindbar sind. Ästhetische Situationen können unter günstigen gesellschaftlichen Bedingungen in allen Lebensbereichen erlebt werden, so daß Kunst lediglich als Beispiel dient und nicht der eigentliche Analysegegenstand ist. Die Folge ist, daß Dewey zum einen zwar eine Reihe wichtiger und innovativer Anregungen zur philosophischen Deutung von Kunst gemacht hat, zum anderen aber viele grundsätzliche Fragen offenläßt, die im Rahmen einer philosophischen Theorie der Kunst ebenfalls behandelt werden müssen. Damit wird sich Teil C. befassen. Zuvor soll jedoch im Teil B. dargestellt werden, was Deweys Kritiker zur philosophisch-systematischen Ebene seines Spätwerks diskutierten.

---

[344] Die rhythmische Gliederung des Kunstproduktes (Musik z.B.) ist nach D. sekundär, weil sie dem Rhythmus der Kreationssituation nachempfunden sei.

[345] "The question for the critic is the adequacy of form to matter ...." *J. Dewey: Art as Experience.* 325.

B. Diskussion: Deweys philosophisches System

Einführung in die Dewey-Literatur

Deweys Werk hat in allen Phasen seiner Rezeption extreme Reaktionen hervorgerufen. Es wurde enthusiastisch gefeiert und grundsätzlich in Frage gestellt. Deshalb sollen Zitate zeigen, wie außergewöhnlich emotional diese Diskussion geführt wurde, bevor die inhaltlichen Schwerpunkte der Dewey-Diskussion vorgestellt werden.

a. Der Dewey Enthusiasmus

Außerhalb Amerikas hatte Dewey in der Umbruchszeit zwischen den Weltkriegen vor allem als Pädagoge großen Einfluß:

> "Von mehreren Ländern, in denen im Gefolge des <ersten> Weltkriegs nationale Revolutionen ausbrachen, wurde Dewey als Berater für die Reform des Erziehungswesens herangezogen. So weilte er mehrere Jahre in China; die dortige jungrevolutionäre Bewegung hat den Einfluß seiner Philosophie in sich aufgenommen. Dewey erfuhr hierfür den Dank und die Höflichkeit der Chinesen, daß sie ihn einen zweiten 'Confucius' nannten: nicht nur die Jungen oder die Schwärmer - auch die Honoratioren der Universität von Peking haben ihn als solchen bei der Verleihung des chinesischen Doktortitels gefeiert. ... seine Vorlesungen über 'die Erneuerung der Philosophie' (Reconstruction in Philosophy) 1919 <sind> von ihm an der Kaiserlichen Universität in Tokio gehalten worden. - Es folgte eine Einladung in die Türkei (auch hier wirkte Dewey mit bei der Reorganisation des Erziehungswesen); ferner eine Einladung nach Mexiko zu ähnlichem Zweck. Auch die Bolschewisten luden Dewey 1929 zu sich ein ..."[1]

Deweys Theorie der ästhetischen Situation wurde als "überzeugendste Einführung in sein Denken, die er bis jetzt für philosophische Laien geschrieben hat", als Höhepunkt seines Systemdenkens und sogar als Klassiker der Ästhetik gerühmt.[2]

---

[1]   E. Baumgarten: *Der Pragmatismus*. 213f. Siehe auch *K. Mainzer (Instrumentalismus.* 171).

[2]   "... the most persuasive introduction to his thought he has so far written for non philosophers." *S. Hook: Intellectual Portrait.* 194. Nach *J.F. Blau (American Philosophy.* 391) war Hook Schüler von D. und Cohen. Siehe auch *Th. Alexander (J.D.'s Theory of Art.* 1) sowie

"... sein Buch *Art as Experience* (1934) hat <den frischen> Wind von Spontaneität und neuer Entdeckung, Spritzigkeit der Sichtweise, enormen Reichtum von Anregung<en> und eine spezielle <für> Dewey <typi>sche Sprachgewandtheit <aufzuweisen> ... Es ist nach weit verbreiteter Übereinkunft das wertvollste Buch über Ästhetik, das in englischer Sprache (und vielleicht in allen Sprachen) bis jetzt in unserem Jahrhundert geschrieben wurde."[3]

"... *Art as Experience*, von vielen als sein vorzügliches Werk bejubelt, wird allgemein als bedeutender Beitrag zur Ästhetik betrachtet."[4]

"Es ist etwas außergewöhnlich Seltenes - ein Buch über Ästhetik, das den Leser wirklich in die Lage versetzt, zu *sehen*, was er zuvor noch nicht gesehen hatte, sich den Objekten der Kunst zuzuwenden und wieder abzuwenden mit einer belebten Erfassung ihrer Qualitäten."[5]

Dewey ist in den U.S.A. von enormem Einfluß gewesen - selbst in kritischen Beiträgen wurde er mehr gelobt als kritisiert.[6] Eine typische Einleitung für eine Dewey-Kritik (die wohl kaum nur auf die Bescheidenheit des Kritikers zurückzuführen ist) stellt Robert Deweys Versicherung dar, er habe seine Schwierigkeiten mit Deweys Thesen zu den generellen Zügen der Existenz solange auf eigenes Nichtverstehen zurückgeführt, bis er in Lovejoys Einleitung zu den *Essays in the History of Ideas* Rückhalt für seine Kritik gefunden hätte.[7] Auch Deweys zumeist flüchtige 'Antworten' an seine Kritiker sprechen dafür, daß er eine gründlichere Verteidigung seiner Philosophie 'nicht nötig hatte'. Er wurde als "Amerikas einflußreichster Philosoph" und sogar als "Gigant unter den Pragmatisten" gefeiert, weil er "Peirces Experimentalismus, James' psychologisches Interesse und die

---

Stephen Pepper (Some Questions on Dewey's Aesthetics. In: *On the Philosophy of John Dewey.* Hrsg. von P.A. Schilpp. Chicago 1939, 389).

[3] "... his book *Art as Experience* (1934) has an air of spontaneity and new discovery, freshness of vision, enormous richness of suggestion, and a special Deweyan eloquence ... It is, by widespread agreement, the most valuable work on aesthetics written in English (and perhaps in any language) so far in our century." *Monroe C. Beardsley: Aesthetics from Classical Greece to the Present.* A Short History. New York 1966, 332.

[4] "... *Art as Experience*, acclaimed by many as his finest work, is generally considered a major contribution to aesthetics." *I. Scheffler: Four Pragmatists.* 189.

[5] "It is that singular rare thing - a book on aesthetics which actually enables the reader to *see* what he had not seen before, to go to objects of art and come away with a quickened apprehension of their qualities." *S. Hook: Intellectual Portrait.* 194. Nach Hook rührt die Vitalität von D.'s Ästhetik daher, daß sie nicht aus einem philosophischen System, sondern aus dem "lebendigen Kunsterleben" hergeleitet worden sei. Die Abhängigkeit von D.'s Kunsttheorie von seinem politischen Appell thematisiert Hook nicht.

[6] Nur *Paul Crosser (The Nihilism of John Dewey.* New York 1955) ist durchgehend kritisch.

[7] *R. Dewey: Philosophy of J.D.* xi.

soziale Orientierung von Mead in sich vereinigte; darüber hinaus wandte er sein Gedankensystem auf die praktischen Probleme der Menschen an".[8] Der Dewey-Enthusiasmus[9] ist auf Deweys für einen Philosophen ungewöhnliche Präsenz im politischen, schulischen und universitären Leben der U.S.A. (und im Ausland) zurückzuführen. Zunächst einmal war Dewey "mit einem langen Leben und der außergewöhnlichen Energie begnadet, seine Standpunkte in mehr als 50 Büchern, ungefähr 750 Artikeln und wenigstens 200 Lexikon-Beiträgen zum Ausdruck zu bringen"[10]. Er publizierte siebzig Jahre lang (1882-1952) ohne nennenswerte Unterbrechungen. Von Deweys *Chicagoer Versuchsschule* und seinen pädagogischen Schriften ging bleibender, wenn auch nicht immer einhellig begrüßter Einfluß aus. Sein politisches Engagement machte ihn einer breiten Öffentlichkeit bekannt. Er setzte sich vehement für seinen philosophischen Kontrahenten Russell ein, dem man im Jahr 1941 "wegen seines Standpunktes zur Sexualität"[11]

---

[8] "... America's most influential philosopher." *R. Bernstein* in *J. Dewey: Freedom.* ix. "John Dewey ranks as the most influential of America's philosophers". *R. Dewey: Philosopzhy of J.D.* ix. Vgl. auch *G.W. Stroh (American Philosophy)*. 237). "In general influence and breadth of scope, Dewey was the giant of the pragmatists. He unified Peirce's laboratory concerns, James's psychological interests, and the social orientation of Mead; moreover, he applied his system of thought to the practical 'problems of men'." *I. Scheffler: Four Pragmatists.* 187 (221). *J. Beckmann (Pragmatismus.* 23) übersetzt "laboratory philosophy" mit "Philosophie des Laboratoriums", die wiederum so definiert wird, wie D. seinen Experimentalismus definiert, nämlich als Philosophie, "die jede gefundene Wahrheit sogleich der kritischen Überprüfung durch die wissenschaftliche Welt überantwortet." Deshalb wurde hier in Anlehnung an Beckmanns Definition "laboratory concern" mit "Experimentalismus" übersetzt.

[9] *R. Boisvert (D.'s Metaphysics.* 1) führt die D.-Renaissance auf die mächtige Gesellschaft zur Förderung amerikanischer Philosophie, auf die Veröffentlichung von D.'s Gesamtwerk durch J.A. Boydston, auf ein gewachsenes öffentliches Interesse an sozialen/politischen Fragen und schließlich auf Rortys D.-Interpretation (vgl. B.3.1.g.) zurück.

[10] "<Dewey> was blessed with a long life and the extraordinary energy to express his views in more than 50 books, approximately 750 articles, and at least 200 contributions to encyclopedias." *R. Dewey: Philosophy of J.D.* ix.

[11] "... because of his views on sex". *I. Scheffler: Four Pragmatists.* 188. Der "Fall Russel" wird ausführlich dokumentiert in *The Bertrand Russel Case* (Hrsg. von J. Dewey, H.M. Kallen. New York 1941). Nach Kallen (15-53) wurde (insbesondere von einflußreichen Kirchenvertretern) ein Prozeß angestrengt, als der hochqualifizierte (Earl) B. Russel im Jahr 1940 am *Boy College of the City of New York* als Mathematik- und Philosophielehrer eingestellt werden sollte. Offiziell vorgeworfen wurde ihm sexuelle Unmoral, was mit seinen Scheidungen sowie seinem Standpunkt zur Homosexualität begründet wurde. Inoffiziell wird auch sein konsequenter Pazifismus im ersten Weltkrieg (er ging deshalb ins Gefängnis!) eine Rolle gespielt haben. D. bemerkt zurecht, daß es nicht Russel, sondern die Demokratie sei, die hier vor Gericht stand. ("It is Democracy that needs to be vindicated, not Bertrand Russel." *J. Dewey: a.a.O.* 11.) Die Vorwürfe zu Russels 'sexueller Unmoral' widerlegt D. betont sachlich, indem er z.B. ausführt, daß Russel

die Lehrerlaubnis am *City College* von New York verweigert hatte. In den Protokollen zum Trotzki-Prozeß vom 11-17. 4. 1937 in Coyoacan (Mexiko), bei dem er den Vorsitz führte, distanziert sich Dewey mit breiter Öffentlichkeitswirkung vom Stalinismus, wodurch er in den U.S.A. an Popularität gewann.[12] Von seinen politischen Anhängern wird Dewey oft als Pionier des amerikanischen Geistes bezeichnet. "Pragmatismus ist Amerikas einzige einheimische Philosophie, und John Deweys zukunftsträchtige Werke stehen in ihrem Zentrum. Sein Einfluß auf den Gang des amerikanischen Denkens im zwanzigsten Jahrhundert ist dramatisch und profund gewesen."[13] Dewey gilt bis heute als Repräsentant der amerikanischen demokratisch-liberalen Linken.[14] Viele der Dewey-Kommentatoren drücken ihre persönliche Verbundenheit mit dem Hochschullehrer Dewey aus[15]; so neben St. Pepper und Th. Alexander auch R. Rorty als einflußreichster Dewey-Kritiker: "Einige Jahre lang klang alles, von dem ich dachte, daß ich etwas Allgemeines und Nützliches zu sagen hätte, wie ein Echo von etwas, das ich schon einmal irgendwo ge-

---

nicht platt "Homosexualität für alle" propagiert, sondern sich mit guten Gründen gegen eine gerichtliche Verfolgung von Homosexuellen ausspricht (69ff.).

[12] Es wird auch vertreten, daß das kurz nach D.'s Tod vorübergehend gesunkene Interesse nicht auf seine Metaphysik (vgl. B.3.2.) zurückzuführen sei, sondern darauf, daß D. sich durch seine Stellungnahmen zum Stalinismus mit seiner 'linken Lobby' überworfen habe.

[13] "Pragmatism is America's only native philosophy, and John Dewey's seminal works stand at its center. His influence on the course of twentieth-century American thought has been dramatic and profound." *R.B. Webb*: *The Presence of the Past*. 23.

[14] Nach *Helmut Kuhn* (Die Philosophie der Vereinigten Staaten. In: *Studium Generale* 1.7. 1948, 426) galt: "Selbst seine <D.'s> politischen Gegner" mußten zugeben, "daß er, wo Recht oder Unrecht in Frage steht, meistens auf seiten der 'Kinder des Lichts' zu finden ist." Er fragt jedoch auch, wie "sich der Grundbegriff der amerikanischen Verfassung, die Lehre von den unantastbaren Rechten des Individuums, verteidigen läßt, wenn man ihn seiner metaphysisch-religiösen Untermauerung beraubt." (Vgl. B.3.2.)

[15] Vgl. *S. Hook* (Growth. 1011f.) mit einer amüsanten Beschreibung von D.'s Hochschultätigkeit: "Gemessen an dem äußerlichen Budenzauber des <üblichen> dynamischen Klassenzimmerlehrers gehörte Dewey zu den schlechtesten Lehrern der Welt. Ihm fehlte völlig die Kunst des Effekthaschens, die ein guter Lehrer ... aufbieten muß, um Interesse zu erwecken ... Es ist nicht wahrscheinlich, daß er jemals als Meisterlehrer für das Fernsehen ausgesucht worden wäre, besonders zu einer Stunde, in der die Hörerschaft mit dem Schlaf kämpft. Nichstdestoweniger war John Dewey ein großer Lehrer für diejenigen Studenten, deren Interesse sich bereits zu Ideen formiert hatte und die damit kämpften, ihre philosophischen Einsichten <auch> formulieren zu können." ("Judged by the external trappings of the dynamic classroom teacher, Dewey was among the worst teacher of the world. He was completely devoid of the histrionic art which a good teacher ... must summon up to awaken interest ... It is not likely, that he would ever have been chosen as a master teacher for television, especially at an hour when the audience is struggling to awake. Nonethelesse John Dewey was a great teacher for thouse students whose interests has already been aroused in ideas and who were struggling to articulate their philosophical insights.")

hört hatte. Wenn ich versuchte, das zurückzuverfolgen, wurde ich regelmäßig zurück zu Dewey geführt."[16] "Es ist also nicht unberechtigt, meine Essays im Sinne des Versuchs zu deuten, Dewey neu zu formulieren."[17] Mit *The Mirror of Nature* (1979) hat Rorty die Dewey-Rezeption der Gegenwart entscheidend geprägt. Im Gegensatz zu seinem späteren Artikel *Dewey's Metaphysics* (in *Consequences of Pragmatism*) rühmt Rorty Dewey hier noch in einem Atemzug mit Wittgenstein und Heidegger als Zertrümmerer der philosophischen Tradition und Vordenker des post-philosophischen Zeitalters. In der Einleitung begründet Rorty dieses Urteil damit, daß Wittgenstein, Heidegger und Dewey die rationalistische Konzeption, "das Erkennen sei ein akurates Darstellen - ermöglicht durch besondere mentale Vorgänge und verstehbar durch eine allgemeine Theorie der Darstellung"[18], verabschiedet hätten. Damit sei eine Abkehr von der Philosophie als Letztbegründung und Fundamentalwissenschaft zugunsten einer Philosophie als Kulturkritik, als Methode, sich über den Motivationshintergrund der eigenen Fragestellungen klar zu werden, bewirkt worden. Die moderne 'bildende' Philosophie erfüllt im Gegensatz zur Fundamentalphilosophie nach Rorty "die soziale Funktion, die Dewey das "Sprengen der Kruste von Konventionen" genannt hat; sie sucht zu verhindern, daß der Mensch sich selbst täuscht und glaubt, er kenne sich oder das andere anders als jeweils unter einer fakultativen Beschreibung."[19]

b. Kritik an Präsentation und Vorurteilsbehaftetheit

Ein Kritikpunkt, dem sich selbst begeisterte Dewey-Anhänger angeschlossen haben und der gerade für *Art as Experience* in vollem Umfang zutrifft, betraf Deweys

---

[16] "For some years whenever I thought I had something general and useful to say, it sounded like an echo of something I heard once said. When I tried to run it down, I was constantly led back to Dewey." *Richard Rorty: Comments on Sleeper and Edel.* In : *Transactions of the Charles S. Peirce Society* 21.1. 1985, 39.

[17] *Richard Rorty: Solidarität oder Objektivität?* Drei philosophische Essays. Übers. von J. Schulte. Stuttgart 1988, 9.

[18] *R. Rorty (Mirror of Nature.* 16f.) macht sich die Ziele seiner "Lieblingsphilosophen" zu eigen, indem er die philosophiehistorisch bedingte Verhaftetheit im Cartesianischen Subjekt-Objekt-Dualismus auch in 'seiner' eigenen philosophischen Heimat, der Analytischen Philosophie, mit Methoden der Analytischen Philosophie aufzudecken versucht. Während Rorty sich 1982 in *Consequences* sehr viel kritischer über D. äußert als noch 1979 in *Mirror of Nature*, distanziert er sich im Vorwort von *Consequences* von seiner Heidegger-Kritik im selben Band, nach der sich Heidegger trotz seiner Metaphysikkritik vom traditionellen Begriff der Philosophie als eines elitären Bereiches des Denkens jenseits der alltäglichen Lebenswelt nicht vollständig gelöst hat, so daß einzig seine Beiträge zur Geschichte der Philosophie von bleibendem Wert seien *(ders.: Consequences.* 52ff.).

[19] *R. Rorty: Mirror of Nature.* 410.

"notorische Schwierigkeit, sich auszudrücken".[20] Gounliock räumt ein: "Zugegeben, Dewey gewann niemals Auszeichnungen für Klarheit."[21] Zeltner führt aus, daß "generelles Fehlen von Präzision und Klarheit im Sprachgebrauch zu vielen Mißverständnissen geführt habe und genauso zu einer immensen Konfusion."[22] Deweys Begriffsdefinitionen wurden als "selbstwidersprüchlich", "sorglos", "unpräzise" und als "leere Negativdefinitionen" bezeichnet.[23] Robert Dewey kritisiert Deweys unreflektierten Gebrauch von Relationsbegriffen: "Die Behauptung beispielsweise, ein Mann sei groß, ist nicht informativ ohne eine Angabe bezüglich des angelegten Maßstabs."[24] Außerdem habe Dewey oft dualistisch besetzte Begriffe der Tradition (z.B. "experience", "practical", "empirical", "idea") zur Darstellung seiner nicht-dualistischen Metaphysik verwandt, anstatt wie Heidegger und Wittgenstein nach einer neuen Sprache für sein neuartiges System zu forschen.[25] Viele definitorische Ungenauigkeiten sind vielleicht mit einem Hinweis auf Deweys politisch motiviertes Bestreben, "einfaches Englisch" zu schreiben, zu erklären[26] - nicht aber die "unordentliche Präsentation" seiner Gedanken, die

---

[20] "...notorious difficulty of expression..." *R. Boisvert: D.'s Metaphysics*. 210.

[21] "Admittedly, Dewey never won any prizes for clarity." *James Gouinlock: What is the Legacy of Instrumentalism? Rorty's Interpretation of Dewey*. In: *Journal of the History of Philosophy* 28. 1990, 254.

[22] "As many readers of Dewey realize, his general lack of precision and clarity in language usage has led to many misunderstandings, as well as to immense confusion." *Ph.M. Zeltner: J.D.'s Aesthetic Philosophy*. 17. Vgl. unter Berufung auf *P. Crosser* auch *A.M. Tamme (A Critique*. 74f.).

[23] Vgl. *Max Black (Dewey's Philosophy of Language*. In: *The Journal of Philosophy* 59. 1962, 517) innerhalb einer Analyse von Deweys Bedeutungsbegriff. Vgl. auch *J. Gouinlock (J.D.'s Philosophy of Value*. 1) sowie *G. Kennedy (D.'s Concept of Experience*. 801-814) innerhalb einer Analyse von D.'s Logik als Fähigkeit zur Entwicklung von Problemlösungsstrategien mit Bezug auf *J. Dewey (Valuation*. 108). Siehe auch *R. Dewey (Philosophy of J.D.* 115) innerhalb einer Analyse von D.'s Ereignis-Begriff.

[24] "To assert that a man is tall, for example, is not informative unless we are aware of the standard being employed." *R. Dewey (Philosophy of J.D.* 103) zu *J. Dewey (Experience and Nature*. 72), wonach Dauer und Wechsel keine absoluten, sondern komplementäre und relationale Unterscheidungen sind. Diese Kritik trifft auch auf D.'s Definition von "Intensität" zu, denn in seiner Theorie der ästhetischen Situation fehlt ein Maßstab für die Intensität einer Situation.

[25] Vgl.*Th. Alexander (J.D.'s Theory of Art*. 12f.) sowie *Morris H. Cohen (Some Difficulties in Dewey's Anthropocentric Naturalism*. In: *The Philosophical Review* 49. 1940, 197). Die aktuellen D.-Befürworter versuchen, die Schwächen von D.'s "Metaphysik" auszumerzen, indem sie der Idealismuskritik mit Neudefinitionen von D.'s Kernbegriffen in Anlehnung an dessen vierte 'sprachkritische Phase' begegnen.

[26] *Th. Alexander (J.D.'s Theory of Art*. xii, 15) betont, daß D.'s Frühwerk im krassen Gegensatz zum Spätwerk einen schematischeren Schreibstil aufweist. Für *E. Baumgarten (Der Pragmatismus*. 205, 219) war D. ursprünglich durch seine Ausbildung an der nach Göttinger Vorbild organisierten Johns - Hopkins -Universität in Baltimore der erste systematische Denker des

"Gedankensprünge" und die "unzulänglichen Quellenangaben", die Deweys Texte oft kennzeichnen.[27] Wohl zurecht am stärksten kritisiert wurde Deweys "Darstellung" und "Diskussion" fremder Positionen, wie z.B. seine Aristoteles-Interpretation. A.M. Tamme stellt fest, daß Dewey einerseits großzügig die Ideen anderer Philosophen aufgenommen hat, aber andererseits "in seiner Behandlung fremder Standpunkte viel an Sorgfalt und Genauigkeit zu wünschen übrig <läßt>. Das Weglassen von Standpunkten, die seinem eigenen widerstreiten, ist oft die Basis und manchmal <sogar> der einzige Grund dafür, seinen <eigenen> als Alternative hinzustellen ... oft paraphrasiert er die Opposition, um sie auf billige Weise der Lächerlichkeit auszuliefern."[28]

Pragmatismus. Ders. (a.a.O. 437) erwähnt Ch.S. Peirce nur kurz und scheint sein Werk nicht gekannt zu haben. "Die in James' Lehrbuch der Psychologie verborgenen philosophischen Impulse wären ohne das systematische Auge und die sichere methodische Hand Deweys nicht in derjenigen Klarheit zur Wirkung gekommen...". D.'s Abwendung von seiner methodischen Strenge erklärt Baumgarten mit einem Aufenthalt im amerikanischen Mittelwesten nach seiner Promotion: "In der Nüchternheit und der schaffenden Energie des Frontierslebens fühlte er eine steigende Beschämung hinsichtlich seiner eigenen Begabung zu formalem, dialektischem und konstruierendem Denken. Durch eine ganze Zeit hin übte er einen gewalttätigen Zwang gegen sich aus im Sinne der Hinwendung zum Dinglichen und Gemeinverständlichen...". Baumgartens Buch ist allerdings deutlich 'deutsch-national': Neben einer Verklärung des 'deutschen Wissenschaftsideals' wird D.'s Haltung gegen "die gegenwärtige Bewegung des europäischen 'Faszismus' (worunter die Amerikaner auch den 'Nationalsozialismus' begreifen", als "eifernde, zuweilen blinde, zuweilen unbillige Gegnerschaft" (215) bezeichnet.

[27] *Th. Alexander: J.D.'s Theory of Art.* xii. *J. Gouinlock: J.D.'s Philosophy of Value.* vi. Vgl. auch *H.S. Thayer (The Logic of Pragmatism.* 11) sowie *A.M. Tamme (A Critique.* 87).

[28] "In his treatment of the view of others, Dewey leaves much to be desired in the way of thoroughness and accuracy. Elimination of viewpoints which conflict with his is often the basis and sometimes the exclusive ground for proposing his as an alternative ... Often he so phrases the opposition to leave it open to facile ridicule." *A.M. Tamme: A Critique.* 85. Nach *J.O. Buswell (The Philosophy of F.R. Tennant and John Dewey.* New York 1950, 319ff.) fehlt D. die historische Perspektive: Er habe die aristotelische Metaphysik, aus der er in der Übersetzung von Ross in seiner *Logik* zitiert, gar nicht verstanden. ("Dewey's lack of historical perspective ... Now I am not the only one who says that John Dewey does not understand Aristotle's system of Philosophy."). Es folgt eine scharfe Kritik an D.'s Aristoteles-Interpretation sowie an Ross' Übersetzung der Metaphysik. Siehe auch *William R. Dennes (Review* zu *John Dewey: Logic 1938.* In: *A Philosophical Review* 49. 1940, 260). Dieser offensichtliche Mangel hat jedoch auch einen Verteidiger gefunden. *R. Boisvert (D.'s Metaphysics.* 211) sieht Mißinterpretationen darin begründet, daß "viele seiner Schriften *polemischer* Natur sind. Sie können nicht als Texte gelesen werden, die in Isolation von hitzigen philosophischen Diskussionen ersonnen worden sind. Diese Diskussionen mögen zwar nicht mehr dieselben Leidenschaften erwecken wie einst, aber Dewey muß als ein Denker betrachtet werden, der immer in aktiven Auseinandersetzungen mit anderen Philosophen stand." ("... many of his writings are of a *polemical* nature. They cannot be read as texts conceived in isolation from burning philosophical controversies. Those same controversies may no longer arouse the passions

Kritisiert wurde außerdem, daß Deweys 'neuer' methodischer Fundamentalanspruch, eine vorurteilslose Metaphysik entwickelt zu haben, logisch unerfüllbar und undenkbar sei - auch Dewey habe auf Prämissensetzung nicht verzichten können. Für R. Rorty zum Beispiel ist die Auffassung von der Philosophie als Kulturkritik eine solche verschwiegene Prämisse von Deweys Denkens.[29] Nach R. Dewey ist Deweys Instrumentalismus sowohl methodisch als auch weltanschaulich ein Vor-Urteil seines Denkens: "Kann Dewey die empirische Methode empfehlen und dennoch von Zugeständnissen an seinen eigenen empirischen Naturalismus frei bleiben?"[30] Häufig wird Dewey als einseitiger Materialist oder Positivist bezeichnet.[31] Deweys politische Bindung an den "demokratischen Sozialismus"[32] ist offensichtlich und wird von ihm selbst nicht bestritten.

c. Phasen der Dewey-Diskussion

In Deutschland ist Dewey bis heute relativ undiskutiert geblieben. Wenn überhaupt, war er ausschließlich als Pädagoge[33] bekannt, obwohl *Human Nature and Conduct* (1922) schon 1931 ins Deutsche übersetzt war, während die deutsche Ausgabe von *Democracy and Education* (1916) erst 1964 folgte. In den letzten Jahren macht sich eine Wende bemerkbar, nachdem seit 1975 Ausschnitte aus *How*

---

they once did, but Dewey must be seen as a thinker engaged in active disputations with other philosophers.")

[29] R. Rorty *(Consequences.* 74ff.) gegen S. Hook, für den das Neue an D.'s Metaphysik ihre Voraussetzungslosigkeit ist.

[30] "Can Dewey recommend the emppirical method and yet remain free of commitment to his own empirical naturalism?" *R. Dewey: Philosophy of J.D.* 97 (29, 97, 165).

[31] *P. Henning: J.D.'s Erziehungstheorie.* 15. Ders. (a.a.O., 14) bezeichnet D. auch als radikalen Antiintellektualisten. Vgl. auch *A.M. Tamme (A Critique.* 76ff.) gegen D.'s Verabsolutierung des biologischen Interaktionsprinzips bzw. gegen die Unterordnung des Geistigen unter das Praktische. Nach ders.(a.a.O., 75) ist D.'s Ästhetik positivistisch, weil zwischen den stofflichen und den spirituellen Elementen von ästhetischen Situationen nicht scharf unterschieden wird.

[32] *Hillary Putnam* am 25.9.1990 im Rahmen seines Vortrags *Hat Philosophie eine Zukunft?* anläßlich des *15. Deutschen Kongresses für Philosophie* in Hamburg; sowie *D. Lehmann (Das Sichtbare der Wirklichkeiten.* 16). Vgl. *M.R. Cohen (Anthropocentric Naturalism.* 202) zu D.'s methodischer Bindung an die Sozialwissenschaften. Nach *ders. (a.a.O.* 213-217) ist die These von der absoluten Vernünftigkeit und Vorrangigkeit der demokratischen Staatsform eine solche Prämisse. Dazu ist jedoch zu sagen: Auch wenn Dewey nicht, wie beabsichtigt, auf jede Prämissensetzung verzichten konnte, ist er jedoch in gewisser Weise seinem methodischen Ideal dennoch gerecht geworden, indem er seine Prämissen (insbesondere die politischen) offengelegt hat.

[33] Zur deutschen Rezeption von D.'s Pädagogik vgl. *P. Henning (J.D.'s Erziehungstheorie)* sowie *Fritz Bohnsack (Erziehung zur Demokratie.* John Deweys Pädagogik und ihre Bedeutung für die Reform unserer Schulen. Ravensburg 1976).

we Think (1910/1933), seit 1980 *Art as Experience* und seit 1990 *Reconstruction in Philosophy* (nicht jedoch *Experience and Nature*) in deutscher Übersetzung vorliegen.
In Amerika sieht die Situation anders aus. Selbst als die Diskussion von Deweys Werk unmittelbar nach seinem Tod vorübergehend abflaute, verstummte sie doch nie ganz. Zentrales Thema der philosophisch-systematischen Diskussion von *Art as Experience* war die Frage, ob Dewey tatsächlich eine *nicht-idealistische neue Methode* und auf dieser Grundlage eine *nicht-idealistische neue Metaphysik* entwickelt hat. Innerhalb dieser Diskussion gibt es zwei Hauptstränge: In der *Idealismuskritik* wird der nicht-idealistische Charakter von Deweys 'neuer Metaphysik' in Frage gestellt. In der *Metaphysikkritik* wird bezweifelt, ob Dewey überhaupt im traditionellen Sinne eine Metaphysik entworfen habe.
Die *Idealismuskritik* wiederum läßt sich in drei Richtungen unterteilen: St. Pepper und B. Croce unterstellen Dewey einen Rückfall in den objektiven Idealismus seiner Frühphase, während die Kritik des subjektiven Idealismus nachzuweisen versucht, daß Dewey ohne die Annahme eines spekulativen Ichs kein wirklichkeitsumfassendes Systemgebäude ableiten konnte. Die Idealismuskritik wurde zum ersten Mal erhoben im Jahr 1905, als Dewey in dem Aufsatz *The Postulate of the Immediate Empiricism* seine 'neue Methode' vorstellte. Sie erreichte ihren ersten Höhepunkt, als im Jahr 1925 Deweys erster Entwurf seiner 'neuen Metaphysik' *Experience and Nature* erschienen war. Gegen *Art as Experience* (1934) wurde dann dieselbe Idealismuskritik durch neue Argumente gestärkt.
Nach Deweys Tod wurde die Diskussion in neuer Form weitergeführt, nämlich nicht mehr in Form von thematisch auf Einzelthemen begrenzten Aufsätzen, sondern werkumfassend.[34] In dieser Zeit entstanden die ersten komplexen Interpretationen zu Einzelthemen von Deweys Werk.[35] Es wurde zudem begonnen,

---

[34] Vgl. *S. Hook (Intellectual Portrait)*, eine paraphrasierende Zusammenfassung von D.'s bislang erschienenen Hauptwerken (Hook bezeichnet sich als "Herausgeber"). Siehe auch *J. Ratner (Intelligence)*, eine Gesamtdarstellung von D.'s bis 1939 erschienenem Werk. Siehe auch *R. Bernstein (John Dewey.* 1966), eine bis heute relevante kritisch-würdigende Gesamtdarstellung, in der D.'s philosophische Entwicklung nachvollzogen wird. Siehe auch *R. Dewey (Philosophy of J.D.)*, wo vor allem die Genese und die Kompetenz von D.'s 'neuer Methode' behandelt wird. Siehe auch *Guide to the Works of John Dewey* (Hrsg. von J.A. Boydston. London/Amsterdam 1970), ein themenorientierter Sammelband. *Dies.* hat außerdem am *Dewey-Center* in Carbondale (Illinois) D.'s umfangreiches Werk herausgegeben.

[35] Vgl. *J. Gouinlock (Philosophy of Value)* über D.'s Wertetheorie sowie *Ph. Zeltner (Aesthetic Philosophy)* mit einer umfassenden Analyse von *Art as Experience* sowie *H.S. Thayer (The Logic of Pragmatism)*. In *Art as Experience* werden Theorieelemente vorausgesetzt, die in *Experience and Nature* entwickelt wurden (so beispielsweise die allgemeinen Züge jeder Situation als eigentlicher Gegenstand der Philosophie und die Unterscheidung der *primary phase* von der *secondary phase* einer Situation). *Experience and Nature* läßt sich insgesamt als Einführung in D.'s Spätwerk interpretieren, denn *H.S. Thayer (The Logic of Pragmatism.* 13-31) führt ebenfalls

Deweys Philosophie mit europäischer Philosophie zu vergleichen.[36] R. Rorty (1979/1982) nahm diese Anregung auf und diskutierte die erstaunlichen Parallelen, die zwischen den 'neuen Philosophien' von Dewey, Wittgenstein und Heidegger[37]

---

[36] erst in fundamentale Begriffe ("experience", "nature" und "interaction" bzw. "transaction") von *Experience and Nature* ein, bevor er D.'s Logik darstellt. *H.S. Thayer (Review* zu *John Dewey: Logic* 1938. In: *Transactions of the Charles S. Peirce Society* 24.4. 1988, 521-537) diskutiert die kritische Textausgabe von D.'s *Logic* und die Einführung von E. Nagel (1986).

V. Kestenbaum (Phenomenological Sense of J.D.) stellt die Phänomenologie Merleau-Pontys D.'s Philosophie gegenüber. Kestenbaums Buch ist die erste umfassende Abhandlung über *Art as Experience*. Nach *ders. (a.a.O.,* 1, 3, 8, 44, 110f.) ist D.'s spätes System dualismenfrei, und zwar insbesondere durch die Komplementarität von Außenweltgegebenheiten und Verhalten in der ästhetischen Situation: "Verhaltensgewohnheit und <das> Objekt <des Handelns> rufen einander hervor; wenn beide ihre vollendetste Ausprägung erlangen, ist die Situation selbst ästhetisch vollendet." ("Habit and object motivate each other; when both achieve their most complete organization, the experience itself is aesthetically complete." 44) Die Anregung, D. mit Phänomenologen zu vergleichen, ging wahrscheinlich auf *R. Bernstein (John Dewey.* 1966, 178) zurück: "Es gibt jedoch eine gemeinsame Plattform, auf der ein fruchtbarer Dialog zwischen Dewey und der Phänomenologie stattfinden kann, ein Dialog, der sowohl die phänomenologische als auch die pragmatische Tradition bereichern könnte." ("But there is a common platform on which there can be a fruitful dialogue between Dewey and phenomenology, a dialogue that could enrich both the phenomenological and the pragmatic traditions.") *Th. Alexander (J.D.'s Theory of Art.* 298) kritisiert Kestenbaums D.-Interpretation. *E.A. Burtt (The Core of Dewey's Way of Thinking.* In: *The Journal of Philosophy* 57.13. 1960, 414ff.) sieht eine Verwandtschaft zu Poppers Theorie der offenen Gesellschaft. *R. Webb (The Presence of the Past)* thematisiert die Verwandtschaft von D.'s Begriff "environment" mit dem Lebensweltbegriff des Soziologen A. Schütz, der vor den Nationalsozialisten in die U.S.A. geflüchtet war, wo er dann an der New Yorker *School for Social Research* lehrte. Sein Hauptwerk ist *Phenomenology of the Social World* (1932).

[37] Unter Bezugnahme auf D. machte *K. Oehler* (in *Ch.S. Peirce: Ideas Clear.* 11) auf die auffällige Parallele zwischen der Philosophie des amerikanischen Pragmatismus und der Existenzphilosophie Heideggers aufmerksam: "Man kann auch heute noch aus ... berufenem Mund ... die Meinung hören, daß die damalige sensationelle Aufnahme des Heideggerschen Werkes von 1927 bei dem deutschen philosophischen Publikum, unbeschadet der epochalen Leistung Heideggers, weniger sensationell verlaufen wäre, wenn in Deutschland die Tradition des Pragmatismus auch nur halbwegs bekannt gewesen wäre." Daß sich in Europa und den U.S.A. gleichzeitig (aber unabhängig voneinander) verwandte philosophische Ideen entwickelt hatten, wurde erst nach dem 2. Weltkrieg ersichtlich. Gegen Rorty führt *Ulrich Engler (Kritik der Erfahrung.* Die Bedeutung der ästhetischen Erfahrung in der Philosophie John Deweys. Würzbug 1992, 6) aus, es sei vor allem D.'s Erfahrungsbegriff <Situationsbegriff>, mit dem eine Brücke zur europäischen Philosophie des 20. Jahrhunderts geschlagen werden könne: "Folgenreicher und konstruktiver als die Philosophiekritik Deweys, deren Grundlagen aus anderen Kontexten (von Nietzsche über Heidegger bis zu Adorno) bei uns heute weitgehend bekannt ... sind, ist gerade seine Erfahrungstheorie. Bei dem Versuch, Deweys Interpretation des In-der-Welt-seins (der "primary experience") aus dem Kontext seines Denkens in eine uns bekanntere Sprache zu übersetzen, ergaben sich erstaunliche Parallelen, Überschneidungen aber auch Divergenzen zu den

bestanden. Er würdigte aber nicht nur Deweys kulturkritische Beiträge, sondern mit seiner *Metaphysikkritik* kritisierte er zugleich, daß Dewey sich überhaupt noch mit den nicht beantwortbaren und deshalb sinnlosen Fragen der Metaphysik auseinandergesetzt hat. Rorty ist nicht der einzige, aber einzig bekannte Metaphysikkritiker. Die relativ unbeachtet gebliebene Metaphysikkritik ist aber für die Diskussion von Deweys System von großer Bedeutung, weil ihre Argumente zumindest in bezug auf Deweys Definition des Ichs zutreffend und gleichzeitig eine klare Widerlegung der Kritik des subjektiven Idealismus sind.

Heute werden meistens sowohl die Idealismusfreiheit von Deweys spätem System als auch seine Antworten auf traditionelle Fragen der Metaphysik verteidigt.[38] Die Kritik an Deweys System wird auf Mißverständnisse[39] zurückgeführt, die dadurch

---

gleichzeitigen und späteren Ansätzen philosophischer Neubestimmungen auf dem Kontinent. Der Pragmatismus Deweys kommt an zentralen Stellen den Intentionen und Ergebnissen philosophischer Anthropologie, Phänomenologie und Hermeneutik nahe."

[38] *I. Scheffler* (*Four Pragmatists*) ist eine überwiegend themenorientierte Gesamtdarstellung der wichtigsten Werke von D., James, Peirce und Mead. Scheffler skizziert D.'s Entwicklung und die Einflüsse der anderen pragmatistischen Philosophen anhand einzelner Fragestellungen. Am Ende jedes Kapitel diskutiert er in einem Überblick die wichtigste Kritik an D.'s jeweiliger Position und ist dabei keineswegs ein konsequenter D.-Verteidiger. Bei *Th. Alexander* (*D's Theory of Art*) wird die Idealismuskritik nicht 'Punkt für Punkt' widerlegt, sondern es wird mit umfassender Kenntnis der Literatur sowie breitem philosophischen Hintergrund gezeigt, wie sich Kernbegriffe von D.'s Frühwerk in seinem Spätwerk in verwandelter, nicht-idealistischer Bedeutung wiederfinden. *Arnold Berleant* (*Review* zu Th. Alexander: *J.D.'s Theory of Art*. In: *Transactions of the Charles S. Peirce Society* 24.2. 1988, 298f.) würdigt Alexanders Buch als wertvollen Beitrag zur Dewey-Literatur. Er vermißt allerdings (aus nicht nachvollziehbaren Gründen) eine kritische Diskussion. *J.E. Tiles* (*Dewey*. London/New York 1988) ist eine umfassende Einführung in D.'s Philosophie vom Standpunkt der analytischen Philosophie aus, wobei die Entwicklung der pragmatistischen Erkenntnistheorie ausgehend von der psychologisch geprägten Frühphase im Zentrum steht. Tiles stellt in nicht wertender Weise zentrale Theorieelemente D.'s vergleichbaren Theorien anderer Philosophen (insbesondere der analytischen Richtung) gegenüber, um so die Position D.'s innerhalb der Gegenwartsphilosophie zu klären. Einige Beispiele sollen genannt werden: B. Russels Frage nach der Realität der äußeren Welt unabhängig von jeder Wahrnehmung sei für D. eine künstliche Frage, die sich im unmittelbaren Erleben nicht stellt (10-19). Der Ausgangspunkt von G. Freges Denken sei eine strikte Trennung von logischen und psychologischen Fragen gewesen, für D. aber sei die Psychologie (unter dem Einfluß von W. James) die Primärwissenschaft überhaupt und damit Grundlage der Logik (26). Gegen B. Williams These, daß primäre Qualitäten objektive Qualitäten und deshalb primärer Gegenstand der Wissenschaft seien, gibt es für D. keine objektiven primären Qualitäten, weil keine individuelle Rotempfindung mit einer anderen identisch ist (52-56). Nach Th. Nagel lassen sich Erlebnisqualität und die objektive Qualität von Ereignissen nicht identifizieren, wie es in D.'s Theorie von der umfassenden Situationsqualität geschieht (70-76). Die Idealismusdebatte wird von Tiles ausgegrenzt.

[39] Zu einem Überblick über die 'Mißinterpretationen' vgl. R. Boisvert (*D.'s Metaphysics*. 3-7). *Ders.* (*Subjective Idealism*. 236ff.) führt die Kritik, daß in D.'s System eine Sphäre der

bedingt sind, daß Dewey traditionell-idealistisch besetzte Begriffe zur Formulierung seiner nicht-idealistischen Theorie verwendet hat.[40] Im Zentrum der Diskussion steht allerdings bezeichnenderweise weniger Dewey als Rorty. So ist auch Boisverts Dewey-Buch, in dem ein für die gegenwärtige Dewey-Literatur typischer Standpunkt vertreten wird, eine Antwort an Rorty: Dewey habe eine völlig neue und deshalb schwer verständliche Metaphysik geschrieben, die aber durchaus auf dem "Niveau der klassischen Metaphysiken" stünde. Die Kritik an Deweys Versuch, eine Metaphysik zu schreiben, sei eine bloße Modeerscheinung, die durch die "antimetaphysische Propaganda des logischen Positivismus" geschürt werde. Rorty habe Dewey nur durch eine isolierte Textauswahl als "Traditionszertrümmerer" zu seinem "Bundesgenossen" machen können. Dewey habe die Tradition aber nicht zertrümmern, sondern "rekonstruieren" wollen, indem er die traditionellen Fragen der Philosophie neu stellte und auch neu beantwortete.[41] Ähnlich wie Ale xander zeigt auch Boisvert auf, wie sich Deweys idealistische Metaphysik über ein experimentalistisches Zwischenstadium in seine späte, naturalistische, dualismenfreie Metaphysik gewandelt hat. Abschließend kommt er zu dem Ergebnis, daß Deweys Traditionsrekonstruktion auf drei zentralen, innovativen Theorieelementen beruht: auf der den Subjekt-Objekt-Dualismus überwindenden Situationsanalyse, auf der These vom Vorrang des "vitalen" (emotionalen) Situationserlebens vor der rein kognitiven Situation und die Erneuerung des Aristotelischen Potentialitäts-Aktualitäts-Schemas.[42]

---

unerkennbaren Objekte konstituiert würde (Kritik des subjektiven Idealismus), darauf zurück, daß Objekte in D.'s Logik ausschließlich die (begrifflich formulierbaren) Ergebnisse eines kognitiven Prozesses (die als solche natürlich erst nach dem Situationserleben existieren) und nicht die Objekte gegenüber einer Subjektsphäre seien. Nach Boisvert ist Deweys Objektbegriff ein rein logischer und kein ontologischer Begriff. (Der Schwerpunkt Boisverts liegt auf der Analyse des Aktualität/Potentialität-Schemas bei D.)

[40] Der Erfahrungsbegriff wurde deshalb hier durch den Situationsbegriff ersetzt.
[41] R. Boisvert (D.'s Metaphysics. 197-212) sowie ders. (Post-Modern Metaphysics. 173-193).
[42] "Wenn wir nun genau nachfragen, wie genau Dewey die Tradition rekonstruiert, dann müssen drei Höhepunkte seiner Analyse von neuem betont werden. (a) Interaktion von Existenzen in Situationen ist das grundlegende anschauliche Faktum, das Philosophen erkennen müssen. Situationen werden nicht aus separaten, unverbundenen, individuellen Elementen konstruiert, die irgendwie in einer übergestülpten Relation zueinander stehen. ... (b) Vitale Erfahrung ist weder insgesamt noch primär kognitiv. ... Die normale Erfahrung ist umfassender als die Erkenntnis, denn sie hat tatsächlich auch eine moralische und eine ästhetische Dimension. ... (c) ... Die Unterscheidungen von Potentialität und Realisation sowie von logischer Möglichkeit und faktischer Gültigkeit, die Dewey in seiner naturalistischen Periode ausarbeitete, erlaubten ihm die Rekonstruktion traditioneller Standpunkte angesichts <neuer natur-> wissenschaftlicher Errungenschaften." ("If we ask how exactly it is that Dewey reconstruct the tradition, three major prongs of his analysis must be re-emphasized. (a) Interaction of existents within situations is the basal descriptive fact that philosophers must recognize. Situations are not constructed out of

Insgesamt verwundert der affirmative Charakter der Dewey-Literatur. Peppers (vgl. B.1.) und Croces (vgl. B.2.) Kritikpunkte werden zwar erwähnt, aber ihre teilweise schwerwiegenden Argumente werden nicht angemessen berücksichtigt. Sie müssen 'Punkt für Punkt' ausgeräumt werden. Die Kritik des subjektiven Idealismus (vgl. B.3.1.), nach der Dewey an der traditionellen Konzeption eines erkennenden Ichs festgehalten hat, läßt sich kurz abhandeln: Sie wird dadurch, daß in der Metaphysikkritik (vgl. B.3.2.) kritisiert wurde, Dewey hätte gar keine Antwort auf die traditionelle Frage nach dem Ich gehabt, zumindest relativiert (was bis jetzt unbemerkt geblieben ist).

In allen Phasen der Idealismusdebatte wurde nie definiert, *was Idealismus überhaupt ist*. Konfusion entstand, weil jeder Kritiker sich auf eine andere idealistische Theorie bezieht. Es ist bei der Vieldeutigkeit des Begriffs "Idealismus" allein sinnvoll, *Deweys eigene Definition eines idealistischen Systems* heranzuziehen und mit seinen eigenen Kriterien zu klären, ob sein System idealistisch ist, um so eine einheitliche und verbindliche Diskussionsbasis zu schaffen (vgl. A.1.1.c.). Das soll im Zentrum der folgenden Diskussion von Deweys System stehen, deren Ergebnisse lauten werden: (1) Deweys philosophisches System ist *seiner eigenen Definition von "Idealismus" entsprechend* nicht idealistisch.[43] (2) Einige von Deweys Antworten auf traditionelle Fragen der Philosophie werden allerdings den in der Tradition angelegten Maßstäben nicht gerecht, weil er die eigentlichen Probleme 'umschifft'. Man muß insgesamt Sleeper zustimmen, nach dem Dewey ein umfassendes und originelles Systemgebäude errichtet hat, in dem aber die traditionellen Fragen der Metaphysik gar nicht erst gestellt werden. Das Problem in der Metaphysikdebatte um Deweys System besteht darin, daß die traditionelle Metaphysik versuchte, die Einzelelemente des Situationserlebens (Substanzen, das Ich etc), deren selbständige Existenz Dewey gerade bestreitet, zu beschreiben. Weil wesentliche Fragen der traditionellen Metaphysik methodisch ausgeklammert werden, schlug Sleeper vor, lieber gar nicht von einer Metaphysik zu sprechen, um Verwechslungen mit einer Metaphysik Kantischer Prägung und entsprechende Erwar-

---

separate, disconnected, individual elements that somehow have relations superimposed on them. ... (b) Vital experience is neither wholly nor primarily cognitive. ... Ordinary experience is wider than cognition, including, as it does, moral and aesthetic dimensions. ... (c) ... The possibility/realization or logicsibility/accrual distinction worked out in his naturalistic period is what allowed Dewey to reconstruct traditional views in light of scientific achievements.") *R. Boisvert*: *D.'s Metaphysics*. 201f. Das Adjektiv "ordinary" wurde mit "normal" übersetzt, weil keine gewöhnliche Situation in D.'s Sinne gemeint ist.

43 Dewey vertritt jedoch *seinen eigenen Kriterien nach* einen *'politischen Idealismus'* (der aber die philosophische Dimension nicht berührt), durch den 'durch die Hintertür' das traditionelle 'Ideal der Schönheit' in seine Kunsttheorie wieder eingeführt und das Kunsthäßliche ausgegrenzt wird (vgl. C.3.2.).

tungshaltungen zu vermeiden.[44] Deshalb ist hier von Deweys "philosophischem System" die Rede.

B.1. Peppers Idealismuskritik

B.1.1. Peppers Kritik des objektiven Idealismus

Der Dewey-Schüler Stephen Pepper veröffentlichte drei Jahre nach *Art as Experience* mit *Aesthetic Quality*[45] eine einflußreiche pragmatistische Ästhetik. Außerdem "brachte Pepper jedoch vor, was der größte kritische Beitrag zu dem Buch <*Art as Experience*> sein sollte, indem er behauptete, daß es ein verworrenes Durcheinander von pragmatistischen und idealistischen Begriffen darbiete."[46] Seine These, daß Dewey sich in seinem Spätwerk wieder dem *Hegelianismus seiner Frühphase* zugewandt habe, stellt die bis heute meistdiskutierte Kritik an Deweys Ästhetik dar.[47] Pepper zeigt Inkompatibilitäten zwischen idealistischen und pragmatistischen Theorieelementen in Deweys spätem System auf, um zu zeigen, daß "Deweys Eklektizismus in *Art as Experience* seinem Pragmatismus Schaden zugefügt hat, ohne daß er etwas hinzugefügt hat, das wir nicht auch anderswo gewinnen könnten, <zumindest> was den Organizismus betrifft".[48]

---

[44] R.W. Sleeper: *The Necessity of Pragmatism*. 6f. Für Sleeper ist nicht *Art as Experience*, sondern Deweys Logik der Gipfelpunkt seiner Entwicklung. Dementsprechend liegt ein Schwerpunkt seiner Darstellung auf Peirces Einfluß (44-71). Vgl. auch den Überblick über die durch Rorty ausgelöste D.-Renaissance (1-9, 223). Sleeper promovierte 1956 an der *Columbia University* über das Thema *Metaphysics and Value Theories of Urban, Dewey and Perry*.

[45] *St. Pepper (Aesthetic Quality)* analysiert wie D. die Erlebnisqualität der Situation (emotionale Inbeschlagnahme/seizure sowie die Verschmelzung verschiedener Erlebnisebenen/fusion). Außerdem analysiert er die äußeren Bedingungen, unter denen eine Kunstsituation erlebt wird sowie die verschiedenen "modes of organisation" des Kunstproduktes (sozial gewachsene Bezüge, kunstgattungsspezifische Ordnungsmuster, individuelle Abweichungen von diesen Mustern). Der zur Disposition stehende Widerstand spielt bei Pepper ebenso wie bei D. eine große Rolle. Vgl. *J. Dewey (Correspondence.* 713) mit einer Kurzbiographie Peppers.

[46] "Yet Pepper himself raised what was to be the greatest critical challenge to the book, claiming that it presented a confused welter of pragmatist and idealist notions." *Th. Alexander (J.D.'s Theory of Art.* 1) über *St. Pepper (Some Questions)* und ders. *(The Concept of Fusion)*.

[47] *St. Pepper: Some Questions*. 371-389.

[48] "Dewey's eclecticism in *Art as Experience* has damaged his pragmatism without adding anything we could not gather elsewhere concerning organicism." *St. Pepper: Some Questions*. 385.

a. Kohärente oder fusionierte Qualität?

Nach Pepper besteht die erste Inkompatibilität darin, daß Dewey einerseits die Eindeutigkeit und Einheit, die *Kohärenz* des ästhetischen Situationserlebens betont und andererseits ausführt, daß dieses Erleben aus einer *infinitesimalen Fülle von individualisierten Teilen fusioniert* ist. Für Pepper sind Kohärenz einerseits und Vielschichtigkeit von Situationserleben andererseits unvereinbare Prinzipien. "Wenn Kohärenz fundamental ist, dann ist es die fusionierte erlebte Qualität nicht, und *umgekehrt.*"[49] Nach Pepper ist Kohärenz ein Kernbegriff der idealistisch-organizistischen Philosophie nach Hegels Vorbild, wo alle Formen von Vielheit als wertlos und bloße Erscheinungen gelten, die im ästhetischen Erleben aufgehoben werden sollen zugunsten einer zugrundeliegenden absoluten Einheit (Kohärenz). Die idealistische Einheit ist kantenlos und eine vollkommene Synthese aller Erlebnisebenen. Die *fused quality* der Pragmatisten entsteht nach Pepper dagegen dadurch, daß sich viele Einzelqualitäten verbinden, ohne ihre Identität (in einer zugrundeliegenden Einheit etwa) aufzugeben: Sie ist kleinster gemeinsamer Nenner dieser Vielheit. In der pragmatistischen *fused quality* gibt es nicht berücksichtigte Ebenen des Erlebens mit nicht berücksichtigten Qualitäten. Es gibt Grauzonen an der Peripherie der Aufmerksamkeit, Kompromisse und unentschiedenes Schwanken. Statt einer eindeutigen zugrundeliegenden Qualität betont der Pragmatist die interessengeleitete Akzentsetzung innerhalb der Vielheit.

Hinweise auf einen idealistisch-organizistischen Kohärenzbegriff sieht Pepper in folgenden Thesen: (1) Insbesondere Deweys Definition der Schönheit als die "Antwort auf das, was für die Reflexion die vollendete Bewegung der *matter* ist, die durch ihre innewohnenden Relationen zu einem einzigen, qualitativen Ganzen vereinigt wurde"[50] sei eine orthodox organizistische Definition, in der die pragmatistische Vielheit keinen Raum hat. (2) Ebenfalls unvereinbar mit dem pragmatistischen Prinzip der Vielschichtigkeit des Situationserlebens sei, daß Dewey Coleridges organizistisch-idealistische These, nach der die Kraft der Imagination eine "*Weise*, Dinge zu sehen und zu fühlen, wie sie ein integrales Ganzes bilden", übernommen hat.[51]

---

[49] "If coherence is fundamental, then fused, had quality is not, and *vice versa.*" St. *Pepper: Some Questions.* 378.
[50] "In that case, beauty is the response to that which to reflection is the consummated movement of matter integrated through its inner relations to a single qualitative whole." J. *Dewey: Art as Experience.* 135.
[51] "<Imagination> is a *way* of seeing and feeling things as they compose an integral whole." J. *Dewey: Art as Experience.* 271. St. *Pepper: Some Questions.* 382f.

b. Absolutes Kunstwerk?

Eine zweite Inkompabilität sieht Pepper darin, daß Deweys These von der Eindeutigkeit der Erlebnisqualität ästhetischer Situationen zwangsläufig die These von der Existenz eines *absoluten, realen, objektiven Kunstwerks*, an dessen Einheit sich jede individuelle ästhetische Situation je nach Kohärenzgrad annähert, nach sich zöge. Die Annahme eines absoluten Kunstwerks ist Basis der idealistisch-organizistischen Urteilslehre; laut Pepper sind Unterschiede in den ästhetischen Urteilen lediglich auf Fehlleistungen des Betrachters im individuellen Situationserleben zurückzuführen, während der Wert des Kunstwerks objektiv, also situations- bzw. betrachterunabhängig, ist. Eine solche Theorie ist nach Pepper mit dem Pragmatismus unvereinbar, für den es nichts Realeres und Ursprünglicheres als die erlebte Situation gibt. Jede Situation hat je nach spezifischer Kontexteingebettetheit ihren spezifischen Charakter und ihren spezifischen ästhetischen Wert. Für den Pragmatismus gibt es also im Kontext eines Kunstproduktes nach Pepper nicht die eine, absolute, im Idealfall mit sich identische, eindeutige Qualität der ästhetischen Situation - und weil die individuelle ästhetische Situation keine Annäherung an die Einheit eines Absoluten ist, gibt es für den Pragmatisten auch kein absolutes ästhetisches Urteil. Es gibt nur einen hohen Grad von Wahrscheinlichkeit: wenn im Kontext eines Produktes viele ästhetische Situationen erlebt werden, dann kann das Produkt als Kunstprodukt gelten.[52]

Hinweise auf die mit dem Pragmatismus nicht zu vereinbare Annahme eines absoluten Kunstwerks sieht Pepper in folgenden Thesen: (1) Nach Deweys These von der 'kollektiven Individualität' der ästhetischen Situation verschmelzen in der ästhetischen Situation subjektive und objektive Elemente zu einer untrennbaren Einheit. Das interpretiert Pepper so, daß "verschiedene endlich-begrenzte Individuen sich der potentiellen Ganzheit des Gedichtes gemäß ihrer Integrationsfähigkeit in bezug auf das zur Disposition stehende *material* annähern."[53] Pepper stützt seine Interpretation dieser "untrennbaren Einheit" als zugrundeliegende Einheit des

---

[52] *St. Pepper: Some Questions.* 37-379. Auch nach *Hans R. Jauß: Ästhetische Erfahrung und literarische Hermeneutik* 1. München 1977, 162ff.) erhält D. die Illusion eines objektiv Schönen aufrecht. *St. Pepper (Aesthetic Quality*. 220-247) sieht (wie D.) im aktuellen Kunsterleben die Basis für ein ästhetisches Urteil. Peppers Kriterien sind *vividness of quality, spread of quality* und die lebensweltliche Bedeutung des Erlebens. Das zweite Kriterium wird angewandt, indem die dem Kunstprodukt innewohnenden *modes of organization* im Kunsterleben nachvollzogen werden. Peppers Kritik an traditionellen Kunsttheorien ist ganz ähnlich wie D.'s Kritik (vgl. A.3.3.a.).

[53] "That is, different finite individuals approximate the potential integration of the poem according to their capacities of integration in reference to the material at hand." *St. Pepper: Some Questions.* 381.

Absoluten mit Deweys (angeblich) zustimmenden Hinweis auf Bradley, nach dem ein Gedicht aus "unzähligen Graden"[54] der individuellen, unvollkommenen Annäherung besteht. (2) Nach Dewey präzisiert sich die anfangs diffuse, nur emotionale Ausdrucksabsicht des Künstlers (die er an dieser Stelle leider mit dem mißverständlichen Kantischen Begriff der "inneren Anschauung" bezeichnet) durch die Interaktion mit der "äußeren Anschauung", wenn sich der Künstler "in Demut der Disziplin der objektiven Anschauung"[55] unterwirft. Pepper interpretiert diese Passage, als beschriebe Dewey hiermit eine Bewegung im Sinne von "Schelling, Hegel, Bradley und Bosanquet"; eine Bewegung "von der vagen Erscheinung zur klaren Realität; vom Abstrakten und Konfliktgeladenen zum Konkreten und Kohärenten, These, Antithese, Synthese"[56]; eine Bewegung, die von den innewohnenden, objektiven Relationen des ästhetischen Produktes gesteuert ist. (3) Nach Dewey soll der Rezipient nicht fragen, was der Künstler mit seinem Produkt 'wirklich' meinte, sondern aufrichtig erleben, was das Produkt für ihn selbst in einer Kunstsituation bedeutet.[57] Diese Aufrichtigkeit ist für Pepper das getreue Nachschaffen der "unausweichlichen Selbstbewegung des Gedichts" in ihrer Gerichtetheit auf das absolute, objektive Kunstwerk - im Gegensatz zur pragmatistischen Theorie, nach der das ästhetische Produkt das ausdrückt, "was jedermann daraus lesen kann".[58] (4) Nach Dewey soll der Kritiker analysieren, wie die Teile seines ästhetischen Erlebens ein einheitliches Ganzes, 'eine' Situation bilden (Kohärenz).[59] Das interpretiert Pepper als orthodoxe idealistisch-organizistische Theorie der Kritik, nach der ein Kritiker aufzeigen soll, wie die innewohnende Erfüllung des Materials zustandekommt. (5) Dewey definiert die Kraft der Imagination als die Fähigkeit, die innewohnenden Möglichkeiten des *materials* zu realisieren. Daraus schließt Pepper, daß die Rede von innewohnenden Möglichkeiten ein Hinweis auf das zugrundeliegende absolute Kunstwerk sei.[60] (6) Nach Dewey

---

[54] "A poem exists in unnumerable degrees". *J. Dewey: Art as Experience.* 113.

[55] "The artist is driven to submit himself in humility to the discipline of the objective vision." *J. Dewey: Art as Experience.* 273.

[56] "From the vague appearance to the clear reality; from the abstract and conflicting to the concrete and coherent; thesis, antithesis, synthesis; ..." *St. Pepper: Some Questions.* 382f.

[57] *J. Dewey: Art as Experience.* 113f.

[58] "Whatever anyone can get of it." *St. Pepper: Some Questions.* 381.

[59] *J. Dewey: Art as Experience.* 313.

[60] *J. Dewey: Art as Experience.* 271f. *St. Pepper: Some Questions.* 382. Howard L. Parson (*Dewey.'s Religious Thought: The Challenge of Evolution.* In: *The Journal of Philosophy* 58.5. 1961, 113-121) sieht ähnliche Prämissen in D.'s Religionsphilosophie (die im selben Jahr wie *Art as Experience* erschienen ist): "Und obwohl er <Dewey> heftig gegen den Hegelianismus seiner Jugend anging, blieb sein objektiver Idealismus eine implizite und in religiösen Fragestellungen eine ungeprüfte Prämisse seines Denkens. Es *gibt* eine dynamische Kreativität in der Natur, und der Mensch ist Gestaltwerdung <dieser Kraft in der Natur> ... <die> zu

wird die ästhetische Form dem Material nicht von außen hinzugefügt, sondern sie ist die integrale Erfüllung des involvierten Materials.[61] Außerdem hat jedes Medium der Künste seine eigene, spezifische Wirkung.[62] Pepper interpretiert diese These derart, daß das involvierte Material und die spezifischen Medien der Künste ihre eigene, innewohnende, objektive, betrachterunabhängige Tendenz zur Einheit des Absoluten hätten.[63]

c. Gebannte Faszination als niedere, emotionale Stufe?

Für den Pragmatisten ist eine gebannte Faszination, eine völlige emotionale Inbeschlagnahme (seizure), welche die lebenserhaltenden Kräfte des Sich-Verhaltens aktiviert und richtet, *die* Ursache für den Wert der ästhetischen Situation. Die gebannte Faszination ist für den idealistischen Organizismus hingegen lediglich die niedrigste Stufe des Erkennens, nämlich bloßer Emotionalismus und Verhaftetheit des Erkennens in der Vielheit der Erscheinung.

Dewey vertritt, daß derjenige, der eine ästhetische Situation erlebt, mit einer totalen Fasziniertheit beginnt, in der noch nicht Einzelteile und Einzelqualitäten unterschieden werden.[64] Hierin sieht Pepper ein Indiz dafür, daß Dewey das emotionale Fasziniertsein in einer ästhetischen Situation wie der objektive Idealismus lediglich als Vorstufe des distinkten Erkennens bezeichnet. Nach Pepper fehlt wegen dieser Abwertung der emotionalen Fasziniertheit gegenüber den ordnenden rationalen Fähigkeiten in *Art as Experience* eine pragmatistische Theorie der Kritik, in der die intensive, faszinierende Erlebnisqualität der ästhetischen Situation im Zentrum stehen könnte.[65]

d. Konflikt, Tragödie und Kunsthäßliches

Für den idealistischen Organizismus ist jeder Konflikt als Entzweiung des Absoluten mit sich selbst ein Unwert. In einer organizistischen Ästhetik hat Kunst die Funktion, die Konflikte der Alltagswelt als bloße Erscheinung darzustellen und zu transzendieren, indem ihr übergeordneter Sinn und ihre Auflösungstendenz im harmonischen Absoluten durch den versöhnenden Kontext Kunst manifestiert wird.

Bewußtsein gebracht ist." ("And though he reacted strongly against the Hegelianism of his youth, its objective idealism remained an implicit and, in religious matters, an unexamined premise of his thought. There *is* a dynamic, and man is its epitomization ... brought to consciousness." 119)

[61] J. Dewey: Art as Experience. 142.
[62] J. Dewey: Art as Experience. 230-248.
[63] St. Pepper: Some Questions. 383f.
[64] J. Dewey: Art as Experience. 195.
[65] St. Pepper: Some Questions. 376, 385.

Für den Pragmatisten dagegen ist jeder Konflikt zur Erhaltung des Lebens als Initial der Interaktionsprozesse unmittelbar werthaft. "Konflikt ist nicht etwas, das in der Kunst ausbalanciert oder transzendiert werden muß, sondern etwas, das markant vorgebracht und betont werden muß."[66] Peppers vierte Inkompabilitätskritik lautet dementsprechend: "Wenn Konflikt immer unwertig ist, dann ist er nicht manchmal ein positiver Wert, und *umgekehrt*."[67] Er versucht sie folgendermaßen zu belegen:
(1) Nach Pepper begründet Dewey den ästhetischen Wert einer Tragödie damit, daß die handlungstragenden Konflikte im Gegensatz zu gewöhnlichen Konflikten durch die Einbettung in das übergeordnete Ganze der Handlung sinnvoll und deshalb versöhnlich präsentiert würden. Damit gäbe es bei Dewey keine adäquate Tragödientheorie.[68] (2) Pepper kritisiert an *Art as Experience*, daß "wir einer pragmatistischen Theorie des Häßlichen (besser <einer Theorie> über seine Abwesenheit <in der Kunst>) beraubt sind und statt dessen auf Stellungnahmen treffen, die von Schasler, Hartmann, oder Rosencrantz gekommen sein könnten ..."[69] Diese Kritik zeugt jedoch selbst von idealistischen Vorurteilen, wenn Pepper eine Erklärung vermißt, nach der das Häßliche im "vom Begriff 'Schönheit' abgedeckten" "ästhetischen Feld" "abwesend" sei. In seiner eigenen Ästhetik schreibt Pepper zum Kunsthäßlichen:

"Schönheit werde ich als den Begriff für positiven ästhetischen Wert verwenden, und Häßlichkeit für negativen ästhetischen Wert. Es kann sein, daß ich manchmal in den Gebrauch von Schönheit als Äquivalent für das gesamte ästhetische Feld abgleite. Das ist eine häufig vorkommendes Verfahren in ästhetischen Schriften, und es ist besonders zu entschuldigen in der Theorie, die ich im Begriff bin, zu erklären, weil es in dieser Theorie fraglich ist, ob es überhaupt Häßlichkeit, irgendeinen negativen ästhetischen Wert, gibt. Es scheint wahrscheinlich zu sein, daß, wenn ein Objekt nicht schön ist, es überhaupt nicht ästhetisch ist, und daß, wenn ihm ein negativer Wert anhängt, der Wert

---

[66] "Conflict is not something to be overbalanced or transcended in art, but something to be brought prominently forward and emphasized." *St. Pepper: Some Questions*. 386.
[67] "If conflict is always disvalue, then it is not sometimes a positive value, and *vice versa*." *St. Pepper: Some Questions*. 378.
[68] *St. Pepper (Some Questions*. 386f.) über *J. Dewey: Art as Experience*. 101f., 198). Nach *St. Pepper (Aesthetic Quality*. 85) sind Tragödien Situationen, in denen Konflikte zur Disposition stehen, die stärker als alle möglichen Lösungen sind.
[69] "... we are deprived of a pragmatic theory of ugliness (or rather of its absence) and meet instead with statement that might have come out of Schasler, Hartmann, or Rosencrantz ..." *St. Pepper: Some Questions*. 387.

von anderen Quellen als den ästhetischen stammt; er <der Wert> ist eine negative Moral oder in irgendeiner Weise ein praktischer Wert."[70]

B.1.2 Argumente gegen Peppers Idealismuskritik

Es ist nicht zu leugnen, daß Dewey durch Begriffe wie "innere und äußere Anschauung" Mißinterpretationen geradezu herausgefordert hat. Auch war er selbst nicht in der Lage oder nicht willens, diese durch seinen Begriffseklektizismus[71] verursachten Mißverständnisse auszuräumen: Auf Peppers offensichtlich starke Argumente erwiderte er lediglich, daß in *Art as Experience* idealistische Konzepte durch ihren Kontext eine nicht-idealistische Bedeutung bekommen hätten, ohne diese näher zu beschreiben.[72]

Relevant ist nicht, daß Dewey Sätze formuliert, die auch von Croce, Bosanquet, Coleridge, Hegel oder Bradley stammen könnten, sondern ob seine Theorie idealistisch in dem Sinne ist, wie Dewey selbst idealistische Philosophie beschrieben hat. Die Frage muß also lauten, ob in *Art as Experience in* irgendeiner Form von einem Zweisphärenmodell und von Ableitungsverhältnissen die Rede ist (vgl. A.1.1.c.). Diese entscheidene Frage soll mit Rücksicht auf Peppers Kritik in folgenden Teilfragen diskutiert werden: (a) Ist organizistisches Denken *eo ipso* idealistisch? (b) Gibt es bei Dewey ein Absolutes? (c) Ist Deweys "Imagination" ein Erkenntnisvermögen? (d) Sind Fusion und Kohärenz unvereinbar? (e) Ist Deweys Harmoniebegriff idealistisch fundiert? (f) Können Häßliches oder Tragödien harmonisch sein?

---

[70] "Beauty, I shall use as the term for positive aesthetic value, and ugliness for negative aesthetic value. Sometimes I may slip into the use of beauty as equivalent to the whole aesthetic field. That is a frequent usage in aesthetic writing, and is particulary excusable in the theory I am about to explain, because in this theory it is questionable if there is any ugliness, any negative aesthetic value. It seems probable that if an object is not beautiful, it is not aesthetic at all, and that, if a negative value attaches to it, the value is derived from other than aesthetic source; it is a negative moral or practical value of some kind." *St. Pepper: Aesthetic Quality.* 16.

[71] Einschränkend sei bemerkt: Ein gewisses Maß an Eklektizismus ist andererseits unvermeidlich. Kein Denken ist völlig traditionsungebunden und originär. *St. Pepper (Aesthetic Quality).* 7) verteidigt Eklektizismus bewußt als Methode.

[72] *J. Deweys* Antwort an *St. Pepper (Some Questions).* Diese Spur verfolgt *Th. Alexander (J.D.'s Theory of Art)*, um Peppers Kritik zu widerlegen. *Benedetto Croce (Intirno all' estetica del Dewey.* In: *La Critica.* 1940, 348-354. Im Text zit. nach: *On the Aesthetics of John Dewey.* In: *Journal of Aesthetics and Art Criticism* 6. Übers. von K. Gilbert. 1947-1948, 204ff.) jedoch wehrt sich ausdrücklich gegen D.'s Versuch, Peppers Kritik auf ein bloßes Sprachproblem zu reduzieren.

a. Ist Organizismus eo ipso idealistisch?

Es ist unbestritten, daß in Deweys später Philosophie der Hegelsche Begriff "organische Ganzheit" als Synonym zu "Kohärenz", "Eindeutigkeit" und "Harmonie" eine große Rolle spielt. Deshalb wurde seine späte Philosophie oft als "Organizismus" bezeichnet. Nach Alexander hat Pepper jedoch den Fehler gemacht, Organizismus und Hegelianismus schlicht zu identifizieren: Pepper glaubte, Deweys Hegelianismus bewiesen zu haben, obwohl er ihm lediglich organizistisches Denken nachweisen konnte.[73] Alexanders Anstoß folgend soll jetzt untersucht werden, ob ein Organizismus, der unabhängig von idealistischen Prämissen ist, überhaupt denkbar ist, und wenn ja, welche Form von Organizismus Dewey in seinem Spätwerk vertritt.

(1) Objektiv-idealistischer Organizismus und nicht-idealistischer Organizismus haben folgende Grundthesen *gemeinsam*: (1.1) Die "organische Ganzheit" ist ein reiner *Strukturgedanke*. Jedes individuelle Ganze (beispielsweise eine Situation oder ein lebender Organismus) wird als Mikrokosmos betrachtet, der aus individuellen Teilen besteht, und dessen Ganzes sich verändert, wenn ein Teil sich ändert. Es wird außerdem angenommen, daß alle individuellen Phänomene zusammen wiederum selbst einen Makrokosmos, also ein alles umfassendes, kosmisches Kontinuum bilden. (1.2) Indem vor allem die *Zeit* als organische Ganzheit betrachtet wird, entsteht der für den Organizismus typische *Entwicklungsgedanke*. Alle lebenden Organismen und alle Situationen haben Vorstadien, die ihren jetzigen Zustand konstituieren. 'Teile' der organischen Ganzheit 'Zeit' sind Entwicklungszustände, die einen späteren Zustand konstituieren und determinieren. "Zunächst wird man ganz allgemein sagen können, daß der Begriff der Entwicklung eine gewisse Determination bezeichnet. Determination bedeutet hier vorerst nur die Bestimmtheit eines Momentes durch ein anderes Moment."[74] Die Zeit wird also interpretiert als ein linear geordnetes Kontinuum von Ursachen und Vorstadien.

(2) Aus diesen organizistischen Grundthesen ergibt sich ein *objektiv-idealistisches System* (Deweys Definition entsprechend; vgl. A.1.1.c.) erst durch Hinzufügung zusätzlicher Prämissen. (2.1) Dem idealistischen Organizismus liegt die metaphysische Prämisse zugrunde, daß jeder empirische Harmoniezustand Vorstadium und Abbild der *absoluten Harmonie des Weltganzen* ist. Ursachen und Phänomene bilden eine kosmische Harmonie, deren Wert mit den Transzendentalien 'Gutes, Wahres und Schönes' erfaßt wird. Die ordnende Vernunft ist verursacht durch (und somit ein Beleg für) die harmonische Struktur des Absoluten. Jede andere Tätigkeit muß sich dem Primat der Vernunft unterordnen. Durch die Identifi-

---

[73] Th. Alexander (*J.D.'s Theory of Art.* 3f.) bestreitet auch, daß sich aus einem idealistischen Fundament ein Primat des Schönen und eine Abwertung des Kunsthäßlichen ergibt (vgl. C.3.2.).
[74] Klaus Oehler: *Antike Philosophie und Byzantinisches Mittelalter.* München 1969, 41.

zierung des objektiven Ganzen mit dem objektiv Guten hat jedes *Ganze ein Primat vor seinen Teilen. Vielheit gilt als minderwertiges Prinzip der bloßen Erscheinung.* Kohärenz, Harmonie und Ganzheit sind Eigenschaft des Absoluten. Das Ganze ist nicht in einem mathematisch-wertfreien Sinne die Summe seiner Teile, sondern eine höhere Entwicklungsstufe. Mit dieser Wertung etabliert sich das *Zwei-Sphären-Denken*, das nach Dewey kennzeichnend für jedes idealistische System ist: 'Kohärenz, Harmonie/ Fusion (Vielheit)' sowie 'Ganzes/ Teil' konstituieren als *antagonistische Prinzipien* die beiden für jedes idealistische System typischen Ableitungskolumnen. (2.2) Im idealistischen Organizismus wird die Zeit betrachtet, als ob es einen noetischen Endpunkt aller Prozesse gäbe, an dem sich die kosmische Ordnung offenbart. Geschichte wird als Prozeß interpretiert, der auf die 'Herrschaft der reinen Vernunft', auf die 'Selbstbewußtwerdung des mit sich in der von ihm selbst gesetzten Natur (Erscheinung) entzweiten Absoluten Geistes' abzielt. Weil die Zeit selbst teleologisch als Entwicklungsprozeß gedacht wird, wird jeder einzelne *in der Zeit spätere Entwicklungszustand* in einem absoluten Sinne als *höhere* Entwicklungsstufe interpretiert.

(3) Die Grundthesen des Organizismus werden *nicht-idealistisch* interpretiert, wenn man auf die metaphysischen Prämissen 'Existenz eines Absoluten' und 'die Bewegung der Geschichte ist teleologisch-determiniert' verzichtet. (3.1) Das kosmische Ganze wird dann als die Summe aller individuellen Situationen und als unendliches Ursachenkontinuum, dessen Qualität sich in jedem Moment mit jedem einzelnen Ereignis ändert, interpretiert. Es hat keine zugrundeliegende, ewig gleiche, harmonische Struktur. Werthaft sind *alle* lebenserhaltenden Interaktionsprozesse. Die ganzheitliche Perspektive ist gleichberechtigt neben der analytischen Perspektive, wenn die Perspektive den situativen Erfordernissen gerecht wird. Aktivierende Widerstände sind als Teile des Prozesses genauso werthaft wie der Harmoniezustand. (3.2) Es ist kein ewiger und objektiv gültiger Harmoniezustand denkbar. Jeder Harmoniezustand ist zwar vergänglich, aber zu dem Zeitpunkt, an dem er besteht, absolut und ohne weitere Begründung (in einem universellen, absoluten Harmoniezustand) gültig. Eine idealistische Hierarchie von Harmoniezuständen gilt als selbstwidersprüchlich, weil "Harmonie" kein komparativer Begriff ist. Die Ganzheit des Kontinuums in der Zeit wird nicht teleologisch, sondern als zirkuläres Kontinuum von Widerstandsbewältigungsprozessen gedacht. Widerstände sind im selben Sinne real wie Harmoniezustände. Sobald man also auf die idealistischen Ableitungsverhältnisse verzichtet, sind 'Kohärenz,Harmonie/Fusion' nicht disjunktiv, sondern lediglich *perspektivisch verschieden.*

b. Gibt es bei Dewey ein Absolutes?

Nachdem gezeigt wurde, daß organizistisches Denken ohne idealistische Prämissen denkbar ist, muß überprüft werden, ob Pepper nachweisen konnte, daß Dewey idealistische Prämissen annimmt.

(1) In seiner knappen Antwort[75] an Pepper verweist Dewey auf das dritte Kapitel von *Experience and Nature*, wo er vor allem zwei Argumente gegen die Annahme eines Absoluten vorbringt. Die Annahme der Existenz eines Absoluten im Sinne eines höchsten Guten sei durch die Übertragung eines moralphilosophischen Denkmusters auf die Metaphysik entstanden. Weil jede Handlung durch Ziele motiviert sei, wurde geschlossen, daß auch jedes Seiende durch ein 'besseres' Seiendes verursacht sei, bis man zum Schluß zur Annahme eines 'besten' Seienden gelangt. Die Annahme eines absoluten Endziel der Bewegung der Geschichte hält Dewey für nicht vereinbar mit allen empirischen Beobachtungen, nach denen jeder Endzustand irgendwann ein neuer Ausgangzustand wird. Weil sich die Eigenschaften des Absoluten mit den Gesetzmäßigkeiten von Ereignissen, die sich aus empirischen Beobachtungen ableiten, nicht vereinbaren lassen, sei es künstlich als Transzendentes (als etwas, das außerhalb aller Ereignisse liegt) beschrieben worden.[76]

(2) Die von Pepper zitierte Passage zu Deweys Definition der Schönheit ist aus dem Kontext gerissen und dadurch entstellt. Wie in A.3.1. schon dargestellt wurde, distanziert sich Dewey hier von einer Schönheit, die begriffshypostasierend "zu einem eigenständigen Objekt erstarrt" ist, und sogar vom Begriff "Schönheit" insgesamt, um einer Mißinterpretation seiner Ästhetik vorzubeugen.[77] Im Kontext von Deweys Definition der Imagination als der Fähigkeit, Dinge so zu sehen, wie sie ein organisches Ganzes bilden, distanziert er sich ausdrücklich von Coleridge. Imagination ist keine mystisch-geheimnisvolle Fähigkeit, durch die hinter der Vielheit der Erscheinungen die zugrundeliegende Einheit des Absoluten erkannt wird. Imagination ist die interessengeleitete, gleichgerichtete Tätigkeit aller Kräfte des Sich-Verhaltens, die darauf abzielt, das Verhältnis von widerstandsbewältigenden Energien zu den widerständigen Energien (Bedeutung) in einer individuellen Situation prägnant zu erleben.

(3) Passagen, in denen Dewey betont, daß nicht nur subjektive Erlebnisanteile, sondern auch die Qualitäten der spezifischen Umwelt und des ästhetischen Produktes in das aktuale ästhetische Erleben miteinflössen, interpretierte Pepper so, als müßten nach Dewey die subjektiven Stadien des Erlebens zugunsten der Annäherung an einen eigentlichen, objektiven Charakter des involvierten Materials im Hegelschen Sinne überwunden werden. Wenn nach Dewey das *outer material* im

---

[75] *J. Deweys Antwort an St. Pepper.* In: *The Philosophy of J.D.* 550, Anm.84.
[76] *J. Dewey: Experience and Nature.* 94,100.
[77] *J. Dewey: Art as Experience.* 135f.

Kunstschaffen durch den "Destillierapparat des persönlichen Erlebens" geht, betont er damit, daß die Einzigartigkeit jeder ästhetischen Situation durch die einmalige Kombination von objektiven *und* subjektiven Situationsdaten zustandekommt. Der Hinweis auf Bradley, den Pepper erwähnt, ist *nicht zustimmend*. Wie aus dem Kontext ersichtlich wird, distanziert sich Dewey von Bradleys Stufenmodell, welches eine Annäherung an eine 'höchste Stufe' (das absolute Kunstwerk) impliziert, indem er die originäre Neuheit jeder ästhetischen subjektiven *und* objektiven Situation betont. Die subjektive Komponente ist in Deweys Interaktionsmodell kein zu überwindender Mangel, sondern integraler Bestandteil der ästhetischen Situation. In der zweiten von Pepper zitierten Passage betont Dewey, daß die subjektive Anfangsemotion den Verlauf des Gestaltungsprozesses ebenso steuert wie die Gegebenheiten des *outer materials*[78]:

> "Der Künstler ist <dazu> angetrieben, sich in Demut der Disziplin der objektiven Anschauung zu unterwerfen. Aber die innere Anschauung ist nicht verdrängt. Sie bleibt als das Organ, durch das die äußere Anschauung kontrolliert wird, und sie nimmt Struktur an, sobald letztere darin absorbiert ist. Die Interaktion beider Arten von Anschauung ist Imagination ..."[79]

Deweys "Aufrichtigkeit" ist keine Aufforderung zur Überwindung der minderwertigen subjektiven Erlebnisanteile zugunsten der objektiven Realität des involvierten Materials (wie es Pepper darstellt), sondern die interessengeleitete (d.h. subjektive) Interaktion mit dem *outer material*. Peppers eigene pragmatistische Definition "whatever anyone can get of it" stimmt fast wörtlich mit Deweys Definition von "Aufrichtigkeit" ("whatever you can get of it")[80] überein. Peppers Kritik an Deweys Thesen zu den implizierten Gesetzmäßigkeiten des *outer materials* bzw. der Medien der Künste kann mit Deweys Definition von "Medium" widerlegt werden, der der Interaktionsgedanke unübersehbar zugrundeliegt. Wie in A.3.2.a. dargestellt, ist das Medium die Beziehung des Organs (bzw. des subjektiven Erlebnisanteils) zum *physical material*.

---

[78] S. Hook: *Intellectual Portrait*. 202.
[79] "The artist is driven to submit himself in humility to the discipline of the objective vision. But the inner vision is not cast out. It remains as the organ by which outer vision is controlled, and it takes on structur as the latter is absorbed within it. The interaction of the two modes of vision is imagination ..." *J. Dewey: Art as Experience*. 273. ("Inner vision" wurde bewußt mit dem Kantischen Terminus "innere Anschauung" übersetzt, um zu zeigen, warum D.'s Terminologie in der amerikanischen Literatur als Begriffseklektizismus kritisiert wurde.)
[80] *J. Dewey: Art as Experience*. 113f.

c. Ist Deweys "Imagination" ein Erkenntnisvermögen?

Nach Pepper wertet Dewey das emotionale Fasziniertsein (seizure) gegenüber der rationalen Analysefähigkeit ab. (1) Die Emotion steht nach Dewey zu den anderen Kräften des Sich-Verhaltens (also auch zur Reflexion) im Verhältnis eines *primus inter pares*. Er vertritt keine Stufentheorie der Kräfte des Sich-Verhaltens, sondern die verschiedenen Fähigkeiten, die durch das individuelle Interesse (Emotion) aktiviert werden, verhalten sich komplementär zueinander. (2) Die Passage, die Pepper zitiert, um seine These von Deweys Abwertung des emotionalen Fasziniertseins gegenüber kognitiven Tätigkeiten zu belegen, ist aus dem Kontext gerissen. Sie ist Teil einer Argumentation gegen Schiller. Hier führt Dewey ausdrücklich aus, daß die Differenzierung der ästhetischen Situation, die nach dem ersten überwältigenden Eindruck (seizure) einsetzt, kein ausschließlich rationaler Prozeß ist: Die emotionale Anfangsstimmung (das durch das ästhetische Produkt ausgelöste Interesse) prägt den Verlauf des Erlebens in allen Phasen. (3) Nach A.3.3.a. muß die Grundlage jeder Kritik ein aktuales ästhetisches Erleben sein. Eine ästhetische Situation ist ein intensiver Widerstandsbewältigungsprozeß mit eindeutiger Erlebnisqualität. Wenn Pepper also vertritt, in Deweys Theorie der Kritik werde die Intensität des aktualen Erlebens zugunsten ihrer Eindeutigkeit vernachlässigt, übersieht er den inneren Zusammenhang von Intensität und Eindeutigkeit der ästhetischen Situation, den Dewey deutlich hergestellt hat.

d. Sind Kohärenz und Fusion unvereinbar?

Nach Peppers frühem Aufsatz sind Kohärenz und Fusion unvereinbare Konzeptionen, weil die Kohärenzidee auf der idealistischen Annahme eines absoluten Kunstwerkes basiert. In dem späteren Aufsatz *The Concept of Fusion* vertritt Pepper bezeichnenderweise keine Idealismuskritik mehr und bietet selbst eine Lösung für die früher angesprochene Inkonsistenz, indem er Fusion als Perspektive der nachträglichen Reflexion und die Ganzheitlichkeit der Qualität als Erlebnisqualität der ästhetischen Situation interpretiert.[81] Hier kritisiert er, daß ein *Prozeß*

---

[81] St. Pepper: *The Concept of Fusion.* 170f. Th. Alexander (*J.D.'s Theory of Art.* 4) behauptet, Pepper würde hier vorschlagen, statt der idealistisch besetzten Kategorie "Fusion" (die an Baumgartens "cognitio clara sed non distincta" erinnere) den pragmatistischen Begriff "funding" zu wählen. Hier wird deutlich, wie verwirrt die Idealismuskritik ist. St. Pepper (*The Concept of Fusion.* 172) erwähnt Baumgartens "confused cognition" ausschließlich unter der Perspektive, daß "Fusion" ein philosophisch sinnvoller Begriff mit Tradition ist. Pepper geht es in seinem späteren Aufsatz gar nicht um Idealismuskritik, sondern er will aufzeigen, daß D. unzulässige Identitätsbehauptungen von in der Zeit verschiedenen Phasen vornimmt (vgl. A.1.2.c.). Es ist ausgeschlossen, daß Pepper "Fusion" für eine idealistisch besetzte Kategorie gehalten hat. Damit

in der Zeit (Fusion) nicht identisch sein könne mit einem Phänomen, das zu einem *bestimmten Zeitpunkt* erlebt wird (eindeutige Erlebnisqualität). Pepper richtet sich mit diesem starken Argument gegen die schlichte Identifizierung des Fusions*prozesses* mit der einzigartigen Qualität, die am Konsummations*punkt* der ästhetischen Situation in Erscheinung tritt.

Die Vereinbarkeit von Fusion und eindeutiger Qualität kann in Analogie zu James' Limonadenbeispiel sowie zu Deweys Ausdruckstheorie interpretiert werden. Die ganzheitliche Qualität, die am Konsummationspunkt erlebt wird, entsteht aus einem Prozeß der Fusion von vielen, in der nachträglichen Reflexion infinitesimal differenzierbaren Einzelqualitäten. Das qualitativ eindeutige Ergebnis des Fusionsprozesses (das vergleichbar ist mit Deweys Ausdrucksergebnis oder mit der fertigen Limonade bei James) ist, wie es ist, da die vorangegangene Fusionshandlung (vergleichbar mit Deweys Ausdruckshandlung oder mit der Vermischung einzelner Limonadenbestandteile mit unterschiedlichen Qualitäten wie Zitronensaft, Wasser und Zucker bei James) in bestimmter, einmaliger Weise stattgefunden hat. Der Prozeß verläuft nicht willkürlich. Die Qualität, die am Höhepunkt der Situation erlebt wird, wurde im Verlauf der Handlung (Fusion) anvisiert; sie ist Telos und Bestandteil aller Einzelphasen des Prozesses. Kohärenz und Fusion sind tatsächlich im logischen Sinne nicht schlicht zu identifizieren; sie sind aber im Sinne einer *genetischen Verwandtschaft* aufeinander verwiesen.

e. Ist Deweys Harmoniebegriff idealistisch fundiert?

Nach Peppers frühem Aufsatz ist das Kohärenzprinzip mit Fusion als Prinzip der Vielheit sowie mit der Intensität der Situation unvereinbar.
(1) Die Vereinbarkeit von Fusion als Prinzip der Vielheit mit dem Kohärenzprinzip soll wieder mit einer *Analogie* gezeigt werden, und zwar mit dem Hinweis auf die *Ein-Extension und die unendliche Intension von Eigennamen*. Wird ein Begriff gebildet, so werden aus einer Fülle von Einzelphänomenen (aus der Summe aller Gegenstände, die der Begriff bezeichnet: Begriffsextension) Gemeinsamkeiten herausgefiltert, die die Merkmale (Summe der Eigenschaften, die der Begriff bezeichnet: Begriffsintension) des Begriffes sind. Ein Begriff ist desto abstrakter, je merkmalsärmer er ist. Je geringer die Intension eines Begriffes ist, um so größer seine Extension. Begriffe, die Gipfelpunkte der Abstraktion sind (wie "das Sein")

---

hätte er sich erstens in ausdrücklichen Widerspruch zu seinem frühen Aufsatz begeben. Zweitens ist "Fusion" ein Kernbegriff seiner eigenen pragmatistischen Ästhetik *(St. Pepper: Aesthetic Quality.* 24). Peppers Lösung (Unterscheidung zwischen den *specific qualities*, die in der Reflexionshaltung als Qualitäten einzelner Situationsteile erlebt werden, und der umfassenden *quality of total pattern* als leitender Faktor der erlebten Situation) wird diskutiert bei *A.M. Tamme (A Critique.* 36-39).

stehen bezeichnenderweise im Verdacht, Begriffe mit einer so umfassenden Extension zu sein, daß die Intension nur noch eine Leerstelle ist. Eigennamen hingegen haben eine Ein-Extension, und sie haben eine zwar abzählbare, aber unendliche Intension, weil die Attribute, die einem Individuum zukommen, niemals vollständig aufgelistet werden können. *Die Eindeutigkeit von Eigennamen ist vergleichbar mit Deweys qualitativer Eindeutigkeit der ästhetischen Situation.* Jede ästhetische Situation ist nach Dewey einmalig und individuell (Ein-Extension). In einer ästhetischen Situation wird eine infinitesimale Fülle von Einzelelementen (Intension) zu einer Einheit (Extension) mit eindeutiger Qualität verschmolzen. Diese eindeutige, einfache Qualität kann wegen ihrer Merkmalsvielfalt (Intension) *nicht* mit sprachlichen Mitteln wiedergegeben, sondern nur empfunden werden. *Einheit und Vielheit sind also in bezug auf Situationsqualitäten vereinbare Konzepte.*

(2) Intensität und Eindeutigkeit (Kohärenz) am Konsummationspunkt des ästhetischen Situationserlebens sind als *Konzentration* vereinbare Prinzipien. "Konzentration" bezeichnet erstens den *Vorgang des Richtens der Aufmerksamkeit* auf ein 'Zentrum' der Aufmerksamkeit ('ich konzentriere mich'). Eine Situation wird intensiv erlebt, wenn aktivierte Widerstandsbewältigungsenergien auf den Widerstand konzentriert sind.[82] Zweitens bezeichnet "Konzentration" den *Vorgang, Relevantes von Unwichtigem zu trennen*, ein 'Konzentrat' zu bilden. Das *inner* und *outer material* wird durch die Konzentrierung auf den Widerstand unterschiedlich gewichtet. Durch diese Gewichtung hat die Situation am Konsummationspunkt eine eindeutige Erlebnisqualität. Damit bezeichnet "Konzentration" insgesamt den intensiven und qualitativ eindeutigen *Zustand*, der erlebt wird, wenn ein Widerstand im Zentrum der Aufmerksamkeit steht ('ich bin konzentriert'). *Intensität und Eindeutigkeit der ästhetischen Situation bedingen sich gegenseitig und sind keine Antagonismen.*

f. Können Häßliches und Tragödien harmonisch sein?

Pepper schließt aus der Tatsache, daß Dewey in *Art as Experience* keine Erklärung für die Abwesenheit des Häßlichen im Bereich der Kunst gegeben hat, auf einen Restidealismus in dessen System. Eine Ästhetiktheorie, die die Abwesenheit des Häßlichen in der Kunst zu erklären versucht, setzt sich jedoch selbst dem Verdacht aus, im idealistischen Sinne ein uneingeschränktes Primat des Schönen zu behaupten. Damit ist Peppers Argument für einen Restidealismus bei Dewey aber noch nicht widerlegt; es muß dennoch gezeigt werden, daß Deweys Aussagen zum Häßlichen nicht systematisch in einem Hegelschen objektiven Idealismus verankert sind.

---

[82] Nach *V. Kestenbaum (Phenomenological Sense.* 13) ist D.'s Harmoniebegriff von Spannung und Widerstand bestimmt.

In *Art as Experience* ist "Harmonie" wichtiger als "Kohärenz". Deweys Harmoniebegriff hat zwei Bedeutungen, von denen eine weit genug ist, um Situationen mit negativer Erlebnisqualität zu erfassen. Der Harmoniebegriff hat erstens eine *politisch-pädagogische* Dimension. Hinter Deweys Thesen zur Sollfunktion der Kunst steht der *Fortschrittsoptimismus*, daß sich die sozialen Systeme der Welt mit Hilfe der 'schönen' Ausdrucksmittel in der Kunst kontinuierlich auf das 'Ideal der Versöhnung' aller Menschen untereinander in der umfasssenden Menschengemeinschaft hinentwickeln werden (vgl. C.3.2.).

Als philosophisch-systematischer Begriff ist "Harmonie" jedoch synonym zu "Kohärenz" und "Eindeutigkeit": eine Situation ist harmonisch, wenn alle Erlebnisebenen durch eine durchdringende Qualität zu einem übergeordneten Ganzen verschmolzen sind. Deweys *philosophisch-systematischer Harmoniebegriff* und seine Definition der ästhetischen Situation können auch auf *mit negativen Erlebnisqualitäten besetzte Situationen* angewandt werden.[83] (1) In einer Situation beispielsweise, die von starkem Haß geprägt ist, kann der Hassende alle *Kräfte seines Sich-Verhaltens gleichgerichtet* zur Schädigung oder Vernichtung des Objektes des Hasses aktivieren. Hamlets subtile Rache ist kein roher Ausbruch, sondern das Ergebnis intelligenter Planung. Die traditionelle Ästhetik hat durch ihre moralische Ausrichtung kein schlechtes Sich-Verhalten (Voyeurismus, Neugierde, Schadenfreude, Aggression etc.) als Quelle des Kunstgenusses zugelassen, obwohl hier viel von dem Genuß an Tragödien begründet ist. Eine Ästhetiktheorie sollte zwischen der phänomenologischen bzw. psychologischen[84] Beschreibung der Quellen des Kunstgenusses und ihrer moralischen Bewertung unterscheiden. Die Integration von moralisch negativ besetztem Sich-Verhalten in die umfassende Tätigkeit der Imagination ist nach Deweys philosophisch-systematischem (nicht aber nach seinem politisch-pädagogischen) Ansatz ausdrücklich möglich. Hamlets Schauspiel im Schauspiel ist eine intelligente Methode zur Überführung des Mörders, bei der gleichzeitig sein voyeuristischer Trieb aktiviert ist. (2) Eine Haßsituation kann *vielschichtig* erlebt werden. Der Psychologe wird bestätigen, daß in manchen Haßsituationen die entlegensten alten Erlebnisse oder die scheinbar harmlosesten Gegenwartsphänomene zur Rechtfertigung und Aktivierung des Hasses herangezogen werden. Die Situation, in der Hamlet sich befindet, ist vielschichtig determiniert. Wäre er kein intellektueller Träumer oder wäre seine Mutter nicht untreu geworden, hätte sein Onkel vielleicht nie einen Thronanspruch geltend gemacht. (3) In einer Haßsituation wird ein hohes Maß an Widerstandsbewältigungsstrategien gegenüber einem bedeutenden und starken Widerstand aktiviert (*Intensität*). (4) Haßerleben kann *rhythmisch gegliedert* sein,

---

[83] Die folgende Aufzählung bezieht sich auf die Merkmale von ästhetischen Situationen in A.1.2.c.

[84] Eine solche Beschreibung schlösse eine Diskussion von Theorien ein, in denen der Genuß am Kunsthäßlichen als psychopathologisches Phänomen bezeichnet wird.

insofern es sich nicht um einen bloßen Wutausbruch handelt. Hamlet durchlebt Phasen der Reflexion, gelassene Phasen und wütende Ausbrüche. Innerhalb einer Haßsituation gibt es Kulminationsphasen, an denen das Verhältnis von widerständigen zu widerstandsbewältigenden Energien besonders prägnant erlebt wird (Erscheinung des Geists von Hamlets Vater, Reaktion des Onkels nach dem Schauspiel etc.) und Konsummationsphasen (das Duell als Gottesgericht). (5) Es ist möglich, an den Kulminationspunkten und am Konsummationspunkt eine *originär neue Bedeutung* zu erleben. Hamlet erlebt an sich selbst bisher ungekannte Verhaltensweisen und Emotionen, wenn aus dem intellektuellen Träumer ein tatkräftiger, skrupelloser Intrigant wird. Am Konsummationspunkt seiner Rache (kurz vor dem tödlichen Duell am Ende des Dramas) erkennt Hamlet, daß er mit seiner Rache den Tod des Polonius und der Ophelia verursacht und sich in Schuld verstrickt hat.[85] (6) Eine Haßsituation ist *eindeutig* (in Deweys philosophisch-systematischen Sinne *harmonisch*), wenn die gesamte Aufmerksamkeit auf die Vernichtung des Haßobjektes gerichtet ist. Haß kann also eine eindeutige Qualität sein, die im Haßerleben alle Erlebnisebenen durchdringt. (7) Haßsituationen haben eine Rückwirkungsfunktion auf die Gesellschaft. Man kann allerdings nur in sehr eingeschränktem Maße (vielleicht im Kontext sozialer Revolutionen) behaupten, daß Haßsituationen die Entwicklung sozialer Systeme zum 'Ideal der Versöhnung' vorantreiben; meistens haben sie gegenteilige Wirkungen.

Zusammenfassend läßt sich sagen, daß Deweys philosophisch-systematischer *Harmoniebegriff nicht objektiv-idealistisch* ist, weil auch Situationen mit negativ besetzten Erlebnisqualitäten 'harmonisch' sein können. Peppers Kritik kann also in allen wesentlichen Punkten zurückgewiesen werden. Dennoch ist sie von bleibendem Wert. Pepper regte an, Deweys Konzeptionen vor dem Hintergrund der Tradition durch Abgrenzungen zu konturieren, wie es Th. Alexander getan hat. Außerdem weist Pepper als erster auf Deweys Stellungnahmen zum Kunsthäßlichen hin, die im dritten Teil dieser Arbeit ausführlicher untersucht werden.

---

[85] "... ist es nicht vollkommen Sache des Gewissens, ihm <dem König> mit diesem Arme heimzuzahlen? Und heißt es nicht, Verdammnis auf sich laden, dies Krebsgeschwür des Menschenwesens sich zu weitrem Bösen ausbreiten zu lassen?" (*Hamlet*, 5.Akt, 2.Szene) (vgl. auch Horatios Kommentar am Schluß des Dramas).

B.2. Croces Idealismuskritik

B.2.1. Einführung in Croces Ästhetik

Neben einigen anderen 'Ähnlichkeiten' kritisiert der italienische Philosoph Benedetto Croce vor allem Deweys These von der Identität der Ausdruckshandlung und dem Ausdrucksergebnis (vgl. A.3.2.). Croces Idealismuskritik ist eine *Plagiatkritik*. Also ist es sinnvoll, sich zunächst die Grundzüge von Croces *Ästhetik* zu vergegenwärtigen.

a. Die Grundzüge von Croces Ästhetik

Durch Hegels Einfluß ist das historische Bewußtsein vieler Denker des ausgehenden 19. Jahrhunderts geweckt worden.[86] Es ist dementsprechend ein Charakteristikum der nachhegelschen Ästhetiktheorien (und so auch der Ästhetik Croces), daß jeweils im ersten Teil eine Kunsttheorie formuliert und im zweiten ein Überblick über die Geschichte der Ästhetik gegeben wird. Im Gegensatz zu Dewey strebt Croce *keine Überwindung*, sondern eine *Erneuerung des Hegelschen Idealismus durch positivistisches und pragmatistisches* Gedankengut an: Die Ästhetik ist wie bei Hegel die unterste Stufe der umfassenden Philosophie des Geistes. Die Natur bzw. die Materie sind passiv und mechanisch organisiert wie im Positivismus. Sie hat jedoch keine eigenen Gesetze, die der Tätigkeit des Geistes entgegenstehen. Das Verhältnis des Menschen zur Welt ist so allein durch die Geistestätigkeit bestimmt. Deshalb ist für Croce wie bei den Hegelianern ausschließlich die formende Tätigkeit des Geistes von Interesse. Die Welt ist Geschichte, und Geschichte ist die Manifestation der menschlichen Geistestätigkeiten. Darin besteht Croces Idealismus.

Im Gegensatz zu Hegel verzichtet Croce auf die Annahme eines absoluten Ziels der Geschichte und einer streng dialektischen Gerichtetheit ihrer Bewegung. Die Konflikte, deren kreative Versöhnung die Aktivität der menschlichen Geistesfähigkeit ist, sind unvermutet und zufällig. Ihre Lösungen sind nicht durch eine kontinuierliche Richtung der Geschichte im Hinblick auf die Selbstverwirklichung des Absoluten determiniert, sondern sie gehen vom jeweils relativ schlechteren in den relativ besseren Zustand über. Für Croce wie für Dewey müssen Kunst und Philosophie praktische Relevanz für das Leben in der jeweiligen historisch gewachsenen Situation haben. Das sind die pragmatistischen Elemente von Croces Philosophie.

---

[86] H. Schnädelbach: *Geschichtsphilosophie nach Hegel. Die Probleme des Historismus.* Freiburg/München 1974.

Hegel entwickelt aus der Platonischen Triade des Schönen, Guten und Wahren (Kunst, Religion und Sittlichkeit, Absolute Vernunft) eine Hierarchie der Selbstverwirklichung des Geistes in der Geschichte. Ausgehend vom Hegelschen Vorbild entwickelt Croce eine Hierarchie der menschlichen Geistestätigkeiten. Im Unterschied zu Hegel ist diese nicht auch eine zeitliche Entwicklung in der Geschichte, sondern ausschließlich eine Hierarchie im logischen Sinne. Auf der jeweils höheren Stufe der Geistestätigkeit sind die unteren Stufen eingeschlossen. Croce verändert die Hegelsche Reihenfolge und erweitert die Hegelsche Triade um die (pragmatistische) Kategorie der Nützlichkeit:

I. Theoretische Tätigkeiten:
    a. Individuelles: Ästhetik /*Schönes*
       (Intuition, Ausdruck, Phantasie, Bild, Phänomen)
    b. Allgemeines: Logik /*Wahres*
       (Begriff, Intellekt)
II. Praktische Tätigkeiten:
    a. Individuelles: Ökonomie /*Nützliches*
    b. Allgemeines: Moral/ *Gutes*

Die Sprache ist die primäre geistige Äußerung. Croces frühe Ästhetik ist als Wissenschaft der primären Äußerung des Geistes gleichzeitig Linguistik.[87] Die Intuition ist die unterste Stufe der Geistestätigkeit. Jede Geistestätigkeit ist die Fähigkeit zur Formgebung der passiven, rohen Materie (Gefühlsmaterie und physikalische Materie). Die Intuition als unterste Stufe zielt nicht auf Raum- und Zeit - Koordinaten, sondern allein auf das Charakteristische der Phänomene. *Formgebung in der Kunst ist das intuitive (geistige) Erfassen des Charakteristischen*[88] *eines Dinges.* Croces Verhältnis zur Materie ist schwer zu erfassen, denn er ignoriert sie nahezu. Die Umsetzung von Form in Materie (nach anderen Theorien die wesentliche Fähigkeit des Künstlers) ist unwichtig, weil sie sich aus der vollkommenen *geistigen* Erfassung der Form von selbst ergibt - die Materie hat keine eigenen Gesetze. *Der Kerngedanke seiner Ästhetik ist also die Identifizierung von Ausdruck (als Form) und Intuition (als Fähigkeit der Ausdrucksgebung, der Erfassung des Charakteristischen).* Ob die Form material konkretisiert wird, ist nach Croce unerheblich, weil die Intuition als unterste Geistestätigkeit auf das Charakteristische, aber nicht auf die Realität eines Dinges in Raum und Zeit abzielt. Wenn eine Formvorstellung sich nicht in Materie umsetzen läßt, so ist sie unvollkom-

---

[87] Im Gegensatz zu seinem Spätwerk (*La Poesia*. 1937) konzentriert sich *B. Croce* als Linguist (*Ästhetik*. 1902) auf den sprachlichen Ausdruck.
[88] Das "Charakteristische" ist ein Zentralbegriff der nachhegelschen Ästhetiktheorien.

men. Wenn jemand einen Gedanken nicht präzise formulieren kann, so hat er das Charakteristische dessen, was er ausdrücken will, nicht klar erfaßt.

> "... die intuitive (anschauliche) Erkenntnis ist ausdruckgebende Erkenntnis. Sie ist autonom und unabhängig von den Funktionen des Verstandes: irrelevant für sie sind die später gemachten und empirischen Unterscheidungen der Wirklichkeit oder Unwirklichkeit ... die Intuition oder Vorstellung unterscheidet sich von dem, was man empfindet und leidet, von der Woge oder der Flut des Sensoriums, von der psychischen Materie als *Form*: und diese Form, diese Besitzergreifung <des Charakteristischen> ist Ausdruck. Intuitiv (anschaulich) erkannt haben heißt Ausdruck geben und nichts anderes."[89]

b. Croces Idealismus gegen das Kunsthäßliche

Die von Croce aufgezeigten Ähnlichkeiten zwischen seiner und Deweys Ästhetik sind vorhanden, aber nicht von einer Art, welche die 'Wahrheit des Idealismus' insgesamt oder einen Restidealismus bei Dewey beweisen. Croces Ästhetiktheorie ist selbst keine rein idealistische, weil sie auch positivistisch-pragmatistische Elemente enthält. Sie vertritt jedoch die typisch idealistischen Barrieren gegen eine Integration des Kunsthäßlichen. Croce bezeichnet die Intuition als Tätigkeit des Geistes, welche wiederum als Schöpfungsfähigkeit einer einheitlichen Form interpretiert wird. Demgegenüber steht die regellose, ungeformte Materie. Damit ist ein Dualismus (zwischen Geist und Materie) hergestellt, von dem aus sich die *idealistischen Ableitungsverhältnisse* ergeben:

> "Für die ästhetischen Werte und Unwerte und ebenso für die intellektuellen, ethischen und ökonomischen hat die gewöhnliche Redeweise verschiedentliche Benennungen wie *'schön'*, *'wahr'*, *'gut'*, *'nützlich'*, *'passend'*, *'gerecht'*, *'genau'*, und andererseits *'häßlich'*, *'falsch'*, *'unnütz'*, *'schädlich'*, *'unpassend'*, *'ungerecht'*, *'ungenau'* usw. Im gewöhnlichen Sprachgebrauch werden diese Benennungen unaufhörlich von einer Klasse von Vorgängen auf die andere übertragen. Das Wort 'schön' zum Beispiel wird nicht nur von einem gelungenen Ausdruck, sondern auch von einer wissenschaftlichen Wahrheit, von einer sittlichen Handlung und ebenso von einer nützlichen Handlung und schließlich von dem, was organisch wohltuend ist, gesagt: infolgedessen spricht man auch von einem

---

[89] B. Croce: Ästhetik. 12.

'geistig Schönen', von einem 'sittlich Schönen' und von einem 'sinnlich Schönen'.[90]

Croce bewegt sich im Muster nachhegelscher Ästhetiktheorien. Ein 'mißlungener' (ein häßlicher, ein 'unvollkommen schöner') Ausdruck kann ästhetischen Wert haben, wenn er sich dem Ideal der Schönheit annähert: Dann kann sich ein potentieller Betrachter auf die schönen Elemente konzentrieren und die häßlichen Elemente ignorieren. Den idealistischen Ableitungsverhältnissen entsprechend definiert er das Schöne als "gelungenen Ausdruck" und sogar ausschließlich als "Ausdruck, da der Ausdruck, der nicht gelungen ist, gar kein Ausdruck ist ... Das Häßliche ist nichts weiter als der verfehlte Ausdruck".[91] Die verschiedenen Formen des Häßlichen sind unvollkommene Formen des Ausdrucks bzw. des Schönen. Während das Schöne als vollkommene Form eine absolute Größe ist, kennt das Häßliche als unvollkommene Form verschiedene Grade. Die Annahme eines vollkommenen Häßlichen ist nach Croce ein Paradoxon, denn dieses vollkommen Häßliche wäre gemäß der (idealistischen) Definition der Schönheit als vollkommener Form nicht häßlich, sondern schön:

"Aber wenn das Häßliche vollkommen häßlich wäre, wenn ihm jedes Element der Schönheit fehlen würde, dann würde es *ipso facto* aufhören häßlich zu sein, weil dann der Widerspruch ein Ende nähme, in dem sein Dasein beruht."[92]

Croces und Deweys Distanzierung von den nachhegelschen 'Modifikationen' des Schönen (dem Grotesken, dem Tragischen, dem Komischen)[93] sind unterschiedlich motiviert. Dewey spricht gegen die idealistische Unterordnung der sogenannten 'häßlichen Erscheinungsformen des Schönen' unter ein noetisches, vollkommenes 'Ideal der Schönheit'. Gerade dieses Ideal behält Croce bei. Er argumentiert gegen die 'Modifikationen' des Schönen, weil die Nachhegelianer eine Abstufung des ästhetisch Wertvollen nach dem Grad der Sympathie für das Dargestellte vorgenommen hätten (diese Behauptung ist allerdings nicht zu verallgemeinern; vgl. C.3.2.).[94]

"In der gewöhnlichen Rede fühlt man bisweilen eine Art von Widerstreben, auch dasjenige Ausdrucksvolle 'schön' zu nennen, das nicht

---

[90] *B. Croce: Ästhetik.* 76 (ohne Hervorhebungen).
[91] *B. Croce: Ästhetik.* 77.
[92] *B. Croce: Ästhetik.* 77
[93] B. Croce (*On the Aesthetics of J.D.*) sowie ders. (*Intorno Allestetica e Alla Teoria Del Consocere Del Dewey.* In: *Quaderni della Critica* xvi. 1950, 60-68. Im Text zit. nach: *Dewey's Aesthetics and Theory of Knowledge.* In: *Journal of Aesthetics and Art Criticism* 11. Übers. von F.S. Simoni. 1952-1953, 2f.). Vgl. *J. Dewey: Art as Experience.* 135.

> Ausdruck des Sympathischen ist. Daher die beständigen Gegensätze zwischen dem Gesichtspunkt des Ästhetikers oder des Kunstkritikers und jenem des gewöhnlichen Menschen, der nicht begreifen kann, daß auch das Bild des Leidens und des Häßlichen und Schändlichen schön sein kann oder mindestens mit genauso so viel Recht schön genannt wird, als das des Lusterregenden, Angenehmen und Sittlich Guten."[95]

Croce läßt also die Möglichkeit eines vollkommenen, 'schönen' Leidensausdrucks explizit zu.[96] Das ist eindeutig auf die pragmatistischen Elemente seiner Ästhetik zurückzuführen: Leidensdarstellungen sind solange gerechtfertigt, wie das Häßliche im Leben noch nicht überwunden ist.

> "Wenn alles Häßliche aus der Welt verschwinden wird, wenn ein Reich von allgemeiner Tugend und Glück bestehen wird, dann werden die Künstler keine bösen oder hoffnungsvollen Empfindungen mehr ausdrücken, sondern sie werden ruhevoll und unschuldig in ewiger Feiertagslaune sein; Arkadier in einem wirklichen Arkadien. Aber so lange häßliche Dinge, Leiden und Schändlichkeiten sich dem Künstler aufdrängen, so lange wird auch ihr Ausdruck aufsteigen, und wenn er einmal aufgestiegen ist und sich gebildet hat *factum infectum fieri nequit* < dann kann das Geschaffene nicht ungeschaffen gemacht werden >."[97]

Das *Häßliche* hat also bei Croce einen doppelten Sinn. Einmal ist es im idealistischen Sinn Symptom für unvollkommene, minderwertige Kunst, nämlich unvollkommener Ausruck. Andererseits ist die 'schöne Darstellung von Häßlichem' (Leiden) im pragmatistisch-positivistischen Sinne legitim als Widerspiegelung des Leidens in der Welt, da eine solche Darstellung dazu beitragen kann, es in der alltäglichen Lebenswelt zu überwinden. Der logische Widerspruch, der sich aus einer solchen Einschätzung ergibt, ist offensichtlich: In einer Welt des Leidens soll das Häßliche dieses Leidens von den Künstlern (irgendwie) 'vollkommen schön' zum Ausdruck gebracht werden, was aber andererseits logisch unmöglich ist, weil das Häßliche nach Croce immer nur Annäherung an das 'vollkommen Schöne' ist. Deweys nachhegelsche Stellungnahme zum Häßlichen ist eine systeminadäquate Aberration, die zu den Fundamenten seiner Ästhetik im Widerspruch steht (C.2.). *Bei Croce hingegen entspringen die widersprüchlichen Aussagen zum Häßlichen den doppelten Fundamenten seiner Philosophie, in denen der Idealismus zwar*

---

[94] *B. Croce: Ästhetik.* 84f.
[95] *B. Croce: Ästhetik.* 82.
[96] *B. Croce: Ästhetik.* 83ff.
[97] *B. Croce, Ästhetik*: 51.

pragmatistisch modifiziert, aber nicht aufgegeben ist. Selbst wenn also Croce nachweisen kann, daß seine *Plagiat*kritik gerechtfertigt ist, so wäre seine *Idealismus*kritik damit noch nicht zureichend begründet, weil Croce selbst in Deweys Sinne keine 'reine' idealistische Ästhetik vertritt. Es muß also nicht nur geprüft werden, ob Dewey tatsächlich Theorieelemente aus Croces Ästhetik übernommen hat (was kaum zu bestreiten ist), sondern auch, *welche* Elemente Dewey aus der pragmatistisch-idealistischen Theorie Croces übernommen hat, bevor man Croces Übergang von der Plagiat- zur Idealismuskritik mitvollzieht.

B.2.2. Croces Plagiatkritik

Tatsächlich bestehen erstaunliche Parallelen zwischen Croce und Dewey, die zudem nicht nur ihre Ästhetiken betreffen. Beide sind von Hegelscher Philosophie und vom Pragmatismus beeinflußt. Beide hatten großen politischen und universitären Einfluß (was vielleicht dazu beitrug, daß beider Werk erst nach ihrem Tod kritisch diskutiert wurde).[98] Beide wurden in ihren Ländern als Autoritäten in humanitären Fragen respektiert.

Die Diskussion zwischen Croce und Dewey wurde trotz dieser Parallelen in einer aus heutiger Sicht befremdenden Schärfe ausgetragen. Es liegt nahe, für die kaum sachbezogene, persönlich-feindschaftliche Art der Auseinandersetzung 'unsachliche' Motive zu unterstellen. So vermutet M. Aissen-Crewett, daß Croce "sich mit seinen Arbeiten zur Ästhetik in Deweys Buch nicht berücksichtigt fand und ihn deshalb in die Nähe des Plagiats rückte"[99]. Nach F. Simoni ist die Auseinandersetzung ein "internationales Mißverständnis", weil eine angemessene Croce-Rezeption in den U.S.A. zu Beginn unseres Jahrhunderts unmöglich gewesen sei. Zum einen sei Croces Gesamtwerk (59 Bände) mangelhaft übersetzt worden. Zum anderen habe Croce in den U.S.A. unberechtigterweise als strikter Hegelianer gegolten, seit der einflußreiche Santayana dessen Ästhetik als "Unfruchtbarkeitsbeweis jeder strikten Transzendentalphilosophie" eingeschätzt hatte.

a. Chronologischer Ablauf des Streits

Die Auseinandersetzung zwischen Croce und Dewey ist ein schönes Beispiel dafür, daß in Deweys philosophischem Systemdenken immer die *politische Dimension*

---

[98] Zu einem kurzen Überblick über die "criticism, which turned against the aesthetic dictatorshpip of Croce" (184) in Italien nach dem 2. Weltkrieg siehe *Gillo Dorfles (New Current in Italian Aesthetics.* In: *The Journal of Aesthetics and Art Criticism* 12. 1953-1954, 184-196), der Croces einflußreiche Position auf dessen Engagement gegen den Faschismus zurückführt.

[99] Meike Aissen-Crewett: *Die Unbekannte Ästhetik John Deweys.* In: *Zeitschrift für Ästhetik und Allgemeine Kunstwissenschaft* 32. 1987, 202.

dominiert. Wenn man ihrem zeitlichen Ablauf verfolgt, wird nämlich ersichtlich, daß sich die Auseinandersetzung immer mehr von der philosophischen Idealismuskritik weg zur Unterstellung politischer Autoritätshörigkeit bewegt hat.

(1) *Dewey über Croce (1934)*: Dewey führt (wohl unter dem Einfluß von Santayanas Rezeption) Croces Ästhetik in *Art as Experience* wiederholt als Beispiel für eine der aktual erlebten ästhetischen Situation inadäquate, idealistische Ästhetik an. Croces Theorie sei nicht aus dem "lebendigen Erleben" heraus entstanden, sondern aus der Hypostasierung eines erkenntnistheoretischen Ansatzes. Croces Identifizierung von Intuition und Ausdruck sei idealistisch, weil Croce die Intuition nicht als Fähigkeit der Synthese von alten und neuen Erlebnisdaten zu einer genuin neuen Bedeutung interpretiere, sondern (wie Hegel) als Fähigkeit der Erfassung der Stadien des Geistes (Ausdruck) durch den Geist selbst.[100]

(2) *Croce über Dewey (1947-1948)*: Croce bedauert dann in seiner Rezension von *Art as Experience*, daß Dewey traditionell fest besetzte Begriffe (den Hegelschen Begriff des "organischen Ganzen") in inadäquater Weise benutzt.[101] Er erhebt eine ironische *Plagiatkritik*, indem er Thesen (B.1.1.b.) auflistet, die "... in Italien schon längst formuliert wurden ..."[102] Mit Berufung auf Pepper schließt Croce aus diesen 'Ähnlichkeiten', daß Deweys Ästhetik auf einem idealistischen Fundament errichtet worden sei (Idealismuskritik). Somit sei die Wahrheit des Idealismus sowie die Adäquatheit eines idealistischen Ansatzes für die Kunst bewiesen und Deweys Idealismuskritik unhaltbar.[103]

(3) *Dewey an Croce (1947-1948)*: In Deweys 'Antwort' folgt einer 'Danksagung' für Croces Besprechung seiner Ästhetik eine herablassende Würdigung von Croces antifaschistischer Tätigkeit (Dewey war niemals in einer vergleichbaren Situation). Er (Dewey) habe jedoch keine gemeinsame (idealistische) Diskussionsbasis mit Croce; seine Ästhetik sei weder einer idealistischen noch einer pragmatistischen Erkenntnistheorie untergeordnet. Zu seinen Thesen und insbesondere zu seiner Ausdruckstheorie sei er nicht von Philosophen, sondern von Künstlern und Kunstkritikern 'inspiriert' worden, denn Philosophen fehle der Kontakt zur Kunst. Indem Dewey sich gegen Croces Plagiatkritik verwehrt, spricht er ihm also indirekt die Kompetenz ab, sich zum Phänomen Kunst zu äußern. Die übrigen von Croce aufgeführten 'Ähnlichkeiten' bezeichnete Dewey als "Gemeinplätze".[104]

---

[100] J. Dewey: *Art as Experience*. 270f.,293f.,298f. B. Croce (*On the Aesthetics of J.D.* 206) zitiert J. Dewey (*Art as Experience*. 298f.) zitiert wütend als fundamentales Mißverständnis seiner Philosophie.

[101] B. Croce: *On the Aesthetics of J.D.* 203.

[102] "... an Italian reader is pleasantly surprised to meet on every page observations and theories long since formulated in Italy and familiar to them." B. Croce: *On the Aesthetics of J.D.* 203.

[103] B. Croce: *On the Aesthetics of J.D.* 204ff.

[104] "Commonplaces". J. Dewey: Antwort auf B. Croce (*On the Aesthetics of J.D.* 209).

(4) *Croce über Dewey (1952-1953)*: Croces erwartungsgemäß scharfe Antwort zeigt, daß das Hauptärgernis Deweys Andeutung war, es handele sich bei den 'Ähnlichkeiten' um Gemeinplätze. Es folgt eine vernichtende Kritik an Deweys gesamtem Werk. Croce dehnt zunächst seine Plagiatkritik auf die Hauptthesen von *Art as Experience* insgesamt aus.[105] Dann gibt er einen Überblick über die Rezeptionsgeschichte von Deweys Werken in Italien, die suggeriert, daß Dewey im Italien der ersten Hälfte unseres Jahrhunderts ziemlich unbekannt gewesen ist. Dann vertritt er mit Berufung auf De Ruggiero[106], der eine Idealismuskritik an Deweys ethischen, metaphysischen und pädagogischen Thesen entwickelt hatte, daß in Deweys gesamtem Spätwerk idealistische "Wahrheiten" von pragmatistischen "Zusätzen" verstellt seien. Andererseits zöge Dewey aus der These von der Kontinuität der Geschichte nicht den nach Croce offensichtlichen Schluß auf ein kontinuierliches Wirken eines zugrundeliegenden Geistprinzips. Es sei reine "Selbsttäuschung", wenn Dewey glaubt, durch seinen Interaktionsbegriff die Trennung von Subjektivem und Objektivem aufgehoben zu haben: Diese Trennung könne nicht durch einen "Bindestrich" aufgehoben werden, sondern nur dadurch, daß man im spekulativ-idealistischen Sinne sowohl subjektive Gefühls- und Verstandestätigkeit als auch die Außenwelt in gleicher Weise als Manifestation des Geistes interpretiert.[107] Im ersten Aufsatz hatte sich Croce dagegen gewehrt, Hegelianer zu sein, weil er sich erstens von der Annahme eines starren Absoluten und zweitens von der strengen Hegelschen Dialektik distanziert habe.[108] Jetzt bezeichnet er (erbost über Deweys Gleichsetzung von idealistischer Philosophie und Autoritätshörigkeit in *Art as Experience* und *Reconstruction in Philosophy*; vgl. A.1.1.d.) Dewey seinerseits als autoritäts- bzw. traditionshörig: Weil dieser ständig Kritik an den traditionellen Dualismen übt, anstatt sie als überholt zu ignorieren, würden die Dualismen nicht aufgehoben, sondern bewahrt.[109]

(5) Nach dem Tod der beiden Philosophen im Jahr 1952 setzten andere die Dikussion fort. Nach *Romanell*[110] (1949-1950) gibt es zwar einige "auffallende Ähnlichkeiten", von denen sich jedoch nicht auf eine gemeinsame (nämlich idealistische) Basis schließen läßt. Er macht auf eine interessante, gemeinsame Inkonsistenz in Deweys und Croces Ästhetik aufmerksam, die aber in keinem Zusammenhang mit

---

[105] *B. Croce: Knowledge.* 2ff.

[106] *De Ruggiero: Filosofi del Nevecento.* In: *The Journal of Aesthetics and Art Criticism* 29. 1931, 341-357. De Ruggiero hat D.'s *Reconstruction in Philosophy (Riconstruzione Filosofica.* Bari 1931) ins Italienische übersetzt.

[107] *B. Croce: Knowledge.* 4f. Vgl. dazu B.3.1. zur Kritik des suhbjektiven Idealismus.

[108] *B. Croce: On the Aesthetics of J.D.* 207.

[109] *B. Croce: Knowledge.* 5f.

[110] *P. Romanell: A Comment on Croce's and Dewey's Aesthetics.* In: *Journal of Aesthetics and Art Criticism.* 1949-1950, 125-128.

der Idealismuskritik steht. Beide behandeln das Ästhetische einerseits als Situationstyp bzw. als Phase einer Situation, die sich in jedem Erlebnisbereich ereignen kann, und andererseits als spezielle Situation im Bereich der Kunst. Durch letzteres werde ein elitärer Erfahrungsbereich geschaffen, was dem Pragmatismus nicht entspricht (zu dem sich beide, wenn auch auf unterschiedliche Weise, bekannt haben).

(6) *Simoni* (1952-1953) begegnet Deweys Polemik gegen die 'typisch idealistische Autoritätshörigkeit' Croces, indem er zunächst Unterschiede zwischen Croce und Hegel herausarbeitet: In seinem Aufsatz *Was ist tot und was lebt in Hegels Philosophie* (1906) hat sich Croce ausdrücklich gegen Hegels Preußentum, gegen dessen Setzung einer absoluten Transzendenz und dessen starre Logik (also gegen die Elemente der Hegelschen Philosophie, die man als Symptom für Autoritätshörigkeit werten könnte) ausgesprochen.[111] Auffällig ausführlich würdigt Simoni (mit Seitenhieben gegen Santayana) Croces menschliche Qualitäten, dessen Engagement gegen den Faschismus und seine Kritik an marxistischen Ästhetiktheorien. Dann führt er zwei Argumente für die 'Ähnlichkeit' zwischen Croces und Deweys Philosophie an. In Anlehnung an die Ausführungen im Schilpp-Band von Savery und Pepper weist er darauf hin, daß sowohl Croce als auch Dewey die Philosophie als Wissenschaft, die praktische Relevanz haben muß, behandelt hätten. Beider Systeme wären außerdem in gleicher Weise als "Historizismus" zu bezeichnen.

(7) *Douglas* (1970) 'entlastet' Dewey vom Plagiatvorwurf: Seine Kritik an Croces Ästhetik sei so wenig stichhaltig, daß er sie wohl kaum gelesen habe, sondern (wie schon Simoni angedeutet hat) nur Santayanas Besprechung. Croces und Deweys System seien verwandt, weil beide eine "empirische Philosophie der Erfahrung" schaffen wollten und einen gewissen "Restidealismus" nicht ausmerzen konnten. Er unterstützt Croces Idealismuskritik durch Erweiterung der Liste von 'Ähnlichkeiten': In beiden Systemen sei die Kunstsituation der Schlüssel zum Wesen jeder Situation. Außerdem forme jeweils der Geist die rohe Materie und komme in der Kunst zu sich selbst.[112]

---

[111] F.S. Simoni *(Benedetto Croce. Benedetto Croce. A Case of International Misunderstanding.* In: *Journal of Aesthetics and Art Criticism* 11. 1952-1953 , 7-14) führt D.'s Kritik an Croces Ästhetik auf D.'s Lektüre von *George Santayanas (Review* zu Croces Ästhetik. In: *Journal of Comparative Literature* 1.2. 1903, o.S.) sinnenstellender Besprechung dieser Ästhetik zurück. Diese These wurde von Douglas aufgenommen. Simoni hält außerdem die Übersetzung von *Croces Aesthetics* durch das *Rice-Institut* (1921) für fehlerhaft.

[112] George H. Douglas: *A Reconsideration of the Dewey - Croce Exchange.* In: *The Journal of Aesthetics and Art Criticism* 28.4. 1970, 497-505. Douglas erste 'Ähnlichkeit' könnte man als Einwand gegen Romanell werten. Zum Plagiatvorwurf sagt *ders. (a.a.O.* 499): "... hier hat sich Croce ziemlich geirrt ... Dewey kannte offensichtlich weder die Details noch den allgemeinen Grundtenor von Corces Philosophie und Ästhetik." ("... here Croce was quite mistaken ...

(8) *Alexander* (1987) zeigt überzeugend an den meisten der von Douglas genannten 'Ähnlichkeiten', daß Dewey ähnliche Thesen mit oft identischen Begriffen in anderem Kontext als Croce und mit nicht-idealistischem Sinn entwickelt hat. Die Ähnlichkeit mit Croces Ästhetik, die Dewey sicher gelesen habe, sei nicht auf ein Plagiat, sondern auf Deweys idealistische Frühphase zurückzuführen. So dürfe Deweys ästhetische Situation nicht mit der idealistischen Konzeption der präkognitiven Erfahrung verwechselt werden.[113]

b. Die Identifizierung von Intuition und Ausdruck

Croces lange Liste von Ähnlichkeiten (die von seinen Kritikern erheblich erweitert wurde und die sich darüber hinaus noch erweitern ließe) soll nur unter der Fragestellung diskutiert werden, ob *Art as Experience* durch idealistisches Zweisphärendenken und strenge Ableitungsverhältnisse fundiert ist. Insgesamt ist die auf Croce zurückgehende Idealismuskritik an Deweys System am besten zu widerlegen, indem man aus den 'Ähnlichkeiten' nicht auf einen Restidealismus in Deweys System schließt, sondern darauf, daß Croce gewisse *idealistische Prämissen zugunsten pragmatistischer aufgegeben* hat. Die auffälligste 'Ähnlichkeit' ist Croces Identifizierung von *Intuition und Ausdruck* und Deweys Identifizierung der Tätigkeit der 'Kraft der Imagination' mit der Bedeutung als Ergebnis der Ausdruckshandlung. Die Tatsache, daß Dewey den bloßen Gefühlsimpuls vom geplanten Ausdrucksakt unterscheidet, läßt jedoch keine Rückschlüsse auf das Fundament seiner Ästhetik zu. Die von beiden vertretene These, daß ein Ausdrucksakt unter den Bedingungen der Zeit steht und nicht von einer wunderbaren Inspiration abhängt[114], ist offensichtlich antiidealistisch.

Man könnte Dewey aber unterstellen, daß er mit der Identifizierung von Ausdrucksakt und Ausdrucksergebnis vertrete, daß das Kunstschaffen allein von der Aktivität der menschlichen Geistesfähigkeiten abhängig sei. Damit würde tatsächlich ein idealistischer Dualismus zwischen Geist und Materie, zwischen menschlicher Geistestätigkeit und Außenwelt konstruiert. Der Geist käme in der kreativen Tätigkeit der Intuition (im Formungsprozeß der rohen Materie) zu sich selbst.[115] Damit sind drei Fragen aufgeworfen: (1) Welchen Status hat die Materie (bzw.

Dewey was obviously ignorant of both the details and the general tenor of Croce's philosophy and asthetic <Originalschreibweise>.")

[113] Vielleicht hat Alexander unter dem Einfluß von D.'s oder Santayanas Croce-Interpretation gestanden. *Th. Alexander (J.D.'s Theory of Art.* 7-11) vertritt nämlich gegenüber Douglas, daß für Croce nur das Geistige und nicht das Physische Realität habe: Es fehlt also eine Berücksichtigung der pragmatistischen Momente von Croces Ästhetik.

[114] *B. Croce: On the Aesthetics of J.D.* 204.

[115] *G.H. Douglas: Reconsideration.* 501f.

alles, was nicht Geistestätigkeit ist) in beiden Systemen? (2) Sind Croces Intuition und Deweys Kraft der Imagination identisch? (3) In welchem Sinne wird in beiden Systemen der Identitätsbegriff gebraucht?

(Zu 1) Alexander[116] führt gegen Douglas aus, daß in Deweys System das Kunstschaffen keine reine Geistestätigkeit ist, sondern ein Interaktionsprozeß, in den die *physical matter* ihre Gesetze mit einbringt. Dewey versucht so, den Dualismus zwischen Stoff und Form zu überwinden (vgl. A.3.2.c.). Die Qualität der aktual erlebten Situation ist kein Geistesstadium, sondern in die Qualität der ästhetischen Situation fließen auch die Qualitäten der *phyical matter* ein. Man kann also nicht davon sprechen, daß nach Dewey der Geist in ästhetischen Prozessen unabhängig von der Materie 'zu sich selbst' komme. Bei Croce hingegen hat die Materie im idealistischen Sinne keine eigenen Gesetze.

(Zu 2) Croces Intuition und Deweys Imagination sind nicht identisch. Für Croce ist Intuition die unterste Stufe der Geistestätigkeit, auf der die rohe Materie geformt wird, auf der aber nicht zwischen Realität und Irrealität, innerer Vorstellung und äußerer Anschauung unterschieden wird. Die idealistische Abwertung der Sinnlichkeit gegenüber dem Intellekt macht sich in Croces stufenförmig aufgebautem System bemerkbar. Bei Dewey ist die Kraft der Imagination nicht unabhängig von der Außenwelt. Sie ist, wie sie ist, durch das Training in vergangenen Situationen. Sie ist spezifisch gerichtet durch die konkreten Umweltbedingungen. Der Interaktionsgedanke soll den Dualismus zwischen Geist und Materie sowie die daraus resultierende Hierarchie der Geistestätigkeiten überwinden. Dewey lehnt Assoziationstheorien oder ein Übergewicht des Sinnlichen in der ästhetischen Situation ab, weil er *jede (idealistische) Hierarchie der menschlichen Vermögen ablehnt* (vgl. A.1.2.c.). Croce führt aus, daß Dewey einen idealistischen Begriff des Begehrens habe, weil er wie Kant eine Unterscheidung zwischen dem Interesse an der Existenz der Gegenstände und dem interesselosen Wohlgefallen in der Kunst mache.[117] Während Kant das Begehren in der Kunstrezeption ausschließt, vertritt Dewey jedoch, daß *das Begehren in der ästhetischen Rezeption selbst erfüllt* wird. Dewey verbannt keine Ebene des menschlichen Sich-Verhaltens aus der ästhetischen Situation, und ganz sicher nicht das Begehren. Alexander argumentiert gegen Croce, daß die ästhetische Situation bei Dewey *keine Form der präkognitiven Erfahrung im Sinne Baumgartens* ist. Während bei Croce die Intuition eine Vorstufe höherer Geistestätigkeit ist, so ist bei Dewey eine Parallelisierung der Kraft der Imagination mit Baumgartens "cognitio clara sed non distincta" schlicht falsch. Die Kraft der Imagination ist bei Dewey die Summe *aller* Fähigkeiten des Sich-Verhaltens und keine niedere (undeutliche) Erkenntnisform. Wenn Dewey tatsächlich (wie es Douglas kritisiert) vertreten hätte, daß der Geist in

---

[116] Th. Alexander: J.D.'s Theory of Art. 9.
[117] B. Croce: On the Aesthetics of J.D. 204f.

imaginativer Tätigkeit zu sich selbst komme, müßte er ein zugrundeliegendes, alles durchwaltendes Geistprinzip angenommen haben, das es bei Dewey jedoch nicht gibt.
(Zu 3) In Croces Ästhetik wird eine *ontologische Identität* von Intuition (als Tätigkeit des Geistes) und Ausdruck behauptet: Als Ausdruck der Geistestätigkeit trägt die Kunst alle Attribute, die den idealistischen Ableitungsverhältnissen (vgl. A.1.1.c.) entsprechend der Geistestätigkeit zugesprochen werden. Deweys Identitätsbegriff dagegen ist besser mit dem Begriff "*genetische Verwandtschaft*" wiederzugeben. Existenz und Wesen des Ausdrucksergebnisses[118] sind abhängig von Existenz und Wesen des vorangegangenen Ausdrucksaktes. Es ist damit nicht nur von der vorangegangen Geistestätigkeit beeinflußt, sondern auch von der spezifischen Umwelt und der Beschaffenheit der *physical matter*. Deweys Identifizierung von Ausdruckshandlung und Ausdrucksergebnis ist *kontextualistisch* und nicht idealistisch.

c. Diskussion der übrigen 'Ähnlichkeiten'

An den übrigen 'Ähnlichkeiten' läßt sich ebenfalls zeigen, daß Dewey sich, wenn überhaupt, von den nicht-idealistischen Elementen in Croces Theorie hat 'inspirieren' lassen.
(1) Beide sprechen sich gegen eine Trennung von Raum- und Zeitkünsten sowie gegen eine strikte Trennung der Künste untereinander aus.[119] Das ist anti-rationalistisch und nicht idealistisch. Beide unterscheiden die virtuose Beherrschung einer Ausdruckstechnik von künstlerischer Expressivität. Das gehört zum Repertoire jedes Kunstkritikers und ist unabhängig von einem wie immer gearteten philosophischen Fundament. Daß es kein elitäres Material der Kunst gibt, und daß Kunst eine Rückwirkung auf die Gesellschaft haben soll, sind ebenfalls keine originär idealistischen Thesen. Dasselbe gilt dafür, daß Schönheit nicht auf harmonische Linienführung zu reduzieren ist, und daß Gefühle in der aktual gehabten Erfahung eine bedeutende Rolle spielen. Auch die parallele Einschätzung der ästhetischen Situation als 'Wesen' der Situation und primärer Gegenstand einer Analyse einer Theorie der Situation läßt keine Rückschlüsse auf idealistische Fundamente zu.[120] Wenn Dewey mit ähnlichem Wortlaut wie Croce ausführt, daß das Kunstwerk das

---

[118] Der Begriff "Ausdrucksergebnis" bezeichnet bei D. entweder die Bedeutung oder das primäre Kunstprodukt (vgl. A.3.2.).

[119] *B. Croce: On the Aesthetics of J.D.* 204. *J. Dewey (Art as Experience.* 213ff.) beruft sich zustimmend auf Croce.

[120] *B. Croce (On the Aesthetics of J.D.* 204) sowie *F.S. Simoni (Bendetto Croce.* 13) sowie *G.H. Douglas (Reconsideration.* 500).

Gefühl einer Ganzheit vermittelt und universalen Charakter hat,[121] dann ist diese Ganzheit der gemeinsame Erlebnishorizont einer Kulturgemeinschaft (kollektive Individualität) und nicht die idealistische Ganzheit eines ersten metaphysischen Prinzips.

(2) Es mag sein, daß Dewey sich von Croces Unterscheidung von *substance* und *subject* eines Kunstproduktes[122] (ähnlich wie von der Lektüre von Santayanas *The Sense of Beauty*; A.3.2.c.) begrifflich hat 'inspirieren' lassen. Die Unterscheidung zwischen dem allgemein bekannten *subject* eines Kunstproduktes (der Wozzeck-Stoff z.B.) und dessen verschiedenen konkreten *substances* (die Gestaltung des Wozzeck-Stoffes bei Franzos, Büchner und Berg z.B.), die Dewey vielleicht von Croce übernommen hat, ist zwar zutreffend, aber wohl allgemein geläufig. Die Übernahme dieses Begriffspaares läßt deshalb wiederum keine Rückschlüsse auf idealistisches Gedankengut bei Dewey zu. In der Art und Weise jedoch, *wie* Dewey diese Begriffe modifiziert, läßt sich gut zeigen, daß er tatsächlich *übernommene Begriffe mit spezifisch kontextualistischen und nicht-idealistischen Bedeutungen neu* definiert hat. Dewey unterscheidet die *substance*-Kategorie nämlich noch einmal in die *actual substance* und die *substance*. Dadurch wird die Aufmerksamkeit auf die Bedeutung des individuellen Erlebnishorizontes im Kunsterleben gelenkt. Das individuelle Element des Kunsterlebens muß nach idealistischen Theorien zugunsten der Erkenntnis eines wie immer gearteten 'Allgemeinen' überwunden werden. Die Betonung des individuellen Erlebnishorizontes in der Kunstsituation durch die Kategorie der *actual substance* ist also eine eindeutig nicht-idealistische Modifikation.

(3) Auch die Tatsache, daß Deweys Denken tatsächlich "historisch"[123] ausgerichtet ist, läßt keine Rückschlüsse auf idealistische Fundamente in *Art as Experience* zu. Hegelscher Historizismus ist idealistisch, weil er von der Kontinuität der aktual erlebten Situationen auf ein kontinuierliches Geistprinzip schließt. In Deweys System wird die Kontinuität des Erlebnisstroms damit begründet, daß in vergangenen wie in gegenwärtigen Interaktionsprozessen das in der Reflexion als Subjektives und Objektives zu Trennende in der aktual erlebten Situation eine untrennbare Einheit darstellt. Die Notwendigkeit eines ersten metaphysischen Prinzips ist nicht gegeben.

(4) Croce verwahrt sich zurecht dagegen, daß nach Dewey alle idealistischen Philosophen autoritätshörig sind.[124] Dieses emotionsgeladene Thema hat zwischen Croce und Dewey eine größere Rolle als die Plagiatkritik selbst gespielt; Deweys

---

[121] B. Croce: *On the Aesthetics of J.D.* 204.

[122] B. Croce: *On the Aesthetics of J.D.* 204.

[123] B. Croce (*Knowledge*. 4f.) sowie *G.H. Douglas* (*Reconsideration*. 503) sowie *F. Simoni* (*Benedetto Croce*. 13ff.) im Anschluß an Savery in Schilpp-Band.

[124] B. Croce: *Knowledge*. 6.

ungerechte und pauschale Charakterkritik an allen idealistischen Philosophen war der Grund für die außergewöhnliche Schärfe der Diskussion, die zwischen den Menschen geführt wurde, die die Theorien erdacht haben. Sein pauschales Urteil über die menschlichen Qualitäten idealistischer Denker hat zu Deweys Zeit im amerikanischen Denken großen Zuspruch gefunden, doch es ist sachlich betrachtet nur ein Randproblem der Idealismuskritik und aus heutiger Sicht nicht haltbar, überflüssig und noch nicht einmal mehr interessant. Was für Hegel zumindest nicht zu beweisen ist, ist schon für Platon (als 'Vater' des Idealismus) mehr als zweifelhaft, denn als Opportunist hätte er sich bei dem Tyrannen Dion von Syrakus ein bequemes Leben machen können. Auch Descartes (der 'Vater' des neuzeitlichen Idealismus) ist über diesen Verdacht erhaben, denn seine Zweifel an der Wahrhaftigkeit Gottes waren in seiner Zeit alles andere als opportun. Croce selbst war nach dem Zeugnis seines Schülers Simoni ein engagierter Kämpfer gegen den italienischen Faschismus. Es ist nicht zwangsläufig, daß ein Philosophen, der ein hierarchisch gegliedertes (idealistisches) System entwirft, im persönlichen und politischen Leben autoritätshörig und opportunistisch ist, wie Dewey es behauptet hat.

B.3. Die Kritik des subjektiven Idealismus und die Metaphysikkritik

B.3.1. Die Kritik des subjektiven Idealismus

Im Jahr 1905 stellt Dewey in *The Postulate of Immediate Empiricism* eine 'neue Methode' zur Überwindung des traditionellen 'Vorurteils' einer Subjekt-Objekt-Trennung vor. Seitdem wird sein System im Hinblick auf diesen Anspruch diskutiert. Mit den *Carus*-Vorlesungen erreicht diese Diskussion ihren ersten Höhepunkt. Sie setzt sich fort in der Kritik an *Art as Experience* und konzentriert sich zuletzt mit der gleichen Fragestellung auf die Theorie der *unmediated immediacy* der Situationsqualitäten in Deweys *Logic* (1938). Von Nebenargumentationen einmal abgesehen wurde bei aller Vielfalt der Positionen immer gefragt, wie Dewey *aus der einzelnen unmittelbar (emotional) erlebten Situation ein umfassendes System ableiten* will. Die Kritik unterstellt, daß Dewey mindestens eine der folgenden drei Prämissen postulieren müsse, um aus dem unmittelbaren Situationserleben ein wirklichkeitsumfassendes System ableiten zu können: Dewey muß entweder (1) eine Objektivierungsinstanz (ein absolutes Bewußtsein im Sinne Hegels bzw. objektive Vernunftstrukturen im rationalistischen Sinne) zur Begründung eines Systems von wahren Sätzen (Metaphysik) annehmen, oder (2) das Erkennbare auf den Bereich des Erlebbaren begrenzen, wodurch die Existenz einer unerkennbaren Objektsphäre jenseits des menschlichen Erlebens im Sinne Kants angenommen wird, oder (3) postulieren, daß das objektiv Existierende durch das menschliche Erleben erst konstituiert wird. Die hier thematisierte Kritik interpretiert das Situationserleben als begrenzten, im traditionellen Sinne *subjektiven Erlebnisausschnitt* und vertritt damit, daß Dewey die letzte der drei genannten Prämissen aufrechterhält. Deshalb wird diese kritische Richtung hier "Kritik des subjektiven Idealismus" genannt.[125]

a. Bakewell (1905)

Deweys Wahrheitsbegriffes in *The Postulate of Immediate Empiricism* (1905) wurde diskutiert unter der Fragestellung, wie Dewey begründen kann, daß die Situation mit der Zeit wahrer wird als die unmittelbar erlebte Ausgangssituation.[126] Nach Bakewell sieht Dewey die Basis der Verobjektivierung im Erleben selbst, so daß das unmittelbare Erleben nur unvollkommene Annäherung an eine implizit behauptete absolute Erkenntnis ist. Darin ist nach Bakewell "ein Idealismus - und zwar von einer entschieden transzendentalen Art"[127].

> "Entweder ist alles, was erfahren wird, real, und zwar exakt als das (und nicht mehr), als was es hier und jetzt erfahren wurde - und dann gibt es keine Gelegenheit, von korrigierender oder richtigstellender Erfahrung zu sprechen; oder es gibt in jeder Erfahrung eine Selbsttranszendierung, die über das Ding, *so wie es erfahren wurde*, hinausweist auf *dessen eigene* Realität - und dann: Tschüs, Unmittelbarkeit."[128]

---

[125] R. Boisvert (*D.'Metaphysics*. 76) spricht von " "konstitutivem" Idealismus, der eine gewisse Formlosigkeit in den äußeren Entitäten behauptet und vertritt, daß es der Geist ist, welcher die Realität in einer gewissen Weise konstruiert oder konstituiert." ("The first is 'constitutive' idealism, which assumes a certain formlessness in external entities and argues that it is the mind that constructs or constitutes reality in a certain way.") (Boisvert, der in *Postulate* einen Subjektivismus sah, würdigt hier D.'s späte Kritik am objektiven und konstitutivem Idealismus.)

[126] D.'s Beispiel ist der Schreck beim Zuschlagen eines Fensters (vgl. A.1.1.).

[127] "... an idealism, - and of a decidedly transcendental kind." *Charles M. Bakewell: An Open Letter To Professor Dewey Concerning Immediate Empiricism.* In: *The Journal of Philosophy* 2. 1905, 522.

[128] "Either everything is experienced is real exactly as, and no further than, it is then and there experienced, - and then there is no occasion to speak of correcting or rectifying experience; or, there is in every experience a self-transcendency which points beyond that thing *as experienced* for *its own* reality - and then good-by to immediatism." *Ch.M. Bakewell: Open Letter.* 522. (In

b. Woodbridge und Bode (1905)

Woodbridges Kritik ist keine Idealismuskritik, aber die Basis für Bodes Einwand. Woodbridge fragt, warum die wahre Erfahrung für Dewey die beste und angemessenste aller realen Erfahrungen sei. Das Praktikabilitätskriterium des Pragmatismus läßt er nicht gelten. Sowohl die Verobjektivierung des unmittelbaren Erlebens als auch die Reflexion darüber, um welchen Situationstyp es sich gehandelt hat, müsse in einer kognitiven Situation stattfinden. Dewey solle das Primat der kognitiven Situation für die Philosophie also wieder bejahen: Ein wahres Erleben ist das der Wirklichkeit angemessenste Erleben, weil es kognitives Erleben ist.[129]

Bode lehnt Woodbridges Unterscheidung zwischen kognitiven und nicht-kognitiven Situationen ab, weil alle Situationen kognitive und nicht-kognitive Elemente haben. Dann aber führt er verschiedene historische Erklärungen für die ewige Gültigkeit der Logik (also der kognitiven Elemente innerhalb *jeder* Situation) an, denn seine Idealismuskritik lautet, daß Dewey die These von der größeren Angemessenheit wahren Erlebens gegenüber anderem realen Erleben nur halten könne, wenn er eines der idealistischen Begründungsmodelle für die Gültigkeit der Logik annähme. Das pragmatistische Praktikabilitätskriterium lehnt er (wie Woodbridge) als Wahrheitsinstanz ab. Dewey könne nicht auf einen subjektiven Idealismus verzichten, in der das "Selbst als letztgültige Kategorie der Logik" postuliert wird:

> "Überlegungen der Art, wie sie hier präsentiert werden, machen es mir unmöglich, mich davon zu überzeugen, daß die Zeit gekommen sei, die Konzeption des Selbst als letztgültige Kategorie in der Logik aufzugeben zugunsten <der Konzeption> einer reinen Erfahrung oder von Objekten, die unabhängig vom Bewußtsein existieren. Professor Woodbridge warnt die Pragmatisten <ganz> richtig vor der Tendenz, dem Charakter der Transzendenz, der <nun einmal> zur kognitiven Erfahrung gehört, Gewalt anzutun. ... Idealismus, gleich in welcher Form, hat insgesamt Schwierigkeiten; aber dennoch zeigt er meiner Ansicht nach die Richtung, in der die Lösung für unsere Probleme eventuell noch gesucht werden könnte, wenn sie überhaupt gefunden werden kann".[130]

---

diesem Kapitel B.3. muß der Begriff "experience" mit "Erfahrung" übersetzt werden, sobald sich die Diskussion offensichtlich auf traditionelle Erfahrungsbegriffe bezieht.)

[129] *Frederick J.E. Woodbridge: What Sort is Cognitive Experience?* In: *The Journal of Philosophy* 2. 1905, 573-576. Der Aristoteliker Woodbridge hatte großen Einfluß in D.'s mittlerer Periode, insbesondere in Chicago. Wahrscheinlich sind D.'s Theorien über den *kairos*-Moment sowie über Substanz und Form in der Kunst auf ihn zurückzuführen.

[130] "Considerations of the sort here presented make it impossible for me to convince myself that the time has come to abandon the conception of selfhood as the ultimate category in metaphysics for

c. McGilvary (1908) und Costello (1920)

Evander B. McGilvary fragt, ob Deweys Identifikation des Dinges, so wie es erlebt wird, mit der Existenz des Dinges selbst, ein "kompromißloser Idealismus, und zudem ein subjektiver Idealismus" sei.[131] Diese Form von Idealismus definiert er folgendermaßen:

> "<Die Bezeichnung> Idealismus scheint allgemein auf jede Theorie angewandt zu werden, die die Realität als innerhalb von Erfahrungen oder innerhalb von Erfahrung erfaßt betrachtet. Er <der idealistische Standpunkt> ist der Standpunkt, der keine unkatalogisierte Rest-Realität anerkennt, nachdem eine Bestandsaufnahme von aller Erfahrung gemacht ist."[132]

Weil "Professor Dewey ... nichts haben will, das nicht Erfahrung ist", und weil es "aus dieser Erfahrung heraus kein Entkommen gibt, noch nicht einmal über die Feuerleiter"[133], könne Dewey einen erinnerten Stein nicht von einem vorgestellten Stein oder einem wirklichen Stein unterscheiden. Jedes Erfahrungsobjekt müsse nach Dewey in der Erfahrung denselben Realitsgrad haben, weil es keine eigene Realität hat, sondern von der Realität der Erfahrung abhängig ist.

Ähnlich krisiert auch Harry T. Costello, daß für Dewey die Frage nach der Realität eines Erfahrungsobjektes angeblich ohne Belang ist:

> "<Dewey ist> ... überrascht, wenn Leute ihn in subjektivistischen Begriffen interpretieren. Jedoch wenn jemand es versäumt, zu unter-

---

that of pure experience or of objects existing indepently of consciousness. Professor Woodbridge rightly warns the pragmatists against the tendency to do violence to the charcater of transcendence pertaining to cognitive experience. ... Idealism, whatever its form, has difficulties in plenty; yet, to my mind, it indicates the direction in which the solution of our problems is to be sought, if it is to be found at all." *B.H. Bode*: Cognitive Experience and its Object. In: *The Journal of Philosophy* 2. 1905, 663.

[131] "... thoroughgoing idealism, and a subjective idealism at that." *Evander B. McGilvary*: The Chicago Idea and Idealism. In: *The Journal of Philosophy* 5.22. 1908, 593. McGilvary kritisert D.'s Definition von "Idee" als Zirkeldefinition, weil sie von "Faktum" dadurch unterschieden sei, daß eine Idee in einer zweifelhaften Situation ensteht, die gerade deshalb zweifelhaft ist, weil Fakten fehlen. McGilvary leitet aus dieser Definition von "Idee" ab, daß man D.'s Philosophie nicht als idealistische Philosophie im Sinne eines Ideen-Idealismus bezeichnen könne.

[132] "Idealism seems to be generally applied to any theory which regards all reality as embraced within experiences or within Experience. It is the view that recognizes no residual reality uncatalogued after the inventory of all experience is taken." *E.B. McGilvary*: The Chicago Idea. 593f.

[133] "Out of this Experience there is no exit, not even by way of fireescape ... Professor Dewey ... will have nothing that is not experience." *E.B. McGilvary*: The Chicago Idea. 595.

scheiden zwischen dem, was ist, und dem, was er erfährt, dann hat er keinen Grund, über eine solche Interpretation überrascht zu sein."[134]

d. Santayana (1925), Hocking (1940) und Kahn (1948)

Während Dewey in seiner mittleren Phase eine nahezu unantastbare Autorität in den U.S.A. war, wurde mit Santayanas Besprechung von *Experience and Nature* (1925) eine Kritikwelle an Deweys Spätwerk eingeleitet, deren negatives Resultat war, daß die Diskussion um Deweys System bis auf wenige Stellungnahmen zu seiner Logik nach seinem Tod fast verstummte.
Nach Santayana[135] verzichtet naturalistisches Denken auf jede Prämissensetzung zugunsten voraussetzungsloser Erlebnisanalyse. Es abstrahiert in dieser Erlebnisanalyse sogar von jeder "Dominanz eines Vordergrundes". Metaphysisch-idealistisches Denken dagegen sei von einem dominanten Vordergund (von vorgefaßten Begriffsrastern und absoluten Prämissen beispielswiese) beherrscht. Nach Santayana ist Deweys Denken beherrscht von dem Vordergrund des "amerikanischen Geschäftemachens". Deshalb unterstellt er ihm einen latenten Idealismus. Diese Kritik ist allerdings nicht zu verteidigen. Erstens ist keine Situationsanalyse (auch keine "naturalistische") ohne alle Kriterien denkbar. Zweitens ist der Zusammenhang zwischen "amerikanischem Geschäftemachen" und Idealismus 'an den Haaren herbeigezogen'. Ein wichtiger Beitrag zur Kritik des subjektiven Idealismus ist jedoch Santayanas Übertragung der Argumente gegen Deweys *The Postulate of Immediate Empiricism* auf dessen spätes System. Dieser Aufsatz wurde kritisiert, weil Dewey hier in der Zeit späteres Erleben für 'wahrer' als das in der Zeit frühere, unmittelbare, noch-nicht-rationale Ausgangserleben hielt. Um das zu begründen, müsse er eine absolute Verifikationsinstanz annehmen, so daß Deweys 'neue Methode' zwangsläufig zu einem Idealismus führe (s.o.). Genau dieses Problem verschärfte Santayana in der Diskussion um Deweys Spätwerk, in welchem dieser nicht nur den Anspruch erhebt, daß das unmittelbare Erleben mit der Zeit wahrer würde, sondern daß es darüber hinaus möglich sei, aus diesem unmittelbaren Erleben (und nur daraus) ein wirklichkeitsumfassendes System (ein

---

[134] "<Dewey is> ... surprised, when people interpret him in subjectivist terms. Yet one who fails to distinguish between what is and what he experiences, has no reason to be surprised at such an interpretation." *Harry T. Costello: Professor Dewey's Judgement of Practice.* In: *The Journal of Philosophy* 17. 1920, 449f.

[135] Zur ganz ähnlichen Kritik D.'s an Santayana vgl. *Th. Alexander (J.D.'s Theory of Art.* 50, Anm. 48). Das anfänglich sympathetische Verhältnis von D. und Santayana sei abgekühlt, weil jeder gegen den anderen eine Idealismuskritik erhoben hat. Zur Verwandtschaft von Santayanas "poetischem Naturalismus" und D.'s "experimentalistischem Naturalismus" vgl. *J.F. Blau (American Philosophy.* 379f., 403f.).

System von wahren Sätzen, in dem alles Wirkliche erfaßt wird) zu entwickeln. Die Generalisierung der Analyse eines einzelnen Situationserlebens ist für Santayana nur möglich, wenn man einen absoluten Naturbeobachter und damit eine Objektivierungsinstanz annimmt:

> "Wenigstens an einem Punkt aber wird die Existenz des Denkens in seiner Aktualität und vergeistigten Konzentration vollkommen zugestanden. ... Ein nichtpersonaler, transzendentaler Betrachter wird immer <implizit> behauptet, obwohl <er> niemals <ausdrücklich> erwähnt wird; und das Spektakel der Natur, das vor ihm ausgerollt wird, mag und in exakter Sprechweise muß <sogar> völlig beobachtbar und material sein. Es kann kein aktualer Geist in der Erfahrung sein mit Ausnahme der Erfahrung selbst. Die Überlegung, die Dewey nichtsdestoweniger verführt, etwas bewußt Aktuales und Spirituelles über die natürliche Welt zu pfropfen, ist von ganz anderer Sorte. ... Diese hypostasierte spirituelle Existenz scheint Dewey zumindest in der ästhetischen Kontemplation zu sehen ..."[136]

Eine deutliche Anknüpfung an die frühe Idealismuskritik findet sich auch bei William E. Hocking: Dewey könne nur unter der Prämisse der Identität des Subjektiven und Objektiven im Absoluten aus dem unmittelbaren Erleben ein umfassendes System ableiten.[137] Sholom Kahn kritisiert, daß Dewey aus dem kleinen Wirklichkeitsauschnitt des unmittelbaren Erlebens ein System ableiten will, in dem die unendliche kosmische Ganzheit erfaßt ist. Dewey hätte die allgemeinen Züge der Existenz und das Ganze der Natur in seinem späten System ausgehend vom unmittelbaren Erleben erfassen wollen, ohne jedoch die metaphysische Frage nach dem Verhältnis des situativen Erlebens zum Ganzen des Erlebbaren und letztlich zum Ganzen der Natur geklärt zu haben. Es bleiben zwei "ungeklärte Fragen":

---

[136] "At least at one point, however, the existence of thought in its actuality and spiritual concentration is admitted plainly. ... An impersonal transcendental spectator, though never mentioned, is always assumed; and the spectacle of nature unrolled before him may be, and strictly speaking must be, wholly observable and material. There can not be any actual mind in experience except the experience itself. The consideration which nevertheless leads Dewey to graft something consciously actual and spiritual upon the natural world is quite of another sort. ... This hypostatic spiritual existence Dewey seems to recognize at least in esthetic contemplation...." *George Santayana: Dewey's Naturalistic Metaphysics.* In: *The Journal of Philosophy* 22. 1925, 245-261. Im Text zit. nach: *The Philosoph of John Dewey.* Hrsg. von P.A. Schilpp. Illinois 1939, ²1970, 249f.

[137] *William E. Hocking: Dewey's Concept of Nature and Experience.* In: *The Philosophical Review* 49. 1940, 228-244.

"(1) Schließt seine Metaphysik irgendeine Existenz *jenseits* der Erfahrung ein? (2) Wenn das der Fall ist, wie man aus einigen der oben <in Kahns Artikel> zitierten Passagen entnehmen muß, was sind <dann> die 'generellen Züge' <dieser Existenz>?"[138]

e. Croce (1947-1948)

Die Idealismuskritik verschärfte sich noch einmal, nachdem *Art as Experience* erschienen war. Stephen Pepper beispielsweise untersuchte, ob die Begriffe von Deweys Ästhetik idealistisch besetzt sind, womit in die Diskussion ein neuer Aspekt eingebracht wurde. Nach Croce ist Deweys Interaktionsmodell (zur Überwindung der Subjekt-Objekt-Trennung in der Analyse des unmittelbaren Situationserlebens) ein Scheinkonzept: Dewey habe das Problem "gelöst", indem er die traditionellen idealistischen Dualismen (Leib/Seele bzw. Natur/Geist) lediglich grammatisch, nämlich durch einen "Bindestrich", verbunden habe. Dewey könne zu einem umfassenden Systementwurf nur mittels einer spekulativen Instanz jenseits des menschlichen Erlebens gelangen. (Rorty griff diese Kritik später auf.)

"... empirisch und pragmatisch kann Dewey diesen Dualismus von menschlichen Geistesfähigkeiten und Natur nicht überwinden. Er hat sich zu der Selbsttäuschung verleiten lassen, daß er sie mit dem Mittel eines kontinuierlichen Prozesses eines 'Natur-Geist' überwunden hat, in dem der Bindestrich, der die beiden Wörter verbindet, den Sieg beweisen soll, den die spekulative Logik allein erringen kann, die die kategorialen Begriffe von empirischen Begriffen und die Aktivität der *Vernunft* von der des *Verstandes* unterscheidet, und die die äußere Welt in eine innere Welt, die Natur in die menschlichen Geistesfähigkeiten auflöst."[139]

---

[138] "(1) Does his metaphysics include any existence *beyond* experience? (2) If it does, as some of the passages cited above indicate, what are its 'generic traits'?" Sholom Kahn: *Experience and Existence in Dewey's Naturalistic Metaphysics?* In: *Phenomenology and Philosophical Research* 9. 1949, 321.

[139] "... empirically and pragmatically Dewey cannot overcome the dualism of mind and nature. He led to delude himself that he has overcome it by means of a continuous process of nature-mind, in which the hyphen connecting the two words would provide the victory which speculative logic, distinguishing the categorical concepts from the empirical concepts, and the activity of *Vernunft* from that of *Verstand,* and resolving the external world into the internal, nature into mind, is alone cappable of accomplishing." B. Croce: *Knowledge.* 5.

f. Bernstein (1961)

Nach Deweys Tod konzentrierte sich die Diskussion auf seine *Logic* (1938). Es wurde in zweifacher Hinsicht der Status der unmittelbaren Gefühlsqualität jeder Situation erörtert. Nach Dewey rührt die unmittelbare Gefühlsqualität jeder Situation weder ausschließlich von der Beschaffenheit der äußeren Situation (im Sinne von Reizen) noch ausschließlich von den Beschaffenheiten der subjektiven Rezeptionsinstanzen her. In jeder Situation werden Aufmerksamkeitsschwerpunkte (bedingt durch alte Erlebnisse, Werte und gegenwärtiges Interesse) gesetzt, wodurch aus dem Situationskontinuum 'Natur' eine einzelne Situation mit einzigartiger, unmittelbarer Gefühlsqualität wird. Die Situation wird also unmittelbar erlebt und ist trotzdem vermittelt (durch alte Erlebnisse und Werte). Dagegen wurde erstens die Frage gestellt, ob nicht ein logischer Widerspruch in der Konzeption der "unmediated immediacy" von Situationsqualitäten bestünde. Schon Santayana[140] hatte kritisiert, daß bei Dewey der Begriff "immediacy", der ursprünglich eine epistemologische Kategorie war, die Bedeutung einer gleichzeitigen physikalischen Präsenz von allem, was potentiell erlebbar ist, innerhalb einer einzigen Situation angenommen habe. Paul Welsh[141] fragt, wie eine einzige Situation gleichzeitig sowohl qualitativ einheitlich und als auch durch eine Vielzahl von alten Erlebnissen und Werten vermittelt sein kann. Bernstein kritisiert, daß in Deweys Theorie der Qualität zwei inkompatible Stränge miteinander verflochten seien, nämlich ein metaphysischer Strang, nach dem die Qualitäten vermittelt sind durch alte Erlebnisse und Werte (worin Bernstein eine Tendenz zum Rationalismus sieht) und andererseits ein phänomenologischer Strang, nach dem die Qualitäten *unmediated* sind. Bernstein fragt außerdem, ob die Qualität des unmittelbaren Erlebens durch subjektive Wahrnehmung oder durch die Konstellation des in der äußeren Situation Gegebenen (im Objektiven) konstituiert wird.[142]

---

[140] *G. Santayana: D.'s Naturalistic Metaphysics.*

[141] *Paul Welsh: John Dewey's Metaphysics of Experience.* In: *The Journal of Philosophy* 51. 1954, 861-867.

[142] *R. Bernstein: J.D.'s Metaphysics.* 5-8. Ders. (*John Dewey.* 1966, 89-99) diskutiert D.'s unmittelbare Qualität der Erfahrung ausführlich im Kontext ähnlich gelagerter Gegenwartstheorien (Whitehead, Bergson, James, Peirce, Santayana). Er bezieht sich auf *J. Dewey (Peirce's Quality.* 86), wo D. Peirces Theorie der *Firstness* gegen Goudges Kritik verteidigt: "Nun findet Herr Goudge eine Inkonsistenz in Peirces Behandlung der Erstheit, weil dieser <Peirce> vertritt, daß es <das als Erstheit Gegebene> <einerseits> roh als Gefühlsqualitäten gegeben ist und <andererseits> aus 'logischen Möglichkeiten oder Universalien' besteht." ("Now Mr. Goudge finds an inconsistency in Peirce's treatment of Firstness on the ground that the latter holds both that it is brutely given as qualities of feeling and that it consists of 'logical possibilities or universals'."

"Aber wenn Dewey dazu übergeht, Qualität als einen innewohnenden Besitz von Existenzen zu diskutieren, welcher nicht notwendig in Erfahrungstransaktionen eintritt, dann besteht er darauf, daß Qualitäten unbedingt, genauer gesagt, unvermittelt sind. ... Trotz Deweys These von der Kontinuität von Erfahrung und Natur spricht er zwei verschiedene Sprachen, wenn er <einerseits> von Qualitäten spricht, wie sie innerhalb von Erfahrungstransaktionen fungieren, und <andererseits> von Qualitäten als dem Besitz von natürlichen Existenzen, der unabhängig von der Erfahrung ist."[143]

Wegen dieser Unvereinbarkeit sei Deweys spätes System eine "unheilige Allianz"[144] von idealistischem und realistischem Denken: Qualität als Projektion durch die Instanz des Erlebens sei unvereinbar mit der Annahme einer erlebnisunabhängigen Objektqualität. Nach Bernstein hat Dewey in seiner Theorie der ästhetischen Situation eine idealistische Theorie vertreten, nach der alles Existierende durch ästhetisches Erleben erst konstituiert würde:

"Ein Verständnis <des Begriffs> der 'durchdringenden Qualität' ist ebenfalls wesentlich für eine Würdigung von Deweys Ästhetik. ... Der Angelpunkt von Deweys Zurückweisung des Idealismus ist sein Beharren darauf, daß die Erfahrung sehr viel umfassender ist als Wissen. ... Aber in seiner polemischen Verteidigung der Integrität der Erfahrung beanspruchte Dewey soviel für die Erfahrung, daß es zunehmend schwierig wurde zu sehen, was *nicht* Erfahrung war, was <wenn überhaupt> die Erfahrung kontrollierte und begrenzte. Es sieht so aus, als ob Dewey, der soviele harte Worte über den Idealismus hatte, <diesen Idealismus selbst> in einer anderen Form bewahrte."[145]

---

[143] "But when Dewey switches to discuss quality as an intrinsic possession of existences which do not necessarily enter into experiental transactions, he insists that qualities are unconditioned, they are precisely what is unmediated. ...Despite Dewey's claim for the continuity of experience and nature, he talks two different languages when he speaks of qualities as they function in experiental transactions, and qualities as the possession of natural existences independent of experience." R. *Bernstein*: *J.D.'s Metaphysics*. 13.

[144] "unholly alliance". R. *Bernstein*: *J.D.'s Metaphysics*. 14.

[145] "An understanding of pervasive quality is also essential for appreciating Dewey's aesthetics. ... The pivotal point of Dewey's rejection of idealism is his insistence that experience is far more extensive than knowing. ... But in his polemical defense of the integrity of experience, Dewey claimed so much for experience that it became increasingly difficult to see what was *not* experience, what if anything controlled and limited experience. It looked as if Dewey, who had so many harsh words about idealism, was serving it up in another form." R. *Bernstein*: *J.D.'s Metaphysics*. 8f.

g. Robert Dewey (1977) und Rorty (1982)

Robert Dewey und Richard Rorty interpretierten Dewey dahingehend, daß die Situation das Erleben des Objektiven gemäß den Maßstäben des Subjekts der Erfahrung sei. Das Erleben vollzöge sich in spezifisch menschlichen Grenzen. Dementsprechend sahen sie in Deweys System die Bewahrung eines Idealismus Kantischer Prägung. Dewey würde einen Bereich jenseits des menschlichen Erlebens und damit ein dualistisches Zweisphärensystem annehmen. Unvermeidbar scheint die Kantische Konklusion, daß das Erleben des Objektiven durch die Vermittlung der menschlichen Wahrnehmungs- und Verstandesfähigkeiten verfälscht wird. Der Zusammenhang zu Kants Philosophie[146] wurde von Robert Dewey hergestellt, der Deweys "Ereignis" mit dem Kantischen "Ding an sich" und die interpretierende "Kraft der Imagination" mit den Kantischen, durch die Formen der Anschauung und die reinen Verstandesbegriffe determinierten menschlichen Erkenntnis gleichsetzt. "In Deweys These, daß bewußte Aktivität interpretierend ist, steckt eine gehörige Portion Kantianismus."[147] Für Robert Dewey hat der Ereignisbegriff bei John Dewey zwei Bedeutungen. Ein Ereignis findet zum einen dann statt, wenn ein Subjekt des Erlebens die bis dahin uninterpretierten Erlebnisdaten aus dem äußeren Situationskontext durch interpretierende Aktivität deutet (solipsistische Position). Auf der anderen Seite konstituiert sich aber durch Ereignisse das subjektunabhängige Ganze des Situationskontinuums 'Natur'.[148] Beide Positionen seien nur mit Rekurs auf Kant zu vereinbaren:

> "Auf der anderen Seite will Dewey die Welt der Natur nicht auf Ereignisse reduzieren, die in der Lebensgeschichte irgendeines Organismus geschehen. ... Indem die Ereignisse so eher als Elemente der Natur denn als Elemente mit einer Funktion für unsere Naturerkenntnisse betrachtet werden, sind sie nicht Produkte von <einer> Organismus-Umwelt-Interaktion und haben ihre eigene<n>, unabhängige<n> Geschichte<n>. ... Wenn Dewey behauptet, daß Ereignisse als solche nicht die Objekte des Erkennens sind, werden sie zu einer prozeßphilosophischen Version des ziemlich Unerkennbaren (oder der Kantischen unerkennbaren *Dinge-an-sich*), das Natur jenseits der Daten der unmittelbar erlebten Situation konstituiert. Es folgt außerdem aus diesem Standpunkt, daß die Welt, wie sie ist (ein

---

[146] Nach *Th. Alexander (J.D.'s Theory of Art.* 46f.) kritisiert D. Kant dahingehend, daß die Vernunft keine objektive, ewige Struktur, sondern die Fähigkeit zur interessengeleiteten Bedeutungs- und Normenrekonstruktion sei.

[147] "There is a strong Kantian touch in Dewey's view that conscious activity is interpretive." R. Dewey: *Philosophy of J.D.* 112, Anm. 18 (110-118).

[148] R. Dewey: *Philosophy of J.D.* 114f.

System von unerkannten Ereignissen), unterschieden werden muß von der Welt, so wie sie erkannt wird (als ein System von Objekten <der Erkenntnis>). Diese Unterscheidung führt zu einem Dualismus, der so scharf ist wie jeder, den Dewey <jemals> kritisiert hat - zu einem Dualismus, der Realität und Erkenntnis so scharf trennt, wie <der Dualismus von> Realität und Erscheinung von dem leidenschaftlichsten Platonisten bewahrt wird."[149]

Die Kritik von Benedetto Croce und Robert Dewey wird bei Richard Rorty zu einer umfassenden Kritik an Deweys Systemdenken. In *Philosophy and the Mirror of Nature* (1979) nannte Rorty Dewey noch zusammen mit Wittgenstein und Heidegger bewundernd einen großen Zertrümmerer[150] der traditionellen idealistischen Philosophie. Alle drei Denker hätten "mit der Kantischen Konzeption von der Philosophie als Fundamentalwissenschaft" gebrochen. "Sie *verabschiedeten* Erkenntnistheorie und Metaphysik als mögliche Disziplinen."[151] 1979 betont Rorty, daß Deweys Kritik an den traditionellen Dualismen (insbesondere an dem Leib-Seele-Dualismus) den Anstoß zu seiner eigenen Traditionskritik und seiner Auseinandersetzung mit dem Leib-Seele-Problem von seiten der sprachanalytischen Philosophie gegeben habe. Rorty stimmt mit Dewey dahingehend überein, daß die

---

[149] "On the other hand, Dewey does not wish to reduce the world of nature to events occuring in the life history of any organism. ... Viewed thus as elements of nature, rather than as elements with a function for our knowledge of nature, events are not products of organism-environment interaction and have independent histories of their own. ... When Dewey asserts that events as such are not the objects of knowing, they become his process philosophy's version of the unknown somewhats (or Kantian unknowable *dinge-an-sich* <Originalschreibweise>) constituting nature beyond the data of immediate experience. It further follows from this view that the world as it is (a system of unknown events) must be distinguished from the world as it is known (a system of objects). This distinction introduces a dualism as sharp as any which Dewey has critiqued - a dualism which separates reality and knowledge as completely as reality and appearance are served by the most ardent Platonist." R. Dewey: Philosophy of J.D. 116f.

[150] Nach *J. Gouinlock (Rorty's Interpretation of D.* 254, 252) hat Rorty D. "derart fehlgedeutet, daß ihn ein Schüler in wenigen Paragraphen widerlegen könnte", indem er "zwischen einem 'guten' und einem 'schlechten' bzw. 'rückwärtsgewandten' Dewey unterschieden hat. Der gute Dewey ist <bei Rorty> Antirealist, Antisystematiker und Antimetaphysiker." Rorty habe nur den Traditionszertrümmerer, aber nicht den philosophischen Systematiker D. sehen wollen. ("...so obviously mistaken that a scholar could refute it in a few paragraphs", "Rorty ... has distinguished the 'good' from the 'bad' or 'backsiding' Dewey. The good Dewey is antirealist, antimethod and antimetaphysics.") Gegen Rortys *Overcoming the Tradition* formuliert *R.D. Boisvert (Post-Modern Metaphysics.* 174) eine schöne Spitze: "Wenn wir die Metaphysiküberwindung überwinden wollen, sind John Deweys Schriften ein guter Anfang." ("If we are to overcome the overcoming of metaphysics, John Dewey's writings are a good place to begin.")

[151] R. Rorty: *Mirror of Nature.* 16.

traditionellen Dualismen der Philosophie künstlich gewachsene Vorurteile darstellten, die nach Rorty auch in der sprachanalytischen Philosophie noch nicht ganz abgelegt worden sind.

In *Consequences of Pragmatism* (1982) jedoch, (obwohl dort Aufsätze aus demselben Zeitraum, nämlich aus den Jahren 1972-1980 zusammengefaßt sind) klingt ein anderer Ton an. Dort kritisiert Rorty, daß Dewey sich überhaupt noch mit dem Versuch beschäftigt hat, ein wirklichkeitsumfassendes System zu entwickeln. Das führe zwangsläufig zu den traditionellen Dualismen der idealistischen Philosophie. Rorty schließt sich Croce an, nach dem Dewey das Leib-Seele Problem nicht gelöst, sondern lediglich zwei Begriffe durch einen Bindestrich verbunden hat. Sobald man Deweys Interaktionsbegriff näher hinterfrage, komme man zu dem Ergebnis, daß im ganz traditionellen Sinne der "gute alte Tisch" (Objektsphäre) mit dem menschlichen Körper (Subjektsphäre) interagiere. Weil er betone, daß Qualitäten der Objektsphäre in der menschlichen Erfahrung *vermittelt* würden, könne er auf ein "transzendentales Ego" als Instanz der Vereinheitlichung und Objektivierung des unmittelbaren Situationserlebens nicht verzichten. Wenn Dewey sich "bescheidener" auf Traditions- und Kulturkritik beschränkt hätte, anstatt die "generellen Züge der Existenz" erfassen zu wollen, wäre er nicht dem traditionellen, unlösbaren Scheinproblem der Vermittlung von Subjekt- und Objektsphäre ausgesetzt gewesen.[152]

> "Solche Phrasen wie 'Qualitäten von Interaktionen' besänftigen solche, die kein Leib-Seele-Problem sehen und provozieren die, die es sehen. Erzählen Sie uns mehr, sagen die letzteren, von diesen Interaktionen: Sind sie Interaktionen zwischen Leuten und Tischen, sagen Sie mal?."
> "Sagt Dewey irgendetwas mehr, als daß niemand wüßte, daß der Tisch braun war, ohne daß er verstand, was das Wort 'braun' bedeutete? Betrifft das wiederum den Kantischen Punkt, daß es solange keine Trennung zwischen Objekten und ihren Qualitäten gibt, bis daß Begriffe benutzt werden, um den Gefühlen Sinn zu geben?[153] Aber kann dieser Punkt vorgebracht werden, ohne daß man sich selbst zum transzendentalen Idealismus bekehrt? Haben wir das Problem der Relation zwischen empirischem Selbst und der materiellen Welt gelöst, indem wir lediglich noch einmal ein transzendentales Ego beleben, das beides konstituiert?"[154]

---

[152] R. Rorty: *Consequences*. 83ff.
[153] "Anschauungen ohne Begriffe sind leer." *I. Kant: Kritik der reinen Vernunft.* B 75.
[154] "Such phrases as 'qualities of interactions' soothe those who do not see a mind-body-problem and provoke those who do. Tell us more, the latter say, about these interactions: are they interactions

h. Einige Gegenargumente

Falls Dewey den hier genannten Kritikern gewantwortet hat, enthalten seine Antworten keine originellen Gesichtspunkte. Die beste Gegenposition zur Kritik des subjektiven Idealismus wurde von der bislang relativ unbeachtet gebliebenen Metaphysikkritik formuliert. Die Metaphysikkritik hat zur Prämisse das absolute Gegenteil dessen, was die subjektive Idealismuskritik kritisiert: Weil Dewey keine objektive Erkenntnisinstanz annähme (was der subjektive Idealismus gerade unterstellt), könne er nicht zur Erkenntnis der sogenannten 'ewigen' Gegenstände (aufgeführt werden die Gegenstände von Logik und Ethik) gelangen. Weil er also nicht einmal Lösungsansätze zu Grundproblemen traditioneller Metaphysik geliefert hat, könne man Deweys Philosophie nicht als "Metaphysik" bezeichnen. (vgl. B.3.2.). Folgende Argumente der Kritik des subjektiven Idealismus müssen über die Metaphysikkritik hinaus diskutiert werden: (1) Es wurde gesagt, daß Dewey eine objektive, absolute Instanz des Erkennens annehmen müsse, um ein Erleben, das sich im Laufe der Zeit als wahr herausstellt, von falschem Erleben unterscheiden zu können, und um der ewigen Gültigkeit der Logik willen. Von ewigen, absoluten Wahrheiten der Logik ist in Deweys System jedoch gar nicht die Rede. In *Reconstruction in Philosophy* (1920) ruft er dazu auf, alle Normen der exakten Wissenschaften immer wieder Verifikationsprozessen zu unterwerfen (wie es beispielsweise beim Kopernikanischen und Newtonschen Weltbild geschehen ist). Es ist naheliegend, daß damit auch die logischen Wahrheiten als prinzipiell reversibel eingestuft werden.[155] Alles kann nur solange als wahr gelten, wie es sich im Handeln bewährt. Wenn die Existenz von ewig gültigen Wahrheiten nicht angenommen wird, besteht auch keine Notwendigkeit, einen absoluten Erkenntnisgrund anzunehmen. Es gibt für Dewey keine ewig gültigen Wahrheiten, weil die Natur kein statisches, abgeschlossenen Ganzes, sondern ein kontingentes, dynamisches Situationskontinuum ist. Strategien, die heute praktikabel (also wahr) sind, können

---

between people and tables, say? ...Is Dewey saying something more than that nobody would know that the table was brown unless he understood what the word 'brown' meant? Is *that*, in turn, to make the Kantian point that there are no divisions between objects and their qualities, until concepts have been used to give sense to feelings? But can the point be made without committing oneself to transcendental idealism? Have we solved the problem of the relation between the empirical self and the material world only to wind up once again with a transcendental ego constituting both?" *R. Rorty: Consequences.* 83.

[155] "Man kann sagen, daß die Form, die Peirce der Theorie von den Kategorien gab, eine Zurückweisung der gesamten Tradition ist, die sich durch Aristoteles in diesem Feld etabliert hatte." ("... it can be said that the form Peirce gave to the theory of categories is a rejection of the whole tradition established by Aristotle in this field.") *Klaus Oehler: Peirce Contra Aristotle. Two Forms of the Theory of Categories.* In: *Graduate Studies Texas Tech University* 23. 1981, 335.

in einer veränderten Natur unpraktikabel und damit falsch sein.[156] Dewey verzichtet auf die Annahme ewig gültiger Wahrheiten, denen dann zwangsläufig Attribute wie "gut", kognitiv", "objektiv seiend" oder "sinnhaft" zugesprochen würden.
(2) In der Idealismuskritik wurde problematisiert, daß Dewey einerseits betont, die Situationsqualität sei durch alte Erlebnisse und Werte vermittelt, und andererseits sagt: "...alles, was erlebt wird, *hat* Unmittelbarkeit..."[157] Kann eine Situation gleichzeitig vermittelt und *unmediated* sein? Das Problem läßt sich leicht lösen, denn es ist aus der Äquivokation von "unmittelbar" und "unvermittelt" im englischen "unmediated" entstanden. Der deutsche Begriff "unvermittelt" bezeichnet eine epistemologische Kategorie, nach der bestimmte Erlebnisse nicht durch menschliche Verstandes- oder Wahrnehmungsfähigkeiten oder durch Zeichen vermittelt sind. Wenn Dewey (wie Bernstein behauptet) "unvermittelt" gemeint hätte, entstünde tatsächlich ein Widerspruch, denn eine Situation kann nicht durch alte Erlebnisse vermittelt und gleichzeitig unvermittelt sein. Der deutsche Begriff "Unmittelbarkeit" aber bezeichnet eine pychologische Kategorie, mit der eine bestimmte Form des Erlebens erfaßt wird, nämlich emotionales im Gegensatz zu reflexivem Erleben. In *Art as Exprience* ist mit "unmediated" eindeutig "unmittelbar" gemeint. So kann man in einer nachträglichen Reflexionssituation durchaus zu dem Ergebnis kommen, daß eine Situationsqualität durch vergangene Erlebnisse oder durch Zeichen vermittelt war *und* unmittelbar (nämlich emotional) erlebt wurde. Es entsteht also kein Widerspruch, wenn Dewey behauptet, daß die Qualität der unmittelbar erlebten Situation durch alte Erlebnisse vermittelt ist.
(3) Mit der Ableitung der 'generellen Züge der Existenz' aus einem subjektiven Erlebnisausschnitt hätte Dewey Aussagen über Seiendes (Existenz) gemacht, das auch unabhängig vom menschlichen Erleben existiert. Solche Aussagen ließen sich nur durch die Annahme einer spekulativen, absoluten Instanz begründen. Dieses fundamentale begriffliche Mißverständnis ist bei Dewey selbst begründet. Die 'generellen Züge der Existenz' sind nach Dewey nicht etwa die ewigen Merkmale des objektiv Seienden, das auch außerhalb des menschlichen Erlebens existiert (etwa im Sinne platonischer Ideen). Wenn er Aussagen über solches Seiendes gemacht hätte, wäre er tatsächlich gezwungen gewesen, eine absolute letzte Instanz des Erkennens anzunehmen. Situationsunabhängiges Seiendes gibt es nach Dewey nicht, weil für ihn alles, was existiert oder jemals existiert hat, in irgendeiner

---

[156] Natürlich ist D.'s These, die Natur sei ein kontingentes Situationskontinuum, streng genommen ebenfalls eine metaphysische Prämisse. Man könnte mit derselben Berechtigung sagen, daß die Natur durchaus im Sinne Newtons ein abgeschlossenes, streng determiniertes Ganzes ist, dessen Gesetzmäßigkeiten bislang von Menschen nicht durchschaut wurden, und das deshalb als kontingent erscheine. Keine Metaphysikkritik ist ohne Prämissensetzung möglich. D.'s Prämisse ist vielleicht eine metaphysische; sie ist jedoch seinen eigenen Kriterien entsprechend sicher keine idealistische Prämisse.

[157] ".. everything which is experienced *has* immediacy ..." *J. Dewey: Half-Hearted Naturalism.* 60.

Weise in jedem Situationserleben präsent ist. Die 'generellen Züge der Existenz' sind bei Dewey identisch mit den 'allgemeinen Zügen jeder Situation' (vgl. A.1.2.). Sie sind allgemein im Sinne von Hypothesen, die aus induktiven Prozessen, also aus Verallgemeinerungsprozessen, gewonnen wurden: Alle Situationen, die Dewey bislang erlebt hat, hatten bestimmte Merkmale. Sobald aber jemand glaubhaft versichern könnte, eine Situation erlebt zu haben, die eines der genannten Merkmale nicht oder andere Merkmale hatte, müßte Dewey seine Merkmalsliste modifizieren. Weil Dewey also auch in dieser Beziehung keinen Anspruch auf ewige, objektive Gültigkeit seiner Situationsanalyse erhoben hat, konnte er auf die Annahme eines spekulativen Naturbeobachters verzichten. (Einfacher gesagt: Dewey selbst war der Natur- bzw. Situationsbeobachter.)

(4) Bernstein betont, daß unmittelbare Qualitäten nach Dewey gefühlt und nicht erkannt werden. Dann fragt er, ob die unmittelbar erlebten Situationsqualitäten objektive Qualitäten der involvierten Dinge oder subjektive Projektionen sind. Mit dieser Frage wird er Dewey nicht gerecht: Die "unmittelbar (emotional) erlebten Qualitäten", von denen Dewey spricht, sind Qualitäten von Interaktionen, in denen Subjektives und Objektives zu einer Einheit verschmolzen ist. Die rational nachvollziehbare Bedeutung[158] der Situation und die potentiellen, objektiv in die Tat umzusetzenden Handlungsstrategien werden unter der Perspektive des subjektiven Handlungsinteresses desjenigen, der in der Situation ist, erfaßt.[159] Wenn ich einen Kuchen als süß erlebe, dann kommt das Qualitätserleben weder nur durch meine Geschmacksnerven noch nur durch den Kuchen zustande, sondern durch Interaktion beider Situationskomponenten. Die skeptische Frage, ob der Kuchen tatsächlich süß ist oder ob meine Geschmacksnerven mich trügen, interessiert Dewey nicht, sondern nur die Tatsache, daß ich den Kuchen in einer bestimmten Situation als süß erlebe.

(5) Ein weiterer Kritikpunkt lautet, daß in Deweys System die Wirklichkeit durch subjektive Projektion konstituiert würde. Diese Kritik ist die stärkste Idealismuskritik. In der aktuellen Dewey-Diskussion besteht jedoch ein Konsens, daß sie aus einer Mißinterpretation von Deweys Erfahrungsbegriff resultiert, welcher besser

---

[158] Emotionales Erleben ist nach Dewey ganzheitliches Erleben, das eben nicht von Unterscheidungsrastern der Reflexion (und insbesondere nicht mehr von einer Subjekt-Objekt-Trennung) geprägt ist. Als Fusion aus einer letztlich unendlichen Fülle von Erlebnisdaten ist die individuelle *emotionale* Qualität (Bedeutung) einer Situation nicht in Sprache übersetzbar und damit *nicht definierbar* (J. Dewey: Art as Experience. 73, 218-221). Bedeutungen sind für Dewey letztendlich nicht sprachlich oder rational, sondern nur emotional zu erfassen. Das distanzierte Eines-Objektes-Gegenwärtig-Sein in der sekundären, künstlichen Reflexionserfahrung, in der die Subjekt-Objekt-Distanz zur Erreichung bestimmter Ziele absichtlich hergestellt wird, bezeichnet Dewey als "awareness".

[159] St. Pepper (Aesthetic Quality. 89-113) unterscheidet in diesem Zusammenhang physische Emotion (Schmerz etc.) von psychischer Emotion (Sehnsucht, Begierden etc.).

(wie hier geschehen) durch Begriffe wie "Situation" oder "Situationserleben" ersetzt wird. Für Dewey ist das Erleben keine subjektive Projektion, sondern *das Erleben des Verhältnisses von individuellem Interesse zu bestimmten Umweltgegebenheiten*. Das individuelle Interesse wird durch die spezifischen Umweltgegebenheiten gerichtet, so daß es auf keinen Fall nur die subjektiven Erlebnisanteile sind, die das Objektive der Umwelt konstituieren. Wenn er in *The Postulat of the Immediate Empiricism* (1905) sagt, daß die Dinge so sind, wie sie erlebt werden, könnte man den Satz genausogut umkehren zu der These, daß die Dinge *genauso erlebt werden*, wie sie im Hinblick auf ein bestimmtes Interesse beschaffen sind. Damit ist das Erleben eine dynamische Instanz, die bestimmte, real existierende Beschaffenheiten der Objektsphäre in den Fokus des Erlebens rückt.

(6) Damit ist die letzte Frage angeschnitten, ob Dewey zwangsläufig eine Sphäre jenseits des menschlichen Erlebens annehmen muß, wodurch eine idealistisch-dualistische Trennung zwischen der erlebbaren Seinssphäre und der Sphäre jenseits des menschlichen Erlebens eingeführt wäre. Diese Frage ist klar zu beantworten: Für Dewey gibt es keine Grenze zwischen dem menschlichen Bewußtsein und dem Ganzen des kosmisch Erlebbaren (vgl. A.1.2.a.). Das Bewußtsein konstituiert sich durch Erleben, und alles, was ist, fließt zumindest in die Peripherie jedes individuellen Erlebens mit ein. Aus demselben Grund gibt es bei Dewey auch keine unerkennbare Objektsphäre.

Zur Idealismuskritik läßt sich abschließend sagen, daß Deweys *philosophisches System seinen eigenen Kriterien entsprechend nicht idealistisch* fundiert ist. Es gibt keine problematische Subjekt-Objekt-Trennung, die zu skeptischen Fragestellungen oder zu idealistischen Ableitungsverhältnissen und damit zu einem Zweisphärendenken im Sinne der traditionellen Metaphysik führen würde.

B.3.2. Die Metaphysikkritik

Die Kritik des subjektiven Idealismus wurde oft diskutiert; der Kritikkomplex, der hier "Metaphysikkritik" genannt werden soll, ist dagegen in der Dewey-Literatur bislang nicht als solcher thematisiert worden. Die Ursache für die zweitrangige Behandlung der Metaphysikkritik liegt vielleicht darin begründet, daß die Kritiker mit philosophischen Vorurteilen und weltanschaulich geprägten Erwartungen an Deweys grundsätzlich liberales System herangetreten sind. Diese Weltanschauungselemente sind so dominant, daß eine sachliche Darstellung des eigentlichen Kritikpotentials fast unmöglich ist. Trotz dieser offensichtlichen Mängel ist die Metaphysikkritik jedoch geeignet, einige grundsätzliche Unterschiede und eventuell auch einige systemimmanente Grenzen von Deweys erlebnisorientiertem philosophischen Systemdenken gegenüber traditioneller Metaphysik aufzuzeigen. Außerdem ist die Metaphysikkritik im direkten Kontrast zur Kritik des subjektiven Idealismus interessant, weil beide Richtungen ihre Kritik auf grundsätzlich entgegengesetzten Prämissen aufbauen. Das Hauptargument der Kritik des subjektiven Idealismus lautet in allen Phasen, daß Dewey, um aus einem nur subjektiven Erleben die ewigen Wahrheiten der Logik und der Ethik ableiten zu können, implizit eine spekulative absolute Erkenntnisinstanz hätte annehmen müssen. In der Metaphysikkritik wird kritisiert, daß Dewey den 'ewigen Fragen der Metaphysik' ausgeweicht, weil er weder die Existenz ewiger Wahrheiten und Werte noch die Existenz eines erlebnisunabhängigen Ichs postuliert. Damit werden von den Metaphysikkritikern in Deweys System gerade die Theorieelemente vermißt, deren Annahme die Prämisse der Argumentation in der Kritik des subjektiven Idealismus bildet.

a. Ewige Wahrheiten und Werte

Das zentrale Argument der Metaphysikkritik lautet, daß in Deweys kontextualistischem Systemdenken keine Möglichkeit bestünde, Existenz und Charakter des 'Bedeutungskerns' von Sprachsymbolen, 'der ewigen logischen Wahrheiten' sowie 'der ewigen Werte' zu begründen.
Nach W.R. Dennes übersieht Dewey, daß Begriffe einen fixen Bedeutungskern haben müssen, wenn er *sprachliche Bedeutungen* ausschließlich auf die experimentelle Operabilität von Begriffen reduziert.[160] Nach P. Welsh ist keine Kommunikation (und erst recht keine wissenschaftliche) möglich, wenn es keinen statischen Bedeutungskern von Sprachsymbolen über Qualitäten gibt. "So folgt, daß, wenn Qualitäten einzigartig sind, Aussagen über sie weder wahr noch falsch sein können."[161]
Nach Dewey hat auch ein Syllogismus ästhetischen Prozeßcharakter, weil die Konklusion eines Denkprozesses unmittelbar aus seinen Prämissen hervorgeht. Crosser leitet aus dieser These ab, daß Dewey die Vernunft aus seiner Logik völlig verbannt habe.[162] Nach Robert Dewey müßte Dewey seinen Kontextualismus zumindest in bezug auf die elementaren Regeln der Logik relativieren, weil diese nicht selbst Ergebnis von (und also korrigierbar durch) Forschung, sondern Fundament von Forschung sind, das als solches 'ewige Gültigkeit' haben muß:

---

[160] *W.R. Dennes: Review zu Dewey's Logic.* In: *The Philosophical Review* 49. 1940, 259ff.

[161] "Thus if qualities are unique, propositions about them can be neither true or false." *P. Welsh: J.D.'s Metaphysics of Experience.* 862. Die 'Gegenargumentation' von *E.R. Eames (Quality and Relation as Metaphysical Assumptions in the Philosophy of John Dewey.* In: *The Journal of Philosophy* 55. 1958, 166-169) besteht aus dem Argument, Welsh habe isolierte Textpassagen wegen eigener Vorurteilsbehaftetheit mißinterpretiert.

[162] *P. Crosser: Nihilism.* 158ff. (160). "Das Wort "Konklusion" wird in dem fraglichen Kontext nicht im kognitiven Sinne als Erreichen einer Konklusion durch vernünftiges Folgern verwendet ..." ("The word conclusion in the stated context is not applied in the cognitive sense of reaching a conclusion by the way of reasoning ...")

"Soweit bis jetzt der Vorrang näher geprüft wurde, der Dewey der <natur-> wissenschaftlichen Methode zugestanden hat, <sind Deweys Ausführungen von> einer kontinuierlichen Kritik an den ewigen Wahrheiten <begleitet> gewesen. Feste Prinzipien, Maßstäbe, Ziele und Glaubensbekenntnisse sind alle <einfach> weggefallen. <Die> Logik ist aber ein Feld, wo es notwendig erschien, die Existenz fester Maßstäbe anzuerkennen. Weil die Logik die Prinzipien von gutem Schlußfolgern formuliert, und weil <natur-> wissenschaftliches Forschen sie benutzt, um zu Konklusionen zu gelangen, schiene es, daß wenigstens einige logische Prinzipien (wie die Gesetze der Identität, des Widerspruchs und des Ausgeschlossenen Dritten) als Wahrheiten funktionieren, die von den <Natur-> Wissenschaften <als solche> angenommen werden. Sobald sie <als Wahrheiten> vorausgesetzt werden, erschienen sie <die logischen Prinzipien> gleichzeitig auch immun zu sein gegenüber dem Wechsel als ein Resultat von neuen Forschungsmethoden."[163]

In Robert Deweys Kritik klingt an, daß im selben Sinne wie Deweys Logik auch seine Ethik und seine Religionsphilosophie kritisiert wurde: Wie in der Logik die 'ewigen Wahrheiten', fehlten in der Ethik 'ewige Ziele, Maßstäbe und Glaubensbekenntnisse'. So vermissen viele Kritiker einen 'höchsten Punkt' in Deweys ethischen Reflexionen, wie ihn die idealistischen Systeme aufzuweisen hatten (in christlich-idealistischen Systemen ist dieser höchste Punkt der Erlösergott). Nach Dewey ist die Lehre von einem bestimmten finalen Guten eines der Fundamente, mit dem die auf Autoritätshörigkeit aufgebauten idealistischen Systeme ihren Machtanspruch sichern. Cohen bezeichnet dieses Begründungsmuster zur Ablehnung eines finalen Guten als "sicherlich nicht wahr", weil auch moderne, nicht-feudalistische Denker von einem solchen finalen Guten sprächen. Nach Cohen ist Deweys Ethik unvollständig, weil er sich lediglich auf die Entwicklung von Strategien zur Beseitigung von "spezifischen Übeln" konzentriert, anstatt ein umfassendes ethisches System aus einem "finalen Guten" abzuleiten.[164] Nach Henning fehlen in Deweys Erziehungstheorie ethische "Verbindlichkeiten" als Leitlinien der

---

[163] "Thus far, in examining the priority given to scientific method by Dewey, there has been a continuous critique of eternal truths. Fixed principles, standards, ends, and creeds have all fallen by the way. Logic is one field, however, where it would seem necessary to acknowledge the existence of fixed standards. Since logic formulates the principles of good reasonning, and since scientific inquiry uses them in reaching conclusions, it would appear that at least some logical principles, such as the Laws of Identity, Contradiction and Excluded Middle, function as truths assumed by science. Being presupposed they would also thereby seem immune from change as a result of new methods of inquiry." *R. Dewey*: *Philosophy of J.D.* 27.

[164] *M.R. Cohen*: *Anthropocentric Naturalism*. 212, 226f.

Erziehung und insbesondere Gott als höchste Werteinstanz.¹⁶⁵ Die Ordensschwester A.M. Tamme bekennt, daß Gott für sie die Quelle von Trost und Geborgenheit darstellt. Diese 'höchste religiöse Funktion' sieht sie in Deweys Gottesvorstellung nicht gewährleistet:

> "Er <Dewey> scheint aber sehr optimistisch zu sein, wenn er denkt, daß ein <bloßer> Begriff des Göttlichen als eine aktive Relation zwischen interaktiven Möglichkeiten und dem Aktualen geeignet ist, dem Menschen entweder Auflehnung oder Verzweiflung angesichts des Universums zu ersparen."¹⁶⁶

Die Metaphysikkritik ist zwar eindeutig vom idealistischen Zweisphärendenken, aber nicht durchweg religiös geprägt. Auch der Marxist Georg Novack vermißt bei Dewey das Bekenntnis zu absolut gültigen ethischen und politischen Prinzipien. Wegen seines relativistischen Kontextualismus' ist Dewey für Novack der typische Repräsentant des unentschiedenen, konfliktscheuen, amerikanischen Durchschnitts-Liberalismus:

> "Pragmatismus ist das versöhnliche philosophische Instrument der Mittelklassen auf dem absteigenden Ast, die gierig nach allen Heilmitteln zu greifen versucht."¹⁶⁷

---

¹⁶⁵ *P. Henning: J.D. Erziehungstheorie.* 43f. Siehe auch *A.M. Tamme (A Critique.* 84ff.) sowie *M.R. Cohen (Anthropocentric Naturalism.* 201).

¹⁶⁶ "However, he seems overly optimistic in thinking that a notion of the divine as an active relation between interactive possibilities and the actual is calculated to spare man either defiance or despair in facing the universe." *A.M. Tamme: A Critique.* 82.

¹⁶⁷ "Pragmatism is the conciliatory philosophical instrument of the middle-classes on the downgrade, trying to clutch at any means for salvation." *G. Novack: An Appraisal.* 278. Zur Entwicklung des anfänglich sympathischen, ab 1930 von gegenseitiger Ablehnung bestimmten Verhältnisses von D.'s Pragmatismus und dem Marxismus sagt *ders. (a.a.O.* 273): "Als die wissenschaftliche Theorie der revolutionären Bewegung der Arbeiterklasse kam der Marxismus nicht daran vorbei, mit dem Deweyismus heftig zusammenzurasseln, der, als der Ausdruck der Vorurteile des Mittelstandes, als ein Instrument von <bloßem> Reformismus <im Gegensatz zur radikalen Revolution>, von Opportunismus und sozialistischem <rein kosmetischem> Herumkorrigieren diente." ("As the scientific theory of revolutionary movement of the working class, Marxism could not avoid clashing with Deweyism which, as the expression of middle-class preconceptions, served as an instrument of reformism, opportunism, and socialistic revisionism.") *Ders. (a.a.O.* 276f.) unterstellt sogar, daß D. wegen seiner 'bügerlich-liberalen Prinzipienlosigkeit' den Mord an Trotzki nur aus tagespolitischer Opportunität verurteilt hat, und nicht etwa, um die "Verseuchung" des "reinen Marxismus" durch den Stalinismus offensichtlich zu machen. Auch in den McCarthy-Prozessen sei D. lediglich von einer persönlichen Abneigung gegen die Prozeßführenden und nicht von festen ethischen und politischen Motiven geleitet worden. Zum

b. Die Praktikabilität der experimentalistischen Methode

Dewey definiert in seiner Logik experimentalistisches Denken bzw. Problemlösen als kontrollierte Transformierung einer undeterminierten Situation in eine determinierte Situation, wobei die Prinzipien, nach denen die determinierte Situation interpretierbar ist, auch Relevanz im Hinblick auf beabsichtigte praktische Handlungen haben müssen. Dewey hätte also seinen Kritikern wahrscheinlich geantwortet, daß sich praktikable logische und ethische Prinzipien in Handlungsprozessen für die Belange dieser Handlungsprozesse selbst ausreichend definieren (bzw. determinieren) und experimentalistisch verifizieren lassen, so daß auf den (gar nicht endgültig zu erbringenden) Nachweis ihrer ewigen Gültigkeit verzichtet werden könne.

Die Praktikabilität dieser 'experimentalistischen Methode' jedoch wurde mit der Frage kritisiert, ab wann ein Verifikationsprozeß als abgeschlossen betrachtet werden kann. Nach welcher Zeitdauer und nach wievielen 'tests' kann man ein logisches oder ethisches Prinzip für gültig erklären? Mit welcher Begründung bricht man einen laufenden Verifikationsprozeß zu einem bestimmten Zeitpunkt ab und meint, man hätte eine 'Lösung' gefunden? So fragt Thayer, ab wann eine Situation so determiniert sei, daß man sie zur Verifikationsinstanz für logische Sätze erklären kann. Ist die Grenze zwischen einer determinierten Situation und ihren undeterminierten Vorstadien nicht viel eher eine fließende? (Im selben Sinne könnte man fragen, wodurch sich die Konsummationsphase der ästhetischen Situation von den anderen Phasen unterscheidet.) Außerdem gäbe es auch Denkprozesse, die keinen unmittelbar praktischen Bezug haben, so daß es fraglich sei, wie die Prinzipien, die in diesen Prozessen erschlossen werden, verifiziert werden können.[168] Die praktische Verifizierbarkeit aller Ergebnisse von theoretischen Tätigkeiten bezweifelt auch Israel Scheffler:

> "Ich schließe, daß Deweys Lehre vom Situationserleben korrekt ist in bezug auf die *Inbeziehungsetzung* von Theorie und Praxis bzw. Beobachtung <Verifikation> durch die vermittelnde Kategorie der *Aktivität*. Sie <Deweys Lehre> geht aber zu weit in die Richtung, die Theorie völlig in der Aktivität zu absorbieren und anzudeuten, daß

'politisch-idealistischen' Zweisphärendenken des Marxismus vgl. C.3.2. Vgl. auch *ders. (a.a.O.* 9-12) über Croce und D.

[168] H.S. Thayer: The Logic of Pragmatism. 75ff., 161-175 (168). R. Dewey (Philosophy of J.D. 112f.) bezweifelt, daß mit der experimentalistischen Methode Faktisches von Fiktivem unterschieden werden kann. V. *Kestenbaum (Phenomenological Sense of J.D.* 81ff.) würdigt D.'s logisches Grundprinzip der existentiellen Transformation in Analogie zu Merleau-Pontys Logik affirmativ.

sich die <Natur-> Wissenschaft ausschließlich mit beobachtbarem Wechsel befaßt."[169]

In Anlehnung an die Metaphysikkritik lassen sich aus heutiger Sicht vor allem gegen Deweys experimentalistische Ethik Einwände formulieren. Einer experimentalistischen Ethik steht (z.B. in der Gentechnologie) das sittliche Bewußtsein gegenüber, daß nicht alles technisch Machbare im Experiment überprüft werden darf. Für die Abgrenzung von ethisch erlaubten und von unethischen, aber möglichen Experimenten muß es Kriterien geben, die nicht selbst aus einem Experiment abgeleitet werden können. Außerdem sind ethische Entscheidungen Wert*konflikte*. Mit dem praktischen Vollzug eines Experiments wird jedoch eine neue Situation geschaffen, in der Wertalternativen unter anderen Bedingungen als in der Ausgangssituation überprüft werden.[170] Also ist ein Experiment kein geeignetes Mittel, Wertkonflikte vorab zu entscheiden, weil ein Experiment zum einen veränderte Fakten schafft und zum anderen eine Wertentscheidung schon voraussetzt. Schließlich erweist sich das Kriterium der Nützlichkeit als Scheinkriterium, sobald es verschiedene Ebenen der Nützlichkeit gibt - private Interessen beispielsweise kollidierten oft mit nationalen. Ein Abwägen zwischen verschiedenen Perspektiven der Nützlichkeit setzt eine Wertehierarchie voraus. Also könnte man vom Standpunkt der Metaphysikkritik gegen Deweys experimentalistische Ethik einwenden, daß Experimente gleich welcher Art *ohne* Wertentscheidung im Vorfeld des Handelns und damit ohne handlungslenkende Kriterien nicht wünschenswert und wohl auch nicht denkbar sind.

c. Die Praktikabilität des Common-Sense-Prinzips

Auf die Frage "Wann kann ein Verifikationsprozeß als abgeschlossen gelten?" hätte Dewey wahrscheinlich geantwortet: "Wenn zwischen allen am Verifikationsprozeß Beteiligten ein Konsens gefunden wurde, daß die Hypothesen zu praktikablen Handlungsstrategien führen." Das hier formulierte Common-Sense-Prinzip ist neben dem Praktikabilitätsprinzip das wichtigste pragmatistische Gültigkeitskriterium sowohl in ethischen als auch in logischen Kontexten: Es wird nicht die ewige Gültigkeit von logischen oder ethischen Prinzipien deduziert, sondern es wird ein Konsens bezüglich der Praktikabilität dieser Prinzipien angestrebt.

Tamme bezweifelt, daß das ästhetisch-religiöse Erlebnis, daß alle Menschen denselben Widrigkeiten ausgesetzt sind, zu einem Gemeinschaftsgefühl führt, das

---

[169] "Dewey's doctrine of experience is correct, I conclude, in *relating* theory to practice or observation through the mediating category of *activity*. It goes too far, however, in the direction of absorving theory wholly into activity and construing science as concerned solely with observable change." *I. Scheffler: Four Pragmatists*. 206 (250f.)

[170] *A.M. Tamme: A Critique*. 71-74.

Basis für die Praktikabilität des Common-Sense-Kriteriums sein könnte.[171] Richey stellt Deweys 'unendliche Forschergemeinschaft' und sein Common-Sense-Prinzip als Basis für die relative Gültigkeit von logischen und ethischen Prinzipien in Frage, indem er darauf hinweist, daß es bei nicht trivialen Fragestellungen erfahrungsgemäß nie absoluten Konsens gibt.[172] Wenn Konsens aber (inbesondere im politischen Bereich) Bedingung von Normbildung sein soll, und gerade bei wichtigen Fragen meistens Dissens herrscht, wie sollen dann Entscheidungsprozesse normativ gestützt werden? Nach Robert Dewey kann das Common-Sense-Prinzip kein endgültiges Wahrheitskriterium sein, weil es theoretisch denkbar ist, daß die unendliche Forschergemeinschaft zu einer absurden These kommt (z.B. daß Gott im Sinne Spinozas eine allem zugrundeliegende Substanz ist). In einem solchen Fall ergäbe sich aus dem Postulat des Common-Sense-Prinzips die selbst wieder absurde Konsequenz, daß Dewey sich unterwerfen und die absurde These gegen seine eigene Überzeugung mitvertreten müßte.[173] Nach Cohen gibt das Common-Sense-Kriterium lediglich Auskunft über die psychologische Genese von logischen Wahrheiten, ohne als Wahrheitskriterium geeignet zu sein. So sei das Praktikabilitätskriterium nicht hinreichend, solange kein Verifikationszeitraum angegeben würde: Das griechische Weltbild habe bis zur Neuzeit als wahr gegolten und sei dennoch falsch.[174]

Außerdem müsse man das optimistische, nicht zu begründende, idealistische Vorurteil "der Mensch ist im Grunde gut" postulieren, um das Common-Sense-Prinzip als Kriterium für die Gültigkeit von Werten anwenden zu können. Seine Anwendung im Bereich der Werte würde nämlich voraussetzen, behaupten zu können, daß das, was faktisch von den meisten begehrt wird, identisch mit dem ist, was begehrt werden soll. Eine solcher Schluß von faktisch Gewolltem auf gesolltes Wollen ist jedoch ein naturalistischer Fehlschluß. Nach Cohen ist jede 'Masse' manipulierbar und deshalb nicht fähig, Wertentscheidungen zu treffen. Wohl in der Annahme, daß Philosophen weniger manipulierbar sind als diese 'Masse', fordert er quasi platonisch, den Philosophen als "Experten" die Reflexion über Werte zu überlassen, weil diese die nötige Muße und den nötigen Weitblick hätten. Zudem gäbe es faktisch niemals in einer Gesellschaft eine solche Deweysche Übereinstimmung aller in bezug auf Wertentscheidungen, so daß man auf andere Entscheidungskriterien zurückgreifen müsse. Im Kalten Krieg beispielsweise wären sowohl die USA und als auch die UdSSR der festen Überzeugung gewesen, die gerechte Position zu vertreten. Gerade in Konfliktsituationen, in denen Entschei-

---

[171] A.M. Tamme: A Critique. 83f.
[172] H.G. Richey: Die Überwindung der Subjektivität. 28ff.
[173] R. Dewey: Philosophy of J.D. 97.
[174] M.R. Cohen: Anthropocentric Naturalism. 204ff.

dungskriterien gebraucht würden, sei das Common-Sense-Prinzip nicht mehr anwendbar.[175]

d. Deweys Ichbegriff

Die meistdiskutierte Konzeption ist Deweys "Ich"-Begriff. Diese Diskussion besteht zwar eigentlich nur aus einem einzigen Argument, welches jedoch das wichtigste Argument der Metaphysikkritik ist, weil es erstens die zentrale Unterstellung der Kritik des subjektiven Idealismus infragestellt (wenn nicht sogar widerlegt) und zweitens wie kein anderes Argument die Grenzen von Deweys System zeigt. Es lautet, daß Dewey das Kontinuitätsprinzip als Mittel zur Überwindung traditioneller Dualismen derart 'überdehnt' habe, daß es das 'Ich' (als traditionelle Instanz des Erkennens des subjektiven Idealismus z.B.) nicht mehr gebe:

> "Es folgt aus Deweys naturalistischer Vereinigungsthese, daß es kein autonomes Selbst, kein unabhängiges oder substantielles Selbst gibt. Persönlichkeit, Individualität, Selbst-Sein sind selbst natürliche Ergebnisse, Produkte von Interaktionen von Organismen und spezifischen sozialen Umwelten."[176]

Wegen derselben 'Überdehnung des Kontinuitätprinzips' hätte auch eine soziale Konzeption wie die 'individuelle Person' ihre Kontur verloren. Organismus und Umwelt, Person und Gesellschaft seien so eng aufeinander verwiesen, daß die Relata der Relation als Einzelinstanzen nicht mehr existent sind. Wenn man von allen sozialen Determinanten abstrahiere, gäbe es die 'individuelle Person' nicht mehr. Ein individueller Personkern, der nicht nur durch soziale Faktoren determiniert ist, habe bei Dewey keinen Platz.[177]
Diese Kritik ist nicht nur deshalb der Kern der Metaphysikkritik, weil sie unterstellt, daß bei Dewey eine der wichtigsten metaphysischen Instanzen (nämlich der individuelle, vielleicht von Gott geschaffene Personenkern) fehlt, sondern weil aus dem Fehlen dieser Instanz abgeleitet wird, daß in Deweys System gar nicht erst die für metaphysisches Denken konstitutive Prämisse gesetzt wird, daß es einen Unter-

---

[175] Vgl. zum *Consensus Omnium* als Kriterium der Wahrheit *M.R. Cohen (Anthropocentric Naturalism.* 213, 225f.) sowie *E.A. Burtt (The Core.* 418) sowie (ohne Bezug auf D.) *K. Oehler (Antike Philosophie.* 269ff.).

[176] "It follows from Dewey's naturalistic unification thesis that there is no autonomous self, no independent or substantial self. Personality, individuality, selfhood are themselves natural outcomes, products of the interaction of the organism and specific social environments." *Th.Z. Lavine: Individuation.* 154.

[177] Vgl. *A.M. Tamme (A Critique.* 67-78) sowie *P. Crosser (Nihilism.* 142) sowie *P. Henning (J.D. Erziehungstheorie.* 8) sowie *R. Dewey (Philosophy of J.D.* 46ff.).

schied gäbe zwischen einer Sphäre des Geistigen (der Dimension des immateriellen 'Ichs' als Subjekt des Erkennens z.B.) und der (nur) materiellen Sphäre. Der Mensch würde durch Deweys Biologismus auf das Animalische reduziert, weil das Geistige, die Kunst oder die Unsterblichkeitssehnsucht nicht als spezifisch Menschliches, Metabiologisches eingestuft würden.[178]

e. Der idealistische Charakter der Metaphysikkritik

Die Analyse der Metaphysikkritik, nach der Dewey auf die Deduktion von ewigen Wahrheiten und Werten verzichtet, ist insgesamt zutreffend; dennoch aber ist der Grundtenor, nach dem Deweys philosophisches System mit traditionellen Metaphysischen Systemen 'nicht mithalten' kann, nicht gerechtfertigt.
(1) Gegen Crosser These von der "Verbannung der Vernunft" aus Deweys System ist einzuwenden, daß zur ästhetischen 'Kraft der Imagination' durchaus auch die rationalen Fähigkeiten gehören. Ein Syllogismus ist nicht ästhetisch, weil er 'irrational' ist, sondern weil ein abgeschlossener Syllogismus ein höhepunktsorientierter und intensiv erlebter Prozeß ist.
(2) Die Metaphysikkritiker sind weltanschaulich an das christliche oder an das marxistische Weltbild gebunden. Wenn sie bemerken, in Deweys System gäbe es keine "absoluten Werte" und kein "finales Gutes", vermissen sie ganz bestimmte Werte - nämlich ihre eigenen. Sie werden dadurch daran gehindert, zu sehen, daß Dewey durchaus ein 'höchstes Ideal' formuliert, nämlich das rein formale, inhaltsneutrale 'Ideal der Versöhnung' (vgl. A.2.). Ein System, das auf konkreten absoluten Werten basiert, krankt an dem von Dewey angeprangerten 'Dogmatismus idealistischer Systeme'.
(3) Das Praktikabilitätskriterium muß für die Ethik und die Logik unterschiedlich angewandt und bewertet werden. Die Gesetzte der Logik haben sich über einen so langen Zeitraum als praktikabel bewährt, daß sie, solange sie nicht (durch einen Zufall beispielsweise) widerlegt werden, als "gültig" anerkannt werden sollten. Die Ethik hat es jedoch mit Interessenkonflikten zu tun. Das Praktikabilitätskriterium ist hier weniger stabil anzuwenden, weil sich sowohl die Perspektive und die Interessen des Anwenders als auch die Umweltgegebenheiten ändern können. Also ist es unmöglich, von einer "ewigen Gültigkeit" im Bereich der Werte zu reden, die auch nur annäherungsweise den Gültigkeitsannahmen entsprechen könnte, die man in der Logik verantworten kann. Eine oberste Norm wie "Du sollst nicht töten" wird in jedem Krieg durch andere 'oberste (Schein-)Werte' ersetzt und kann in der Frage des Tyrannenmordes zu schweren Gewissenskonflikten führen. Im Bereich der Ethik ist eine Absolutsetzung von Werten dauerhaft weder praktikabel

---

[178] Vgl. *A.M. Tamme (A Critique.* 65, 83) sowie *P. Henning (J.D. Erziehungstheorie.* 31-36) sowie *P. Crosser (Nihilism.* 128).

noch zu verantworten, weil sich Werte sehr viel mehr als logische Wahrheiten den jeweils gegebenen Umständen anpassen müssen, um nicht zu 'Unwerten' zu werden.
(4) Damit ist der nächste Kritikpunkt angesprochen, nach dem die experimentalistische Methode selbst wiederum Kriterien braucht, welche Experimente erlaubt sind. Dieser Einwand muß natürlich zugegeben werden; ein Dogmatismus der Werte soll nicht durch einen Dogmatismus des Experiments um jeden Preis, in jeder Situation und mit allen Eventualitäten ersetzt werden. Eine solche Position darf Dewey nicht unterstellt werden, denn man kann Strategien auch 'im Kopf' planen, verwerfen und modifizieren. Die experimentalistische Methode sieht 'Folgenabschätzung' und keinen risikoblinden Aktivismus vor.
(5) Es ist offensichtlich, daß das Praktikabilitätskriterium für den Bereich der Wertentscheidungen nicht hinreichend ist, weil ethische Entscheidungen vor allem im Ausgleich von Interessenkonflikten und damit in der Schaffung von Konsensen bestehen. Das Common-Sense-Kriterium muß also als Prinzip interpretiert werden, das eine notwendige Ergänzung zum Praktikabilitätskriterium speziell im Bereich der Ethik ist. Gegen Cohen ist generell einzuwenden, daß einzelne 'Experten' genauso manipulierbar sind wie die Einzelnen, die eine 'Masse' bilden. Die Soziologen (und schon Aristoteles) sprechen in bezug auf Massenentscheidungen (z.B. Wahlen) von dem wirksamen Prinzip des Fehlerausgleiches. Es gibt zum demokratischen Modell des Normenrekonstruktionsprozesses keine Alternative. Der Kalte Krieg, von dem Burtt spricht, wurde entgegen seiner Einschätzung durch Nachgiebigkeit, Abrüstung und Interessensausgleich und nicht durch 'starre Regelverhaftetheit und Prinzipientreue' beendet. Die Verachtung der 'Masse', die aus der Metaphysikkritik gegen das Common-Sense-Prinzip spricht, ist ein elitärer Zug, den Dewey an idealistischen Systemen (insbesondere bei Platon) immer wieder kritisiert hat; er läßt sich direkt aus den Ableitungssäulen (dem Zweisphärenmodell) herleiten.
(6) Gegen Robert Deweys Argument, Dewey müsse dem Common-Sense-Prinzip entsprechend unter bestimmten Umständen Spinozas Gottesbild zustimmen, könnte man zunächst einmal einwenden, daß eben keine Übereinstimmung besteht, wenn zumindest ein Denker die Überzeugung nicht teilt. Das Common-Sense-Prinzip ist jedoch keine schlichte Einstimmigkeit. Es beruht auf der Überzeugung, daß vernünftige Argumenten vom jeweils praktikableren "besseren" Standpunkt auf die Dauer überzeugen können. Mit dem Common-Sense-Prinzip wird nicht gefordert, sich unreflektiert einer Mehrheitsmeinung zu unterwerfen. Es besagt lediglich, daß ein Entscheidungsfindungsprozeß solange als noch nicht abgeschlossen gelten muß, wie noch ein gut begründeter Dissens besteht, der entweder durch eine Annäherung der streitenden Positionen (durch einen Kompromiß) oder aber durch eine neue Problemstellung unter veränderter Perspektive, nicht aber durch bloße Autorität ausgeräumt werden soll.

(7) Damit ist die letzte Frage angesprochen, zu welchem Zeitpunkt eine Entscheidung als gefällt betrachtet werden kann. Deweys Kriterium, daß eine undeterminierte Situation in eine determinierte transformiert werden müsse, bedarf der Interpretation: Eine Situation ist eine determinierte Situation, wenn alle Situationselemente eindeutig interpretierbar sind. Insbesondere in ethischen Entscheidungen müssen Unwägbarkeiten so weit wie möglich ausgeschlossen und latente Interessenkonflikte offengelgt werden.

f. Die Metaphysikkritik gegen die Idealismuskritik

Die Prämisse der Kritik des subjektiven Idealismus lautete, daß Dewey als Philosoph ewige Wahrheiten und Werte ableiten müsse. Ihre Konklusion war, daß Dewey zu diesem Zweck ein Erkenntnissubjekt einführen müsse, durch dessen Aktivität das menschliche Erleben erst konstituiert wird. In der Metaphysikkritik wird also sowohl die Prämisse als auch das Ergebnis der Kritik des subjektiven Idealismus infragegestellt. Wie die Ausführungen im Teil A. dieser Abhandlungen zeigen, ist die Analyse der Metaphysikkritik tatsächlich zutreffend, nach der Dewey auf die Annahme ewiger Wahrheiten und Werte verzichtet, welche in einer absoluten spekulativen Instanz begründet werden müßten. Ohne ewige Wahrheiten und Werte entfällt die Notwendigkeit einer absoluten Begründungsinstanz. Damit kann die Kritik des subjektiven Idealismus in großen Zügen als widerlegt gelten.

Auch aus einem zweiten Grund sind die Argumente der Metaphysikkritik für eine Dewey-Interpretation interessant. Sobald man nämlich untersucht, welche Prämissen von dieser Kritik gesetzt worden sind, die Dewey vor dem Hintergrund seiner Idealismuskritik keinesfalls akzeptiert hätte, lassen sich Hinweise darauf ableiten, wie man Deweys Systemdenken im Gegensatz zur traditionellen Metaphysik zu verstehen hat. Dewey hat ein Merkmal der traditionellen Metaphysik treffend charakterisiert, nämlich die Notwendigkeit erster, unhintergehbarer Setzungen, die aus dem Bedürfnis nach ewig gültigen Erkenntnissen erwächst.[179] Traditionelle metaphysische Systeme wurden aus ersten Prämissen abgeleitet, die man als dezisionistisch und nur scheinbar 'letztbegründet' bezeichnen muß. Nach Dewey sind keine Antworten zulässig, die sich nicht durch menschliches Erleben verifizieren lassen. Darin liegt jedoch naturgemäß eine Begrenzung: Deweys Thesen dürfen immer nur als Hypothesen verstanden werden, und er grenzt einen ganzen Katalog von traditionellen metaphysischen Fragestellungen konsequent aus. Deweys System ist also weniger eine Summe von Antworten auf traditionelle Fragen der Metaphysik, sondern (wie er schon im Jahr 1905 betont hat) die Entwicklung einer

---

[179] Deweys These vom dogmatischen und autoritätshörigen Charakter der traditionellen metaphysischen Denker hat zurecht starke Aggressionen hervorgerufen und soll hier nicht verteidigt werden.

'neuen Methode', die durch eine radikale Begrenzung auf das im Erleben Verifizierbare charakterisiert ist. Dewey unterscheidet strikt zwischen dem *metaphysischen Bedürfnis* und der *Legitimation metaphysischer Antworten*. Wenn Robert Dewey ausführt, daß die ewigen Wahrheiten der Logik die Basis aller Wissenschaften sind, hat er damit einem metaphysischen Bedürfnis Ausdruck verliehen. Dewey beschränkt sich auf die These, daß die Wahrheiten der Logik solange als wahr gelten, wie sie in den Wissenschaften praktikabel sind (das gilt beispielsweise für den Satz vom ausgeschlossenen Dritten, den Robert Dewey anführt). Aus dem Bedürfnis nach Gott, nach ewig gültigen Normen des Handelns oder nach einer sicheren Weltanschauung leitet er nicht ab, daß Gott, das ewige Gute oder ewig gültige politische Maximen existieren, sondern beschränkt sich auf die empirisch verifizierbare Analyse der Funktion des metaphysischen Bedürfnisses in seiner Gesellschaft.[180] Sobald in einem System ein metaphysisches Bedürfnis in eine metaphysische Setzung transponiert wird, würde Dewey dieses System als dogmatisch bezeichnen.[181] Eine objektiv determinierte Situation beispielsweise darf nicht angenommen werden, sondern nur eine Situation, die vorläufig so prägnant erlebt wird, daß Handeln möglich ist. Wertekonflikte und Interessenskonflikte innerhalb einer Gesellschaft sind in Deweys System tatsächlich nicht nur unvermeidlich und unerläßlich, sondern geradezu Methode des Fortschritts. Sprachsymbole haben bei Dewey nur in einer gewissen Zeit einen vorläufigen Bedeutungskern, der prinzipiell wandelbar ist (sonst wären Sprachentwicklungen und die Tatsache, daß es unzählige Sprachen auf der Erde gibt, gar nicht zu erklären), der aber zur Zeit seiner Gültigkeit kulturell so vertraut ist, daß die Sprachsymbole funktionieren können. Die Kantische Frage nach dem 'Ich, das alle meine Vorstellungen begleitet', hat zwar immer noch ihre Berechtigung, selbst wenn unterstellt wird, daß diese Frage niemals hinreichend zu beantworten sein wird. Es ist jedoch von vornherein zu vermuten, daß der Versuch, auf der Basis eines nicht-dualistischen Systems Fragen zu beantworten, die innerhalb eines dualistischen Systems entstanden sind, logisch höchst problematisch, wenn nicht aussichtslos ist. Tatsächlich ist Deweys System von einer zur Methode erhobenen Vorbehaltlichkeit geprägt,

---

[180] Diese praktikabilistische Sinnbegründung metaphysischer, religiöser, ethischer etc. Bedürfnisse und deren Transformation in lebensdienliche Postulate gehören zum Gedankengut des Nach-Peirceschen Pragmatismus und haben ihre klassische Formulierung zuerst in William James' *Lectures on Pragmatism* (1907) gefunden.

[181] Weil zwar die metaphysische Prämissen, aber nicht die metaphysischen Bedürfnisse und Fragestellungen von D. vermieden werden, könnte man vielleicht auch der gegen Rorty gerichteten, aber im Grunde genommen gar nicht kontradiktorischen Einschätzung von *R.D. Boisvert (Post-Modern Metaphysics.* 174f.) zustimmen, nach der Dewey ein "Metaphysiker wider Willen" war, insofern man "Metaphysik" als "fundamentale Orientierung" definiert. ("Dewey was a reluctant metaphysician." "The characterization of metaphysics as orientation emphasizes thoses traits which can be made manifest in ordinary, concrete human experience.")

die radikaler als der Cartesische Zweifel ist, da sie jede Prämisse als vorläufig betrachtet und so das metaphysische Bedürfnis nach letzten Seins- und Erkenntnisgründen radikal unerfüllt läßt. Dewey weicht traditionellen Antworten konsequent aus, die ihn zu einer dogmatischen Philosophie hätten führen können. Der Sinn und Zweck von Deweys Philosophie ist Praxisrelevanz. Diesen Anspruch hat Dewey eingelöst, jedoch um den Preis der Ausklammerung traditioneller metaphysischer Antworten. *In Deweys System werden metaphysische Fragen gestellt, und gleichzeitig wird eine Absage an die Versuche erteilt, metaphysischen Bedürfnissen mit metaphysischen Antworten zu entsprechen.* Er verzichtet konsequent auf Begründungsmuster, die er in seiner Traditionskritik als "idealistisch" bezeichnet hatte. Wie Robert Dewey, Blau und Hook vertreten haben, besteht die Qualität von Deweys philosophisch-systematischen Ausführungen darin, daß, indem die traditionellen Prämissen, Fragen und Methoden der Metaphysik *zunächst einmal* radikal in Frage gestellt werden, der Impuls gegeben wird, neue (praxisbezogenere) Fragen, aber auch die alten Fragen der Metaphysik neu zu stellen.[182]

Dewey kann jedoch nicht gänzlich auf erste Setzungen verzichten, weil jede Metaphysikkritik wesensgemäß selbst Prämissen setzen muß. Es war schon von seinem Naturbegriff als kontingentes Situationskontinuum die Rede. Das Common-Sense-Prinzip ist nur praktikabel aufgrund der quasi-metaphysischen Prämisse, daß die normenrekonstruierenden Mitglieder der Gesellschaft eine Orientierung auf das jeweils Bessere haben. Deweys Anspruch auf Voraussetzungslosigkeit ist also letztlich nicht zu erfüllen:

> "Immerhin stehen Dewey und Dilthey vor dieser Frage: wenn die Philosophie keine Werte erzeugt, wo bekommt sie die Normen und Werte her, von denen ihre Kritik ausgeht? Die Frage bleibt offen, ob philosophische Kritik je mehr als doktrinär sein kann."[183]

Dieses 'Defizit' hat Dewey jedoch kompensiert, indem er die philosophischen und weltanschaulichen Prämissen seines Denkens mit bemerkenswerter Transparenz zur Diskussion gestellt hat.[184] Dewey lehrt, sich der Voraussetzungen des eigenen Denkens bewußter zu werden, um so traditionelle philosophisch-metaphysische Ansprüche von praxisbezogenen, gegenwartsrelevanten und erfüllbaren Projekten abgrenzen zu können.

---

[182] Vgl. *R. Dewey (Philosophy of J.D.* 1-29, 10) sowie (mit Bezug auf die metaphysische Prämisse von der Existenz Gottes) *J.F. Blau (American Philosophy.* 403) sowie *S. Hook (Intellectual Portrait.* 44).

[183] *H.G. Richey: Überwindung der Subjektivität.* 52.

[184] Rorty bezeichnet vielleicht auch deshalb D.'s philosophisches System als *Kulturkritik*, weil die systemimmanten, kulturell gewachsenen Prämissen ein zentraler Gegenstand seines Systemdenkens sind.

C. Diskussion von Deweys Kunsttheorie

Einführung in die kunsttheoretische Diksussion

Der Titel *Art as Experience*, die meisten der von Dewey genannten Beispiele und seine umfangreiche Kritik an traditionellen Ästhetiktheorien erwecken die Erwartungshaltung, daß dieses Buch vor allem von Kunst handelt. Es fällt jedoch sehr bald auf, daß Dewey vielen Fragen ausweicht, die speziell die Kunsttheorie betreffen. Im Zentrum seiner 'Kunsttheorie' steht nänlich die These, *daß Kunstsituationen sich von bestimmten lebensweltlichen Situationen eben nicht unterscheiden*, so daß sich von daher eine distinkte Analyse der Kunstsituation schon im Ansatz erübrigt. Dementsprechend ist Deweys *Art as Experience* meistens als Theorie der ästhetischen Erfahrung bzw. Situation und weniger unter im engeren Sinne kunsttheoretischen Aspekten rezipiert worden.

a. Literatur zu Deweys Kunsttheorie

Im deutschen Sprachraum wurde schon im Jahr 1942 an der Universität Königsberg von Karl-Heinz Brandenburg eine Dissertation über Deweys Ästhetik verfaßt. Leider war diese Arbeit aber (wie Nachforschungen ergaben) nicht "für den Austausch vorgesehen", so daß sie heute als verschollen gelten muß.[1] Die Dissertation *John Deweys Philosophie der Erfahrung* (1970) von Bernd Götz[2] wurde leider nicht publiziert und deshalb kaum rezipiert. Zu bestimmten Stichworten (Erfahrung und Natur, die Qualität der Erfahrung, die kognitive Funktion von Erfahrung) liefert Götz eine gut verständliche Zusammenfassung; es fehlen allerdings eine kritische Auseinandersetzung sowie die Diskussion der Sekundärliteratur. Die ästhetische Erfahrung (bzw. Situation) wird wie die religiöse in einem kurzen Anhang abgehandelt, was dem Stellenwert dieser Konzeption in Deweys System nicht entspricht. Jüngst erschienen ist eine interessante Arbeit von Dorothee Lehmann, in der Deweys Theorie der ästhetischen Situation im Wechselverhältnis zu Analysen je eines Werkes von Paul Cézanne und Mark Rothko thematisiert wird.[3] Wie Lehmanns Arbeit zeigt, wird Deweys Ästhetik langsam in

---

[1] *K.H. Brandenburg: Kunst als Qualität der Handlung.* John Deweys Grundlegungen der Ästhetik. Diss. Königsberg 1942. K 42.4508. Nicht für den Austausch vorgesehen.

[2] *Bernd Götz: John Deweys Philosophie der Erfahrung.* Diss. Tübingen 1970.

[3] Nach *D. Lehmann (Das Sichtbare der Wirklichkeiten.* 11.) "erstaunt <es>, daß im Rahmen der neu belebten Diskussion <um das Spezifische der Kunst unter Berücksichtigung der Interaktion zwischen Betrachter und Werk, der Analyse der Strukturen ästhetischer Erfahrung> der Ansatz

die kunsttheoretische Diskussion mit einbezogen, seit sie in deutscher Übersetzung vorliegt.
Deweys Ästhetik ist "erst 1980 in deutscher Übersetzung erschienen, im deutschen Sprachraum kaum mehr als dem Titel nach bekannt und bislang kaum rezipiert worden."[4] Interpretationen von Übersetzungen sind jedoch immer problematisch. Im Kapitel über die *substance/form*-Kategorien beispielsweise sind in der deutschen Übersetzung Deweys (für sich schon vage) Distinktionen verwischt worden, so daß es nur zu leicht zu folgender Fehleinschätzung kommen konnte: "Das 'Material' oder der 'Stoff' oder die 'Substanz' des Werks (Dewey scheint diese Begriffe austauschbar zu verwenden) stellt das dar, was geformt, bildet wird ...".[5] (Dewey verwendet diese Begriffe *nicht* austauschbar; vgl. A.3.2.c.). Ein weiteres Problem der deutschen Rezeption von Deweys Kunsttheorie besteht darin, daß *Art as Experience* losgelöst von seinem Gesamtwerk, das hierzulande jedoch kaum bekannt ist, im vollen Umfang nicht gewürdigt werden kann.[6]
Deweys Grundthese, daß lebensweltlich ästhetische Situationen mit Kunstsituationen identisch sind, ist von den meisten Dewey-Kommentatoren sowohl im deutschsprachigen Raum als auch in den U.S.A. akzeptiert worden.[7] (Von den Ausnahmen wird im nächsten Kapitel die Rede sein.) Im Gegensatz zur philosophisch-systema-

---

    des amerikanischen Philosophen John Dewey ... nur marginale Beachtung fand." (Vgl. A.3.2.a.). Auch *Th. Baumeister (Bemerkungen.* 616) bemerkt, daß *Art as Experience* trotz des "vielversprechenden Titels - wird Kunst doch nicht als Abbild von Erfahrung, sondern selbst als eigentümliche Erfahrungsform verstanden - auf dem Kontinent kaum zur Wirkung gekommen" ist.

[4]   *M. Aissen-Crewett: Die unbekannte Ästhetik J.D.'s.* 200.

[5]   *M. Aissen-Crewett: Die unbekannte Ästhetik J.D.'s.* 213.

[6]   Vgl. *G.H. Müller (Rezension.* 124) zur deutschen Übersetzung von *Art as Experience*: "...der Verlag <wäre> gut beraten gewesen, dem Werk eine gründliche Einführung vorauszuschicken. ... einerseits steht Dewey nicht allein, andererseits hat er verschiedene Phasen der Entwicklung durchlaufen, die Beachtung verdienen."

[7]   So geht *U. Engler (Kritik.* 22) von der These aus, daß sich in der Gegenwartsästhetik die Trennung von Kunst und Lebenswelt manifestiert hat. Das nimmt er zum Ausgangspunkt, um mit D. durch die Orientierung an der lebensweltlich ästhetischen Situation eine Kritik an einschlägigen Erfahrungstheorien zu entwickeln. Engler will mit D. den "Ausgangspunkt einer Orientierung an dem Objektbereich der Kunst erst verlassen,... um ihn in modifizierter und begründeter Weise wieder besetzen zu können". Es ist offensichtlich, daß Englers Buch hier ausführlicher gewürdigt werden müßte, weil es im Ansatz viele Parallelen, aber auch wesentliche Unterschiede zu dieser Abhandlung aufweist. Einerseits wird ebenfalls D.'s *Art as Experience* im Kontext einschlägiger Theorien der Gegenwartsästhetik diskutiert; andererseits kommt Engler zu ganz anderen Urteilen, eben weil der Ausgangspunkt seiner kunsttheoretischen Diskussion das grundsätzliche Akzeptieren von D.'s Kontinuitätsthese ist. Leider ist Englers Buch erst unmittelbar vor der Drucklegung dieser Abhandlung erschienen, so daß es nur in dieser Randnotiz erwähnt werden kann, was dem Niveau und der Bedeutung des Buches sicher nicht gerecht wird.

tischen Ebene ist die kunsttheoretische Dimension von *Art as Experience* in den U.S.A. selbst auf dem Höhepunkt des Dewey- Enthusiasmus immer nur quasi 'mitdiskutiert' worden. Die kritischen Beiträge, die Anne Mary Tamme in ihrer Dissertation *A Critique of John Dewey's Theory of Fine Art in the Light of the Principles of Thomism* (1956) lieferte, sind in die Darstellung im Teil A. eingeflossen. Paul Crosser, ein entschiedener Dewey-Gegner, will "die kognitive Unzulänglichkeit von Deweys Position", die "Bedeutungslosigkeit" von Deweys Wissenschaftstheorie, die "völlige Leere" seiner Kunsttheorie und die "völlige Sterilität" seiner Pädagogik" aufzeigen.[8] Nach Crosser ignoriert Dewey in seiner Kunsttheorie die geistige Dimension des Kunsterlebens, das dadurch auf das Niveau einer *job-satisfaction*, auf ein undefiniertes Vergnügen reduziert würde.[9] Deshalb seien Deweys Kriterien für ein ästhetisches Urteil äußerst vage. Rein intellektuelle Musik würde nicht erfaßt und Kriterien wie Rhythmus, Harmonie, Wechsel und Ordnung seien leere Kriterien zur Beschreibung der genußreichen Erlebnisqualität von Kunstsituationen.[10] Die letztgenannte Kritik trifft nicht, weil Dewey die Genußebene der ästhetischen Situation nicht ausschließlich mit den genannten Kategorien erklärt, sondern diese wiederum auf das Erlebnis des lebenserhaltenden Sich-Verhalten-Könnens zurückführt. Von "leeren Kriterien" ist also

---

[8] "... the author of this volume undertakes to demonstrate the cognitive untenability of Dewey's position. In commenting upon Dewey's reasoning, this author uncovers the utter meaningless of Dewey's philosophy of science, the utter emptiness of his philosophy of art and the utter sterility of his philosophy of education." *P. Crosser: Nihilism.* ix. Ders. *(a.a.O.* 97-172) zitiert fast jeden Satz der Seiten 3-19 und 35-42 von *Art as Experience* und kommentiert sie abfällig. Es fehlen Gliederung, Diskussionen anderer D.-Kritiker und der Einblick in den Gesamtgedankengang von D.'s Philosophie oder auch nur von *Art as Experience*. Ders. *(a.a.O.* ix.) macht D. und dessen Philosophie, die eigentlich nur als Zerstörung aller Philosophie zu bezeichnen sei, dafür verantwortlich, daß Amerika seine intellektuelle Vorherrschaft sowohl im eigenen Land als auch im Ausland verloren hat. Vgl. auch *Allan Bloom (The Closing of the American Mind.* New York 1987. Im Text zit. nach: *Der Niedergang des amerikanischen Geistes.* Ein Plädoyer für die Erneuerung der westlichen Kultur. Übers. von R. Giese. Hamburg 1988), der in polemischer Verfälschung behauptet, daß nach D. die "fundamentalen Grundsätze oder die moralischen Tugenden, die die Menschen bewogen haben, nach ihnen zu leben", nicht "befolgt zu werden" "brauchten" (33). Nach D. sollen jedoch im Gegenteil traditionelle Wertesysteme zu reformierenden *Rekonstruktions*prozessen im Verhältnis ständiger wechselseitiger Korrektur stehen. Daß D. "unsere Geschichte als unwichtig oder als eher hinderlich für eine rationale Analyse unserer Gegenwart" (65) betrachte, ist sachlich falsch, denn in D.'s Kontextualismus wird dem Einfluß des Vergangenen auf jede konkrete Gegenwart ein enormer Einfluß beigemessen.

[9] *P. Crosser: Nihilism.* 101, 103, 144. *I. Scheffler (Four Pragmatists.* 221f.) hält "Ausgeglichenheit" für eine vage psychologische Kategorie.

[10] *P. Crosser: Nihilism.* 132-136, 142f., 161. ('Rein' intellektuelle Musik gibt es nicht.) Vgl. auch *Sidney Zink (The Conception of Continuity in Dewey's Esthetics.* In: *The Philosophical Review* 52. 1943, 394), der D.'s Beschreibung der ästhetischen Situation mit Begriffen wie "Harmonie", "Kohärenz" und "Rhythmus" als Zirkeldefinition bezeichnet.

keine Rede. Außerdem lehnt Crosser Deweys Definition der "Kraft der Imagination" ab und vermißt einen speziellen Sinn, mit dem Schönheit erfaßt wird.[11] Das gilt in der Gegenwartsästhetik jedoch einhellig als überholt - es besteht Konsens, daß alle Kräfte des Sich-Verhaltens (nicht nur Auge und Ohr oder ein spezieller 'Schönheitssinn') potentiell am Kunserleben beteiligt sein können.[12] So gibt es im Pariser Technikmuseum *La Vilette* ein Geruchskino, und auch mit Tastkunst wird experimentiert (wobei das Problem besteht, daß die Kunstprodukte durch Berührung auf die Dauer zerstört werden). Im Programm des *Bauhaus'* sollten synästhetische Kunstprodukte geschaffen werden. Schließlich unterstellt Crosser Dewey, daß dieser Meisterwerken keine Sonderstellung einräume.[13] Dewey bezeichnet jedoch Meisterwerke ausdrücklich als Produkte häretischen Schaffens, in denen sich prägnant und 'ihrer Zeit voraus' ein gesellschaftlicher Umbruch manifestiert (vgl. A.3.3.a.). Damit haben Meisterwerke eindeutig eine Sonderstellung. Paul Zeltner sieht zwar manche Defizite von Deweys Kunsttheorie, ist jedoch ganz im Stil der enthusiastischen Dewey-Renaissance bemüht, diese Defizite nicht als systematische Schwächen von Deweys Ausführungen, sondern als Defizite zu deuten, die durch eine Interpretationsleistung des Lesers und durch Heranziehung späterer Texte Deweys ausgeglichen werden können. In dieser Hinsicht leistet Zeltner bemerkenswerte Hilfestellungen. Zeltner stellt fest, daß Dewey sich nahezu ausschließlich auf Gemälde und Literatur bezieht, und untersucht daraufhin das Potential von Deweys Kunsttheorie zur Entwicklung einer Musikästhetik, indem er beispielhaft Beethovens *c-moll-Sinfonie* analysiert.[14] Dann unterscheidet er formalistische Musik (E. Hanslick) von referentieller Musik (R. Wagner) und kommt zu dem Schluß, daß durch Deweys These, in der Musik würden Energieverhältnisse gestaltet, eine Vermittlung zwischen beiden Musikrichtungen möglich sei. Auch formalistische Musik habe Referenz in dem Sinne, daß sie Strukturen elementarer Lebensprozesse abbildet, während referentielle Musik durch den zugrundeliegenden Bezug auf dieselben Energieverhältnisse auch geformt sei. Deweys Ein-

---

[11] *P. Crosser: Nihilism.* 171.

[12] *Hans Georg Gadamer (Wahrheit und Methode.* Grundzüge einer philosophischen Hermeneutik. Tübingen ¹1960, ⁴1975, 13f.) definiert "Takt" in anderem Kontext wie D.'s 'Kraft der Imagination' (die ja auch in nicht-künstlerischen Situationen wirksam werden kann). Takt "bildet" sich durch alte Erlebnisse und Werte; er ist ein allgemeiner Sinn, weil im Takt alle Sinne aktiviert sind und er auf die Gemeinschaft gerichtet ist. Takt "weiß im einzelnen Fall, sicher zu entscheiden und zu werten, auch ohne seine Gründe angeben zu können". Das Unbewußte wird mit einbezogen.

[13] *P. Crosser: Nihilism.* 119f.

[14] *Ph. Zeltner (J.D.'s Aesthetic Philosophy.* 108ff.). Im Zentrum einer ähnlichen, an D. orientierten Analyse der *Passacaglia* in der 4. *Sinfonie* von J. Brahms durch W.R. *Hutchinson (Aesthetics and Musical Theory.* An Aspect of their Juncture. In: *Journal of Aesthetics and Art Criticism* 24. 1966, 393-400) stehen *Eindeutigkeit der Form* und *Konsummation*.

schätzung von abstrakter Musik, die wegen einer rational-mathematischen Kompositionstechnik niemals unmittelbar (emotional) erlebt und deshalb niemals populär werden könne, zeuge von Unkenntnis dieser Kunst, weil auch abstrakte Musik eine emotionale Ebene haben könne. Man könnte Zeltners Ausführungen ergänzen mit einer Kritik an Deweys These, daß Musik wegen ihrer unmittelbaren (emotionalen) Wirkung das ideologiefreieste Medium der Kunst sei: Die Musik ist wohl wie kaum eine andere Kunstgattung (außer der Architektur) zu propagandistischen Zwecken mißbraucht worden. (Man denke an Marschmusik, das Liszt-Präludium im zweiten Weltkrieg, an Nationalhymnen im Mißbrauch verächtlicher politischer Systeme etc.). Emotionalität ist nicht gleichbedeutend mit Ideologiefreiheit, auch wenn Ideale (und Ideologien) in geistigen Prozessen entwickelt werden. Reflexion ist der einzige Schutz vor ideologischer Infiltration.

Oft wurde kritisiert, daß Deweys Kunstbegriff ausschließlich von der Gemäldesammlung und dem persönlichen Geschmack des Industriellen Barnes geprägt und deshalb eingeschränkt sei.[15] Mit der Charakterisierung der ästhetischen Situation als Widerstandsbewältigungsprozeß gegenüber einem lebensweltlich bedeutenden Widerstand sei deshalb beispielsweise die abstrakte Malerei als vorherrschende Kunstrichtung seiner Zeit nicht erfaßt.[16] Dazu ist zu sagen, daß Dewey tatsächlich einen eingeschränkten Kunstbegriff hat: Er bezieht sich in seinen Beispielen auffällig auf einen bestimmten Typ von Gemälden, nämlich auf Gemälde, die affirmativ einen Wert designieren (vgl. C.3.). Es läßt sich jedoch nicht belegen, daß Dewey ausschließlich impressionistische Gemälde (wie sie in Barnes' Gemäldesammlung vorherrschend waren) vor Augen hatte. Gemälde, die affirmativ einen Wert designieren, können theoretisch auch abstrakte Gemälde sein, in denen Spannungsstrukturen dargestellt sind, welche sich in Harmonie auflösen.[17] Deweys Kunsttheorie hat durchaus Grenzen, wie in den folgenden Kapiteln gezeigt werden soll, doch sind diese Grenzen nicht einfach mit den Selektionskriterien von Barnes identisch.

b. Die Grenzen von Deweys erlebnisorientierter Kunsttheorie

In diesem Teil C. soll die einleitend formulierte These belegt werden, daß es sich bei *Art as Experience* trotz des Titels und der von Dewey gewählten Beispiele eher um ein philosophisches System und einen politischen Appell als um eine Theorie der Kunst im engeren Sinne handelt. Das ist keine umfassende Ablehnung von

---

[15] Vgl. *George Boas (Communication in Dewey's Aesthetics.* In: *The Journal of Aesthetics and Art Criticism* 12. 1953-1954, 178) sowie *A.M. Tamme (A Critique.* 67) sowie *M. Aissen-Crewett (Die unbekannte Ästhetik J.D.'s.* 200f.).

[16] *Leon Jacobson: Art as Experience and American Visual Art Today.* In: *The Journal of Aesthetics and Art Criticism* 19. 1960-1961, 123f.

[17] *J. Dewey: Art as Experience.* 99ff. (Vgl. A.3.2.c.).

Deweys Theorie der Kunst: Im Gegenteil sagt Dewey Interessantes und Wichtiges über Kunst. So ist es tatsächlich wichtig, darzulegen, daß in der Lebenswelt unter günstigen Umständen dieselben (besser: vergleichbare) Situationen wie in der Kunst erlebt werden können, ohne daß deshalb jedoch auf eine distinkte Analyse der Kunstsituation verzichtet werden sollte. Deweys Analyse der zyklischen Entwicklung neuer künstlerischer Ausdrucksmittel sowie seine These, daß ein Urteil über Kunst aus einem aktualen Kunsterleben erwachsen sollte, widerlegen Gauss, nach dem Dewey trotz seiner massiven Traditionskritik in seiner Analyse der ästhetischen Situation nichts Neues zu sagen hatte.[18] Aus Deweys Theorie der ästhetischen Situation spricht zunächst einmal eine große Sympathie für die Kunst, was in philosophischen Abhandlungen nicht immer selbstverständlich ist. Sein *substance/form*-Schema weist zugegebenermaßen in bezug auf die Analyse der *form*-Elemente der Kunstsituation und des Kunstprodukts Schwächen auf. Seine *substance*-Kategorien sind jedoch originelle und ergiebige Analyseraster, weil diese Kategorien die Aufmerksamkeit in einer nachträglichen Analyse des aktualen Kunsterlebens auf die lebensweltliche Bedeutung des Kunsterlebens und des zur Disposition stehenden Widerstands richten. Unter Berücksichtigung von Deweys *substance*-Kategorien können Assoziationsketten und Sehnsüchte bewußt gemacht werden, die im aktualen Kunsterleben selbst vielleicht unbewußt geblieben sind. Das ist eine wichtige psychologische Ergänzung der Analyseraster der disziplinären Kunstwissenschaften (Musikwissenschaft z.B.), in denen der rational nachvollziehbare *form*-Aspekt von Kunstprodukten einseitig im Vordergrund steht. Insgesamt ist die psychologische Dimension die interessanteste von Deweys Kunsttheorie, wenn dieser Ansatz auch seine Grenzen hat und Ergänzung fordert.

Nicht mehr zeitgemäß ist die Einbettung einer Kunsttheorie in ein umfassendes philosophisches System, wie Dewey sie vorgenommen hat. Schon seit Baumgarten kündigt sich eine Emanzipation der Ästhetik vom philosophischen Systemdenken an.[19] In der Gegenwart zeichnet sich als konsequente Fortsetzung dieses Emanzipationsprozesses der Trend ab, die Reflexion über Kunst Musik-, Kunst- und Theaterwissenschaftlern und, unter speziellen Fragestellungen, auch Psychologen und Soziologen zu überlassen. Mit Berufung auf Shearer bezeichnet Zeltner Deweys Theorie der ästhetischen Situation sogar als "hastiges Anhängsel" zu einer längst

---

[18] Charles E. Gauss: *Some Reflections on Dewey's Aesthetics*. In: *Journal of Aesthetics and Art Criticism* 19. 1960-1961, 129.

[19] Artikel *Aesthetics*. In: *Encyclopaedia Britannica*. 150.

etablierten Position, das entworfen wurde, um ein philosophisches System zu vervollständigen, und nicht etwa als Höhepunkt dieses Systemgebäudes.[20] Damit ist ein wichtiger Mangel von *Art as Experience* angesprochen: Dewey vermischt immer wieder inkompatible Analyseebenen und -gegenstände. So stellt er in politischer Hinsicht das Dogma auf, daß lebensweltlich ästhetische Situationen mit Kunstsituationen identisch sind. Dabei ignoriert er, daß sich eine Kunstsituation von lebensweltlichen Situationen immer dadurch unterscheidet, daß der zur Disposition gestellte Widerstandsbewältigungsprozeß in Kunstsituationen durch ein Kunstprodukt *vermittelt* ist, und daß es deshalb Erlebnisunterschiede geben *muß* (was nicht dagegen spricht, daß man von einer Vergleichbarkeit der Situationsqualitäten sprechen kann). Dann aber begibt er sich auf die Ebene von Musik- und Kunstwissenschaftlern, indem er im Widerspruch zu seiner Kontinuitätsthese die *spezifischen* Medien der Künste untersucht und das *substance/form*-Schema als spezifisches Analyseraster für *konkrete Kunstprodukte*, für Widerstands*vermittler* entwickelt. Außerdem werden Reflexionsebenen vermischt. Nach Dewey soll einen Philosophen allein die Erlebnisqualität von Situationen interessieren, die emotional und nicht reflexiv ist. Jede Theorie (auch eine Theorie über das Kunsterleben) ist jedoch nachträgliche Reflexion. Wenn das der Fall ist, gibt es keinen Grund mehr dafür, daß neben der Erlebnisqualität aus einer nachträglichen Reflexionsperspektive heraus nicht auch das in der Reflexion zu Trennende (das im emotionalen Erleben zu einer Einheit verschmolzen war) betrachtet werden kann. Dewey selbst verfällt unbemerkt immer wieder in eine Reflexionshaltung des zweiten Typs (z.B. wenn er vom Kunstprodukt als Vermittler zwischen Rezipient und Künstler spricht). In *Art as Experience* ist außerdem eine dritte Art von Reflexionshaltung präsent: In einer nachträglichen Reflexion können aus einem unmittelbaren Erleben auch Normen und Utopien abgeleitet werden. Diese Perspektive nimmt Dewey ein, sobald er politisch argumentiert. Viele

---

[20] Ph. Zeltner: *J.D.'s Aesthetic Philosophy.* 2). E.A. Shearer (*Dewey's Aesthetic Theory. The Early Theory. The Present Theory.* In: *The Journal of Philosophy* 32. 1935, 617-627, 650-664) benutzt den Ausdruck jedoch in anderem Zusammenhang: "Das ästhetische Problem ... ist zu oft ein hastiges Anhängsel ... einer allgemeinen philosophischen Position gewesen." (The esthetic problem ... has too often been a hasty addendum ... of a general philosophical position.") Auf die Frage: "Hat Dewey sich dieser <all> zu üblichen philosophischen Attitüde bezüglich der ästhetischen Situation angepaßt?" ("Has Dewey readjusted the too usual philosophical attitude toward esthetic experience?") antwortet Shearer in bezug auf D.'s *frühe* Ästhetik ambivalent. Einerseits habe D.' sich vorurteilsfrei konkreten Kunstprodukten zugewandt; andererseits habe er auf metaphysische Prämissen <noch> nicht verzichten können (617). D.'s späte Ästhetik *Art as Experience* habe diesen Mangel jedoch durch die Betonung der Kontinuität von Kunst und Lebenswelt überwunden: "Für ihn <Dewey> macht die Kunst das Leben besser, aber es macht nichts besser als das Leben <selbst>." ("For him <Dewey> art makes life better, but it does not make something better than life." 627).

Verwirrungen sind auf die Vermischung dieser drei möglichen Analysehaltungen zurückzuführen.

Im Teil C. soll gegen Deweys These argumentiert werden, daß Kunst kein von der Lebenswelt unterschiedener Erlebnisbereich sei. Zunächst wird Deweys überwiegende Reflexionshaltung eingenommen, indem die Erlebnisqualität von Kunstsituationen im Gegensatz zu denen von lebensweltlich ästhetischen Situationen thematisiert wird. Die Erlebnisqualität von lebensweltlich ästhetischen Situationen und Kunstsituationen ist nämlich zwar vergleichbar, aber nicht identisch. Da der zur Disposition gestellte Widerstand in der Kunstsituation durch das Kunstprodukt vermittelt ist, unterscheidet sich das Kunsterleben von lebensweltlich ästhetischem Erleben wesentlich dadurch, *daß in der Kunstsituation keine direkte Handlungsnotwendigkeit besteht*. Situationen mit direkter Handlungsnotwendigkeit werden anders als Situationen ohne direkte Handlungsnotwendigkeit erlebt (vgl. C.1.). Dann wird die Reflexionshaltung des zweiten Typs eingenommen und getrennt betrachtet, was nach Dewey in der Kunstsituation zu einer Einheit des Erlebens verschmolzen ist, nämlich das Kunstprodukt mit seinen Verweisungsbezügen auf lebensweltlich Bedeutendes sowie spezifische Rahmenbedingungen des Kunsterlebens (vgl. C.2.). Zuletzt werden die Konsequenzen von Deweys politischer Utopie für seine Theorie der Kunst diskutiert. Deweys politischer Appell trägt seiner eigenen Idealismusdefinition nach Strukturen eines 'politischen Idealismus', der wiederum zur Ausgrenzung von unwertedesignierender (häßlicher) Kunst führt. Weil Kunst die einer Gesellschaft zugrundeliegenden positiven Werte affirmativ gestalten soll, wird ein Großteil der real existierenden Kunstprodukte ausgeschlossen. In seinem politischen 'Ideal der Versöhnung' wird außerdem die abstrakte Möglichkeit eines 'Endes der Kunst' angedeutet, die mit anderen Dimensionen seines Systems unvereinbar ist (vgl. C.3.).

Dewey ist einerseits als (oft polemischer) Traditionskritiker bekannt geworden. Andererseits hat man ihn einen Eklektizisten genannt, weil er ebenso oft traditionelle Begriffe und Modelle übernimmt und 'mit neuer Bedeutung' füllt. Es wäre ein interessantes Unternehmen, historische Bedeutungen von "Harmonie", "Widerstand", "Intensität" und "Imagination" mit Deweys Bedeutungen zu vergleichen. Diese mögliche Interpretationsdimension wird jedoch insgesamt eine untergeordnete Rolle spielen müssen. Statt dessen werden Entwicklungsmöglichkeiten aus Kunsttheorien unseres Jahrhunderts angeboten. H.R. Jauß, Ch.W. Morris und N. Goodman sind Autoren, die sich (direkt oder indirekt) auf Dewey berufen. Auch wenn leider am am Ende jeder Sektion Fragen offenbleiben müssen, können Deweys kunsttheoretische Ansätze doch hoffentlich um einige interessante und moderne Aspekte ergänzt werden.

C.1. Kunstsituation und lebensweltlich ästhetische Situation

C.1.1. Das 'Künstliche' der Kunstssituation

In *Art as Experience* werden mit systeminterner Konsequenz keine Kriterien zur Abgrenzung eines Erlebnisbereichs Kunst entwickelt. Das Fehlen von Abgrenzungskriterien der lebensweltlich ästhetischen Situation gegenüber der Kunstsituation ist zwar einerseits das Hauptcharakteristikum von Deweys Systemgebäude, andererseits jedoch auch der gravierendste Mangel, sobald man *Art as Experience* als Theorie der Kunst im engeren Sinne verstanden wissen will.

a. Kritik an Deweys Definition der Kunstsituation in der Literatur

Nach Tamme hört Dewey "oft da auf, wo das eigentliche Problem der Philosophie der Kunst beginnt."[21] Nach Crosser fehlen in *Art as Experience* die wichtigsten Elemente einer Kunsttheorie, weil Dewey "ästhetische und nicht-ästhetische Faktoren als untrennbares Durcheinander behandelt"[22] habe. Viele von Deweys Beispielen für eine ästhetische Situation (wie das Festmahl in einem Pariser Restaurant oder die Fahrt über den Atlantik) hätten nichts mit Kunst zu tun. Die Konzeptionen von der "Kontinuität zwischen Kunstsituation und ästhetischer Situation im allgemeinen Sinne" oder von der "Kontinuität zwischen gewöhnlicher und ästhetischer Situation" seien aussagelose, verwirrende Scheinkonzeptionen.[23] Nach Baumeister verfällt Dewey "in seinem Bestreben, die Kontinuität ästhetischer Erfahrung und anderer Formen von Welterfahrung zu verteidigen, in das der 'esoterischen Theorie' entgegengesetzte Extrem ..., Erfahrung über das Vertretbare hinaus zu ästhetisieren, bzw. die Partialität des Ästhetischen wie übrigens auch die unvermeidliche Partialität künstlerischer Entscheidungen zu vernachlässigen."[24] Robert Dewey kritisiert, daß in relationalen Definitionen (wie: "Karl ist größer als", aber auch wie: "überwiegend ästhetisch") immer ein Maßstab mitdefiniert werden müsse.[25] Es fehlten in *Art as Experience* Maßstäbe für Intensität, Prägnanz und

---

[21] "But he frequently leaves off where the problem of the philosophy of art begins ..." *A.M. Tamme: A Critique.* 86.
[22] " ... having esthetic and non-esthetic factors treated as an inseparable mixture." *P. Crosser: Nihilism.* 100 (144, 158).
[23] *P. Crosser: Nihilism.* 155, 99, 118f., 122.
[24] *Th. Baumeister: Bemerkungen.* 622.
[25] *R. Dewey (Philosophy of J.D.* 103) im Kontext einer Kritik an *J. Dewey (Experience and Nature.* 72), wo vertreten wird, Dauer und Wechsel seien keine absoluten, sondern komplementäre und relationale Unterscheidungen.

spezifisches Zeiterleben der 'überwiegend' ästhetischen Situation. Nach Zink ist ohne Gradmesser Deweys These "Kunstsituationen sind im besonderen Maße ästhetisch" eine Scheinthese:

> "Was ich vorschlage zu diskutieren ist die Ineffektivität von Deweys Methode, das Ästhetische vom Praktischen und Intellektuellen einerseits zu trennen und andererseits gleichzeitig anzugleichen" ... "Das Fehlen von Unterscheidung ist ein Fehlen von Definition, und, weil diese Arten oder Grade des Situationserlebens durch dieselben Merkmale angeglichen und unterschieden werden, spiegelt sich dieses Fehlen auch in der Effektivität von Deweys Anstrengungen zur Angleichung wider" ... "Er macht keine adäquaten ... Gradunterschiede, das Ästhetische vom Praktischen und dem Intellektuellen <zu trennen>."[26]

Tamme führt das Fehlen von distinkter Abgrenzung darauf zurück, daß Dewey die englische Äquivokation von *art* als "Kunstfertigkeit" und "schöne Kunst" unreflektiert übernommen habe.[27] Diese Interpretation wird Deweys Kunsttheorie nicht gerecht, denn er reflektiert in *Experience and Nature* ausdrücklich dieselbe Aquivokation, die im griechischen *techné* (und bekanntlich auch im lateinischen *ars*) vorliegt, um den Wandel der gesellschaftlichen Anerkennung von Kunst im Gegensatz zu handwerklicher Kunstfertigkeit seit der Antike darzustellen.[28] Dewey hat eine Abgrenzung zwischen lebensweltlich ästhetischen und Kunstsituationen keinesfalls 'aus Versehen' nicht vorgenommen, weil sein politisches Ziel lautet, daß jede Situation unter günstigen Umständen wie eine Kunstsituation erlebt werden kann, und weil in seinem philosophischen System kein abgetrennter Bereich vor aktualem Erleben definiert werden soll.

b. Deweys Kunsttheorie und Tendenzen der Avantgarde

Crossers These, Dewey sei zu "schwachen Ergebnissen"[29] gekommen, weil er paradoxerweise die Kunst aus dem Bereich seiner Kunsttheorie verbannt hat, ist

---

[26] "What I propose to discuss is the efficacy of Dewey's method of differentiating the esthetic from, and at the same time assimilating it to, the practical and the intellectual" ... "The failure of distinction is a failure of definition, and, since these kinds or degrees of experience are assimilated and distinguished by the same traits, the failure is reflected in the ineffectiveness of Dewey's effort at their assimilation." "... he does not adequately ... distinguish in degree, the esthetic from practical and the intellectual." *S. Zink: The Concept of Continuity*. 392, 396, 400.

[27] A.M. Tamme: *A Critique*. 65ff.

[28] J. Dewey: *Experience and Nature*. 354ff.

[29] P. Crosser: *Nihilism*. 100, 103, 121.

sicher polemisch überzogen. Im Gegenteil gibt es Argumente dafür, daß Deweys Theorie in zwei wesentlichen Punkten Trends der Gegenwartskunst erfassen kann. Indem er das Kunsterleben und nicht das Kunstprodukt in das Zentrum seiner Analyse stellt, vollzieht Dewey die Ablösung der Werkästhetik durch die Rezeptionsästhetik mit.[30] Diese neue Ästhetik versucht, durch Konzentration auf das ästhetische Erleben dem Phänomen gerecht zu werden, daß es in der Gegenwartskunst den Trend zur *Auflösung der Einheit des Kunstprodukts* gibt. In der Musik wird potentiell unendliche Musik komponiert, deren Ende kein harmonischer Abschluß ist, sondern 'unendlich' über sich hinausweist.[31] In Brechts Theaterstücken werden lose Sequenzen aneinandergereiht, die potentiell unendlich fortzusetzen oder anders kombinierbar wären. Parallel dazu wird bei Performances der Rezipient bewußt in die vom Künstler arrangierte Situation mit einbezogen; die Grenzen zwischen dem Rezipienten und dem Kunstprodukt lösen sich auf. Im Theater gibt es Trends, die Bühnenperspektive aufzuheben. Es werden Kunstprodukte geschaffen, die nicht mehr dauerhaft sind, sondern nur in einer einzigen bestimmten Situation so erlebt werden können (man denke an Improvisationselemente und an Aleatorik, welche beide niemals in identischer Weise reproduzierbar sind). Nach Gadamer ist es heute "die hermeneutische Identität, die Werkeinheit stiftet. ... Wahrscheinlich wird es nicht ein bleibendes Werk im Sinne klassischer Dauerhaftigkeit, aber im Sinne der hermeneutischen Identität ist es sehr wohl ein 'Werk'."[32] Aus *Art as Experience* geht nicht hervor, daß Dewey sich mit diesen Trends in der Kunst des 20. Jahrhunderts auseinandergesetzt hat, doch die Modernität seiner Konzentration auf die Erlebnisqualität der Kunstsituation sollte man anerkennen.

Nach Dewey können *auch Gebrauchsgegenstände* ästhetische Produkte sein. Das "Verhältnis der bis dahin streng geschiedenen Gattungen des Innerkünstlerischen und des Außerkünstlerischen" hat sich radikal geändert. "Kunst muß nicht - wie notwendigerweise unter den Bedingungen des traditionalen Kunstbegriffs - gemacht, sie kann auch im unveränderten Realgegenstande entdeckt werden."[33] Der traditionelle Kunstbegriff wurde durch solche Entwicklungen in Frage gestellt. Deweys Kunsttheorie könnte also in diesen beiden Hinsichten als Programm der

---

[30] *M.R. Kadish: Aesthetic Practice.* 98f.

[31] *Alban Berg: Violinkonzert dem Andenken eines Engels gewidmet.* 1935.

[32] *H.G. Gadamer: Aktualität.* 33. Der Werkbegriff bei D. (vgl. A.1.1.b.) und Gadamer ist vergleichbar.

[33] Max Imdahl: *Is it a Flag, or is it a Painting.* Über mögliche Konsequenzen der konkreten Kunst. In: *Wallraf-Richartz-Jahrbuch* 31. 1969, 224. Imdahl führt diese Entwicklung auf die Theorie Kandinskys von 1912 zurück. Einschränkend muß zu Imdahl bemerkt werden, daß man vielleicht auf das 'Machen' des Kunstprodukts, aber nicht auf ein Arrangieren der Situation (auf ein 'Ausstellen') verzichten kann (s.u.).

Avantgarde gewertet werden.³⁴ Trotz (oder gerade wegen) der Auflösung des Werkbegriffs und der Ausstellung von Gebrauchsgegenständen als Kunstprodukte aber bleibt die Frage nach Abgrenzungsmöglichkeiten bzw. -notwendigkeiten von Kunstsituationen gegenüber lebensweltlich ästhetischen Situationen unbeantwortet und aktuell.

c. Die Kunst im System

Es wäre also übertrieben, zu behaupten, Dewey habe die Kunst einfach ausgeklammert. Der Erlebnisbereich Kunst ist jedoch nicht sein eigentlicher Analysegegenstand, sondern er dient als Beispiel, um zu illustrieren, welche Erlebnisqualität Situationen in allen lebensweltlichen Bereichen unter entsprechenden Umständen haben könnten: "Wie in diesem <Zeltners> Buch gezeigt wurde, versteht Dewey die <schönen> Künste hauptsächlich als *hervorragendes* Beispiel für die ästhetische Situation."³⁵ Die Erlebnisqualität von Kunstsituationen wird angeführt, um seine philosophisch-politischen Situationsanalysen zu belegen. Dewey führt zu diesem Zwecke paradigmatisch bestimmte Kunstprodukte³⁶ an und unterscheidet *fine art* als Bereich, in dem sich *überwiegend ästhetische* Situationen ereignen, von (intellektuellen, praktischen) Erlebnisbereichen, in denen sich *'auch'* ästhetische Situationen ereignen.

Das wiederum heißt aber, daß es *nicht nur einen Erlebnisbereich Kunst* in Deweys Theorie, sondern anscheinend auch einen *entsprechenden Gegenstandsbereich* gibt. Wenn man bis jetzt bereit war, sich auf Deweys (begründeten) Verzicht auf die Definition eines distinkten Erlebnisbereichs Kunst einzulassen, ergibt sich jetzt folgende Frage:

> "Angesichts seiner <Deweys> Definitionen von Kunst und <angesichts> dessen, was er über Wissenschaft als Kunst gesagt hat, ist es verwirrend, ihn fortfahren zu sehen mit der Unterscheidung zwischen dem, was er 'ästhetische Kunst' und 'andere Kunst' nennt. Das ist besonders beunruhigend, weil er <andererseits> proklamiert, daß jede Kunst ästhetisch sein muß, um <eine> Kunst zu sein."³⁷

---

34 Ähnliche Ideen gab es zu Anfang unseres Jahrhunderts im Theater: Stanislawski beispielsweise engagierte Fabrikarbeiter etc. anstelle von Berufsschauspielern.

35 "As has been shown in this work, Dewey understands the fine arts to be merely a *conspicuous* example of aesthetic experience." *Ph. Zeltner: J.D.'s Aesthetic Philosophy.* 93.

36 *J. Dewey: Art as Experience.* Beispiele: Das Gedicht *Ancient Mariner* (116); der *Parthenon*-Tempel (10, 113f.f, 117, 226, 231); Verweis auf Gemälde von Renoir und Whistler (172) etc.

37 "In view of his definitions of art and what he has said about science as art, it is confusing to find him going on to distinguish between what he calls 'aesthetic art' and 'other art'. This is

Warum gilt auch für Dewey die Kunst anscheinend doch als der Bereich, in dem sich auffallend häufig ästhetische Situationen ereignen? Wenn Dewey keinen abgegrenzten Erlebnisbereich definieren will, so muß er zumindest Begründungen anführen, *warum ihm Kunstsituationen als ausgezeichnetes Beispiel dienen.* In *Art as Experience* wird nur die eine Antwort gegeben, daß sich vor allem in der Kunst ästhetische Situationen ereignen, weil die gewöhnliche Lebenswelt zu schlecht organisiert sei. Das ist keine zureichende Erklärung; auch wenn man Deweys politischem Appell zur Ästhetisierung der Lebenswelt prinzipiell zustimmt, bleibt diese Antwort unbefriedigend, weil damit nicht etwa das besondere Erlebnispotential von Kunstsituationen erklärt wird, sondern nur, warum sich in der Lebenswelt kaum ästhetische Situationen ereignen. Man kann die Frage noch schärfer formulieren: Wenn sich unter günstigen Umständen in der Lebenswelt 'auch' ästhetische Situationen ereignen können, *warum sind dann Kunstsituationen dennoch 'überwiegend' ästhetisch, also 'noch ästhetischer'?* Nach Zeltner hat Dewey dieses Problem 1950 in seiner Antwort an Romanell gelöst:

> "... ich spreche sowohl von der 'ästhetischen' Situation als auch von der 'ästhetischen Phase des Situationserlebens.' Weil das Rückgrat und in der Tat <sogar> das Lebensblut meiner Ästhetiktheorie (so wie sie ist) lautet, daß *jedes* normal vollständige Situationserleben, jedes, das seinen eigenen, <mit dem Höhepunkt> abgeschlossenen Verlauf nimmt, in seiner Konsummationsphase ästhetisch ist; und weil meine Theorie ebenfalls vertritt, daß die Künste und ihr <spezifisch> ästhetisches Situationserleben absichtlich kultivierte Entwicklungen dieser primären Phase sind, bedarf es des Aufweises von Belegen, um die unverzichtbare Hauptintention der Theorie der internen Inkonsistenz zu beschuldigen. So weit ich das feststellen konnte, bewahrt uns nämlich kein Beleg, der jemals angeführt wurde, den absichtlichen Gebrauch von zwei verschiedenen Begriffen, um die Unterscheidung zwischen der primären Form und der absichtlich entwickelten Form der ästhetischen Situation zu markieren, und weil es nicht die kleinste Berücksichtigung der Rolle gibt, die in meiner Ästhetiktheorie das Faktum der Entwicklung des Künstlerischen aus der primären Phase spielt, sehe ich nicht, wo ich ansetzen soll, um zu antworten."[38]

---

particulary disquieting since he declares any art must be aesthetic to be an art." *Ch.E. Gauss*: *Some Reflections*. 130.

[38] "...I speak both of 'esthetic' experience and of 'the esthetic phase of experience'. Since the backbone and indeed the life-blood of my aesthetic theory (such as it is) is that *every* normally complete experience, every one that runs its own full course, is aesthetic in its consummatory phase; and since my theory holds also that the arts and their aesthetic experience are intentionally

Zeltner unterscheidet dann (wohl ganz im Sinne Deweys) zwischen der "breiteren Theorie", in der dieser untersucht, was er "'ästhetische Situation als primäre Phase' nennt", und der "begrenzteren", in der Dewey "seine Aufmerksamkeit auf die Diskussion der 'vorsätzlichen oder intentionalen Kultivierung' der ästhetischen Situation richtet, wobei das bemerkenswerteste Beispiel die <schöne> Kunst darstellt."[39] Damit ist auf Zinks Frage vordergründig eine Antwort gegeben: Die ästhetischen Phasen von lebensweltlich ästhetischen Situationen werden in Kunstsituationen entwickelt und kultiviert. Deshalb sind Kunstsituationen 'noch' ästhetischer als lebensweltlich ästhetische Situationen, deshalb werden sie als "ausgezeichnetes Beispiel" herangezogen, und deshalb meint Dewey, auf die Einführung getrennter Begriffe für lebensweltlich ästhetische Situationen (die eine ästhetische Primärphase haben) und Kunstsituationen (in denen *diese* Primärphase absichtlich kultiviert und entwickelt wird) verzichten zu müssen, um die prinzipielle Gleichartigkeit der Erlebnisqualität beider Situationstypen zu betonen.

Kunstsituationen sind, *gerade weil* sie "absichtliche Entwicklung und Kultivierung" der primären, ästhetischen Phase[40] von lebensweltlichen Situationen sind, *nicht identisch* mit den primären Phasen von lebensweltlich ästhetischen Situationen. Für Deweys Formel "in der Kunst wird die primäre Phase von lebensweltlichen Situationen *absichtlich kultiviert und entwickelt*" gibt es wohl nur die eine

---

cultivated developments of this primary phase, it demands presentation of evidence to accuse the main, the indispensible, intention of the theory with internal inconsistency. Since, as far as I have been able to ascertain, no evidence whatever is offered save use, on purpose of two different expressions to mark the distinction between the primary form and the intentionally developed one of aesthetic experience, and since there is not the remotest reference to the part played in my aesthetic theory by the fact of development of the artistic out of the primary phase, I do not find anything to lay hold of with respect to making a reply." *J. Dewey: Aesthetic Experience.* 56. Die Kritik von *P. Romanell (A Comment.* 125-128) lautete, in D.'s und Croces Ästhetik bestünde die gemeinsame Inkonsistenz, daß mit dem Begriff "ästhetisch" sowohl adjektivisch eine Phase von Situationen, die sich in allen Lebensbereichen ereignen können, als auch substantivisch Kunstsituationen bezeichnet würden. Er kommt zu der Konklusion, D.'s substantivische Verwendung des Begriffes sei mit dem Pragmatismus unvereinbar, weil dadurch ein elitärer Seinsbereich geschaffen würde.

[39] "... broader theory, or what Dewey calls 'aesthetic experience as a primary phase'"..."The refined theory occurs when Dewey turns his attention towards discussion concerning the 'deliberate or intentional cultivation' of aesthetic experience, the most notable example of which is the fine art." *Ph. Zeltner: J.D.'s Aesthetic Philosophy.* 4f. (Vgl. A.3. zur primären und sekundären Phase einer Situation.)

[40] *Ph. Zeltner: J.D.'s Aesthetic Philosophy.* 17. In Zeltners Analyse von D.'s Kunsttheorie steht die Kunstsituation als Kultivierung der primären Phase von lebensweltlichen Situationen im Zentrum. Vgl. auch *Dinech C. Mathur (Dewey's Aesthetics: A Note on the Concept of Consummatory Experience.* In: *The Journal of Philosophy* 63.9. 1966, 225-231) sowie *Ch.E. Gauss (Some Reflections.* 127-132).

Interpretationsmöglichkeit: Kunstsituationen (aber nicht alle lebensweltlich ästhetischen Situationen) sind immer von einem Künstler *künstlich arrangiert mit der ausdrücklichen Absicht*, daß jemand in dieser Situation eine Kunstsituation erleben soll. *Dewey führt also mit dieser Bestimmung doch ein Merkmal zur Abgrenzung des Erlebnisbereichs Kunst ein.* Das Mittel der traditionellen Kunst, eine Situation absichtlich zur Kunstsituation zu arrangieren, ist das Kunstprodukt. In der Avantgarde-Kunst gibt es Kunstsituationen, die als komplexe Situationen ohne 'ein' physisch-einmaliges Kunstprodukt arrangiert werden (Performances z.B.). Die Kunstsituation ist also nicht nur im Sinne Deweys ein intensiv erlebter Widerstandsbewältigungsprozeß gegenüber einem bedeutenden Widerstand, sondern sie ist *auch* (im *Gegensatz* zu lebensweltlich ästhetischen Situationen) *Kunstarrangement*. Mit dem Begriff "Kunstarrangement" ist erfaßt, daß sich die Kunstsituation ereignet, weil der Künstler die Situation künstlich und absichtlich (eventuell mit einem Kunstprodukt) arrangiert hat. Damit ist der traditionelle Werk-Begriff *nicht* wieder eingeführt. Die Avantgardisten stellten Gebrauchsgegenstände in Museen aus, damit im Kontext dieser Dinge Kunstsituationen erlebt werden konnten, und nicht, um diese Gegenstände zu Kunstprodukten zu erheben. Allein durch die Tatsache, daß eine Performance als solche *angekündigt* wird oder daß der Gebrauchsgegenstand *ausgestellt* wird, entsteht eine Situation, die nicht mehr lebensweltlich-zufällig ist. Durch das Kunstarrangement wird die (für jedes Kunsterleben notwendige) Erwartungshaltung geweckt, daß in diesem Kontext eine Kunstsituation erlebt werden kann. Während Dewey in *Art as Experience* konsequent vor diesem Zugeständnis und seinen Implikationen ausweicht, daß zur Kunstsituation ein Kunstarrangement gehört, um keinen elitären Seinsbereich zu schaffen, geht er in *Experience and Nature*, wo es um die Aufwertung von praktischen gegenüber intellektuellen Tätigkeiten geht, gerade von der Beobachtung aus, daß Kunst absichtlich als Kunst geschaffen wird.[41]

C.1.2. Die Erlebnisqualität von Kunstsituationen

An Deweys erlebnisorientierte Theorie der Kunst stellt sich nun folgende Frage: *Warum kann der Widerstandsbewältigungsprozeß überhaupt im Sinne von Deweys Definition der ästhetischen Situation zu einem intensiven, nicht ablenkungsbedrohten Widerstandsbewältigungsprozeß werden, wenn der Widerstand nicht durch eine Konstellation von lebensweltlichen Ereignissen, sondern 'nur' durch die Vermittlung eines Kunstarrangements, das jemand absichtlich und 'künstlich' geschaffen hat, zur Disposition steht?* Selbst wenn die Bedeutung des Widerstandes durch die

---

[41] Vgl. *J. Dewey* (Experience and Nature. viii, 357) sowie *Bertram Morris* (Dewey's Theory of Art. In: *Guide to the Works of John Dewey*. Hrsg. von J.A. Boydston. London/ Amsterdam 1970, 157). Vgl. *J. Dewey* (Art as Experience. 55f.) zum Geschaffensein der ästhetischen Situation.

Strukturen des Kunstarrangements ersichtlich ist (vgl. C.2.), ist es doch keineswegs evident, daß man sich der künstlich geschaffenen Widerstandsbewältigungssituation aussetzt, anstatt sich sofort und ohne Verzögerung an die Bewältigung lebensweltlicher Widerstände zu machen. Wieso setze ich mich in einen Konzertsaal oder vor ein Bild? Ist das nicht Zeitvergeudung? Sind die lebensweltlichen Konflikte und Sehnsüchte nicht genug? Muß man sie unbedingt 'kultivieren' und 'absichtlich entwickeln'? *Ist nicht das Erleben von lebensweltlich ästhetischen Situationen dem von künstlich arrangierten Kunstsituationen absolut und ohne Zweifel vorzuziehen?* "... was für ein Rätsel, was für ein Geheimnis, daß der Mensch Kunst macht, daß er der Kunst bedürftig ist ..."[42] Bietet die Kunstssituation etwas, das in lebensweltlich-ästhetischen Situationen nicht in dem Maße erlebt werden kann? Durch welche besondere Erlebnisqualität zeichnet sich die Kunstsituation gegenüber lebensweltlich ästhetischen Situationen aus?

a. Rollendistanz durch Rollenidentifikation

Hans Robert Jauß würdigt Deweys "Pionierleistung auf dem Gebiet der ästhetischen Erfahrung" und kritisiert dann, daß Dewey keine Kriterien zur "Abgrenzung der ästhetischen Erfahrung <Kunstsituation> von anderen Sinnbereichen der Lebenswelt" entwickelt hat.

> "So hat Dewey in seinem Bemühen, die elementare Einheit aller Funktionen des menschlichen Handelns im Ästhetischen zu verankern, immer wieder das Problem hinterlassen, wie die ästhetische Erfahrung <Kunstsituation> nach innen und nach außen in verschiedene Funktionen ausgegrenzt werden kann."[43]

Jauß unterscheidet drei für Kunstsituationen spezifische Erlebnisformen und ordnet jeder eine eigene Genußebene zu. (1) Die *Rezeptionstätigkeit* zeichnet sich durch eine *eigentümliche Zeitlichkeit* aus. Es werden im Sinne Blochs ("Vorgriff der Einbildungskraft", "utopischer Vorschein") Utopien errichtet oder im Sinne Freuds und Prousts Verdrängtes aus der Vergangenheit aufgearbeitet. Außerdem wird in bezug auf die Gegenwart das, was in ihr angelegt ist, manifest zum Ausdruck gebracht. Den spezifischen Genuß der Rezeptionstätigkeit nennt Jauß *aisthesis*. Der Genuß liegt in einer intensiven Wahrnehmungstätigkeit sowie im prägnanten Wiedererkennen von Vertrautem, das sich in neuer, nicht alltäglicher Gestalt präsen-

---

[42] Gottfried Benn: *Nach vierzig Jahren*. In: *Theorie des Expressionismus*, Hrsg. von O.F. Best. Stuttgart ¹1976, ²1982, 260.

[43] H.R. Jauß: *Ästhetische Erfahrung*. 162, 17, 166. Ders. (a.a.O. 72f., 36, 25) betont die "Unbotmäßigkeit" der Kunst und die Freiwilligkeit des Kunsterlebens.

tiert.⁴⁴ (2) Die *Kreationstätigkeit* ist Schöpfungstätigkeit. Der spezifische Genuß liegt im Genuß am nach eigenen Regeln selbst Hervorgebrachten. Bis hierhin geht Jauß über Dewey nicht hinaus. Die jetzt genannten Bestimmungen treffen eindeutig nicht nur auf die Kunstsituation zu, sondern sind identisch mit dem, was Dewey von der ästhetischen Situation im allgemeinen ausgesagt hat.⁴⁵ (3) Interessant aber ist die "kommunikative Funktion", die Jauß der Kunst zuschreibt. In Kunstsituationen kann *"Rollendistanz durch Rollenidentifikation"* erlebt werden. Rollenidentifikation besagt, daß der Rezipient oder der Künstler sich in den Situationszusammenhang, der durch das Kunstarrangement vermittelt wird, einfühlt. Beim Autor eines Theaterstücks ist das Identifikationsmoment offensichtlich vorhanden, denn sonst kann er die Handlungen und den Text, den er dem Protagonisten in den Mund legt, nicht sinnvoll entwerfen. Beim Rezipienten ist das Identifikationsmoment weniger offensichtlich; Rollenidentifikation passiert im Theater jedoch, wenn der Rezipient sich vorstellt, wie er in einer mit der des Protagonisten vergleichbaren Situation handeln würde. In *Die Leiden des jungen Werther* wird im Protagonisten der Handlung durch die Lektüre des *Ossian*, durch seine Identifizierung mit "Fingals trefflichem Sohn" (der von seiner Geliebten beweint wird) Todessehnsucht erweckt.⁴⁶ Werther geht direkt von der Lektürebeschreibung dazu über, sich vorzustellen, daß er selbst im Grab liegt:

> "Ossian hat in meinem Herzen den Homer verdrängt. .... Zu hören ... die Wehklagen des zu Tode sich jammernden Mädchens, um die vier moosbedeckten grasbewachsenen Steine des Edelgefallenen, ihres Geliebten. ... Der Wanderer wird kommen, der mich kannte in meiner Schönheit und fragen: Wo ist der Sänger, Fingals trefflicher Sohn? Sein Fußtritt geht über mein Grab hin, und er fragt vergebens nach mir auf der Erde."⁴⁷

Auch die Rezeptionsgeschichte von *Die Leiden des jungen Werther* zeigt, daß das Identifikationsmoment in der Kunst direkte lebensweltliche Konsequenzen haben kann, denn das Buch wurde eine Zeitlang verboten, weil es eine Selbstmordwelle ausgelöst hatte. Diese extreme Identifikation stellt glücklicherweise eine Seltenheit dar - aber ein Verstehen der Handlung setzt immer ein gewisses Maß an Identifikation voraus.

Der Identifikation mit dem Dargestellten sind aber *Grenzen* gesetzt. Es besteht ein Identifikationsangebot mit einer lebensweltlich fremden und vielleicht sogar

---

⁴⁴ H.R. Jauß: *Ästhetische Erfahrung*. 31f., 132f.
⁴⁵ Zu "Zeitlichkeit" vgl. A.1.2.c; zu "Lust am Schaffen" vgl. A.2.1.; zu "Unbotmäßigkeit" und "Entstehung neuer Formen" vgl. A.3.1.a.
⁴⁶ H.R. Jauß: *Ästhetische Erfahrung*. 29.
⁴⁷ J.W. Goethe: *Die Leiden des jungen Werther. 2. Buch: Am 12. Oktober*.

befremdenden Rolle. Außerdem besteht normalerweise das Angebot, sich nicht nur mit einem einzigen Protagonisten der Handlung, sondern mit mehreren zu identifizieren. Vor allem gehört zum Kunsterleben (im Kreationsprozeß wie im Rezeptionsprozeß) die "rezeptionsästhetische Prämisse", zu wissen, daß es sich nicht um eine reale, sondern um eine 'künstlich' arrangierte Situation handelt. Dieses komplementäre Phänomen faßt Jauß mit dem Begriff *Rollendistanz*.[48]

b. Handlungs- und Wahrnehmungsstrategien

Jauß ist (wie fast alle Kunsttheoretiker, die auf das eigentümliche Wechselspiel von Distanz und Identifikation in Kunstsituationen aufmerksam machen[49]) stark vom Theater beeinflußt. Er behandelt vorwiegend Kunstprodukte, in denen primär auf der *Handlungsebene* Distanz- und Identifikationsangebote gemacht werden (wie Theaterstücke, Romane und Spielfilme). Für solche Kunstprodukte ist das Jaußsche Schema wohl ohne weiteres nachzuvollziehen. Es gibt aber offensichtlich auch Kunstprodukte ohne Protagonisten einer Handlung, denen das Jaußsche Schema "Rollendistanz durch Rollenidentifikation" zumindest auf den ersten Blick nicht adäquat zu sein scheint. Im Kontext solcher Kunstprodukte (Gemälde, Musik) wird vor allem *Wahrnehmungs*aktivität gefordert. Zunächst einmal gibt es nach Jauß keine Kunstsituationen, in denen reine Wahrnehmungsaktivität gefordert wird. In allen Kunstprodukten besteht "eine sachliche Korrespondenz zwischen der Wahrnehmungsstruktur der ästhetischen Einstellung und der Vorstellung von Vorbildern und Mustern humaner Lebensführung".[50] Jauß verweist in diesem Zusammenhang auf die These von Dieter Henrich, daß in Kunstsituationen eine "komplexe Wahrnehmungsprägnanz" erlebt wird. Es läßt sich eine Analogie zwischen dem Wechselspiel von Identifikation und Distanz auf der Handlungsebene zum *Wechselspiel vom Wiedererkennen des Vertrauten und der Befremdung durch Unvertrautes auf der Wahrnehmungsebene* herstellen. Das Pendant zur 'Identifikation' in Handlungskunst wäre in überwiegend wahrnehmungsorientierter Kunst das 'Wiedererkennen von Vertrautem' im Falle des Rezipienten, im Falle des Künstlers das 'Gestalten von Vertrautem'. Auf dieser Ebene ist sowohl die Mimesis von lebensweltlich Vertrautem als auch die Anwendung kulturell vertrauter Kunsttechniken erfaßt. Das Pendant zur 'Rollendistanz' wären die 'unvertrauten' Elemente[51]

---

[48] Vgl. auch Th. Luckmann (*Persönliche Identität, soziale Rolle und Rollendistanz.* In: *Poetik und Hermeneutik* 8).

[49] Dieses Wechselspiel steht im Zentrum der auf Aristoteles zurückgehenden Katharsis-Theorien. Auch Lessing thematisiert das Schauspiel in Hinblick auf das Wechselspiel von Distanz und Identifikation.

[50] H.R. Jauß: *Ästhetische Erfahrung.* 137f.

[51] Diese unvertrauten Elemente werden in C.2. mit N. Goodman "Metapher" genannt.

in den Kunstprodukten, also beispielsweise die künstlerische Verdichtung und Variation der bekannten Ausdrucksmittel oder exzentrische Zusätze. Damit ist ein wesentliches Merkmal von Kunstsituationen angegeben. Nach Jauß und Henrich werden in Kunstsituationen entweder auf der Handlungsebene oder auf der Wahrnehmungsebene oder auf beiden Ebenen *Identifikationsangebote* gemacht, die aber gleichzeitig aus einer *Distanz* heraus *auch* als *unvertraut* erlebt werden.

c. Selbstgenuß im Fremdgenuß

"Rollendistanz durch Rollenidentifikation" oder das analoge "Wiedererkennen im Unvertrauten" ist nach Jauß von einer spezifischen Erlebnisqualität, von einem spezifischen Genuß begleitet. Der spezifische Genuß (Katharsis) ist zunächst eine "psychagogische Wirkung" im Sinne einer intensiven Gefühlserregung sowie eine moralische Wirkung, weil man sich selbst und die Umwelt (ganz im Sinne Deweys) auf eine neue Weise erfährt, indem man in eine fremde Rolle schlüpft. Rollendistanz heißt bei Jauß auch, daß man durch die Identifikation mit fremden Rollen seine eigenen lebensweltlichen Rollen aus einer neuen Perspektive erleben und so neue Impulse zur Veränderung von lebensweltlich verhärteten Verhaltensmustern gewinnen kann:

> "Wenn für den Menschen in allen Gesellschaften die Möglichkeit des Abstands von eigenem Handeln darin angelegt ist, daß er auch im naiven Alltagsleben über Alternativen des Handelns verfügt, daß sich seine Rollen wechselseitig relativieren können, und daß er sich im Bruch zwischen Alltag und anderen Sinnbereichen (wie Traum, Religion, Wissenschaft) als ein rollenunabhängiges Selbst zu erfahren vermag, kann ihn über diese Möglichkeit hinaus die ästhetische Einstellung <Kunstsituation> in ein Gegenüber zur Rolle bringen, das ihn vom Zwang und der Routine alltäglicher Rollen spielerisch freisetzt."[52]

Diese spezifische Erlebnisqualität von Kunstsituationen bezeichnet Jauß als "Selbstgenuß im Fremdgenuß". Den Bezug der Wahrnehmungsaktivität in der Kunst zur Lebenswelt stellt Henrich her. Durch Wahrnehmung von Vertrautem im Unvertrautem können neue Wahrnehmungsstrategien entwickelt werden. Die Wahrnehmungskunst soll zur Entwicklung von Wahrnehmungsstrategien beitragen, die "eine Welt von Apparaten, von technisch gefertigten Materialien und einer universalen, alle Sprachen durchherrschenden und verformenden Infor-

---

[52] H.R. Jauß: Ästhetische Erfahrung. 26f.

mation, der überkommene Lebensweisen nicht gewachsen sind, ertragbar, vertraut und zur Grundlage eines sich erweiternden Lebensgefühls"[53] machen.
In Auseinandersetzung mit Henrich gesteht Jauß, daß auch in lebensweltlich ästhetischen Situationen Identifikationsangebote mit fremden Rollen oder Angebote zur Wahrnehmung von Unvertrautem gemacht werden, so daß er (Jauß) sein Ziel, eine distinkte Abgrenzung von lebensweltlich ästhetischen Situationen und Kunstsituationen nicht erreicht hätte.[54] Hier unterschätzt Jauß wohl seinen eigenen Ansatz. Tatsächlich gibt es viele lebensweltlich ästhetische Situationen, in denen Identifikationsangebote gemacht werden, so beispielsweise in religiösen oder politischen Zeremonien. Es ist aber ein Spezifikum der Kunstsituation, daß die Rollenangebote *gleichzeitig* mit distanziertem Erleben verknüpft sind, was in religiösen oder politischen Zeremonien zumindest nicht intendiert ist.

d. Distanz als Handlungsschranke

Das Distanzelement, das Jauß anspricht, hat eine Implikation, die Stephen Pepper in seiner pragmatistischen Kunsttheorie anspricht:

> "Die einzige praktische Handlung, die man mit einem Buch ausführen könnte, wäre das Schließen <des Buchs>. Im Theater kann man lediglich pfeifen oder jubeln oder weggehen. Solche Schranken gegen praktisches Handeln, die in Situationen aufgebaut werden, die normalerweise ein solches praktisches Handeln hervorrufen, werden manchmal 'psychische Distanz' genannt. Die Konventionen im Theater beispielsweise, von denen es soviele gibt (die erhöhte Bühne, die Beleuchtung, der dreiwandige Bühnenraum oder die abstrakte Präsentation, die Orientierung des Schauspielers zum Publikum hin, die ausgebildete Distinktion, die Konzentration auf die Handlung, die Pausen zwischen den Szenen etc.), sind Mittel, mit denen der Künstler die Situation kontrolliert und den Zuschauer an seinem Platz hält. Diese Konventionen sind Mittel, mit denen der Künstler den Konflikt kontrolliert."[55]

---

[53] D. Henrich: *Kunst und Kunstphilosophie der Gegenwart.* Überlegungen mit Rücksicht auf Hegel. In: *Poetik und Hermeneutik* 2. 1966, 11-32 (12). Im Text zit. nach: *H.R. Jauß: Ästhetische Erfahrung.* 100.

[54] H.R. Jauß: *Ästhetische Erfahrung.* 137f.

[55] "The only practical action a man can take with a book is to shut it. At a theater, all he can do is to hiss or cheer, or go away. Inhibitions like these set up against practical action in situations that normally call for it, are sometimes called 'psychical distance.' The conventions of the theater, for instance, of which there are many, the elevated stage, the lightening, the three-sided room or the abstract presentation, the actor's orientation toward the audience, the expert diction, the

Damit ist ein weiteres Merkmal von Kunstsituationen genannt, das zumindest nicht auf alle lebensweltlich ästhetische Situationen zutrifft. *Zur Kunstsituation gehören wesentlich Handlungsschranken.* Wer im Theater aufspringt und Hamlets Onkel empört als Mörder beschimpft, macht sich lächerlich. Die Kunstsituation ist so arrangiert, daß praktisches Handeln verhindert wird. Da der Widerstand in einer Kunstsituation 'nur' vermittelt ist, also in Distanz erlebt wird, ist derjenige, der die Situation erlebt, andererseits von der *Notwendigkeit des konkreten Handelns befreit.*

e. Ein Konsistenzproblem

Dewey hat sich vehement gegen die Annahme von psychischer Distanz im Kunsterleben ausgesprochen.[56] Die Erlebnisqualität der ästhetischen Situation ist 'vollkommene Hingabe'. Wenn hier von "Rollendistanz", "Wahrnehmung des Unvertrauten" und "Handlungsschranken" gesprochen wird, stellt sich auf den ersten Blick ein Konsistenzproblem.[57] Diese Bestimmungen der Kunstsituation sind aus der Prämisse hergeleitet worden, daß zu jeder Kunstsituation ein künstlich geschaffenes Kunstarrangement gehört. Es stellt sich die Frage, ob Dewey etwa überhaupt nicht zwischen lebensweltlicher Realität und künstlicher Vermittlung der zur Disposition gestellten Widerstandsbewältigungssituation unterscheidet. Nur ein einziges Mal, wenn er ausnahmsweise nicht über die allgemeine ästhetische Situation, sondern definitiv über die Kunstsituation *(fine art)* spricht, ist von Handlungsschranken die Rede:

> "<Schöne> Kunst wird manchmal als Kraft, Illusionen zu bilden, definiert. Soweit ich sehe, ist diese Behauptung eine entschieden unintelligente und irreführende Art und Weise, eine Wahrheit zu behaupten - nämlich, daß Künstler durch die Beherrschung eines einzelnen Mediums Effekte schaffen. ... Es *gibt* etwas Physisches im gewöhnlichen Sinne von realer Existenz. Es gibt die Farbe oder den Klang, die das Medium konstituieren. Und es gibt ein Situationserleben, das einen Sinn von Realität hat, die so ziemlich wie eine überhöhte Realität ist. Dieser Sinn wäre illusionär, wenn er genauso wäre wie der, der dem Sinn für die reale Existenz des Mediums zusteht. Doch er ist sehr verschieden. Auf der Bühne sind die Medien, die Schauspieler, deren

---

concentration of action, the break between the scenes, etc., are all means by which the artist controls the situation and holds the spectator in place. These conventions are the instruments by which the artists controls conflict." *St. Pepper: Aesthetic Quality.* 77.

56 J. Dewey: Art as Experience. 262f., 203.
57 "Unmittelbar" hat bei Dewey die Bedeutung von "emotional". Auch distanziertes Erleben kann emotional sein.

Stimmen und Gesten, real da; sie existieren. Und der kultivierte Zuschauer hat als Konsequenz einen erhöhten Sinn für die Realität der Dinge des gewöhnlichen Situationserlebens (vorausgesetzt, es ist ein genuin künstlerisches Stück). Nur der unkultivierte Theaterbesucher hat eine Illusion von der Realität dessen, was aufgeführt wird, daß er das, was getan wird, mit der Art von Realität identifiziert, die sich in der physischen[58] Präsenz der Schauspieler manifestiert, so daß er versucht, in die Handlung einzugreifen."[59]

Diese Erkenntnis, daß künstlerisch vermitteltes Erleben anders beschaffen ist als lebensweltliches Erleben, wird in *Art as Experience* nicht weiter verfolgt, obwohl das Merkmal, daß zu jeder Kunstsituation Handlungsschranken gehören, ganz entscheidende Konsequenzen für die spezifische Erlebnisqualität von Kunstsituationen hat.

f. Komplexe Strategieentwicklung durch Handlungsschranken

Vorausgesetzt wurde im Sinne Deweys, daß durch ein Kunstarrangement ein lebensweltlich bedeutender Widerstand (oder Wert) zur Disposition gestellt wird. Peppers Ausführungen über die Handlungsschranken in Kunstsituationen kann man in Deweys Analyseraster übersetzen dahingehend, daß gleichzeitig mit der Zur-Disposition-Stellung des Widerstandes das Eintreten der Widerstandsbewältigungsaktivität in die vierte Phase des Widerstandsbewältigungszyklus' (in die Handlungsphase) verhindert wird. *Da weder die Möglichkeit noch die Notwendigkeit besteht, zur Handlungsphase überzugehen, kann die Strategieentwicklungsphase des Widerstandsbewältigungsprozesses in Kunstsituationen also mehr als in allen anderen Lebenssituationen ausgedehnt werden.* So kommt es durch die Handlungsschranken zu einer komplexen Wahrnehmungsprägnanz im Sinne Henrichs oder zu

---

[58] Im englischen Text steht "psychical" statt "physical". Dieses Wort gibt an dieser Stelle keinen erkennbaren Sinn und ist wohl ein Druckfehler.

[59] "Fine art is sometimes defined as power to create illusions. As far as I can see this statement is a decidedly unintelligent and misleading way of stating a truth - namely, that artists create effects by command of a single medium ... There *is* something physical, in its ordinary sense of real existence. There is the color or the sound that constitutes the medium. And there is an experience having a sense of reality, quite likely a heightened one. This sense would be illusory, if it were like that which appertains to the sense of the real existence of the medium. But it is very different. On the stage the media, the actors and their voices and gestures, are really there; they exist. And the cultivated auditor has as a consequence a heightened sense (supposing the play to be genuinely artistic) of the reality of things of *ordinary* experience. Only the uncultivated theatergoer has such an illusion of the reality of what is enacted that he identifies what is done with the kind of reality manifested in the psychical presence of the actors, so that he tries to join the action." *J. Dewey*: Art as Experience. 204f. (ohne Hervorhebungen).

einem komplexen Rollenidentifikations- und Rollendistanzangebot im Sinne von Jauß. *Die Ausdehnung der Strategieentwicklungsphase des Widerstandsbewältigungszyklus ist kunstspezifisch und führt zu besonders komplexem Erleben.* Die Intensität der Kunstsituation besteht demnach in der Komplexität möglicher Handlungs- oder Wahrnehmungsstrategien. Die Tatsache, daß der der Widerstand 'nur' vermittelt ist, erweist sich damit nicht als Defizit, wie zu Anfang dieses Kapitels suggeriert wurde, sondern im Gegenteil als Bedingung der kunstsituationsspezifischen Handlungsschranken, welche wiederum Bedingung einer besonderen Intensivierung des Erlebens sind.

Bis jetzt sind drei Merkmale des Kunsterlebens herausgearbeitet worden: (1) In eine Kunstsituation *sind künstlich arrangierte Situationselemente* impliziert (im Normalfall ein Kunstprodukt). (2) Es wird Vertrautes auf unvertraute Weise erlebt (Jauß und Henrich). (3) Jede Kunstsituation hat Handlungsschranken, wodurch die Strategieentwicklungsphase der Situation ausgedehnt wird.

Zwei wichtige Probleme können hier nicht mehr bearbeitet werden. (1) Jauß kritisiert bei Dewey, daß dieser die "Asymmetrie" von Rezeption und Kreation nicht erkannt habe: "Zwischen Genese und Wirkung klafft in aller ästhetischer Erfahrung <in allen Kunstsituationen> ein Hiat, über den sich auch der schaffende Künstler nicht hinwegsetzen kann ..."[60] Diese 'Lücke' hat Jauß dadurch geschlossen, daß er die Schöpfungstätigkeit des Künstlers betont, während er an anderer Stelle vertritt (wie es in der Rezeptionsästhetik mittlerweile Konsens ist), daß auch vom Rezipienten Kreativität gefordert wird, und daß insbesondere der den Tätigkeiten zugeordnete spezifische Genuß auch durch die anderen Tätigkeiten erlebt werden kann.[61] Er hat also lediglich auf das (zweifellos vorhandene) Gefälle zwischen Kreations- und Rezeptionstätigkeit hingewiesen und damit nicht distinkt zwischen der Erlebnisqualität von Rezeptionssituationen und Kreationssituationen unterschieden. (2) Bevor nicht genauer untersucht wurde, ob nicht auch Feste und religiöse oder politische Zeremonien künstlich arrangierte Situationen sind, in denen lebensweltlich Bedeutendes zur Disposition steht, in denen Vertrautes unvertraut erlebt wird und in denen Handlungsschranken aufgebaut werden, kann man nicht von spezifischen Merkmalen der Kunstsituation sprechen, sondern lediglich von Merkmalen, die auf alle Kunstsituationen, aber nicht auf alle lebensweltlich ästhetischen Situationen zutreffen.

---

[60] H.R. Jauß: *Ästhetische Erfahrung*. 166. (Verweis auf *J.P. Sartre*: *Qu'est-ce que la Litérature?* In: *Situations II*. Paris 1948, 89ff.).
[61] H.R. Jauß: *Ästhetische Erfahrung*. 63f.

C.2. Die Vermittlungsfunktion des Kunstarrangements

C.2.1. Deweys Zeichentheorie

Der Autor eines Lexikonartikels betont zurecht, daß in unserem Jahrhundert ganz im Sinne Deweys das Kunsterleben im Zentrum ästhetischer Reflexion stünde, und fährt dann fort: "Aber die Kunst<produkte> selbst können auch nicht außen vor gelassen werden. Gegenwärtig wird in jeder ausgedehnten Untersuchung des <ästhetischen> Feldes eine Wechselbeziehung zwischen dem Kunst<produkt> und dem ästhetischem Situationserleben angenommen. Keine Ästhetiktheorie wird bestehen können, wenn sie nicht erklären kann, warum gewisse Kunst<produkte> hervorstechende Exemplifikationen, Verkörperungen von oder Stimuli für ästhetisches Situationserleben sind."[62] Nach Zeltner müssen Gemälde oder Musik Medien von besonderer Beschaffenheit sein.[63] Dewey spricht von einer Wechselbeziehung zwischen dem Kunstprodukt und dem Erleben des Kunstprodukts: Das äußere Objekt ist demnach verbindendes Glied zwischen Künstler und Rezipientenkreis.[64] Auf die Frage aber, warum "gewisse Kunstprodukte" "hervorstechende Exemplifikationen" oder "Stimuli für Kunsterleben" sind, würde er wohl antworten, daß das ästhetische Produkt aus einem ästhetischen Prozeß hervorgegangen ist, dadurch die Merkmale seines Schaffensprozesses trägt und deshalb wiederum Initial von ästhetischem Erleben sein kann.[65] Aus der Tatsache, daß der Künstler beim Schaffen seines Produkts eine Kunstsituation erlebt hat, läßt sich jedoch nicht schließen, daß auch ein Rezipient im Kontext des geschaffenen Produkts eine Kunstsituation erleben kann. Umgekehrt ist denkbar, daß ein Kunstprodukt in einem Prozeß entsteht, der vom Künstler nicht als ästhetischer Prozeß erlebt wird, während das Produkt für einen Rezipienten Kunsterleben initiieren kann (vgl. Diderots Schauspielerparadoxon).

---

[62] "But works of art themselves cannot be be neglected either. Actually, for any extended investigation of the field, there is a reciprocity between the works of art and the aesthetic experience. No aesthetic theory will stand up if it cannot explain why certain works of art are outstanding exemplifications, embodiments, or stimuli for the aesthetic experience." (Hier sind mit "works of art" offensichtlich nicht, wie bei D., "ästhetische Situationen" gemeint, sondern die Kunstprodukte bzw. -arrangements. Deshalb wurde hier von dem in A.3.2. entwickelten Übersetzungsschema abgewichen.) Artikel *Aesthetics*. In: *Encyclopedia Britannica*. 150.

[63] Ph. Zeltner: *J.D.'s Aesthetic Philosophy*. 18, 77-110.

[64] J. Dewey: *Art as Experience*. 111 (zitiert in A.3.2.a.).

[65] S. Zink (*The Concept of Continuity*. 394) fragt, inwieweit die Vollkommenheit des ästhetischen Erlebens mit der Vollkommenheit des Kunstprodukts zusammenhängt und unterstellt D. eine Zirkeldefinition.

Bis jetzt wurde ungeprüft vorausgesetzt, daß in einer Kunstsituation ein bedeutender Widerstand zur Disposition stehen kann, auch wenn die Situation 'nur' künstlich arrangiert wurde. Jetzt muß geklärt werden, wie in einer künstlich arrangierten Situation ein lebensweltlich bedeutender Widerstand zur Disposition gestellt wird, wodurch in einer Kunstsituation Vertrautes unvertraut erlebt wird und wodurch Handlungsschranken aufgebaut werden. Mit diesen Fragen ist der Zeichencharakter, die *Vermittlungsfunktion* des Kunstarrangements angesprochen. Die Strukturen des künstlich geschaffenen Kunstarrangements, die zu einem emotionalen Prozeß hinführen, sind nicht selbst emotional und können also *nicht mehr in Deweys psychologischen Begriffen* (Erlebnisqualität der Situation) analysiert werden. Damit wird jetzt eine *andere* Reflexionshaltung eingenommen: Es ist nicht mehr die Erlebnisqualität der Gegenstand der Reflexion, sondern es soll getrennt untersucht werden, was in unmittelbarem (emotionalem) Kunsterleben zu einer Einheit des Erlebens verschmolzen war. Zunächst sollen die von Dewey selbst gesetzten Rahmenbedingungen für eine zeichentheoretische Analyse betrachtet werden. Im nächsten Kapitel wird dann die semiotische Weiterentwicklung von *Art as Experience* durch Charles W. Morris vorgestellt.

a. Natürliche Zeichen und Symbole

Deweys Zeichentheorie besteht im wesentlichen aus der Unterscheidung von natürlichen Zeichen und Symbolen (bzw. künstlichen Zeichen) in der *Logic* sowie in dem logischen Vorgängerwerk aus seiner mittleren Phase *How We Think*.[66]
Natürliche Zeichen <natural signs> sind die Phänomene in der Natur, die nicht durch konventionelle Übereinkunft entstanden sind, und die auf etwas anderes hinweisen. Natürliche Zeichen haben einen engen Verweisungsbezug und sind an eine bestimmte Situation gebunden.

> "Ein Zeichen aber, im technischen Sinn gebraucht, ist jedes Ereignis, das regulär mit irgendeinem anderen Ereignis verbunden ist, und <zwar> in einer Weise, daß das Geschehen des ersten <Ereignisses> zu der Erwartung des zweiten <Ereignisses> führen kann. Das Geschehnis eines Zeichens gibt uns vernünftigen Grund, das Geschehnis seiner Zeichenhaftigkeit zu erwarten ... Ein Zeichen agiert als ein

---

[66] *J. Dewey: Logic*. 57. *Ders. (How we Think)* thematisiert Denkprozesse als handlungsorientierte Widerstandsbewältigungsprozesse und insbesondere aus pädagogischer Perspektive. *Ders. (a.a.O. 16)* bezeichnet die Fähigkeit des Menschen, Zeichen zu benutzen, als Basis für rationales und geplantes Handeln: "Wo Denken stattfindet, fungiert Gegebenes als Zeichen, als Hinweis auf etwas anderes, das noch nicht angetroffen wurde. *Ein denkendes Wesen kann daher auf der Basis des Nichtgegebenen und des Künftigen handeln."*

vorbereitender Stimulus für den Organismus, der es erhält und der trainiert ist, <darauf> zu antworten."⁶⁷

Ein solches natürliches Zeichen ist Rauch, der darauf verweist, daß es brennt.⁶⁸ Nach Black rufen natürliche Zeichen eine genau festgelegte Reaktion des Organismus hervor: Das Klingelzeichen ruft bei dem Pawlowschen Hund automatisch Speichelfluß hervor, weil es das Signal für die Fütterungszeit ist.

Symbole sind von Menschen geschaffene Zeichen, die ihren Hinweischarakter nicht durch einen natürlich gewachsenen Zusammenhang zu dem Bezeichneten, sondern durch Konvention haben. Symbole sind in verschiedenen Kontexten zeichenhaft, weil sie logische Relationen zu anderen Symbolen eingehen können. Die Fähigkeit des Menschen zur Bildung und Handhabung von Symbolen ist die elementare Bedingung für komplexes Denkens. Symbole funktionieren nur als Teil eines Systems und entstehen in spezifisch menschlichen, sozialen Handlungsprozessen. Nach Black interpretiert Dewey Symbole als Basis zur Ausbildung sowohl von Gesellschaftsstrukturen als auch von Bewußtsein. Das wichtigste Symbolsystem ist die Sprache.⁶⁹

b. Das Kunstprodukt - ein Symbol?

Dieser Definition nach läge es nahe, das Kunstprodukt als Symbol zu bezeichnen, denn das Kunstprodukt kann als ein von Menschen geschaffenes Zeichen interpretiert werden, das komplexe, lebensweltliche Bezüge eingehen soll, um so die Ent-

---

67 "A sign, however, in the technical sense intended, is any event regulary conjoined with some other event, in such a way that occurence of the first can arouse expectation of the second. The occurence of a sign gives us reason to expect the occurance of its significance ... A sign acts as a preparatory stimulus upon the organism receiving it and trained to respond." M. Black: *Language*. 510.

68 In der Semiotik von Ch.S. Peirce heißen solche Zeichen "indexikalische Zeichen".

69 *M. Black: Language.* 508, 510f. Nach Black geht D.'s sozial- und handlungsorientierte Sprachphilosophie auf G.H. Mead zurück, den Dewey in Mitchigan kennengelernt hatte, wo er seit 1884 studierte (513). Dieser Verdacht liegt tatsächlich nicht nur wegen des freundschaftlichen Verhältnisses, das beide Philosophen in Chicago miteinander verbunden hat, nahe. In seinem Hauptwerk *(George H. Mead: Mind, Self and Society.* From the Standpoint of a Social Beaviourist. Hrsg. von Ch.W. Morris. Chicago 1934), einer im selben Jahr wie *Art as Experience* erschienenen Vorlesungssammlung, führt Mead die Existenz sämtlicher geistiger Prozesse und Phänomene (einschließlich der menschlichen Seele und der Werte) auf soziale Prozesse, die insbesondere von Sprache und Gesten getragene Kommunikationsprozesse sind, zurück. Vgl. dazu auch *J.F. Blau (American Philosophy.* 299-312). Im 5. Kapitel von *Experience and Nature* betont D., daß Sprechakte Handlungen sind, die zur Ausbildung der Kultur beitragen. Einen Vergleich von D.'s Sprachphilosophie mit der Sprechakttheorie von Austin und Searle bietet sich an.

wicklung der jeweiligen Gesellschaft voranzutreiben. Nach *Art as Experience* besteht auch zumindest das Material der Kunstgattung Literatur aus Sprachsymbolen. Dewey distanziert sich jedoch ausdrücklich vom Symbolbegriff als einer Kategorie, die im unmittelbaren ästhetischen Erleben relevant ist. Zu kultischen und politischen Symbolen sagt er in *Experience and Nature*:

> "Dinge, die eine Wirksamkeit haben, die ihnen deshalb zugeschrieben wird, einfach weil sie teilhatten an irgendeinem außergewöhnlich vollkommenen Situationserleben, sind Symbole. Sie werden aber erst im Nachhinein und von außen Symbole genannt. In der Hingabe an Politik und Religion sind sie alles andere als Symbole; sie sind Gegenstände, die okkulte Kraft besitzen. Für den einen Menschen sind zwei gekreuzte Linien ein Anzeichen dafür, daß eine arithmetische Operation durchgeführt werden soll; für einen anderen sind sie <ein> Beleg für die Existenz des Christentums als eines historischen Faktums, wie der Halbmond eine Erinnerung an die Existenz des Islams ist. Aber <wieder> für einen anderen ist ein Kreuz mehr als eine quälende Erinnerung an einen tragisch-bedeutsamem Tod; es hat innewohnende heilige Kraft, zu beschützen und zu segnen."[70]

Der Symbol*charakter* eines Symbols wird im *unmittelbaren* (emotionalen) Erleben eines Symbols nicht (oder nur peripher) miterlebt bzw. erfaßt. Symbol*bewußtsein* ist die Einstellung einer *nachträglichen* Reflexionssituation. Auch in *Art as Experience* distanziert[71] sich Dewey vom Symbolbegriff als Analysekategorie der ästhetischen Situation mit demselben Argument:

> "Der Künstler bringt, anstatt eine Beschreibung einer Emotion in intellektuellen und symbolischen Begriffen <zu liefern>, 'die Tat hervor, die das Gefühl hervorbringt'".

---

[70] "Things which have an efficacy imputed to them simply because they have shared in some eminent consummatory experience are symbols. They are called symbols, however, only afterwards and from without. To the devout in politics and religion they are other than symbols; they are articles possessed of occult potency. To one man, two crossed lines are an indication of an arithmetical operation to be performed; to another they are evidence of the existence of Christianity as a historic fact, as a crescent is a reminder of the existence of Islam. But to another, a cross is more than a poignant reminder of a tragically significant death; it has intrinsic sacred power to protect and to bless." *J. Dewey: Experience and Nature*. 386. (Das 9. Kapitel dieses Buches kann insgesamt als Vorläufer von *Art as Experience* gelten: Sowohl die systematische als auch die politische Fundamentalforderung von Deweys Spätwerk werden hier formuliert.)

[71] G. *Boas (Communication*. 177, 180) kritisiert, daß die kommunikative Funktion der Kunst durch die Ausbildung von Symbolsystemen bedingt ist. Jede soziale Gruppe hätte ein eigenes Symbolsystem, das sich in der Kunst manifestiert.

"Die, welche man Künstler nennt, haben als *subject-matter* die Qualitäten der Dinge des direkten Situationserlebens; 'intellektuelle' Denker gehen mit diesen Qualitäten aus einer gewissen Entfernung um, <nämlich> durch das Medium der Symbole, die für diese Qualitäten stehen, die aber nicht bedeutend in ihrer unmittelbaren Präsenz sind."

"Das Material der <schönen> Künste besteht aus Qualitäten; das <Material> einer Situation, die <eine> intellektuelle Konklusion hat, sind Zeichen oder Symbole, die keine eigene, innewohnende Qualität haben, die jedoch für Dinge stehen, die in einer anderen Situation qualitativ erlebt werden könnten."[72]

In diesen Passagen führt Dewey noch ein weiteres Argument gegen den Symbolbegriff als Kategorie des ästhetischen Erlebens an: Er definiert das Material (also die Zeichenträger) der Kunst als Material, das die designierten Eigenschaften selbst besitzt, während Symbole durch *Konvention* auf etwas verweisen. *Symbole sind demnach nicht-künstlerisch, weil sie die designierte Werteigenschaft nicht selbst besitzen,* und weil sie *Kategorien der Reflexion* sind.[73]

---

[72] "Instead of a description of an emotion in intellectual and symbolic terms, the artist 'does the deed that breeds' the emotion." "Those who are called artists have for their subject-matter the qualities of things of direct experience; 'intellectual' inquirers deal with these qualities at one remove, through the medium of symbols that stand for qualities but are not significant in their immediate presence." "The material of fine arts consists of qualities; that of experience having intellectual conclusion are signs or symbols having no intrinsic quality of their own, but standing for things that may in another experience be qualitatively experienced." *J. Dewey: Art as Experience.* 73, 80, 45.

[73] *Susanne Langer (Philosophy in a New Key.* Cambridge 1942. Im Text zit. nach *dies.: Philosophie auf neuem Wege. Das Symbol im Denken, im Ritus und in der Kunst.* Frankfurt 1965/ Mittenwald ²1979, 205) sieht einen Beleg für die Gültigkeit der Symboltheorien darin, daß Kunst nicht populistisch geworden ist, obwohl jedermann heutzutage Zugang zur Kunst haben kann: "In früheren Zeiten war diesen breiten Schichten des Volkes der Zugang zu den großen Werken der Kunst verschlossen. Musik, Malerei und sogar Bücher waren das Vergnügen der Wohlhabenden; es lag nahe, anzunehmen, daß die Armen und Ungebildeten die Kunst genießen würden, wenn ihnen die Teilnahme am Kunstgenuß nicht länger versagt bliebe. Heute jedoch, da jeder lesen, Museen besuchen und zumindest übers Radio gute Musik hören kann, ist das Urteil der Massen über Gegenstände der Kunst eine Realität, und es besteht kein Zweifel mehr, daß große Kunst kein unmittelbares, sinnliches Vergnügen ist. Wäre sie es, so würde sie - wie Näschereien oder Cocktails - den ungebildeten Geschmack ebenso ansprechen wie den kultivierten. Dieser Umstand und die essentielle 'Ungefälligkeit' eines großen Teils der zeitgenössischen Kunst mußten jeder Theorie, die die Kunst als reine Annehmlichkeit behandelt, den Boden entziehen. Bedenkt man zudem das gegenwärtige logische und psychologische Interesse am Symbol, am expressiven Ausdrucksmedium und an der Artikulation von Ideen, so ist der Weg zu

c. Die Kritik von Max Black

Nach Max Black hat Dewey "keinen systematischen Beitrag zu seinem Standpunkt gegenüber Sprache und Symbolen hinterlassen, obwohl er ziemlich viel in seinen Schriften über sie gesagt hat."[74] Dewey habe den Symbolbegriff nicht exakt definiert, sondern nur "metaphorisch" umschrieben. Seine Sprachtheorie sei aus der Beobachtung des Spracherlernens von Kindern entstanden, woraus sich keine Aussagen über Sprache ableiten ließen. Deweys kommunikative Grundregel ('Nimm die Haltung des anderen ein') sei eine Scheinregel (bei einem Versprechen z.B. ist das Befolgen dieser Regel unmöglich). Dewey betrachte Wörter und Sätze, als ob sie zur selben logischen Kategorie gehörten, obwohl Wörter offensichtlich nicht falsifizierbar sind. Dewey sei im Gegensatz zu Wittgenstein im traditionellem metaphysischen Denken verhaftet geblieben, weil Dewey noch eine zugrundeliegende Bedeutung von Symbolen und Zeichen annähme. Die letztgenannte Kritik Blacks ist so nicht haltbar.[75] Sie läßt sich jedoch sinnvoll abschwächen zu einer

---

einer neuen, auf dem Begriff der "sinnhaltigen Form" basierenden Philosophie der Kunst nicht mehr weit."

[74] "Dewey has not left us a systematic account of his views about language and symbolism, although he has said a good deal about them in his writings" M. Black: Language. 505. Black erwähnt *Experience and Nature*, *Logic*, *The Quest For Certainty* und *How We Think*.

[75] Die von Black angesprochene Frage wurde schon im Kontext von Peppers paralleler Idealismuskritik diskutiert, nach der D. eine absolute Bedeutung von Kunst vorausgesetzt hat. Nach *W.R. Dennes (Review.* 259ff.) nimmt D. keine statischen sprachlichen Bedeutungen an, sondern identifiziert sie mit ihrer "experimentellen Operabilität". Zu diesem Abschnitt vgl. *M. Black (Language.* 505-523). Zu D. und der *Analytischen Philosophie:* Nach *R. Rorty (Consequences.* 75) flaute die D.-Diskussion nach D.'s Tod vorübergehend ab, weil die Oxforder Philosophen die "Pseudoprobleme" der traditionellen Metaphysik mit einem besseren begrifflichen Instrumentarium entlarvt hätten. Nach *Alan Pasch (Dewey and the Analytical Philosophers.* In: *The Journal of Philosophy* 56. 1959, 814-826) sind D. und die Analytische Philosophie durch ihre gemeinsame Traditionskritik verbunden. Die frühe Analytische Philosophie hätte kritisiert, daß D. nicht zwischen Philosophie (synthetische Urteile, Letztbegründung) und Wissenschaftstheorie (analytische Urteile) unterschieden hätte. Die spätere Analytische Philosophie hätte D.'s kontextualistisches Denken übernommen, wodurch eine radikale Abwendung vom Idealismus erst möglich und die Trennung zwischen Philosophie und Wissenschaftstheorie hinfällig geworden sei. Nach *Rollin Wallace (A Comparision of the Theories of Meaning of John Dewey and Oxford Ordinary Language Philosophers with some Attention to that of F.C. Schiller.* Diss. Michigan 1958) betrachtet D. die Sprache instrumentalistisch und berücksichtigt deshalb non-linguistische Elemente (Kontext). Andererseits nähme er keine detaillierten Analysen der Form der Sprache vor. Während Schiller auf jede philosophisch-systematische Fundamentierung verzichte, interpretiere D. die Sprache als Ereignis innerhalb des Situationskontinuums 'Natur'. Zu Gegenüberstellungen von zentralen Theorieelementen D.'s mit Positionen von analytischen Philosophen (insb. von Wittgenstein) siehe *J.E. Tiles (Dewey.* 98-103).

These, mit deren Hilfe eine weitere Bedingung aufgezeigt werden könnte, die eine Theorie des Kunstzeichens in Deweys Sinne erfüllen müßte: Dewey lehnt den Symbolbegriff zur Analyse der ästhetischen Situation ab, weil die konventionell entstandenen Bedeutungsbezüge eines Symbols "in Konventionen erstarren" könnten. Einen Hinweis auf diese Interpretationsmöglichkeit gibt er in seinen Ausführungen zur Literatur, nach denen diese Kunstgattung, gerade weil ihr Material Sprachsymbole sind, der "ständigen Auffrischung bedarf", damit ein wesentliches Merkmal der ästhetischen Situation (das Erleben einer originär neuen Bedeutung zu ermöglichen) gewährleistet bleibt. Damit ist ein weiteres Problem offensichtlich, daß entstünde, wenn man die Kunstzeichen als Symbole interpretieren würde: es könnte nicht erkärt werden, wie durch konventionelle (symbolische) Verweisungsbezüge das Erleben in der Kunstsituation prinzipiell infinitesimal zum Erleben des ganzen Situationskontinuums 'Natur' ausdehnbar sein kann.

d. Vier Bedingungen einer Theorie des Kunstzeichens in Deweys Sinne

Für die Möglichkeit einer zeichentheoretische Analyse der Kunstsituation spricht, daß Dewey offensichtlich eine zeichentheoretische Analyse von Phänomenen prinzipiell zuläßt, auch wenn diese keine bedeutende Rolle spielen, wie Black zutreffend bemerkt. Die Unmittelbarkeit (Emotionalität, Präreflexivität) des Erlebens ist bei Dewey ausschließlich eine psychologische Kategorie. "Qualitäten, selbst wenn sie nicht direkt erkannt werden, werden direkt erfahren, gefühlt oder erlebt. Die Bedeutung dieser Unterscheidung zwischen *erkennen* und *erleben* kann gar nicht überschätzt werden."[76] Der stärkste Einwand gegen eine zeichentheoretische Analyse der Kunstsituation ist, daß Dewey explizit sagt, eine zeichentheoretische Analyse von Phänomenen sei eine Reflexionstätigkeit und nicht auf das unmittelbare ästhetische Erleben übertragbar. Man könnte also einwenden, daß deshalb eine zeichentheoretische Betrachtung der Kunstsituation insgesamt verfehlt wäre, weil eine solche Analyse immer nur aus einer nachträglichen Reflexionshaltung heraus möglich sei. Dazu muß die Gegenfrage gestellt werden, ob nicht jemand, der eine Theorie der Ästhetik konzipiert, genau diese Reflexionshaltung einnehmen muß, denn er kann ja nicht gleichzeitig eine Situation erleben und sie

---

[76] "Qualities, though not directly known, are directly experienced, felt, or had. The importance of this distinction between *knowing* and *having* cannot be underestimated ..." < "Underestimated" im Sinne von "unterschätzt" ergäbe hier keinen Sinn; "having" wurde in Analogie zu "having an experience" mit "erleben" übersetzt. > *R. Bernstein: J.D.'s Metaphysics.* 6. Vgl. *J. Dewey (Art as Experience.* 195ff.) sowie *ders. (Experience and Nature.* 85) zur Identität von "emotional" und "unmittelbar" im Gegensatz zur Reflexionshaltung. Vgl. auch *J. Gouinlock (J.D.'s Philosophy of Value.* 62f.) sowie *Ph. Zeltner (J.D.'s Aesthetic Philosophy.* 10). Nach *Ch.E. Gauss (Some Reflections.* 129) wird eine emotionale, unmittelbar erlebte Situation als 'eine' Situation ohne die Trennungen der Reflexion erlebt.

analysieren. Uneingestanden ist *Deweys Theorie der ästhetischen Situation ebenfalls aus einer nachträglichen Analyse der unmittelbar (emotional) erlebten ästhetischen Situation heraus entstanden.* Dewey war kein Poet, sondern Philosoph. Deshalb spricht nichts dagegen, daß man in einer zeichentheoretischen Reflexion im Nachhinein (nicht in der unmittelbar erlebten Kunstsituation selbst) feststellen kann, daß der vom Kunstarrangement zur Disposition gestellte Widerstand (Wert) in der Kunstsituation emotional erlebt wurde, aber durch Zeichen vermittelt war. Hook vertritt, daß Symbole unmittelbar (emotional) *und* aus einer Reflexionshaltung heraus erlebt werden können:

"Das Medium des Denkens sind Symbole, aber wenn ein Künstler denkt - <dann> werden Farben, Töne <und> Bilder Symbole, genau wie umgekehrt auch Wörter, die im nicht-künstlerischen Denken Symbole für Qualitäten sind, zu innewohnender qualitativer Bedeutsamkeit in einer poetischen Situation gelangen können."[77]

Wenn Symbole nicht auch emotional (unmittelbar) erlebt werden könnten, wäre es gar nicht zu erklären, warum nach Dewey auch Denksituationen oder Kunstsituationen im Kontext von Literatur ästhetischen Charakter haben können. Eine Situation kann also durch Zeichen vermittelt sein *und* unmittelbar (emotional) erlebt werden.[78] Eine zeichentheoretische Analyse der Kunstsituation aus der Perspektive einer nachträglichen Reflexion ist demnach prinzipiell möglich.
Aus dem bis jetzt Dargestellten lassen sich die Kriterien einer Zeichentheorie aus der Perspektive der nachträglichen Reflexion in Deweys Sinne abgegrenzen, anhand derer Morris' zeichentheoretische Weiterentwicklung von *Art as Experience* diskutiert werden kann. (1) Es muß ein *lebensweltlich bedeutender Widerstand* (Wert) zur Disposition stehen, obwohl das Kunstarrangement nicht selbst der lebensweltliche Widerstand ist. (2) Im Kunstarrangement müssen *Handlungsschranken* aufgebaut werden, die zur Ausdehnung der Strategieentwicklungsphase des Widerstandsbewältigungszyklus führen, damit ein komplexer Wider-

---

[77] "The medium of thought is symbols but when an artists thinks - colors, tones, images become symbols; just as, conversely, words that are symbols of qualities in nonartistic thinking may themselves acquire intrinsic qualitative significance in a poetic experience." S. Hook: *Intellectual Portrait*. 197.

[78] Man könnte sogar vertreten, daß es in einer Kunstsituation Phasen gibt, in denen der Zeichencharakter des Kunstarrangements im Zentrum des Erlebens steht. Die 'Kraft der Imagination' wird nämlich als die gleichgerichtete Tätigkeit aller menschlichen Fähigkeiten des Sich-Verhaltens definiert - zu denen auch die Reflexionsfähigkeit gehört. Die Reflexion ist nicht ausgeschlossen, sondern sie steht unter dem Primat der Emotion. Die reflexiven Phasen einer ästhetischen Situation müßten aber nach D. unbedeutend sein, damit die Gesamtsituation ästhetisch, das heißt unmittelbar und ohne reflexives Zeichenbewußtsein erlebt wird. Das Erleben in der Kunstsituation hat D. hinreichend thematisiert; deshalb dieses nur als Randbemerkung.

standsbewältigungsprozeß erlebt wird (vgl. C.1.). (3) Das Kunstarrangement muß ein Zeichen sein, durch das originär neue Bedeutungen und die prinzipiell infinitesimale Ausdehung des Erlebens bis zum kosmischen Situationskontinuum 'Natur' erlebt werden können. In einem Kunstzeichen muß also *Vertrautes in unvertrauter Weise* erlebt werden. (4) Das Kunstarrangement muß die Eigenschaften (Bedeutung), auf die es verweist, nicht nur repräsentieren, sondern auch selbst *besitzen*.

C.2.2. Ikon, Symbol, Metapher und Rahmenzeichen

Charles S. Morris leitet seine Abhandlung *Esthetics and the Theory of Signs* (1939) folgendermaßen ein:

> "Im vorliegenden Aufsatz wird vorgeschlagen, von der Zeichentheorie her einen Zugang zur Ästhetik zu gewinnen."
> "Die zugrundeliegende Kunstauffassung stimmt in allen wesentlichen Teilen mit der Formulierung überein, die John Dewey in *Art as Experience* ... gegeben hat. ... Ich bin allerdings davon überzeugt, daß eine in pragmatistischen Begriffen konzipierte Ästhetik ... viel präziser formuliert werden kann (wenn auch nicht so gefällig) und daß ihre Beziehung zum Gebäude der Wissenschaft durchsichtiger wird, wenn man sie in Begriffen der Zeichentheorie formuliert."[79]

Auch im folgenden beruft sich Morris nahezu auf jeder Seite auf Dewey, so daß man seine semiotische Ästhetik tatsächlich als Weiterentwicklung von Deweys Theorie der ästhetischen Situation bezeichnen kann.

a. Die Grundbegriffe in Morris semiotischer Weiterentwicklung von Deweys Ästhetik

Morris interpretiert die aktuell erlebte Kunstsituation als *Semiose*, also als Situation, "in der etwas durch die Vermittlung eines Dritten <Kunstarrangement> von etwas <Widerstand>, das nicht unmittelbar kausal wirksam ist, Notiz nimmt...". Die Kunstsituation ist unter dem Zeichenaspekt eine dreistellige Relation von Zeichenträger, Designat und Interpretant. Der *Zeichenträger* ist "das, was als Zeichen operiert" <Kunstarrangement bzw. Kunstprodukt>. Der Zeichenträger verweist auf das *Designat* des Zeichens als das, "wovon mittelbar Notiz genommen wird" <Widerstand>. Wenn dem Designat etwas Konkretes in der Lebenswelt entspricht, dann designiert das Zeichen nicht nur, sondern es *denotiert* auch. "Alle Ereignisse, auf die es <das Zeichen> anwendbar ist, sind Denotate ..." Jedes Zeichen designiert also, aber seine Denotation kann eine Null-Denotation sein,

---

[79] Ch.W. Morris: *Esthetics*. 91 (Morris verweist hier auch auf die Ästhetik von St. Pepper).

wenn nämlich das Designierte keine reale Entsprechung in der Lebenswelt hat. Goodman verweist in ähnlichem Zusammenhang auf Einhorn-Bilder, die das Designat "Einhorn" haben, aber kein Denotat, weil es keine Einhörner gibt. Der *Interpretant* ist "die Handlung des unmittelbaren Notiznehmens", die von einem Interpreten ausgeführt wird.
Dieser dreistellige Zeichenprozeß wird unter drei zweistelligen Dimensionen betrachtet. Die Analyse der "Beziehung des Zeichenträgers <Kunstarrangement> zu dem, was designiert <Widerstand> oder denotiert <lebensweltlich-analoger Widerstand> wird", ist die *semantische Dimension* des Zeichenprozesses. Auf der *syntaktischen Ebene* werden "die semiotisch relevanten Beziehungen der Zeichenträger zu anderen Zeichenträgern <Einzelelemente des Kunstarrangements>" betrachtet. Die *pragmatische Dimension* der Semiose ist die "Beziehung des Zeichenträgers zum Interpretanten."[80]

b. Die ikonische Wertdesignation des Kunstzeichens

Von besonderem Interesse ist hier Morris' Analyse der *semantischen Dimension* der ästhetischen Semiose. Nach Morris haben "die ästhetischen Zeichen Werte - genauer Werteigenschaften - zu Designaten." Dabei beruft er sich ausdrücklich auf die von Dewey entwickelte experimentalistische Werttheorie: "Nach diesem Ansatz ist Wert eine Eigenschaft eines Gegenstandes oder eines Sachverhaltes im Verhältnis zu einem gegebenen Interesse - nämlich die Eigenschaft, auf befriedigende Weise eine Handlung abzuschließen, deren Vollendung einen Gegenstand erfordert, der derartige Interessen befriedigt ... Von Werten sprechen, heißt deshalb, die Dinge 'interessenbezogen' zu betrachten."[81] Morris unterscheidet gleichzeitig auf der semantischen Ebene ikonische von nicht-ikonischen Zeichen. Ikonische Zeichen sind "diejenigen, die ihrem Denotat ähnlich sind (das heißt Eigenschaften mit ihm gemeinsam haben)" im Gegensatz zu solchen, "die ihrem Denotat nicht ähnlich sind." "Die semantische Regel für den Gebrauch eines ikonischen Zeichens besteht darin, daß es jeden Gegenstand denotiert, der dieselben Eigenschaften aufweist, wie es selbst (in der Praxis genügt eine Auswahl der Eigenschaften). Morris definiert das ästhetische Zeichen <Kunstprodukt> also als ein *"ikonisches Zeichen, dessen Designat ein Wert ist."*
Für Dewey ist alles "Widerstand", was Sich-Verhalten initiiert. Der Kunst spricht er die Sollfunktion zu, die in der Gesellschaft angelegten, aber noch nicht realisierten Werte prägnant zum Ausdruck zu bringen, um die Entwicklung der Gesell-

---

[80] Vgl. zu diesem Abschnitt *Ch.W. Morris* (Esthetics. 92ff., 103f.).
[81] *Ch.W. Morris*: Esthetics. 95f. Ders. (a.a. O. Anm. 3) verweist auf *J. Dewey* (Essays in Experimental Logic) sowie ders. (The Quest for Certainty. 10. Kapitel) sowie ders. (Theory of Valuation).

schaft zu fördern (Kritik C.3.). Das Designat der ikonischen Elemente eines Kunstarrangements ist in Deweys Sinne ein Widerstand als noch nicht realisierter Wert. Die Denotate des ikonischen Zeichens sind demnach die Werte, die in der Lebenswelt schon angelegt, aber noch nicht realisiert sind. Das Kunstarrangement hat nach Morris Verweisungscharakter, weil der Zeichenträger <Kunstprodukt> Elemente hat, die zu dem Designierten <Widerstand> und zum Denotierten <dem in der Lebenswelt angelegten, aber noch nicht realisierten Wert> in einer Ähnlichkeitsbeziehung stehen. Damit scheint die *erste in Deweys Sinne formulierte Bedingung* erfüllt zu sein, nach der eine Theorie des Kunstzeichens erklären muß, wie in einem Kunstarrangement ein *lebensweltlich bedeutender Widerstand zur Disposition gestellt wird*.

Mit der Definition des Kunstarrangements als "ikonischen Zeichenträger, dessen Designat ein Wert ist", scheint außerdem das Problem gelöst, daß Dewey den Symbolbegriffs relativiert hat, weil das Kunstprodukt im Gegensatz zum Symbol die Eigenschaften, auf die es verweist, selbst besitzen muß. Die ikonischen Elemente des Kunstarrangements verweisen nach Morris auf ihr Designat, weil ikonische Zeichenträger zu den designierten Eigenschaften in einer Ähnlichkeitsbeziehung stehen. Das bedeutet, daß *ikonische Zeichenträger die designierten Eigenschaften selbst besitzen*. In den meisten Kunstarrangements ist es nach Morris sogar so, daß alle ikonischen Ebenen als Gesamtkomplex betrachtet kein anderes Denotat als den komplexen Zeichenträger <Kunstprodukt> haben, weil nur das Kunstprodukt selbst die Summe aller designierten Werteigenschaften in dieser Konstellation besitzt, während in lebensweltlichen Situationen nur Einzelebenen der ikonischen Gesamtrelation <noch nicht realisierte Werte> denotiert werden.

Für Morris gilt:

> "<In der Kunst wird> bei der Wahrnehmung des ikonischen Zeichens von bestimmten Eigenschaften nicht nur mittelbar, sondern auch unmittelbar Notiz genommen. ... bei ästhetischen Zeichen ... <sind> die betreffenden Eigenschaften Werteigenschaften ..."
>
> "Wenn ein Interpret einen ikonischen Zeichenträger wahrnimmt, nimmt er direkt wahr, was designiert wird; er nimmt also von bestimmten Eigenschaften sowohl mittelbar als auch unmittelbar Notiz; mit anderen Worten, zu den Denotaten eines ikonischen Zeichens gehört der eigene Zeichenträger."
>
> "Falls jedoch das Designat eines ikonischen Zeichens ein Wert ist, ... dann ist die Lage anders: wir haben es nicht mehr allein mit einer Designierung von Werteigenschaften zu tun (eine solche Designierung findet sich ja auch in der Wissenschaft), es findet auch nicht allein ein ikonischer Zeichenprozeß statt (ikonische Zeichen als solche brauchen ja nicht ästhetische Zeichen zu sein <Fotografie>, sondern es kommt zur unmittelbaren Wahrnehmung von Werteigenschaften vermittels der

bloßen Gegenwart dessen, was selbst den Wert besitzt, den es designiert."[82]

Damit ist die vierte in Deweys Sinne formulierte zeichentheoretische Bedingung erfüllt, nach der ein Zeichenträger in der Kunst <Kunstprodukt> die desginierten Werteigenschaften <Widerstand, noch nicht realisierter Wert> selbst besitzen muß.

c. Kritik: Symbole und Literatur

Morris Definition des ästhetischen Zeichens scheint auf alle Kunstgattungen zuzutreffen - bis auf die Literatur. Nach Dewey werden in allen anderen Medien der Künste (und insbesondere in der Musik) elementare Werteigenschaften <Widerstandskonstellationen> von lebensweltlichen Prozessen erlebt, weil diese Werteigenschaften in den Zeichenträgern selbst verkörpert sind. Es gibt zwar auch in der Literatur ikonische Verweisungsbezüge (Lautmalerei), doch wäre es abwegig, Literatur insgesamt als ikonischen Zeichenträger zu klassifizieren. Literatur besteht nach Dewey ausdrücklich aus Symbolen. Es scheint also Künste zu geben, in denen ikonische Zeichenrelationen vorherrschend sind, aber auch andere, deren Material Symbole sind. Tatsächlich kann es in jeder Kunstgattung sowohl symbolische als auch ikonische semantische Relationen geben. Das Bild *Die Freiheit führt das Volk auf die Barrikaden* von Eugène Delacroix (1830) ist auf den ersten Blick ein Ikon. Das Designat des Bildes jedoch (die Werteigenschaft 'Freiheit') wird auch durch Symbole vermittelt. Die abgebildete Frau ist nämlich nicht irgendeine Frau, sondern die *Marianne*. Der abgebildete dreifarbige Stoff ist das Symbol der französischen Nationalversammlung. Umgekehrt können durch Symbolkomplexe ikonische Verweisungbeziehungen hergestellt werden, wie die Lautmalerei und die rhythmische Gliederung von Gedichten beweisen (s.o.). Auch Morris hält die Definition des ästhetischen Zeichens als ikonisches Zeichen, das eine Werteigenschaft designiert, für nicht hinreichend:

"Bei einem komplexen ästhetischen Zeichen <Kunstarrangement> ... scheint es, als ob wenigstens einige der individuellen Zeichenträger ikonische Zeichen ... sein müssen."
"Wovon mittels des komplexen ästhetischen Zeichens <Kunstarrangement> Notiz genommen wird, ist also eine komplexe Werteigenschaft <Widerstand>, die teilweise durch die Werteigenschaften der Zeichenträger bestimmt wird, die Komponenten ausmachen; dabei dienen andere Zeichen nichtästhetischer und sogar nichtikonischer Art als Hilfssymbole, deren Funktion es ist, den ästhetischen Zeichenträ-

---

[82] Ch.W. Morris: Esthetics. 97ff.

ger aufzubauen oder die Aufmerksamkeit derart von einem Teil des ästhetischen Zeichenträgers auf den anderen zu lenken, daß die Wirkung sich akkumuliert und das Gesamtikon entsteht."[83]

Im Jahr 1946 distanziert sich Morris teilweise von seiner frühen ästhetischen Semiotik, indem er ausführt, daß prinzipiell alle Zeichen ästhetische Zeichen sein können. Man kann lediglich sagen, daß "ikonisch appreziative Zeichen von großer Wichtigkeit in den Künsten sind."[84] Auch überwiegend ikonische Zeichen besitzen die designierten Werteigenschaften zumindest nicht in vollem Umfang. Delacroix' Freiheitsgemälde als solches besitzt nicht die designierte Werteigenschaft 'Freiheit'. Symbole scheinen also Deweys vierte Bedingung, nach der das Zeichen die designierten Eigenschaften selbst besitzen muß, gar nicht zu erfüllen, und Ikone entgegen Morris These nur in eingeschränktem Maße (Fortsetzung f.).

d. Der Interpretantenbezug als das infinitesimal ausdehnbare Bewußtsein

Nach Deweys dritter Bedingung dürfen Kunstzeichen keine eng begrenzten, "in Konventionen erstarrte" semantische Bezüge haben, damit eine neue Bedeutung erlebt wird, und damit dieses Erleben prinzipiell infinitesimal bis zum Ganzen des Situationskontinuums 'Natur' ausdehnbar ist. Symbolische semantische Zeichenrelationen sind nach Deweys Analyse der Kunstgattung Literatur in Gefahr, "zu Konventionen zu erstarren". Auch ikonische Zeichen in Morris Sinn haben relativ begrenzte lebensweltliche Verweisungsbezüge, denn sie denotieren nur, was ihnen unmittelbar ähnlich ist. Hier ist die lebensweltliche Bedeutung der Kunstsemiose angesprochen. Nach Morris umfaßt die pragmatische Dimension der Semiose sowohl die Handlung der unmittelbaren Notiznahme von Designiertem als auch alle Handlungen, die der Interpret infolge der Notiznahme in seiner Lebenswelt ausführt. Wenn der Interpretantenbezug in Morris Sinne definiert wird, scheinen auch "in Konventionen erstarrte Symbole" und isomorphe ikonische semantische Bezüge ausreichend zu sein, um die Handlung der einfachen Notiznahme sowie die Übertragung des vom Kunstprodukt Designierten auf die Lebenswelt (Denotat) zu gewährleisten.

Für Dewey aber scheint der Interpretantenbezug umfassender definiert zu sein. Das durch das Kunstarrangement initiierte Erleben muß über die Entdeckung von konventionell festgelegten Bezügen oder von Ähnlichkeitsbeziehungen zwischen Kunstprodukt und Lebenswelt hinaus ausdehnbar sein letztendlich zum Erleben des

---

[83] *Ch.W. Morris: Esthetics.* 100, 102. (Mit "nicht-ästhetischen" Zeichen sind wohl die Rahmenzeichen gemeint.)

[84] Morris, Charles W.: *Signs, Language, and Behaviour.* New York 1946. Im Text zit. nach: *Zeichen, Sprache und Verhalten.* Übers. von A. Eschenbach, G. Kopsch. Frankfurt a.M./Berlin/Wien 1981, 297, Anm. 5 (294-298).

ganzen Situationskontinuums 'Natur'. Tatsächlich kritisiert Dewey in dem Aufsatz *Peirce's Theory of Linguistic Signs, Thought and Meaning*[85] Morris Zeichentheorie gerade in dieser Hinsicht. Morris beruft sich in seiner Semiotik ausdrücklich auf Peirce, der die Grundlagen[86] aller späteren Zeichentheorien, aber keine spezielle Theorie des ästhetischen Zeichens[87] entwickelt hat. Dewey kritisiert, daß Morris

---

[85] *J. Dewey: Peirce's Linguistic Signs.* 85-95.

[86] Vgl. dazu *Klaus Oehler (An Outline of Peirce's Semiotics.* In: *Topics in Contemporary Semiotics.* Classics of Semiotics. Hrsg. von M. Krampen, K. Oehler, Th.A. Sebeok. Th.v. Uexküll. New York/ London 1987, 5-8). Das Zeichen ist für Peirce eine dreistellige Relation zwischen dem Zeichenträger, dem Zeichenobjekt und dem Interpretant. Innerhalb dieser Triade unterscheidet er drei Aspekte des Zeichenprozesses (Semiose). Zunächst wird der materiale Zeichenträger unter dem Zeichenaspekt betrachtet. Hier unterscheidet Peirce das Qualizeichen (die sinnliche Qualität des Zeichenträgers) vom Sinzeichen (die individuelle Realisierung eines Zeichenträgers) und vom Legizeichen (der allgemeine Typ eines Zeichens). Der Zeichenträger wird hier unabhängig vom Objekt- oder Interpretantenbezug analysiert (monadische Relation, Firstness). Das Zeichenobjekt ist entweder das *immediate object* (das Objekt, so wie es vom Zeichen repräsentiert wird und also vom Repräsentanten durch einen Zeichenträger ontisch abhängig ist) oder das *dynamic object* (das von aller Repräsentation unabhängige, real existierende Objekt). Im Objektbezug unterscheidet Peirce den ikonischen (Ähnlichkeitsbeziehung zwischen Zeichenträger und Objekt) vom indexikalischen (Ursache-Wirkungsbeziehung zwischen Objekt und Zeichen; wenn das Ojekt beispielsweise "Feuer" ist, weist "Rauch" auf das Feuer hin) und symbolischen (Verbindung von Objekt und Zeichenträger durch Definition in einer Zeichengemeinschaft; z.B. Wörter) Objektbezug. Der Interpretant ist das, was das Zeichen in einem Interpreten hervorruft, also ein Gefühl, eine Handlung oder ein weiteres Zeichen. Peirce unterscheidet den *immediate interpretant* (das Objekt, wie es das Zeichen repräsentiert, und dessen Existenz dementsprechend von der Repräsentation abhängig ist) vom *dynamic interpretant* (das Objekt selbst, das von der Repräsentation unabhängig ist, aber das Zeichen determiniert) und vom *final interpretant* (die Wirkung, die ein Zeichen in der Summe aller möglicher Kontexte hätte; die abstrakte, umfassende potentielle Wirkung des Zeichens). Im Interpretantenbezug unterscheidet Peirce rhematische (ein Zeichen, das weder wahr noch falsch ist; z.B. Begriff) vom dicentischen (Aussage, Satz mit Wahrheitswert) und argumentativen (Zeichen, dessen rationale Notwendigkeit anerkannt wird; Syllogismus z.B.) Interpretantenbezügen. Diese Klassifizierungen können auf alle Phänomene (Gedankenzeichen, physische Objekte, Sprache etc.) kombiniert angewandt werden, so daß nach Peirce alles Seiende unter dem Zeichenaspekt erfaßt werden kann.

[87] *Charles S. Peirce (Schriften zum Pragmatismus und Pragmatizismus.* Hrsg. von K.O. Apel. Übers. von G. Wartenberg. Frankfurt a.M. 1967, ²1976, 343, 384f., 543) sowie *ders. (Semiotische Schriften.* Hrsg. und übers. von Ch. Kloesel, H. Pape. Bd.1. Frankfurt a.M. 1986, 72). Zur Stellung der Kunstkritik in Peirces Gebäude der Wissenschaften vgl. *a.a.O.* (Bd.2 Frankfurt a.M. 1990, 192). Zu Peirces Ästhetik vgl. auch *Theodore A. Schulz (Panorama der Ästhetik von Charles Sanders Peirce.* Diss. Stuttgart 1961). In den Kapiteln 1, 3, 4 wird die Ästhetik als oberste Normwissenschaft neben Ethik und Logik vorgestellt. "Ohne die ästhetischen Maßstäbe der Beurteilung hat die Ethik kein Fundament. Wenn die Ästhetik ausgeschlossen bleibt, hat die Logik auch keine positiven Regeln, das heisst Regeln, die der Existenz des Menschen angepasst sind." (9) Schulz' Peirce-Interpretation steht ganz unter dem Leitbild der traditionellen Triade des 'Guten, Wahren und Schönen', und es hat manchmal den Anschein, daß er Kunst mit Ästhetik

Peirces Theorie in einem wichtigen Element entstellt habe. Morris habe in seiner Abhandlung *Foundations of the Theory of Sign* die pragmatische Ebene als "die Beziehung zwischen Zeichen und Interpret"[88] definiert. Wie oben dargestellt, definiert Morris den Interpretantenbezug in seiner hier relevanten semiotischen Ästhetik in analoger Weise als "die Handlung des unmittelbaren Notiznehmens", die von einem "Interpreten" ausgeführt wird. In das Gebiet der ästhetischen Pragmatik fallen nach Morris "jene Probleme, die mit dem Verhältnis der ästhetischen Zeichen <Kunstarrangement> zu ihren Schöpfern und Interpreten zusammenhängen..."[89]. Deweys Kritik an Morris' Beziehung zu Peirces Semiotik ist interessant, weil Dewey implizit den Hinweis gibt, daß Morris' Definition des Interpretantenbezugs seiner eigenen, nicht-dualistischen Theorie der ästhetischen Situation nicht entspricht. Dewey kritisiert, daß Morris in die Zeichenrelation ein Subjekt[90] eingeführt habe, nämlich den Interpreten, der die Handlung "Interpretant" ausführt:

> "Die fragliche Mißinterpretation besteht darin, daß der Interpretantenbezug, wie er bei Peirce definiert ist, auf einen personalen Benutzer oder Interpreten <des Zeichens> zurückgeführt wurde ... Der Interpretant ist in Peirces Sprachgebrauch immer und notwendigerweise ein *anderes* linguistisches Zeichen - oder besser, ein Komplex von solchen Zeichen."[91]

Peirce habe den Interpretantenbezug eben nicht auf das subjektive Zeichenerleben eines Interpreten begrenzt, sondern die Theorie vertreten, daß jedes Zeichen dadurch, daß es wieder auf andere Zeichen verweist, in einem *unendlichen kosmischen Zeichenkontinuum* stünde. Deshalb sei für Peirce "keine Schlußfolgerung der Vernunft für immer final gültig, weil sie innewohnend dafür offen ist, daß ihre

---

    verwechselt: Peirces Ästhetik ist nach Schulz auf "logischen Gesetzen aufgebaut" (15) und "strebt, das *summum bonum* zu verwirklichen" (33). "Die Ästhetik trägt dazu bei, das höchste Gut, nämlich das Ideal, zu bestimmen." (67) In den Kapiteln 2, 5 wird Peirces Semiotik im Hinblick auf ihre ästhetische Dimension analysiert, wobei die Kategorie der *firstness* und ikonische Relationen im Vordergrund stehen. In den Kapiteln 6, 7 wird das ästhetische Gefühl auf Instinkte zurückgeführt und die "pragmatische Bedeutung" der Ästhetik bestimmt, die (der Kernthese von Schulz' Arbeit entsprechend) vor allem darin besteht, daß "sie <die Ästhetik> von Peirce als grundlegend für die Ethik und die Logik gehalten wird." (115).

[88] *Charles W. Morris*: Foundations of the Theory of Signs. Chicago 1938. Im Text zit. nach: *Grundlagen der Zeichnetheorie*. Übers. von R. Posner. München 1972, 24.

[89] *Ch.W. Morris*: Esthetics. 110.

[90] Dewey spricht an anderer Stelle jedoch selbst von einem Interpreten (A.3.2.a.).

[91] "The misinterpretation in question consists in converting *Interpretant*, as used by Peirce, into a personal user or interpreter. .... the interpretant, in Peirce's usage, is always and necessarily *another* linguistic sign - or, better, is a set of such signs." *J. Dewey: Peirce's Linguistic Signs.* 87.

Bedeutungen durch andere Zeichen modifiziert werden können." Das sei die eigentliche pragmatische Dimension[92] in Peirces Semiotik, die wiederum die Basis für seine Theorie der Wahrheit als eines unendlichen Verifikationsprozesses darstelle. Diese Kritik Deweys an Morris' Peirce-Interpretation ist berechtigt. Dewey schließt aus Morris' Festhalten an der Konzeption eines Interpreten, daß dieser im subjektiven Idealismus verhaftet geblieben sei, den Peirce in seiner Theorie durch die potentiell infinitesimale Ausdehnung des Interpretantenbezugs auf das kosmische Zeichenkontinuum schon überwunden habe.

> "Wir scheinen hier einen weiteren Beleg dafür zu haben, wie sehr dieser Typ von Logik, die von Morris und anderen vertreten wurde, immer noch kontrolliert wird durch das epistemologische Erbe eines erkennenden Subjekts (Person, Selbst oder was auch immer), das der Welt (oder den Dingen oder den Objekten) gegenübergestellt und fähig ist, zu letzterem in Beziehung zu treten, entweder direkt durch seine eigenen Fähigkeiten (epistemologischer Realismus) oder durch eine Idee oder durch das Denken als Vermittlungsinstanz (epistemologischer Idealismus)."[93]

Vielleicht ergibt sich aus Deweys Kritik an Morris zwangsläufig der Schluß, man könne den Interpretantenbezug in Deweys Sinne als unendliches Zeichenkontinuum interpretieren. Eine solche Übertragung der Peirceschen Theorie auf eine semiotische Analyse von Deweys Theorie der Kunst würde aber Hinweise voraussetzen, daß Dewey Peirces These, nach der "die Wörter oder Zeichen, die ein Mensch benutzt, dieser Mensch selbst ist", zustimmen würde und infolgedessen das Bewußtsein und die Natur als unendliches Zeichenkontinuum interpretiert hätte. Diese Hinweise gibt es nicht. Statt dessen soll der Interpretantenbezug als das infinitesimal bis zum Ganzen des kosmischen Situationskontinuums 'Natur' ausdehnbare Bewußtsein interpretiert werden[94] (wobei die Möglichkeit, das Bewußtsein als Zeichenkontinuum zu interpretieren, prinzipiell bestehen bleibt). Im Focus des Erlebens einer Kunstsituation steht die durch das Kunstarrangement ikonisch oder symbolisch designierte Werteigenschaft <Widerstand>. Das Erleben ist ausdehnbar auf die analogen, ikonisch oder symbolisch denotierten Werteigenschaften

---

[92] "... no conclusion of reasoning forever final, being inherently open to having its meaning modified by further signs." *J. Dewey: Peirce's Linguistic Signs.* 88.

[93] "We seem to have here further evidence of the extent to which the type of logic presented by Morris and others is controlled by the epistemological heritage of a knowing subject, person, self, or what have you, set over against the world, or things, or objects, and capable of reference to the latter either directly in virtue of its own faculty (epistemological realism) or through an idea or thought as intermediary (epistemological idealism)." *J. Dewey: Peirce's Linguistic Signs.* 89.

[94] Das ist im wesentlichen auch die Position von Ch.S. Peirce.

in der Lebenswelt. Während das Erleben im Kontext von Aussagen jedoch eindimensional und begrenzt ist (vgl. A.3.2.b.), ist ästhetisches Erleben ausdehnbar auf das nach Dewey "religiöse" Erleben des kosmischen Situationskontinuums 'Natur'. Der Interpretantenbezug in Kunstsemiosen wäre mithin in Deweys Sinne prinzipiell unendlich ausdehnbar.

Das Auffinden von Ähnlichkeitsbeziehungen zwischen Kunstarrangement und Lebenswelt oder die Entdeckung von konventionellen Verweisungsbezügen führt jedoch nur eingeschränkt zum Erleben einer prägnanten, neuen Bedeutung. Ein Symbol hat eine kulturell festgelegte, eng begrenzte Bedeutung, und auch ikonische Zeichenträger haben relativ enge lebensweltliche Verweisungsbezüge, denn sie denotieren ausschließlich das, was ihnen unmittelbar ähnlich ist. Es scheint also angebracht, die These zu präzisieren, in der Kunst seien ikonische und symbolische Relationen vorherrschend.

e. Komplexe und neue Bedeutungsbezüge durch Metaphernbildung

Morris und Dewey stimmen mit Goodman darin überein, daß "der Künstler oder Schriftsteller neue und bedeutungsvolle Beziehungen sieht und Mittel erfindet, die sie manifest werden lassen."[95] Nach Jauß und Henrich wird in der Kunst lebensweltlich Vertrautes (Wahrnehmungsmuster oder Rollen) auf unvertraute Weise erlebt. Es muß also eine *semantische Regel* gefunden werden, die erklärt, warum durch ein Kunstprodukt *trotz des Vorherrschens von ikonischen oder symbolischen semantischen Relationen neue und komplexe semantische Verweisungsbezüge hergestellt werden, die wiederum die Vorbedingung für die pragmatische unendliche Ausdehnbarkeit des Interpretantenbezugs* sind. Eine solche Regel bietet Goodman in seiner Theorie der *Metapher*. Metaphern sind für Goodman Gefühlsausdrücke. Er führt sie wegen der Feststellung ein, daß Zeichenträger in der Kunst nicht nur über Eigenschaften, die sie buchstäblich besitzen (Ähnlichkeitsbeziehungen bzw. Exemplifikation in Goodmans Terminologie), Ausdruckskraft haben, sondern auch, weil sie von Prädikaten wie "traurig" oder "frei" denotiert werden können, die sie *nicht buchstäblich* besitzen. "Traurig" ist ein Gefühlskennzeichen und kann nicht buchstäblich, sondern nur metaphorisch auf Nicht-Fühlendes (wie Bilder) angewandt werden. "Buchstäblich besitzt das Bild einen grauen Farbton und gehört wirklich zur Klasse der grauen Gegenstände; aber metaphorisch nur besitzt es Traurigkeit oder gehört zur Klasse der Gegenstände, die sich traurig fühlen."[96]

---

[95] N. *Goodmann: Languages of Art*. An Approach to a Theory of Symbols. Indianapolis 1968. Im Text zit. nach: *Sprachen der Kunst*. Ansatz zu einer Symboltheorie. Übers. von J. Schlaeger. Frankfurt a.M. 1973, 43. *Ch.W. Morris*: Esthetics. 102.

[96] N. *Goodmann: Languages of Art*. 60.

Goodman unterscheidet auf der semantischen Ebene Extensionsbereiche von Extensionsgebieten eines Kennzeichens. Der *Extensionsbereich* eines Kennzeichens ist die Klasse aller Gegenstände, die alle Merkmale des Kennzeichens haben. Das Symbol "Vogel" umfaßt alle flugfähigen Lebewesen, die Federn haben und deren Junge primäre Nesthocker sind. Das *Extensionsgebiet* eines Kennzeichens umfaßt alle Gegenstände, von denen wenigstens eines der im Kennzeichen erfaßten Merkmale ausgesagt werden kann. Metaphernbildung bedeutet "typischerweise eine Veränderung nicht nur im Bereich, sondern im Gebiet." "Eine Metapher zu prägen heißt, so scheint es, einem alten Wort <Zeichenträger> neue Tricks beizubringen - ein altes Kennzeichen auf neue Weise zu applizieren." "Eine Metapher bedarf sowohl der Anziehungskraft als auch des Widerstands - eigentlich einer Anziehungskraft, die den Widerstand überwindet." Der "neue Trick" wird dem Zeichenträger beigebracht, indem der Verweisungsbezug auf das lebensweltlich Denotierte nicht durch exakte, isomorphe Kennzeichnung hergestellt wird, sondern indem die *Randmerkmale* eines Kennzeichens zur Kennzeichnung benutzt werden. Das Symbol "Vogel" ist an seiner Bedeutungsperipherie kulturell besetzt mit Freiheitsassoziationen. Man sagt, jemand fühle sich "frei wie ein Vogel", und in der Ikarus-Legende wurde das Symbol "Vogel" metaphorisch verwandt, um Dädalus Freiheitsdrang und Ikarus Unfähigkeit, mit dieser Freiheit umzugehen, zu gestalten. *Die 'neue' Bedeutung* von Kunstsituationen, die Dewey betont, kommt in der Kunst hauptsächlich durch *metaphorische semantische Relationen* zustande.[97]
Zu spezifisch künstlerischen *syntaktischen Regeln* sagt Morris, daß eine ästhetische Semiotik sie entwickeln muß, damit "wissenschaftliche" Diskurse zwar nicht über die "Wahrheit" einer Kunstsituation, aber doch über die Angemessenheit von Urteilen über ein Kunstarrangement möglich werden. Damit wäre Deweys These, daß "zwischen kohärenten logischen Schemata und den künstlerischen Strukturen in Dichtung, Musik und bildender Kunst kein grundsätzlicher, sondern eher ein

---

[97] Vgl. zu diesem Abschnitt *N. Goodmann (Languages of Art.* 82f., 78f.) Auch für B. Brechts "Verfremdungseffekt" werden vertraute Phänomene 'verfremdet' dargestellt, damit ihre Bedeutung neu erlebt wird. So kann nicht die Illusion aufkommen, es handele sich um Realität, und vom Rezipienten wird Interpretationsleistung gefordert. Vgl. *Heinz Paetzold (Walter Benjamin's Theory of the End of Art.* In: *International Journal of Sociology* 7.1. Übers. von S. Westphal. 1977, 30) zu W. Benjamins Analyse von Brechts Verfremdungseffekt. A. Gehlen führt in Anlehnung an K. Lorenz aus, daß in der Kunst die Interpretationsleistung durch das "Unwahrscheinliche" initiiert würde, also durch etwas Vertrautes, das in unvertrauter Form präsentiert wird. Vgl. dazu *Max Bense (Die Unwahrscheinlichkeit des Ästhetischen.* Baden-Baden 1979, 142): "... der ästhetische Zustand <ist> ... nicht ein kausal und definit erzeugbares (materiales) Realisat maximaler Wahrscheinlichkeit, ... sondern ein nur nexal und indefinit erreichbares (materiales) Realisat minimaler Wahrscheinlichkeit, also ein 'zufälliges' ... oder ein 'seltenes' Ereignis."

technischer Unterschied besteht", bestätigt.[98] Wenn jedoch ein einzelnes ikonisches oder symbolisches Zeichen metaphorisch angewandt wird, wenn die Bezeichnung über Randmerkmale eines einzelnen Zeichens stattfindet, wird kaum in Deweys Sinne eine prägnante Gesamtbedeutung erlebt. Es ist vielmehr wahrscheinlich, daß eine solche semantische Relation nicht verstanden wird. Damit ist die *syntaktische Dimension* des Kunstarrangements angesprochen: Kunstarrangements sind Zeichen*komplexe*, in denen mehrere metaphorische Zeichenrelationen syntaktisch kombiniert werden. Damit es zu einer *Bedeutungsverdichtung* kommen kann, müssen auf der *syntaktischen Ebene* Zeichen *kombiniert* werden, die auf der *semantischen Ebene identische metaphorische Randverweisungsbezüge* haben.[99] Auf der syntaktischen Ebene werden komplexe künstlerische Zeichen durch Kombination von Einzelzeichen gebildet, deren semantische Randerverweisungsbezüge identisch sind. Der ungewöhnliche semantische Randverweisungsbezug eines symbolischen oder ikonischen Zeichens muß also in der Kunst *verdichtet* werden, damit es zur Wahrnehmung dieses ungewöhnlichen Randverweisungsbezugs kommen kann. Metaphorische Repräsentation hat nur Bedeutung, wenn die Randverweisungbezüge verdichtet sind. Die syntaktisch-kreative Leistung des Künstlers besteht in der bedeutungsverdichtenden Kombination von metaphorisch-semantischen Relationen, deren Designat eine Werteigenschaft ist. Die Interpretationsleistung des Rezipienten besteht in dem Nachvollzug und der Neuentdeckung dieser Bedeutungsverdichtung. Das Kunstprodukt könnte man also auf der *syntaktischen Ebene* als ein *informationsdichtes Zeichen* bezeichnen. Durch das syntaktische Prinzip der Verdichtung von metaphorischen Randverweisungbezügen ist gewährleistet, daß der designierte Wert im Fokus des Erlebens einer Kunstsituation steht. Weil die Designation durch metaphorische Verweisungsbezüge, also über die Summe der unvertrauten Randverweisungsbezüge der Symbole oder Ikone geschieht, wird durch das Kunstprodukt in Deweys Sinne ein originär neuer Bedeutungszusammenhang hergestellt.

Es wurde kritisiert, daß Deweys Intensitätskriterium als Maßeinheit der aktivierten Energien ein Scheinkritierum ist, weil ein solches Kriterium einen Maßstab voraussetzt. Mit der syntaktischen Forderung nach Verdichtung der Randverweisungs-

---

[98] *J. Dewey: Civilization.* Im Text zit. nach: *Ch.W. Morris (Esthetics.* 108).

[99] Arthur C. Danto *(The Transfiguration of the Commonplace. A Philosophy of Art.* Cambridge 1981. Im Text zit. nach: D*ie Verklärung des Gewöhnlichen. Eine Philosophie der Kunst.* Übers. von M. Looser. Frankfurt a.M. 1991, 260) schreibt mit Bezug auf Aristoteles, daß beim Verstehen von Metaphern "eine gewisse geistige Tätigkeit erforderlich ist; ein Punkt, den Aristoteles vielleicht etwas zu eng aus der Perspektive der Logik, aber aus der Perspektive des Verstehens doch genau genug als das Auffinden eines Mittelglieds t erklärte, so daß es dann, wenn a metaphorisch b ist, irgendein t geben muß derart, daß a gegenüber t das ist, was t gegenüber b ist. Eine Metapher wäre dann eine Art elliptischer Syllogismus mit einem fehlenden Glied und somit eine enthymemische Konklusion."

bezüge könnte man sagen, daß durch das Kunstprodukt als informationsdichtes Zeichen vielschichtiges, komplexes Erleben initiiert wird. Durch die Informationsdichte wird wiederum ein intensiver Interpretationsprozeß initiiert. Man kann zwar *nicht* die *Intensität* einer Situation *messen*, aber man kann im Kunstarrangement eine *analoge Informationsdichte* aufzeigen.
Nach Goodman ist Metaphernbildung durch Gebietserweiterung prinzipiell unbegrenzt möglich.[100] In metaphorischen Verweisungsbezügen wird die Aufmerksamkeit wesentlich auf die Bedeutungsschattierungen gelenkt, die im vertrauten alltäglichen Umgang mit den Dingen gerade nicht im Zentrum des Erlebens stehen. Metaphorische Randverweisungzusammenhänge können nur verstanden werden, wenn die ikonischen oder symbolischen Zeichenrelationen im Kontext interpretiert werden. Metaphern als Randverweisungsbezüge werden um so besser verstanden, je ausgedehnter der Interpretationskontext ist. Dieser Kontext ist natürlich nicht nur der durch die syntaktische Verdichtung aufgebaute Kontext innerhalb des Kunstarrangements, sondern, wie das Beispiel des Gemäldes von Delacroix zeigt, auch der lebensweltliche Kontext. Mit der Klassifizierung der künstlerischen Zeichenrelationen als metaphorische Relationen ist Deweys dritte Bedingung zeichentheoretisch erfüllt, nach der in einer Kunstsituation eine originäre neue Bedeutung (beziehungsweise Vertrautes auf unvertraute Weise) erlebt werden soll. Auch die prinzipiell unendliche Ausdehnbarkeit des ästhetischen Erlebens ist gegeben.

f. Der Besitz der designierten Eigenschaft

Deweys vierter Bedingung entsprechend soll ein Zeichenträger der Kunst die designierte Werteigenschaft selbst besitzen. Morris These, daß ein ikonischer Zeichenträger alle designierten Werteigenschaften selbst besäße, wurde schon eingeschränkt zu der These, daß das ikonische Zeichen wenigstens einige der designierten Eigenschaften selbst besitzt (ein Bild ist nicht traurig, auch wenn ein Mensch mit einem traurigen Gesicht abgebildet ist). Die ästhetische Situation unterscheidet sich von der gewöhnlichen Situation dadurch, daß eine prägnant neue Bedeutung erlebt wird. Eine prägnant neue Bedeutung ist ein Wert. Ein genuines metaphorisch-symbolisches Zeichen *besitzt* also zumindest die *eine* Werteigenschaft, originär bedeutend zu sein. Deweys vierte Bedingung läßt sich sowohl für ikonisch-metaphorische als auch für symbolisch-metaphorische Zeichenkomplexe nur in dieser eingeschränkten Form erfüllen.

---

[100] N. Goodmann: *Languages of Art*. 83-90.

g. Indexikalische Rahmenzeichen und Handlungsschranken

Die erste Bedingung Deweys, nach der durch das Kunstarrangement ein lebensweltlich bedeutender Widerstandsbewältigungsprozeß zur Disposition gestellt werden soll, ist erfüllt, weil das Zeichen durch Konvention (Symbol) oder durch Ähnlichkeit (Ikon) die lebensweltlich bedeutenden Werteigenschaften denotiert. Die dritte Bedingung, nach der das Erleben im Kontext eines Kunstarrangements neu und prinzipiell infinitesimal ausdehnbar sein sollte, ist erfüllt, weil die Kunstzeichen als metaphorische und informationsdichte Zeichen klassifiziert wurden.

Bis jetzt ist die zweite Bedingung nicht erfüllt, nach der im Kunstarrangement Handlungsschranken aufgebaut sein müssen. Jauß spricht von der Notwendigkeit einer "rezeptionsästhetischen Prämisse", nach der man wissen muß, daß es sich um einen Clown handelt, wenn man über ihn lachen soll.[101] Auch nach Goodman bin ich, "wenn ich ein sehr realistisches Bild anschaue, ... doch nur selten der Überzeugung, daß ich im wahrsten Sinn des Wortes in die Ferne greifen, die Tomate schneiden oder die Trommel schlagen kann."[102] Für Morris entsteht ein Zeichen,

> "... wenn Verhalten blockiert wird; es erlaubt einem bei der Handlung, von relevanten Aspekten Notiz zu nehmen, die nicht in der unmittelbar vorhandenen Umgebung gegeben sind; die Hypothese, die sich dann aus der Reflexion ergibt, liefert die Basis für eine Strategie, die es erlaubt, die blockierte Handlung bis zu ihrer Vollendung fortzuführen."
>
> "Es sind nicht-ästhetische Zeichen, deren Funktion es ist, den ästhetischen Zeichenträger aufzubauen."
>
> "Um den Zeichenstatus des Kunstwerks <Kunstsituation> abzusichern, sei eine zusätzliche Erläuterung gegeben: Oftmals lenkt der Künstler die Aufmerksamkeit auf den Zeichenträger <Kunstarrangement>, so daß der Interpret auf ihn nicht wie auf einen Gegenstand, sondern wie auf ein Zeichen reagiert; die Bilder sind gerahmt, Teile der Leinwand werden manchmal absichtlich unbemalt gelassen, ein Stück wird auf einer Bühne aufgeführt, auf der verschiedene technische Hilfsmittel sichtbar bleiben, der Musiker spielt in Sichtweite der Zuhörer - dies sind Kunstgriffe, die jene Form der Illusion verhindern, die den Zeichenträger nicht von den Denotaten unterscheidet."[103]

---

[101] H.R. Jauß: *Ästhetische Erfahrung*. 188.
[102] N. Goodmann: *Languages of Art*. 46.
[103] Ch.W. Morris: *Esthetics*. 110f., 102, 99.

Zum Kunstarrangement müssen also Elemente gehören, die *keine ikonischen, metaphorischen, symbolischen Verweisungsbezüge auf lebensweltliche Denotate* haben, sondern die *Funktion, auf den Zeichencharakter der Kunstsituation hinzuweisen*, damit die Strategieentwicklungsphase des Widerstandsbewältigungszyklus ausgedehnt wird. Diese spezifisch künstlerischen (mit Peirce: indexikalischen) Elemente des Kunstarrangements sollen *Rahmenzeichen* heißen.[104]
(1) Rahmenzeichen designieren, daß jemand mit dem fraglichen Kunstprodukt schon einmal eine ästhetische Situation erlebt hat. *Das allgemeine Designat der indexikalischen Rahmenzeichen lautet: "im Kontext dieses Kunstarrangements kann eine Kunstsituation erlebt werden"*. (2) Rahmenzeichensysteme sind veränderlich und nicht untrennbar mit dem Zentralzeichenkomplex verbunden. (3) Es gibt verschiedene Typen von Rahmenbedingungen, die je nach beabsichtigtem Rezipientenkreis dem Kunstarrangement beigeordnet werden können. Zu den Rahmenzeichen gehört die Galakleidung eines Sängers, der Blumenschmuck auf dem Podium und die Kronleuchter in einer konzertanten Opernaufführung, aber auch die Mikrophone, die Lederkleidung, die Kelleratmosphäre und die Scheinwerfer bei einem Punkkonzert. Auch der Rahmen eines Bildes oder das Gebäude, in dem ein Zentralzeichen präsentiert wird (Theater, Museum, Kino) gehören zum Rahmenzeichensystem eines Kunstarrangements. Dewey betont, daß auch auf den ersten Blick äußerliche 'Teile' (wie das Talent eines Künstlers, die Kostbarkeit oder Seltenheit eines Produktes, Vertrautheit, Eleganz etc.) und das Wissen um das Geschaffensein des involvierten ästhetischen Produktes zur Kunstsituation gehören.[105] (4) Es gibt Kunstprodukte, von denen nicht uneingeschränkt behauptet werden kann, daß sie mit der Absicht geschaffen wurden, Initial von ästhetischen Situationen zu sein, die andere Menschen erleben, wie die Gemälde psychisch kranker Menschen in der Therapie, Kinderbilder oder Gebrauchsgegenstände aus fremden Kulturen. Hier spielt die Beiordnung von Rahmenzeichen eine ganz besondere Rolle. (5) Man könnte einwenden, daß Rahmenzeichensysteme überflüssig sind. Das Wissen "das ist ein Kunstarrangement" ist aber nur selbstverständlich, wenn die indexikalischen Rahmenzeichen vertraut sind. Rahmenzeichensysteme sind gerade für die Kunst wichtig, die in Deweys Sinne 'in die Lebenswelt' gestellt ist. In der Avantgarde-Kunst spielen die Rahmenzeichen eine so große Rolle wie noch niemals in der Kunst zuvor. Wenn ein Gebrauchsgegenstand im Museum ausgestellt wird, dann ist die erlebte Bedeutung des Kunstarrangements nicht, daß der Gegenstand ein 'Werk' im klassischen Sinne ist. Beabsichtigt ist das Erlebnis, daß etwas unter bestimmten Bedingungen als Kunst erlebt wird.

---

[104] *St. Pepper (Aesthetic Quality*. 22-40) unterscheidet das gegebene Ereignis <Kunstsituation>, die zugrundeliegenden physikalischen Bedingungen <Rahmenbedingungen> und das individuelle Objekt <Kunstprodukt>.

[105] *J. Dewey*: Art as Experience. 144ff., 54.

Damit wird in der Avantgarde-Kunst auch die Relevanz der kulturell gewachsenen indexikalischen Rahmenzeichensysteme für die Kunst zum Ausdruck gebracht. Es gibt Kompositionen, in denen alltägliche Umweltgeräusche das Material bilden. Wenn die Musiker oder der Tonträger nicht ebenfalls im Kunstarrangement wahrnehmbar sind, wird man die Komposition für Zufall halten und nicht die Möglichkeit einer Ausdehnung der Strategieentwicklungsphase des Widerstandsbewältigungszyklus zulassen. Kants Nachtigall-Beispiel, mit dem er auf das Primat der Naturschönheit schließt, kann man auch so interpretieren: Wenn man von Anfang an wüßte, daß es sich um Kunst handelt, würde man die Kunstfertigkeit des Imitators bewundern und sich nicht etwa betrogen fühlen. So sind Messians Kompositionen getragen von Vogelstimmenmotiven. Eine Theatergruppe, die in einer belebten Fußgängerzone ein Stück 'direkt aus dem Leben' aufführt, muß in rudimentärer Form eine Bühne schaffen - sonst würden die Schauspieler als Verrückte eingestuft oder gar nicht bemerkt. *Gerade* für Kunst, die direkt ins Leben gestellt werden soll, sind Rahmenzeichensysteme wichtig, ja unerläßlich.
(6) Rahmenzeichen verweisen darauf, daß in die Kunstsituation nicht unmittelbar handelnd eingegriffen werden soll, weil es sich nicht um eine lebensweltliche Situation handelt. Sie bauen *Handlungsschranken* auf, womit Deweys zweite Bedingung erfüllt ist.

h. Deweys Museen als Rahmenzeichen mit Doppeldesignation

Museen und Theater sind derartige Rahmenzeichensysteme. Nun fordert Dewey ausdrücklich, Museen und Theater abzuschaffen, damit kein elitärer Erlebnisbereich besteht. Werden durch die Behauptung der Notwendigkeit von Rahmenzeichen gegen Dewey quasi 'durch die Hintertür' die Museen wieder eingeführt? Es stellt sich ein Konsistenzproblem. Es muß untersucht werden, aus welchen Gründen Dewey Museen, Theater und Konzertsäle ablehnt, um anschließend seine outrierte Forderung, alle derartigen Rahmenzeichensysteme abzuschaffen, einzuschränken.
Von der Lebenswelt abgetrennte Museen etc. sind nach Dewey Symbole für Nationalismus und bürgerliches Besitzstreben. Diese Rahmenzeichensysteme der Kunst könnte man also als *Rahmenzeichensysteme mit Doppeldesignation* bezeichnen, denn sie designieren zum einen: "hier kann eine Kunstsituation erlebt werden", und zum anderen designieren sie etwas, das vom Kunstprodukt selbst *ablenkt*. Darüber hinaus scheint Dewey zu kritisieren, daß die *Zweitdesignation* (Nationalismus, Reichtum) von Rahmenzeichen wie Museen etc. gegenüber der Erstdesignation ("hier kann eine Kunstsituation erlebt werden") *übergewichtig* ist. Es läßt sich also eine *Regel* zur kritischen Analyse von Rahmenzeichensystemen ableiten, nach der (insofern eine Kunstsituation erlebt werden soll) die Rahmenbedingungen dem Kunstprodukt *nur beigeordnet* sein dürfen, um die Aufmerksam-

keit auf das Kunstprodukt zu lenken, anstatt im Gegenteil vom Kunstprodukt abzulenken. Wenn die Rahmenzeichensysteme jedoch eine Doppeldesignation haben, und wenn zudem die Zweitdesignation (Nationalismus, Reichtum etc.) im Vergleich zur Erstdesignation übergewichtig ist, kann es nicht zu einem Erleben der vom Kunstprodukt designierten Werteigenschaft (also zu keinem Kunsterleben) kommen, sondern statt dessen zu einem Erleben der von dem Rahmenzeichensystem dominant designierten Werteigenschaft. Tatsächlich sind Rahmenzeichensysteme mit dominanter Zweitdesignation verbreitet. So stehen oft die Person des Künstlers, ökonomische oder politische Aspekte, Identifikationsangebote für bestimmte soziale Gruppen oder die Adäquatheit einer Theorie im Zentrum. Rahmenzeichensysteme der Kunst, die offensichtlich eine dominante Zweitdesignation haben, sind Kunstauktionen oder kunsttheoretische Abhandlungen: Hier geht es weniger um das Erleben einer Kunstsituation als um Kaufanregung bzw. um intellektuelle Auseinandersetzung. Die Kunst kann jedoch kaum zu einem integralen Bestandteil der Lebenswelt gemacht werden, indem man die Museen abreißt, die Kunst im räumlichen Sinne 'in die Lebenswelt' einbettet und letztendlich die Unterschiede zwischen Kunst und Leben egalisiert. Der von Dewey intendierten Herstellung einer Kontinuität von Kunst und Lebenswelt wäre statt dessen ein Votum für die Beschränkung auf Rahmenzeichensysteme angemessen, die ausschließlich designieren: "hier kann prinzipiell von jedermann eine Kunstsituation erlebt werden". Rahmenzeichensysteme beispielsweise, die die psychische Bereitschaft zum Erleben einer Kunstsituation schaffen, sind in jedem Kunstarrangement unverzichtbar. Es müssen Bedingungen hergestellt werden, durch die die störungsfreie Kommunikation zwischen Rezipient und Kunstprodukt gewährleistet wird. Deshalb wird ein Bild an einer gut sichtbaren Stelle aufgehängt, ein gewisser Betrachtungsabstand gewährleistet und für gute Beleuchtung gesorgt. Konzerte und Theateraufführungen finden in Räumen statt, die gegen Geräusche und optische Reize isoliert sind. Eine Plastik wird auf einem großen, freien Platz aufgestellt. Durch solche Rahmenbedingungen wird die Kontinuität von Lebenswelt und Kunst nicht unterbrochen. Selbst wenn man ein Bild in einer Fabrik aufhängt, wie es Barnes getan hat, wird zumindest der Platz, an dem das Bild dann hängt, 'Museumscharakter' haben.

Museen und Konzertsäle etc. sind in unserer Gesellschaft wohl weniger Symbol für Reichtum oder Nationalismus. Sie gelten vielmehr deshalb als elitäre Erlebnisbereiche, weil sie Symbole für ein gewisses Bildungsniveau sind.[106] Es wäre in Deweys Sinne also anzuregen, (durchaus in einem Museum) Rahmenbedingungen zu schaffen, durch die Hilfestellung gegeben wird. Einführende Kommentare des

---

[106] Nach *Th. Alexander (J.D.'s Theory of Art.* 190f.) beweist die Tatsache, daß Dewey mit Barnes verschiedene Museen besucht habe, daß Dewey kein Museumsfeind gewesen sei. Im Gegenteil hätte Dewey die pädagogische Funktion von Museen erkannt.

Dirigenten vor einem Konzert mit Hörbeispielen, didaktische Einführungen in bestimmte Techniken der Malerei, Erklärungen in den Programmheften von Theateraufführungen wären Rahmenbedingungen eines Kunstarrangements, die den elitären Charakter mancher Kunst aufheben könnte. In der Tat sind solche Angebote zum besseren Verständnis in Theatern, Museen und Konzertsälen ja heute auch schon weit verbreitete Praxis. Didaktische Einführungen designieren ebenfalls: "wenn die Aufmerksamkeit auf bestimmte Strukturen des Kunstproduktes gelenkt wird, kann eine Kunstsituation erlebt werden."

Bis jetzt sind Unterschiede zwischen lebensweltlich ästhetischem Erleben und Kunsterleben (C.1.) sowie zeichentheoretische Kategorien zur Erfassung der für die Kunstsituation spezifischen, erlebnisvermittelnden Mechanismen (C.2.) aufgezeigt worden. Jetzt soll diskutiert werden, ob ein Kunstarrangement zwangsläufig einen 'Wert' designiert (C.3.).

C.3. Die affirmative Sollfunktion der Kunst
C.3.1. Kunst und die Designation von Werten

Morris bezeichnet das ästhetische Zeichen als "ikonisches Zeichen, dessen Designat ein Wert ist". "Nach diesem <Deweys und Meads> Ansatz ist Wert eine Eigenschaft eines Gegenstandes oder eines Sachverhaltes im Verhältnis zu einem gegebenen Interesse - nämlich die Eigenschaft, auf *befriedigende* Weise eine Handlung abzuschließen, deren Vollendung einen Gegenstand erfordert, der derartige Interessen befriedigt."[107] Für Morris bezeichnet der Begriff "Wert" also einen positiven Wert, der ein bestimmtes Interesse befriedigt. Somit befindet sich Morris mit seiner Definition des ästhetischen Zeichens als ikonisches Zeichen, das eine positive Werteigenschaft designiert, ganz im Einklang mit Deweys politischer Kunsttheorie, nach der die Kunst *lebensweltlich noch nicht realisierte, positive Werte affirmativ zum Ausdruck bringen soll.*[108] Die Mitglieder der Gesellschaft würden sich demnach durch die Identifizierung mit den designierten Werten als Verantwortungsgemeinschaft empfinden, wodurch die Kunst zur Annäherung der Gesellschaft an das 'Ideal der Versöhnung' aller Menschen beitrüge. Die Defizite

---

[107] *Ch.W. Morris: Esthetics.* 95 (ohne Hervorhebung).

[108] Aus den von D. genannten Beispielen sowie aus der Tatsache, daß aus der Wertdesignation eine Identifikation des Einzelnen mit seiner Gesellschaft erfolgen soll, folgt, daß D. mit "Wert" einen positiven Wert meint. "Widerstand" bezeichnet sowohl Unwerte als auch lebensweltlich noch nicht realisierte positive Werte. Im folgenden ist "Unwert" ein negativer Wert, während "Wert" ein positiver Wert ist.

einer Gesellschaft manifestierten sich dagegen in gewöhnlichen Produkten menschlichen Schaffens: "Die Häßlichkeit der meisten Fabrikgebäude z.B. und die Scheußlichkeit des gewöhnlichen Bankgebäudes ... reflektieren ... eine Zerstörung von menschlichen Werten".[109] Kann man aber wirklich behaupten, daß alle Kunstprodukte (also auch ein Bild von Otto Dix, ein Gedicht von Gottfried Benn oder die Oper *Wozzeck* von Alban Berg) auf (positive) Werteigenschaften verweisen? Werden nicht vielmehr Unwerte, also Widerstände im Sinne aggressiver Hemmnisse gegen das Sich-Verhalten zum Ausdruck gebracht?

a. Deweys anti-ästhetizistische Kunsttheorie

Selbst in kritischen Beiträgen zu Deweys Theorie wird einhellig gewürdigt, daß Dewey die gesellschaftsrelevante Funktion der Kunst betont hat. Die Kunst sei aus ihrer gesellschaftlichen "Bedeutungslosigkeit" befreit worden, weil Dewey ihr "normenrekonstruierende" Funktion zugesprochen hat.[110] Seine Abwendung von der Kunst als bloßem Selbstausdruck, als Erlebnisbereich des "interesselosen Wohlgefallens", als private Genußinstanz und als Flucht aus der Wirklichkeit sind als Kritik am Ästhetizismus des ausgehenden 19. Jahrhunderts zu verstehen. Dewey würde sich Kierkegaard anschließen, für den "Interesselosigkeit der Ausdruck für Gleichgültigkeit gegen die Wirklichkeit"[111] war. Eine nur-ästhetische Weltauffassung im Sinne Wildes oder Nietzsches, die "ethisch aktivistischem Kulturinteresse"[112] widerspricht, ist für Dewey weder legitimiert noch interessant: Künstler als verantwortliche Mitglieder der Gesellschaft sind der Weiterentwicklung von gesellschaftlichen Normen verpflichtet. Künstlerdespotismus und Geniekult sind Dewey fremd.

b. Der Konformismus von Deweys politischer Kunsttheorie

Die These, Kunst solle die einer Gesellschaft zugrundeliegenden, noch nicht realisierten Werte *affirmativ* designieren und damit ein Zeichen für ein "vereinigtes Kollektiv" sein, ist nicht unproblematisch. (1) Wenn in einer Gesellschaft überwie-

---

[109] "The ugliness, for example, of most factory buildings and the hideousness of the ordinary bank building ... reflects ... a distortion of human values." *J. Dewey*: *Art as Experience*. 235.

[110] *E.A. Burtt*: *The Core*. 411.

[111] *Sören Kierkegaard: Abschließende Unwissenschaftliche Nachschrift zu den philosophischen Brocken*. In: *Gesammelte Werke* 16.2. Übers. von H.M. Junghans. Düsseldorf/ Köln 1957-1958, 19.

[112] *A. Halder*: *Ästhetizismus*. In: *Historisches Wörterbuch der Philosophie* 1. Darmstadt 1971, 581. (Die Betonung der antiästhetizistischen, politischen Funktion von Kunst lag in der Entstehungszeit von *Art as Experience* auch in Europa 'in der Luft'.)

gend wertedesignierende Kunst entsteht, kann man nicht ohne weiteres auf ein vereinigtes Kollektiv schließen. Historische Beispiele dagegen gibt es genug.[113] (2) Dewey setzt sich (in letzter Konsequenz, aber sicher unbeabsichtigt[114]) dem Verdacht aus, eine propagandistische Kunsttheorie zu vertreten, nach der ein bestehender gesellschaftlicher Status quo unkritisch bestätigt, wenn nicht sogar verherrlicht werden soll. Man könnte jetzt entgegnen, Dewey würde fordern, daß die affirmative Kunst nicht durch staatliche Diktatur entsteht - aber kann man wirklich behaupten, daß Albert Speer die Prunkbauten nationalsozialistischer Architektur nicht 'freiwillig' entworfen hat? (3) Um die Kritik noch einmal zu überspitzen: Deweys Sollfunktion der Kunst wird in unserer Gesellschaft am ehesten von der Werbung erfüllt. Sie ist jedermann öffentlich zugänglich, und sie bringt die unserer Konsumgesellschaft zugrundeliegenden Werte signifikant (wenn auch dem Charakter der Werbung gemäß oft übertrieben, verzerrt und mit psychologischen Raffinessen angereichert) zum Ausdruck, um so zu einer Identifikation mit diesen Werten durch vermehrten Konsum anzuregen. (4) Anstatt zu sagen: "wenn alle Kunst von selbst und freiwillig affirmativ ist, kann man auf ein vereinigtes Kollektiv schließen" (was mit der Einschränkung, daß auch persönliche Unzufriedenheit in Kunst ausgedrückt werden kann, vielleicht zu akzeptieren wäre), sagt Dewey, daß Kunst ihre Funktion nur dann erfüllt, wenn sie affirmativ Werte zum Ausdruck bringt. Damit hat Dewey de facto einen großen Teil der real existierenden Kunst ausgegrenzt, nämlich die Kunstprodukte, die Unwerte designieren.[115] Diese Kunst hat aber ebenso wie werteaffirmative Kunst gesellschaftliche Relevanz.

---

[113] Gegen D., für den antike Tempel "Zeichen für ein vereinigtes Kollektiv" sind, kann man z.B. auf die Spartakusaufstände in Rom verweisen. Nach *P. Crosser (Nihilism.* 105-114) hat D. die 'primitive' Kunst über die 'hochentwickelte' Kunst seiner Zeit gestellt (105). In der Antike habe der Loslösungsprozeß von Kunst und Leben begonnen (107f.). Anstatt diese Loslösung der Kunst von staatlichen und religiösen Instanzen zu begrüßen, hätte D. jedoch den Emanzipationsprozeß als Niedergang bezeichnet (106). Museen seien aber Freiräume, in denen sich die Kunst von gesellschaftlicher und staatlicher Vorherrschaft hätte befreien können (109-114).

[114] *Theodor W. Adorno (Ästhetische Theorie.* Frankfurt 1970, 79f.) sieht im NS-Staat einen Zusammenhang zwischen staatlicher Verordnung, wertedesignierender Kunst und totalitärer Unterdrückung. Man kann *S. Hook (Intellectual Portrait.* 209), der D.'s Theorie als Bollwerk gegen totalitäre Propaganda bezeichnet, also nicht uneingeschränkt zustimmen, weil D. nur wertedesignierende Kunst als Kunst bezeichnet.

[115] Vgl. *M. Lüpertz: Schwarz Rot Gold* (Krieg). *G. Benn: Mann und Frau gehen durch die Krebsbaracke* (Krankheit). *S. Dali: The Nuclear Cross* (atomare Katastrophe). *A. Berg: Wozzeck* (Wahnsinn, Unterdrückung, Armut).

c. Dewey und das Kunsthäßliche

In der philosophischen Tradition wurde das Kunsthäßliche als Ausdrucksmittel für die Unwerte des Schmerzes, des Bösen, der Sünde, der Dekadenz definiert. Deutlich hat diesen Zusammenhang Nietzsche formuliert:

> "Das Häßliche wird verstanden als ein Wink und Symptom der Degenereszenz: was im entferntesten an Degenereszenz erinnert, das bewirkt in uns das Urteil 'häßlich'. Jedes Anzeichen von Erschöpfung, von Schwere, von Alter, von Müdigkeit, jede Art von Unfreiheit, als Krampf, als Lähmung, vor allem der Geruch, die Farbe, die Form der Auflösung, der Verwesung, und sei es auch in der letzten Verdünnung zum Symbol - das alles ruft die gleiche Reaktion hervor, das Werturteil 'häßlich'."[116]

Eine absolute Gleichsetzung von häßlichen Ausdrucksmitteln und der Designation von Unwerten ist zwar wahrscheinlich nicht möglich (man spricht beispielsweise auch von der 'Schönheit des Bösen'), doch man kann wohl sagen, daß Unwerte in der Kunst hauptsächlich durch häßliche Ausdrucksmittel designiert werden. Wenn also die Stellung von unwertedesignierender Kunst in Deweys Kunsttheorie zur Debatte steht, muß auch seine Stellung zum Kunsthäßlichen analysiert werden.
(1) Nach Dewey ist der umgangssprachlichen Bedeutung gemäß etwas häßlich, wenn es den Sinnen nicht gefällt.

> "Ein Stuhl mag den Zweck erfüllen, eine bequeme und für die <Belange der> Körperpflege effiziente Sitzgelegenheit zu bieten, ohne gleichzeitig den Bedürfnissen des Auges zu entsprechen. Wenn er <der Zweck> aber im Gegenteil die Rolle des <poetischen> Vorstellungsvermögens innerhalb einer Situation blockiert statt zu fördern, so ist er häßlich, ungeachtet dessen, wie gut er geeignet ist, als Sitzgelegenheit gebraucht zu werden."[117]

Diese elementare Bedeutung von "häßlich" ist zwar plausibel, doch nicht ausreichend, um die ästhetische Wirkung von Kunsthäßlichem zu erklären. In dieser Bedeutung designiert "häßlich" nämlich keinen Unwert, sondern die Häßlichkeit

---

[116] *Friedrich Nietzsche: Götzendämmerung. Oder wie man mit dem Hammer philosophiert.* Leipzig 1889. Im Text zit. nach: *Nietzsche. Werke. Kritische Gesamtausgabe* 6.3. Hrsg. von G. Colli, M. Montinari. Berlin 1969, 118.

[117] "A chair may serve the purpose of affording a comfortable and hygienically efficient seat, without serving at the same time the needs of the eye. If, on contrary, it blocks rather than promotes the role of vision in an experience, it will be ugly no matter how well adapted to use as a seat." *J. Dewey: Art as Experience.* 120.

des Stuhls ist ausschließlich ein Mangel, den der Stuhl selbst besitzt. (2) Man könnte mit den Maßstäben der traditionellen Ästhetik gegen den Augenschein der Gegenwartskunst die These vertreten, daß es in der Kunst das Häßliche nicht gibt: Das Häßliche gehöre zu lebensweltlichen Bereichen, in denen sich nur gewöhnliche Situationen ereignen. Dewey verwendet den Begriff der "Häßlichkeit" vor allem als Ausdruck für die stumpfe Erlebnisqualität von gewöhnlichen Situationen:

> "Beispielsweise die Häßlichkeit der meisten Fabrikgebäude und die Scheußlichkeit des gewöhnlichen Bankgebäudes reflektieren, obwohl sie abhängig von strukturellen Defekten auf der technisch-physischen Seite sind, genauso eine Zerstörung von menschlichen Werten, die im Situationserleben verkörpert ist, das mit den Gebäuden verbunden ist. Keine überwiegend technische Regel kann solche schönen Gebäude machen, wie es einst die Tempel waren. Erst muß da eine humane Umwälzung passieren, so daß diese Strukturen <der Gebäude> spontan eine Harmonie von Wünschen und Bedürfnissen zum Ausdruck bringen, die bis jetzt nicht besteht."[118]

Nach dieser Passage hat die physische Häßlichkeit der Gebäude Verweisungscharakter auf die der jeweiligen Gesellschaft zugrundeliegenden Unwerte. *Dewey schließt ausdrücklich aus, daß im Kontext dieser häßlichen Ausdrucksmittel ästhetische Situationen erlebt werden können.* Dewey definiert das Häßliche sogar dualistisch als Gegensatz des Schönen: Schönheit ist die intensive Erlebnisqualität von ästhetischen Situationen und Häßlichkeit die stumpfe Erlebnisqualität der gewöhnlichen Situation. So plausibel diese Definition auf den ersten Blick sein mag, so wird sie doch lediglich dem Ordnungsbedürfnis eines Systemdenkens, nicht aber dem Erleben im Kontext häßlicher Kunstprodukte gerecht, das oft alles andere als stumpf und langweilig ist. (3) An anderer Stelle identifiziert Dewey häßliche Kunst mit schlechter Kunst:

> "Die einzig *fundamentale* Unterscheidung ist die zwischen schlechter Kunst und guter Kunst .... Der Unterschied zwischen der Häßlichkeit eines mechanisch wahrgenommenen und benutzten Utensils und eines aufdringlichen und prätentiösen Gemäldes ist lediglich <ein Unter-

---

[118] "The ugliness, for example, of most factory buildings and the hideousness of the ordinary bank building, while it depends upon structural defects on the technically physical side, reflects as well a distortion of human values, one incorporated in the experience connected with the buildings. No mere technical skill can render such buildings beautiful as temples once were. First there must occur a humane transformation so that these structures will spontaneously express a harmony of desires and needs that does not now exist." *J. Dewey: Art as Experience.* 235f.

schied > des Inhalts oder des Materials; in bezug auf die Form sind beide <bloße> Ware, und zwar schlechte Ware."[119]

Diese Gleichsetzung von häßlicher Kunst mit schlechter Kunst hat zwar eine lange Tradition, ist aber (wie die schon genannten Beispiele aus dem Bereich der unwertedesignierenden Kunst zeigen) nicht zu halten. (4) Kunsthäßliches gibt es nach Dewey nur in folgenden Bedeutungen: als Gliederungsfaktor (Individualisierung der Teile im Ganzen)[120], als Befriedigung des rhythmischen Bedürfnisses[121] und als Spannungselement innerhalb eines insgesamt nicht häßlichen ausdrucksvollen Ganzen. Um diese Funktionen erfüllen zu können, muß etwas, das für gewöhnlich häßlich ist, innerhalb eines Kunstprodukts seinen ursprünglich häßlichen Charakter verlieren. Dann hätte es in dieser umgewandelten Form die Funktion eines pikantes Faszinosums:

"Das Kernproblem der Stellung des Häßlichen in Kunstsituationen scheint mir seine Lösung zu bekommen, wenn seine Begriffe in diesem Kontext betrachtet werden. Das, worauf das Wort 'häßlich' angewandt wird, ist das Objekt mit seinen vertrauten Assoziationen, diejenigen, welche ein innewohnender Teil des gewissen Objektes zu sein scheinen. Es <das Wort 'häßlich'> bezieht sich nicht auf das, was in einem Bild oder in einem Drama präsent ist. Es findet eine Transformierung statt durch sein Auftreten in einem Objekt, das seine eigene Expressivität hat: genau wie in dem Fall von Renoirs Nackten. Etwas, das häßlich war unter anderen Bedingungen, nämlich den üblichen, wird von den Bedingungen, unter denen es abscheulich war, extrahiert, und in bezug auf seine Qualität transfiguriert, sobald es Teil eines expressiven Ganzen wird. In seiner neuen Umgebung ergibt gerade der Kontrast zu einer ehemaligen Häßlichkeit Pikanterie, Animierung und bei ernsten Themen ein Anwachsen der Bedeutungstiefe in einer fast unglaublichen Art und Weise."[122]

---

[119] "The only *basic* distinction is that between bad art and good art ... The difference between the ugliness of a mechanically conceived end executed utensil and of a meretricious and pretentious painting is one only of content or material; in form, both are articles, and bad articles." *J. Dewey*: *Experience and Nature*. 378.

[120] *J. Dewey*: *Art as Experience*. 208.

[121] *J. Dewey*: *Art as Experience*. 177f.

[122] "The moot problem of the place of the ugly in works of art seems to me to receive its solution when its terms are seen in this context. That to which the word 'ugly' is applied is the object in its customary associations, those which have come to appear an inherent part of some object. It does not apply to what is present in the picture or drama. There is transformation because of emergence in an object having its own expressiviness: exactly as in the case of Renoir's nudes. Something which was ugly under other conditions, the usual ones, is extracted from the

Deweys *Stellungnahmen zum Häßlichen* sind insgesamt disparat und diffus. Er hat zu diesem Phänomen keine eindeutige und vor allem keine überzeugende Position. Offensichtlich zu kritisieren sind folgende Punkte: (1) Dewey übersieht, daß Kunsthäßliches durchaus eine gesellschaftsrelevante Funktion haben kann, wenn es die einer Gesellschaft zugrundeliegenden Unwerte prägnant zum Ausdruck bringt. (2) Er hat den Verweisungscharakter häßlicher Ausdrucksmittel auf Unwerte nur in bezug auf gewöhnliche Produkte menschlichen Schaffens erkannt. (3) Wenn dem Kunsthäßlichen der Status von pikanter Animierung zugewiesen wird, wird es banalisiert, denn ein pikanter Reiz ist nur schmückendes Beiwerk, das als solches den Intensivierungsprozeß der ästhetischen Situation (das Zulaufen aller Elemente des Erlebens auf einen Höhepunkt mit eindeutiger Qualität) stört und ablenkt. Es gibt Kunstprodukte, in denen nicht etwa häßliche Ausdrucksmittel lediglich als rhythmisierende und animierende Elemente eingewoben sind, sondern die durch und durch häßlich - und gerade deshalb faszinierend - sind. (4) Etwas Häßliches kann ästhetische Qualität haben, aber deshalb wird es nicht 'irgendwie schön'. Im Kunsthäßlichen wird nicht etwas, was unter gewöhnlichen Umständen häßlich ist, in etwas, das 'irgendwie schön' ist, verwandelt. Im Gegenteil wird etwas, das im Alltag wertfrei wahrgenommen wird, in seiner Häßlichkeit brennglasartig demonstriert. "... der Expressionist läßt das Häßliche auch in der Form eines Wirklichen von größter Intensität in sein Werk eingehen, um sich eben dadurch von der Wirklichkeit abzusetzen. Die Funktion des Häßlichen besteht eben oft gerade darin, das Wirkliche stellvertretend zu repräsentieren und damit zu diffamieren."[123] (5) Schließlich widerspricht Dewey seiner eigenen These von der Kontinuität von gewöhnlichen und ästhetischen Situationen, wenn er ausführt, daß in der Kunst etwas "in seinem Wesen verändert" würde, das unter gewöhnlichen Umständen häßlich war.

C.3.2. 'Politischer Idealismus' und die Abwertung des Kunsthäßlichen

Im Teil B. wurde gegen die Idealismuskritik an Deweys System mit dem Ergebnis argumentiert, daß Dewey seinen eigenen Kriterien entsprechend keinen philosophisch-systematischen Idealismus vertritt. Hier soll gezeigt werden, daß er an den-

---

conditions in which it was repulsive and is transfigured in quality as it becomes a part of an expressive whole. In its new setting, the very contrast with a formular ugliness adds piquancy animation, and, in serious matters, increases depth of meaning in an almost incredible way." J. Dewey: *Art as Experience.* 101. Vorangegangen ist, daß das banale Fleischliche von Renoirs Nackten im Bild "überhöht" wird bis zur Ausklammerung des Erotischen.

[123] Christoph Eykmann: *Die Funktion des Häßlichen in der Lyrik Georg Heyms, Georg Trakls und Gottfried Benns.* Zur Krise der Wirklichkeitserfahrung im deutschen Expressionismus. Hrsg. v. B.v. Wiese. Bonn 1965, 114.

selben Kriterien gemessen jedoch einen 'politischen Idealismus' vertritt, aus dem sich die Ausgrenzung des Kunsthäßlichen erklären läßt.

a. Der idealistische Dualismus von Häßlichem und Schönem

Nach Dewey entstanden die ersten idealistischen Systeme, weil die antiken Philosophen zur Legitimierung ihrer praxisfernen Existenz einen Dualismus zwischen einer Sphäre des reinen Denkens und des gewöhnlichen Lebens eingeführt haben. Jedes nachfolgende idealistische System sei infolgedessen durch ein *Zweisphärendenken* gekennzeichnet, in dem strenge *Ableitungsverhältnisse zwischen zwei dualierenden Begriffskolumnen* angenommen werden. Der Dualismus von Schönem und Häßlichen in traditionellen Kunsttheorien läßt sich ohne weiteres innerhalb dieser Analyse als idealistischer Dualismus bestimmen. Kunst gehört (zumindest seit dem Neuplatonismus) ebenso wie das Schöne zur eigentlichen Seinssphäre. Durch die strengen Ableitungsverhältnisse innerhalb eines idealistischen Systems ergeben sich zwangsläufig die Attribute, die der Kunst in idealistischen Theorien zugesprochen werden: Kunst ist ewig, vollkommen, schön, Repräsentant des Guten und Wahren, Diener der Moral und Ausdruck der Werte. Das Häßliche wurde in der minderen Seinssphäre angesiedelt. *Also darf Kunst nicht häßlich sein.* Die Künstler haben sich nie an dieses Gesetz gehalten. Deshalb ist in der nachhegelschen Ästhetik die akrobatische Lösung gefunden worden, das Kunsthäßliche als eine unvollkommene Form des Schönen zu klassifizieren - aber ein Bild von Otto Dix ist weder unvollkommen noch (im traditionellen Sinne) schön und gerade deshalb so faszinierend.

In den verschiedenen idealistischen Systemen hatten der Dualismus des Schönen und des Häßlichen und insbesondere die Kunst unterschiedlichen Stellenwert: (1) Die Kunstauffassung des *strengen Idealismus* hat ihren Ursprung bei Platon.[124] Seine Philosophie ist insgesamt materie-, sinnlichkeits- und kunstfeindlich. Kunst, die offensichtlich auch materiale Anteile hat, wird nicht der 'eigentlichen' Seinssphäre zugeordnet. Die beiden antagonistischen Seinssphären sind zwei getrennte, real existierende Welten. Nach den Hippias-Dialogen soll die Rezeption des Schönen vom sinnlich bzw. ästhetisch Schönen weg über das ethisch Schöne hin

---

[124] Nach *G. Müller* (Bemerkungen zur Rolle des Häßlichen in Poesie und Poetik des klassischen Griechentums. In: *Die nicht mehr schönen Künste*. Grenzphänomene des Ästhetischen. In: *Poetik und Hermeneutik 3*. Hrsg. von H.R. Jauß. München 1968, 15f.) hat das Häßliche im antiken Theater (in der Form des Tragischen in den Tragödien; in der Form des Obszönen in den auf den Dionysos-Kult zurückgehenden Komödien) eine große Rolle gespielt. "Daß der antiken Poetik keine angemessene Würdigung der alten Komödie wie auch der Tragödie gelingen konnte, ist primär die Schuld Platons, sekundär auch die des Aristoteles, der zwar die altgriechische Poesie gegen Platons Verdammungsurteil verteidigen wollte, aber durch seine Abhängigkeit von Platons Fragestellung an unbefangenem Verstehen gehindert wurde." (16).

zum noetisch Schönen führen. Kunst soll nach Platons Staatsentwurf einer strengen Zensur nach außerästhetischen, moralisch-pädagogischen Kriterien unterliegen. Das Häßliche wird uneingeschränkt mit dem Bösen und Minderwertigen identifiziert; es ist "verachtet und geringfügig", das "Nichtseiende", das mit dem "ewig Göttlichen" Unversöhnliche, das "Schmerzliche", das als solches "nicht geliebt"[125] werden kann und Indiz für schlechte Kunst.

In der jüdisch-griechisch-christlichen Tradition formiert sich eine geschichtsmächtige Strömung der *Bilderfeindlichkeit*.[126] Die Darstellung von religiösen Motiven gilt als Sünde, weil der materiale Bestandteil der Kunstprodukte eine Abwertung des heiligen Gehaltes des Dargestellten bedeute. Im 4. Gebot Mose wird verboten, sich von Gott ein Abbild zu machen:

> "Du sollst Dir kein Gottesbild machen und keine Darstellung von irgend etwas am Himmel droben, auf der Erde unten oder im Wasser."[127]

Im zweiten Jahrhundert nach Christus fürchtet *Tertullian*, daß "der Teufel Bildhauer, Maler und Verfertiger von Bildnissen aller Art in die Welt gesetzt" habe. Er schließt, daß Gott "den Knechten Gottes für solche Künste die ganze Welt verschlossen" habe.[128] *Paulinus von Nola* lehnt die Portraitkunst ab, weil der vollkommene "homo celestis" nicht material abbildbar und der "homo terrenus" der Abbildung nicht wert sei.

Mittelalterliche Gegner der Bilderstürmer berufen sich auf einen Gedanken des *Neuplatonismus*: hier erhielt das Kunstschaffen eine Aufwertung und die Kunst ihren fortan charakteristischen Platz in der eigentlichen Seinssphäre als Nachahmung des göttlichen Schöpfungsaktes. Ein Kunstprodukt war im Neuplatonismus nicht (wie bei Platon) Abbild des Abbilds der Idee, sondern Mittler zwischen mangelhafter Verkörperung der Idee in der Materie und der Idee selbst. Im Mittelalter sind diese Ideen die Ideen im Geiste Gottes. Während der platonische Weltschöpfer sowohl die Ideen als auch die Materie vorgefunden hat, hat Gott nach christlichem Verständnis den Kosmos aus dem Nichts geschaffen.[129] Damit gilt das Kunstschaffen als huldigende Nachahmung der göttlichen creatio ex

---

[125] *Platon: Parmenides* 13o c/d; ders.: *Symposion*, 206 d/211 a-e/ 197 b/ 201 a.. Vgl. *Ursula Franke: Häßliche (das)*. In: *Historisches Wörterbuch der Philosophie* 3. Darmstadt 1974, 1003-1007.

[126] *K. Oehler: Antike Philosophie*. 15-37, 272-286.

[127] 2 *Mose: Exodus*. 20.4.

[128] *Tertullian: Über den Götzendienst (De Idololatria)*. In: *Tertullians ausgewählte Schriften* 1. Tertullians private und katechetische Schriften. Hrsg. von O. Bardenhuber, Th. Schermann, K. Weymann. Übers. von K.A.H. Kellner. Kempten-München 1912, 141f.

[129] 1. Mos. 1,1-2. Joh. 1,1-3.

nihilo. Die neuplatonische Identifikation der Kunst mit dem Schönen, Guten, Ewigen und Wahren steht im Zentrum der mittelalterlichen Kunsttheorien. Das Häßliche wird in Anlehnung an das Platonische Erbe mit der ungeformten Materie und dem Bösen identifiziert. Als solches hat es im Kunstschaffen, der Nachahmung des göttlichen Schöpfungsaktes, keinen Platz. Während sich der Neuplatonismus an den von Platon vorgegebenen Ableitungsverhältnissen orientierte, um das Häßliche aus der Kunst auszugrenzen oder ihm einen niederen Platz zuzuordnen, beruft sich die christliche Überlieferung zusätzlich auf das Alte Testament, in dem immer wieder von Menschen berichtet wird, die für ihre Sünden mit körperlicher Häßlichkeit (mit Lepra als Symbol der Sünde) bestraft worden seien. Die Kirche war bis zur Renaissance der wichtigste Auftraggeber für Kunstschaffen. Die strenge christlich-idealistische Kunsttheorie hatte dementsprechend großen Einfluß: Aus dieser Zeit sind nur wenige häßliche Kunstprodukte (Hieronymos Bosch) überliefert. Im frühchristlichen Idealismus waren häßliche Ausdrucksmittel Ausnahmen und nur zur Darstellung des Bösen und der Sünde (nicht etwa von schuldlosem Leiden) mit Verweis auf das Gute mit schönen Ausdrucksmitteln im selben Kunstprodukt geduldet: Wenn die Hölle dargestellt ist, dann existiert immer ein komplementärer Altarflügel mit einer Auferstehungsszene.

Diese *Identifikation des Häßlichen mit dem Bösen und Sündhaften* wurde in vielen Kunsttheorien beibehalten, als die Zweiweltenlehre des strengen Idealismus schon aufgehoben war. Noch in O. Wildes *Das Bildnis des Dorian Gray* bewahrt der Protagonist seine Schönheit, weil sich die Spuren seines ausschweifenden Lebens nicht auf seinem Gesicht, sondern auf seinem Portrait (seinem künstlerischen Abbild) abzeichnen. "Die Sünde ist etwas, das das Gesicht des Menschen zeichnet. Man spricht von geheimen Lastern. So etwas gibt es nicht. Wenn ein Unglücklicher ein Laster hat, zeigt es sich in den Mundlinien, den schlaffen Augenliedern, ja sogar in der Form seiner Hände."[130]

(2) Neben der "Schönheit" steht in vielen Kunsttheorien das *"Erhabene"*. "Unter dem Erhabenen wurde im Laufe der Zeit dann auch ganz Verschiedenes verstanden"[131] - unter anderem Kunst, in der durch häßliche Ausdrucksmittel etwas designiert wird. Im Erhabenen wird auf etwas Überdimensionales[132] verwiesen, das sich

---

[130] Oscar Wilde: Das Bildnis des Dorian Gray. In: *Werke in zwei Bänden* 1. München ¹1970, ³1977, 276.

[131] Christiane Pries: Einleitung. In: *Das Erhabene. Zwischen Grenzerfahrung und Größenwahn*. Hrsg. von Ch. Pries. Weinheim 1989, 3.

[132] Während mit dem pragmatistischen Widerstandsbegriff ein lebensweltlich nicht realisierter Wert oder ein aggressives Hemmnis gegen das Sich-Verhalten gemeint ist, ist mit dem Begriff des Erhabenen das spezielle Widerständige gemeint, das wegen seiner *Überdimensionalität* widerständig ist. Diese Bedeutungsschattierung hat sich in der politischen Ästhetik (Sklovskij, Benja-

der Darstellung entzieht und ein Gefühl der Ohnmacht erzeugt.[133] Sobald dieses Überdimensionale (wie in den griechischen Tragödien) unermeßliches und unverständliches Leiden ist, ist das Erhabene Kunst, in der häßliche Ausdrucksmittel vorherrschend sind (wie der blutüberströmte Schauspieler, der den König Ödipus darstellt). Im Erhabenen sind die idealistischen Ableitungsverhältnisse noch präsent, weil das durch das Erhabene designierte Leiden als Leiden für ein Gutes, und das Ohnmachtsgefühl in das moralische Gefühl der Demut umgedeutet wird. Dahinter steht der Anspruch, daß Kunst, wenn sie schon *nicht schön ist, wenigstens das Gute designieren muß*. Wenn jemand für etwas Gutes leidet, dann ist sein Leiden kein Unwert, sondern ein Wert. Dementsprechend werden die Ausdrucksmittel nicht als "häßlich", sondern als "erhaben" bezeichnet. Durch die gemeinsame Ausrichtung des Erhabenen und des Schönen auf das Gute ist das Erhabene in gewissem Sinne mit dem Schönen verwandt, nicht aber mit dem Häßlichen. Die begriffliche Kennzeichnung "das erhabene Leiden ist Leiden für ein Gutes und deshalb mit dem Schönen verwandt" verdeckt den begriffslogischen Widerspruch, der in der ebenso zutreffenden Aussage "das Leiden ist häßlich und deshalb mit dem Schönen verwandt" offensichtlich würde.

Wirkungsgeschichtlich ist die Analyse des Erhabenen durch Kant am bedeutendsten[134], obwohl er das Erhabene aus dem Bereich der Kunst ausgeschließt, weil die erhabene Allgewalt der Natur sich der Darstellung in der Kunst entzieht. Für Kant galt: "Das imaginäre Landschaftsbild ist schön und nicht erhaben."[135] Das Gefühl des Erhabenen ist zunächst ein Unlustgefühl, nämlich Ohnmacht und Furcht vor der übergewaltigen Natur. Wenn der Mensch an die Grenzen seines physischen Widerstandsvermögens angesichts chaotischer Naturerscheinungen geführt wird, wird aber seine Aufmerksamkeit letztlich auf das Gute (auf den Wert der Person, auf das Ideal der Menschheit) gelenkt. Das Häßliche bleibt in Kants *Kritik der Urteilskraft* ganz ausgegrenzt, weil es weder auf das Gute noch auf das Schöne zurückgeführt werden kann. Christian Strub spricht deshalb von einer "systematischen Lücke" in Kants *Kritik der Urteilskraft*: Kant definiere einerseits den Geschmack als Fähigkeit, zwischen schönen und nicht-schönen Gegenständen

---

min, s.u.) erhalten, in der die "Widerständigkeit" der von der Technik beherrschten Lebenswelt thematisiert wird.

[133] Der griechische Begriff "*hypsos*" bezeichnete die sich im enthusiastischen Dichtervortrag aufschwingende Seele. Später war "erhaben", was Ehrfurcht auslöste. "Das Naturerhabene" ist z.B. die unfaßbare Ausgedehntheit der Weltmeere. "Erhabene Charaktere" gebieten Ehrfurcht. Wenn das "Erhabene" die Bedeutung "das, was Respekt gebietet" hat, ist der Bezug zum Schönen im idealistischen Sinne (als Repräsentant des moralisch Guten) unproblematisch. Um diese Bedeutungsschattierung geht es hier nicht. R. Homann, Artikel *Das Erhabene* in *Historisches Wörterbuch der Philosophie*, 624-635.

[134] Ch. Pries: *Einleitung*. In: *Das Erhabene*. 7-11.

[135] K. Bartels: *Über das Technisch Erhabene*. In: *Das Erhabene*. 300.

zu unterscheiden. In seiner Ästhetik interessiert aber das Nichtschöne nicht. "Gegen diese Auffassung spricht andererseits die Tatsache, daß Kant eine Art des Nichtschönen doch positiv weiterbestimmt hat, nämlich das Erhabene. Dann ist aber kein Grund mehr gegeben, warum nicht auch anderes Nichtschönes innerhalb der Theorie der *Kr.d.U.* untersucht werden soll."[136]
Der Begriff "Erhabenes" wird von Burke (1757) erstmals *als Gegenbegriff zum Schönen* eingeführt.[137] "Sublime" nennt Burke alles, was wegen seiner Größe oder seiner Leidensdimension (Unwerte) einen "schönen Horror" erzeugt. Während das Schöne den Geselligkeitstrieb anspricht, aktiviert das Erhabene den Selbsterhaltungstrieb. Für Burke ist Häßliches ausdrücklich mit dem Erhabenen verträglich.[138] Lessing schreibt als erster eine ganze Abhandlung über das Häßliche in der Kunst (1766). Sein Verdienst ist eine Klassifizierung des Häßlichen. Leidensdarstellungen sind für Lessing erlaubt; es soll allerdings nicht "erbärmlich" und häßlich, sondern edel, kraftvoll und "erhaben" dargestellt werden:

> "Wenn Virgils Laokoon schreiet, wem fällt es dabei ein, daß ein großes Maul zu Schreien nötig ist, und daß dieses große Maul häßlich ist ... Wer hier ein schönes Bild verlangt, auf den hat der Dichter seinen ganzen Eindruck verfehlt ... Virgils Laokoon schreiet, aber dieser schreiende Laokoon ist eben derjenige, den wir bereits als den vorsichtigsten Patrioten, als den wärmsten Vater kennen und lieben."[139]

Lessing bestreitet in seiner Abhandlung *Hamburgische Dramaturgie* (1768), daß die Wahrheit des Ausdrucks höher als ein Ideal der Schönheit zu bewerten sei.

---

[136] *Christian Strub: Das Häßliche und die Kritik der ästhetischen Urteilskraft. Überlegungen zu einer systematischen Lücke.* In: *Kant-Studien* 80. 1989, 416-446. Strub analysiert dann die logische Struktur des ästhetischen Urteils bei Kant und überträgt sie auf das Kunsthäßliche. Er gelangt in seiner Kant-Kritik zu einer Unterscheidung von gewöhnlichen und ästhetischen Gegenständen als Ablösung des traditionellen Gegensatzes von "schön" und "nicht-schön", die direkt an Deweys philosophisch-systematische Unterscheidungen erinnern: "Die Unterscheidung zwischen ästhetischem und alltägigem Gegenstand ist keine, die einen Primat der in der Kunst produzierten Gegenstände (als möglicherweise schöne) konstituieren könnte. Denn zum einen können in der Kunst produzierte Gegenstände "alltägig" - hier vielleicht besser "trocken" - sein, dann nämlich, wenn sie erklärbar sind, d.h. auf objektive Begriffe gebracht werden können, ohne daß ein ästhetischer "Rest" bleibt ... sie sind dann schlechte Kunstwerke." (S. 446).

[137] R. Homann: *Erhabene (das)*. In: *Historisches Wörterbuch der Philosophie* 2. Darmstadt 1972, 626.

[138] Vgl. Ch. Strub (*Das Häßliche*. 420. Anm. 16).

[139] *Gotthold E. Lessing: Laokoon oder über die Grenzen der Mahlerey und Poesie. Berlin 1766. Im Text zit. nach: Laokoon oder über die Grenzen der Malerei und Poesie. Frankfurt a.M. 1988, 29.*

Häßliches ist nur in der Form des Erhabenen zugelassen, nämlich als *Leidensdarstellung, in deren künstlerische Gestaltung gleichzeitig die moralische Rechtfertigung und Veredelung des Leidens einfließt.*[140] Für ihn bewirkt das Tragische Mitleid (*eleos*) und vor allem Furcht um sich selbst (*phobos*), wodurch die Leidenschaften der Zuschauer in Tugenden verwandelt werden (*katharsis*).
Das Erhabene ist also eine Kategorie, durch die häßliche Ausdrucksmittel in die eigentliche Seinssphäre eines idealistischen Systems eingeordnet werden können, weil das Erhabene zwar offensichtlich nicht identisch mit dem Schönen ist, aber *das moralisch Gute designiert.*[141]
(3) In den *dialektisch-idealistischen Ästhetiktheorien* der Nachfolger Hegels wird das Kunsthäßliche als *minderwertige, über sich hinausweisende Erscheinungsform des Schönen* eingestuft. "Ja, innerhalb der System-Entwürfe des klassischen deutschen Idealismus ist das Häßliche vermöge der 'Idee' (des Schönen) geradezu methodisch ausgeschlossen."[142] Dem Hegelschen Entwicklungsgedanken entsprechend wird die Kunst nicht statisch, sondern als sich *entwickelnd* gedacht. Diese Entwicklung der Kunst und des Kunstbegriffes wird dem *Dreischrittdenken* der Hegelschen Logik entsprechend aufgezeigt. Nachdem Lessing die erste Klassifikation häßlicher Ausdrucksmittel vorgenommen hat, gilt das Erhabene in der nachhegelschen Ästhetik ebenso wie das Kunsthäßliche oder das Groteske als Ent-

---

[140] "Lessing untersucht ... die Frage, ob und in welchem Maße sich das Häßliche und das Ekelhafte in der Kunst verwenden ließen ... Seine Antwort zeigt sich der Tradition des europäischen Klassizismus verpflichtet: sie plädiert für eine behutsam eingeschränkte Zulassung." *M. Fuhrmann: Die Funktion grausiger und ekelhafter Motive in der lateinischen Dichtung.* In: *Die nicht mehr schönen Künste.* 23.

[141] Moderne Theorien des Erhabenen sind hier ebenso irrelevant wie die rhetorische Bedeutung dieses Begriffs. Es geht nur um die idealistischen Ableitungsverhältnisse. Für die Gegenwart gilt: "Seitdem Jean-Francois Lyotard, hierzulande vor allem als einer der Hauptverfechter der "Postmoderne" bekannt, das Erhabene ins Zentrum seines Interesses gerückt und - unter ausdrücklichem Rückbezug auf Kant - mit den Avantgardebewegungen der modernen Kunst in Verbindung gebracht hat, ist der Begriff plötzlich in aller Munde." *(Ch. Pries: Einleitung.* In: *Das Erhabene.* 2.) Für Lyotard zielt die Avantgarde-Kunst auf die Darstellung dessen ab, was sich eigentlich der Darstellung entzieht. Deshalb ist das "Erhabene" für Lyotard (anders als für Kant) eine Kategorie der Kunst. *(J.F. Lyotard: Was ist postmodern?* In: *Postmoderne und Dekonstruktion.* Texte französischer Philosophen der Gegenwart. Hrsg. von P. Engelmann. Stuttgart 1990, 44).

[142] *Holger Funk: Ästhetik des Häßlichen.* Beiträge zum Verständnis negativer Ausdrucksformen im 19. Jahrhundert. O.O. 1983, 12. Nach Funk hat das Häßliche in Kunst und philosophischer Ästhetik durch politische Umwälzungen so an Bedeutung gewonnen. Mit der Guillotine sei mit nie gekannter Präzision und Größendimension hingerichtet worden, was zu einer moralischen Verunsicherung geführt habe. Mit der Französischen Revolution habe 1789 ein politischer Enthierarchisierungsprozeß begonnen, dem parallel eine Enthierarchisierung der künstlerischen Ausdrucksmittel vonstatten ging (vgl. D.'s philosophische Entidealisierung).

wicklungsstadium des Schönen.[143] Das Kunsthäßliche gilt meistens als *absolute Negation des Schönen*. Höhepunkt der dreistufigen dialektischen Entwicklung des Kunstschönen ist ein Ideal des Schönen als Manifestation der absoluten Vernunft. Die sinnliche Rezeption des Kunstschönen als Überwindung des Kunsthäßlichen muß nach diesen Kunsttheorien selbst überwunden werden zugunsten einer Vergeistigung, die im höchsten Stadium der Selbstrealisierung der absoluten Vernunft nach dem Durchgang durch alle Stadien der Entzweiung gipfelt. In den meisten Ästhetiktheorien von Hegelschülern wird die *Identifikation des Schönen mit dem moralisch Guten* und *des Häßlichen mit dem Bösen* des strengen Idealismus beibehalten. Das Häßliche ist zwar als Kunstphänomen zugelassen; es mußte aber dialektisch auf das Schöne und Gute verweisen. In Christian Hermann Weißes *System der Ästhetik* (1830) ist das Häßliche zum ersten Mal als Stadium des Schönen theoretisiert, in dem das Schöne negativ erkannt wird. Das Erhabene steht im einfachen, das Häßliche im absoluten Widerspruch zum Schönen. In der *Ästhetik des Häßlichen* (1853) von K. Rosenkranz bildet das Häßliche zum ersten Mal den Mittelpunkt einer Ästhetik. Auch diese Ästhetik hat die für den Idealismus typische moralische Dimension: Das Häßliche als Abbild des Bösen muß zugunsten des Schönen, seinem absoluten Widerspruch, überwunden werden.
Der Kunst wird also in den verschiedenen idealistischen Systemen gleichbleibend das Attribut zugesprochen, *als Repräsentant des Guten Werte zu designieren*. Diese Funktion kann eigentlich nur 'schöne' Kunst erfüllen. *Das Häßliche wird dadurch entweder ganz aus der Kunst verbannt, oder als "Erhabenes" oder "Negation des Schönen" zur spezifisch künstlerischen Spielart des Schönen umgedeutet.*

b. 'Politischer Idealismus' und Kunsthäßliches

Es gibt Kunsttheorien, in denen das philosophisch-systematische Zweisphärendenken und die implizierten Ableitungsverhältnisse eindeutig aufgegeben wurden, die man aber als 'politisch-idealistische' Kunsttheorien bezeichnen kann, weil den Theorien ein *politisches Zweiweltendenken* zugrundeliegt, und weil der Kunst die Funktion zugesprochen wird, *zur Verwirklichung der idealen Welt durch affirmative Wertedesignation beizutragen*. In diesen 'politisch-idealistischen' Kunsttheorien ist unwertedesignierende Kunst ganz wie im 'strengen' philosophisch-systematischen Idealismus ein Synonym für schlechte Kunst. Zu diesen 'politisch-idealistischen' Kunsttheorien kann Deweys *Art as Experience* gerechnet werden - und aus seinem 'politischen Idealismus' erklärt sich, daß er das Kunsthäßliche ausgegrenzt hat.

---

[143] J. Dewey (*Art as Experience*. 135) bezeichnet diese Klassifizierungen als "Schubladendenken", das die eigentliche ästhetische Wahrnehmung behindert.

(1) In der 'politisch-idealistischen' *Theorie des Sozialistischen Realismus*[144] sind die genannten Strukturen, die zur Ausgrenzung unwertedesignierender Kunst führen, in deutlicher Form präsent. Nach Lukács haben die Nachhegelianer das Kunsthäßliche zwar als Negation des Schönen scheinbar thematisiert, es aber tatsächlich seiner Selbständigkeit beraubt und der Triade des Guten, Wahren und Schönen untergeordnet.[145] Erklären ließe sich das Kunsthäßliche nur als Widerspiegelung einer schlecht organisierten Gesellschaft, die ihren idealen Zustand der Klassenlosigkeit noch nicht erreicht hat. Dieses 'Erklären' ist aber keinesfalls mit einem 'Legitimieren' des Kunsthäßlichen zu verwechseln. Lukács fordert von der Kunst, Instrument des Klassenkampfes zu sein und damit im Gegensatz zur dekadenten bürgerlichen Kunst (die wie die Klasse, aus der sie stammt, keine Kraft zur Erneuerung habe) die *Utopie* einer klassenlosen Gesellschaft von gesunden, freien Menschen, die in nicht-entfremdeten Produktionsprozessen Erfüllung finden, darzustellen. Aus diesen beiden zentralen Theorieelementen (Widerspiegelungsgedanke, Utopie) hat sich dann die Theorie des Sozialistischen Realismus entwickelt. Dieser Theorie gilt die Kunst als pädagogisches Instrument zur Aufklärung der 'Massen', nicht aber als individueller Selbstausdruck. Der utopische Entwurf der idealen sozialistischen Gesellschaft soll in der Kunst widergespiegelt werden. Dieser Widerspiegelung sind häßliche Ausdrucksmittel nicht adäquat: sie gelten als Dekadenzerscheinung der sich im Niedergang befindlichen bürgerlichen Gesellschaft.

Deutlich kommt diese Einschätzung des Kunsthäßlichen in Moissej Kagans *Vorlesungen zur Marxistisch-Leninistischen Ästhetik* zum Ausdruck, wo im dialektischen Dreischritt sozialistische, demokratische und bürgerlich-dekadente Kunst unterschieden wird:

> "Die erste, die sozialistische Kunst, läßt sich von der Größe, der Opferbereitschaft des Menschen inspirieren, der sein Leben der

---

[144] Es geht *nicht* darum, den Sozialistischen Realismus als *politische* Richtung zu kritisieren. Es sollen *Strukturen* aufgezeigt werden, die zu einer Ausgrenzung der Kunstprodukte führen, die mit häßlichen Ausdrucksmitteln Unwerte designiert. Es muß betont werden, daß es außer den hier kritisierten noch andere Einschätzungen des Kunsthäßlichen im Sozialistischen Realismus gibt (z.B. als aufklärende Widerspiegelung von schlechten gesellschaftlichen Verhältnissen). Vgl. Leo Kofler (*Abstrakte Kunst und Absurde Literatur*. Wien, Frankfurt, Zürich 1970, 91, 94f.), der auf die Frage: "Sind Tragödien heute noch möglich?" antwortet: "Was sich in Wahrheit geändert hat, das ist die Form des tragischen Konflikts. Gewiß sind an die Stelle der einstigen Akteure dieser Konflikte der feudalen und bürgerlichen Welt, von Egmont bis Buddenbrooks, moderne Akteure mit veränderten Eigenschaften getreten. ... Als die individuelle Verkörperung des Widerstandes gegen die 'Sekretäre', als Träger von Leid und Opfer, als Handelnde dauernd in echte oder irrige Schuld sich verstrickend ... stellen sie tragische Gestalten in einer Weise dar, daß der moderne Autor nur zugreifen braucht, um Stoff für seine Tragödie zu finden."

[145] H. Funk: *Ästhetik des Häßlichen*. 19.

Menschheit weiht, - der Revolution, dem Sozialismus, der Zukunft.
... Die zweite, die demokratische Kunst des kritischen Realismus
unserer Zeit ... beschränkt sich vielmehr auf die Darstellung der Allmacht des Niedrigen, Gemeinen, das im Menschen alles Erhabene,
Edle, Schöne paralysiert oder gar abtötet. ... es erweist sich jedoch,
daß der Sieg des Edlen über das Niedrige den Menschen in dieser
Gesellschaft nichts als Unglück bringen kann. ... Die dritte Position
ist die Position der dekadenten Kunst. Auch sie zeigt die wilden Aus-
schweifungen und den vollen Sieg des Niedrigen, erklärt es aber nicht
aus der verkrüppelnden bürgerlichen Gesellschaftsordnung, sondern
aus der ewigen, unveränderlichen, asozialen Natur des Menschen. ...
Deshalb will er <der bürgerlich-dekadente Künstler> alles Lichte
und Edle im Menschen diskreditieren, verleumden und banalisieren,
alles Große in den Schmutz ziehen.... So kam es, daß die dekadente
Kunst das *Niedrige* als die Grundeigenschaft des Menschen zu ver-
fechten und zu lobpreisen begann."[146]

Häßliche Ausdrucksmittel (die Designation von Unwerten) sind als Verherrlichung des Niedrigen im Menschen pathologische und krankhafte Dekadenzerscheinung der sich im Niedergang befindenden bügerlichen Kultur:

"Die Reproduktion der häßlichen, unschönen Seiten des Lebens *an
sich* kann nicht wünschenswert sein. Das bedeutet, daß das Häßliche
als Darstellungsobjekt für die Kunst dem Schönen nicht gleichwertig
ist. Wenn sich jedoch die Kunst in der Vergangenheit und auch in
unserer Zeit nicht selten der Darstellung des Häßlichen zuwandte und
noch zuwendet, so müssen dafür besondere Gründe vorliegen .... Die
Dekadenz wendet sich dem Häßlichen deshalb zu, weil sie es als das
Wesen, als das ewige und unumstößliche Gesetz des Lebens und des
Menschen betrachtet und damit das Häßliche *nicht ablehnt*, sondern
bejaht. Die tiefe Krise der heutigen bürgerlichen Kultur erzeugte in
der Kunst einen pathologischen krankhaften Hang zur Darstellung
aller möglichen Scheußlichkeiten und Gemeinheiten und zu deren
naturalistischem Genießen. ... Die 'Ästhetik des Häßlichen' hat auf
viele Meister der bürgerlichen Kunst Einfluß gewonnen, und sie gera-
ten nun in einen immer tieferen, unüberwindlichen Widerspruch zu

---

[146] *Moissej Kagan: Vorlesungen zur Marxistisch-Leninistischen Ästhetik.* Leningrad/ Berlin 1971, München 1974, 177f.

den humanistischen Prinzipien der klassischen künstlerischen Kultur."[147]

Häßliche Ausdrucksmittel werden nur dann toleriert, wenn es einem Künstler wie Velázquez gelingt, den Ausdruck des Leidens zu 'veredeln':

> "Bei aller Kühnheit ihrer realistischen Darstellung werden diese unglücklichen Menschen von den spanischen Künstlern in wahrhaft humanistischem Geist gezeichnet. Erinnern wir uns, wie Velázquez in diesen Krüppeln große menschliche Würde, seelische Größe und Edelmut offenbart, die die sittlichen Eigenschaften der von ihm dargestellten Würdenträger übertreffen ..."[148]

Kagan entwirft eine Utopie, nach der sich die wertorientierte sozialistische Gesellschaft und mit ihr die Ästhetik des Schönen durchsetzen wird:

> "Wir haben allen Grund zu behaupten, daß die sozialistische Gesellschaft im Gegensatz zu der bürgerlichen, die in der für sie kritischen Epoche die 'Ästhetik des Häßlichen' und die 'Ästhetik des Niedrigen' gebiert, die 'Ästhetik des Schönen' und die 'Ästhetik des Erhabenen' durchsetzt."[149]

(2) In den Ästhetiktheorien des Sozialistischen Realismus zum Kunsthäßlichen besteht eine Strukturverwandtschaft zum philosophischen Idealismus (wie Dewey ihn definiert). Die 'eigentliche Sphäre' konstituiert sich hier durch den *utopischen Entwurf einer idealen Gesellschaft*. Die Kunst gilt als Instrument zur Realisierung dieser idealen Gesellschaft, das die Utopie vorentwerfen soll. Deshalb muß sie schön sein. Zweisphärendenken und Ableitungsverhältnisse des 'politischen Idealismus' sehen so aus:

Klassenlose Gesellsch.	*Bürgerliche Gesellsch.*
Gesundheit	Krankheit
Freiheit	Unterdrückung
Optimismus	Dekadenz
Künstlerischer Ausdruck	Selbstausdruck
Fortschritt	Verfall

---

[147] *M. Kagan: Vorlesungen.* 155ff. (Als Beispiele für dekadente Künstler werden Ch. Baudelaire und S. Dali angeführt.) *M. Lifschitz* (*Krise des Häßlichen.* Dresden 1971, 10, 144-155) geht so weit, Künstlern, die häßliche Ausdrucksmittel verwenden, zu unterstellen, ein Alibi für die niedrigsten Regungen des Menschen schaffen zu wollen, indem sie sie als naturgegeben hinstellen.

[148] *M. Kagan: Vorlesungen.* 157.

[149] *M. Kagan: Vorlesungen,* 180.

Gesellschaftsbewußtsein	Individualismus
Gesellschaftsrelevanz	Privatheit
Gutes	Böses
Schönes	Häßliches
Wert	Unwert

(3) Es gibt wichtige Unterschiede zwischen Deweys Theorie und dem Sozialistischen Realismus. Diese Unterschiede sind für die hier intendierte Darstellung von Deweys 'politischem Idealismus' zwar unwesentlich; es soll jedoch kein falsches Bild von Deweys politischer Einstellung entstehen. Dewey hätte keine Revolution unterstützt, in der eine Gesellschaftsschicht (das Bürgertum) zur Anpassung an ein Staatsideal gezwungen würde. Der Prozeß des gesellschaftlichen Wandels zum besseren Zustand soll sich nach Dewey durch sukzessive Konsensbildung *in* Kommunikationsprozessen vollziehen, an denen alle in gleicher Weise beteiligt sind. Der Schwerpunkt seiner pädagogischen Tätigkeit liegt in der Ausbildung seiner Schüler, ihre Interessen demokratisch vertreten zu können. Diese allgemeine Fähigkeit ist eine Grundvoraussetzung der Demokratisierung der Gesellschaft. Er hätte nie von Künstlern verlangt, sich einem staatlich vorgeschriebenen Kunstideal zu unterwerfen.

(4) Deweys 'politischer Idealismus' manifestiert sich in folgenden Parallelen zum Sozialistischen Realismus. Auch Dewey spricht der Kunst eine pädagogische Funktion zu. Kunst soll jedermann (der 'Masse') zugänglich sein. *Kunst soll noch nicht realisierte Werte, die einer Gesellschaft zugrundeliegen, manifestieren und damit eine 'konkrete Utopie' entwerfen.* Deweys höchstes Ideal ist das 'Ideal der Versöhnung', das zumindest formal dem Ideal einer klassenlosen Gesellschaft entspricht. Entfremdende Produktionsverhältnisse sind abzuschaffen, weil sie eine Klassengesellschaft perpetuieren. Das Häßliche ist aus der Kunst zu verbannen, weil sich im Häßlichen die einer Gesellschaft zugrundeliegenden 'Unwerte' manifestierten. Im Sozialistischen Realismus wurde das Kunsthäßliche als "Dekadenzerscheinung" desavouiert: der affirmativen Gestaltung von Werten sind häßliche Ausdrucksmittel nicht adäquat. Der Demokrat Dewey verurteilt das Kunsthäßliche nicht, doch auch bei ihm hat die Kunst die politische Funktion, Werte affirmativ zu gestalten.[150]

---

[150] Nach *H.R. Jauß (Ästhetische Erfahrung.* 162) werden bei D. "unvermerkt klassizistische Bestimmungen des Kunstschönen wie Ordnung, Form, Harmonie zu Eigenschaften einer ästhetisierten Dingwelt umgemünzt ...". Jauß Erklärung, daß D. die subjektiven Anteile des ästhetischen Erlebens nicht beachtet hätte (die moderne Maschinenkunst wäre von Menschen aus anderen Epochen nicht als harmonisch empfunden worden) ist nicht zutreffend, denn D. betont, daß in das ästhetische Erleben auch epochenspezifische und subjektive Erlebnisanteile einfließen (vgl. z.B. die *subject-matter* A.3.2.c.).

Deweys 'politisch-idealistische' Ableitungsverhältnisse sehen so aus (A.2.1.):

Sollzustand	*Istzustand*
Befriedigung bei der Arbeit	Entfremdung
Solidargemeinschaft	Trennungen
ästh. Situation	gewöhnl. Situation
affirmative Wertdesignation	Unwertdesignation
Gesellschaftsrelevanz	Egoismus
Öffentlichkeit	Exklusivität
Kunst (im Leben)	Flucht (in Museen)
Schönes	Häßliches

Durch seinen politischen Appell hat Dewey quasi *durch die Hintertür* das *'Ideal der Schönheit'* als *Pendant zum moralischen 'Ideal der Versöhnung'* wieder eingeführt. Deshalb bleibt die Kunst, in der durch häßliche Ausdrucksmittel Unwerte designiert werden, aus seiner Kunsttheorie ausgeschlossen. Dabei kann die von Dewey geforderte Kontinuität von Lebenswelt und Kunst offensichtlich auch bewahrt werden, wenn man der Kunst und dem Künstler sowohl eine affirmative als auch eine kritisch-distanzierte kommentierende Funktion gegenüber Grundwerten der Lebenswelt zuspricht. Eine Glorifizierung ausnahmslos aller Werte, die einer Gesellschaftsform zugrundeliegen, mag zwar kurzfristig in Deweys Sinne zu einer Festigung des Gemeinschaftsgefühls führen, bewirkt aber wohl kaum eine Weiterentwicklung dieser Gesellschaft, sondern eher eine Stagnation. Ohne die gesellschaftskritische Funktion von Kunst gegenüber ihrer Genußdimension verabsolutieren zu wollen, sollte man sie doch gerade in einer solch politisch orientierten Theorie der Kunst nicht für ganze Teilbereiche der Kunst ausgrenzen.

c. Adorno, das Kunsthäßliche und die ideologiekritische Funktion von Kunst

Manche Passagen von Adornos *Ästhetischer Theorie* klingen fast wie eine Dewey-Kritik. Gegen die Forderung, Kunst solle die einer Gesellschaft zugrundeliegenden Werte affirmativ zum Ausdruck bringen, könnte man unter bestimmten gesellschaftlichen Bedingungen einwenden:

> "Die Clichés von dem versöhnenden Abglanz, der von der Kunst über die Realität sich verbreite, sind widerlich nicht nur, weil sie den emphatischen Begriff von Kunst durch deren bourgeoise Zurüstung

parodieren und sie unter die trostspendenden Sonntagsveranstaltungen einreihen."[151]

Das Kunsthäßliche definiert Dewey, soweit er es überhaupt erwähnt, als Spannungsfaktor innerhalb eines insgesamt harmonischen Ganzen. Eine solche Theoretisierung des Kunsthäßlichen beurteilt Adorno folgendermaßen:

"Dissonanz ist der technische Terminus für die Rezeption dessen durch die Kunst, was von der Ästhetik sowohl wie von der Naivetät häßlich genannt wird. ... Das Gewicht dieses Elements wuchs in der Moderne derart an, daß daraus eine neue Qualität entsprang. Nach der herkömmlichen Ästhetik widerstreitet jenes Element dem das Werk beherrschenden Formgesetz, wird von ihm integriert und bestätigt es dadurch samt der Kraft subjektiver Freiheit im Kunstwerk gegenüber den Stoffen. Sie würden im höheren Sinn doch schön: durch ihre Funktion in der Bildkomposition etwa oder bei der Herstellung dynamischen Gleichgewichts; denn Schönheit haftet, nach einem Hegelschen Topos, nicht am Gleichgewicht als dem Resultat allein sondern immer zugleich an der Spannung, die das Resultat zeitigt. .... Die harmonistische Ansicht vom Häßlichen ist in der Moderne zu Protest gegangen. ... Das anale Vergnügen und der Stolz der Kunst, überlegen es sich einzuverleiben, dankt ab; im Häßlichen kapituliert das Formgesetz als ohnmächtig."[152]

Auch Kunst, in der mit häßlichen Ausdrucksmitteln 'Unwerte' designiert werden, kann gesellschaftliche Relevanz haben. Also ist Deweys politisch motivierte Ausgrenzung dieser Kunst sachlich nicht begründbar. Die ideologiekritische Funktion häßlicher Kunst beschreibt Adorno so:

"Das Unterdrückte, das den Umsturz will, ist nach den Normen des schönen Lebens in der häßlichen Gesellschaft derb, von Ressentiment verzerrt, trägt alle Male der Erniedrigung unter der Last der unfreien, zumal körperlichen Arbeit. ... Kunst muß das als häßlich Verfemte zu ihrer Sache machen, nicht länger um es zu integrieren, zu mildern oder durch den Humor, der abstoßender ist als alles Abstoßende, mit seiner Existenz zu versöhnen, sondern um im Häßlichen die Welt zu denunzieren, die es nach ihrem Bild schafft und reproduziert, obwohl selbst darin noch die Möglichkeit des Affirmativen als Einverständnis

---

[151] *Th.W. Adorno: Ästhetische Theorie.* 10f.
[152] *Th.W. Adorno: Ästhetische Theorie.* 74f.

mit der Erniedrigung fortdauert, in die Sympathie mit den Erniedrigten leicht umschlägt."[153]

Die politische Dimension von Deweys später Philosophie ist kritisiert worden, weil sie von einem letztlich nicht zu begründenden Fortschrittsoptimismus getragen ist.[154] Wenn Dewey von der Kunst nicht einseitig eine affirmative Wertedesignation verlangt hätte, wäre er wohl kaum zu dem Ergebnis gekommen, daß Kunst in einer schlecht organisierten Gesellschaft lediglich zur Flucht aus der Gesellschaft verleite oder nebensächliche Dekoration sei. Bei Baudelaire beispielsweise kann das Häßliche "als Vehikel der Zivilisationskritik fungieren."[155] Nach Eykmann gilt für den Expressionismus, daß "das literatur- und kunstfähig gewordene Häßliche <eingesetzt wird> ... im Kampf gegen eine unmenschlich gewordene Zivilisation ..."[156] Damit könnte die Kunst, in der mit häßlichen Mitteln Unwerte designiert werden, in Deweys politisch motivierte Kunsttheorie integriert werden.

d. Genuß und das Kunsthäßliche

Das Häßliche und das Schöne lassen sich nur über ihre Designate definieren. Dann ist das "*Schöne nur die Verheißung des Glücks*"[157], und häßliche Ausdrucksmittel werden zur Designation von Unwerten verwandt. Weil Werte und Unwerte (auch

---

[153] *Th.W. Adorno: Ästhetische Theorie.* 78f.
[154] Nach *M.R. Cohen (Anthropocentric Naturalism.* 223ff.) ist D.'s Zukunftsoptimismus unbegründet und sogar inhuman, weil es immer unlösbare Probleme geben wird, vor denen der Mensch nicht fliehen darf. *Thelma Z. Lavine (The Individuation and Unification in Dewey and Sartre.* In: *Doctrine and Experience.* Hrsg. von V. Potter. New York 1988, 158) begründet D.'s These, daß eine Gesellschaft versöhnt werden kann, wenn sich die Individuen mit den herrschenden Werten identifizieren, mit der relativ konfliktfreien amerikanischen Geschichte und mit D.'s puritanischer Erziehung. Nach *I. Scheffler (Four Pragmatists.* 248) wurde D.'s Erziehungstheorie dahingehend kritisiert, daß Kinder zu Konformisten erzogen werden sollen. Andererseits hat man ihm auch vorgeworfen, eine "Anarchie in den Klassenräumen" verschuldet zu haben. Nach *S. Hook (Intellectual Portrait.* 192) galt D. gerade wegen seines Zukunftsoptimismus als Repräsentant der amerikanischen Geisteshaltung: "Dem Klischee des Amerikaners in den Schriften vieler Europäer entsprechend, wurde er <Dewey> dargestellt als jemand, der ununterbrochen die Gegenwart für eine Zukunft opferte, die niemals kam ..." ("Like the stereotype of the American in the writings of many Europeans, he <Dewey> was pictured as one who continously sacrificed the present for a future that never came ...")
[155] *Ch. Eykmann: Funktion des Häßlichen.* 11.
[156] *Ch. Eykmann: Funktion des Häßlichen.* 131.
[157] *Charles Baudelaire: Die Mode, das Schöne und das Glück.* In: *ders.: Sämtliche Werke. Briefe 5. Aufsätze zur Literatur und Kunst 1857-1860.* Hrsg. von F. Kemp, C. Pichois. München/ Wien 1989, 216.

nach Dewey) einem Wandel unterliegen, ist es zwangsläufig, daß man auch weder das Schöne noch das Häßliche allgemein und ewig gültig definieren kann. Kategorien wie das Schöne und das Häßliche können einzig in ihrer historischen Dynamik Geltung beanspruchen, nicht aber in ahistorischer Konstruktion. "Nichts ist bedingter, sagen wir beschränkter, als unser Gefühl des Schönen."[158] "So durchaus dynamisch ist die Kategorie des Häßlichen und notwendig ebenso ihr Gegenbild, die des Schönen. Beide spotten einer definitorischen Fixierung ..."[159] Deweys "häßliche Fabrikgebäude" werden heute häufig zu Konzertsälen umgewandelt und als 'irgendwie schön' empfunden. Nach Adorno kann die "reine Form" (Liebe zur Geometrie) in etwas Häßliches (Grausamkeit) umschlagen.

Die Frage, warum auch das Erleben von Kunstprodukten, in denen Unwerte designiert werden, in eigentümlicher Weise anziehend ist, war wohl schon immer das schwierigste Problem, das sich in der Theoretisierung dieser Kunst stellte.[160] Dewey bietet gerade für diese Frage in seiner Theorie der ästhetischen Situation (also in der philosophisch-systematischen Ebene von *Art as Experience*) eine Antwort. Er unterscheidet zwischen oberflächlichem Genuß am Dekorativen und dem "eigentlich Erfreulichen", das in der Kunstsituation erlebt werden kann. Die Quelle dieses "eigentlich Erfreulichen" ist das Erleben des intensiven Sich-Verhalten-Könnens, das Dewey als grundsätzliche Weltgeborgenheit beschreibt (A.1.2.c.). Im intensiven Sich-Verhalten liegt die Chance des Menschen, auftretende Widerstände zu beseitigen, um so ihr Leben zu meistern. Kunstprodukte, die lebensweltlich noch nicht realisierte Werte designieren, können intensive Widerstandsbewältigungsprozesse initiieren, in denen Strategien zur Verwirklichung der Werte entwickelt werden. *Dieselbe Funktion können aber auch Kunstprodukte haben, die in der Lebenswelt schon realisierte Unwerte designieren.*[161] Solange der Mensch gegenüber den Unwerten, die sich im Häßlichen ausdrücken, noch irgendwie handeln kann, besteht die Hoffnung, die eigenen Lebensbedingungen und die Gesellschaft insgesamt zu verbessern. Gegen Widrigkeiten, die ohne die im Kunstarrangement aufgebauten Handlungsschranken nicht zu bewältigen

---

158 F. Nietzsche: *Götzendämmerung*. 117.
159 Th.W. Adorno: *Ästhetische Theorie*. 75.
160 H.R. Jauß (*Ästhetische Erfahrung*. 37-46) kritisiert, daß Adorno die Genußdimension aus dem Kunsterleben ausgeklammert habe, indem der Kunst nur noch politische Funktion zugesprochen wird.
161 In der Kunst des Jugendstils wie auch im Ästhetizismus des ausgehenden 19. Jahrhunderts wurde eine melancholische Weltflucht zum Ausdruck gebracht. Statt sich dem Leben zuzuwenden, flüchtete diese Kunst ins Dekorative ohne Inhalt, um nicht durch den Inhalt auf die Welt verwiesen zu werden. In solcher Kunst wird kein Anreiz zum Sich-Verhalten gegeben. Grundsätzliche Weltgeborgenheit, das Erleben intensiven Sich-Verhaltens, kann sich nicht ereignen. In diesem Sinne 'schöne' Kunst entspricht also Deweys politischen Anforderungen weniger als unwertedesignierende Kunst.

wären, lassen sich in Kunstsituationen Aktivitäten entwickeln. Selbst wenn keine Lösung gefunden wird, erlebt man, daß das Wissen um die Existenz solcher Widrigkeiten ausgehalten werden kann.[162]

e. Die Ausgrenzung des Kunsthäßlichen als systeminadäquate Aberration

Wenn Dewey die Kunst nicht auf das affirmative Gestalten von Werten eingeengt hätte, böte seine Theorie der ästhetischen Situation in besonderem Maße Ansätze zur Integration des Kunsthäßlichen. Dewey hat die traditionellen Dualismen versöhnt, doch ausgerechnet den Dualismus von Schönem und Häßlichem behält er bei. Warum sollte der Widerstand, der in Kunstsituationen zur Disposition steht, ausschließlich ein lebensweltlich noch nicht voll realisierter Wert sein? Kann die Designation eines lebensweltlich realisierten Unwerts nicht dieselbe Funktion erfüllen, und ist damit nicht ein Großteil der häßlichen Kunst erfaßt? Deweys philosophisch-systematische Definition der ästhetischen Situation als intensiven, prägnanten Widerstandsbewältigungsprozeß gegenüber einem bedeutenden Widerstand scheint sogar fast eher geeignet zu sein, häßliche Kunst zu erklären als schöne Kunst. Seine Theorie der ästhetischen Situation bietet eine Erklärung für den seltsamen Genuß im Kontext von unwertedesignierender Kunst. Alle Bestimmungen der Kunstsituation, die in Kapitel A.1.2. vorgestellt wurden (bis auf die letzte, hier kritisierte), könnten im selben Sinne von Kunstsituationen im Kontext häßlicher Kunstprodukte wie von Kunstsituationen im Kontext schöner Kunstprodukte ausgesagt werden.

(1) Deweys Harmoniebegriff in bezug auf die "Eindeutigkeit des Kunsthäßlichen" wurde schon diskutiert (vgl. B.1.2.e/f). Eine Kunstsituation, in der ein bedeutender Unwert zur Disposition steht, ist ebensowenig ablenkungsbedroht wie eine, in der ein lebensweltlich noch nicht realisierter Wert designiert wird. (2) Sie kann im selben Sinne eine prägnante Erlebnisqualität haben, an die man sich noch lange

---

[162] E.A. Shearer (*D.'s Aesthetic Theory*. 662) kritisiert: "Wir können mit Dewey übereinstimmen, daß solche <ästhetischen> Momente Wert, ästhetischen Wert haben, aber wir können nicht damit übereinstimmen, daß sie deshalb *die* <einzigen> guten Momente des Lebens sind." ("We can agree with Dewey that such moments have value, esthetic value, but we can not agree that they are therefore *the* good moments of life.") Die Möglichkeit, daß ästhetische Situationen durch Unwerte hervorgerufen werden, wird auch hier nicht bedacht. Nach *Ph. Zeltner (J.D.'s Aesthetic Philosophy*. 22ff.) kann man nicht vertreten, daß am Konsummationspunkt die zur Disposition stehenden Widerstände (oder Werte) aufgelöst (oder realisiert) sein müssen. Die glückliche Erlebnisqualität von ästhetischen Situationen besteht im prägnanten Erleben einer neuen Bedeutung, also in dem Erleben von widerständigen und widerstandsbewältigenden Strategien, in einem Einblick in "means and ends". Nach Zeltners Definition können auch Kunstsituationen, in denen Unwerte zur Disposition stehen, D.'s weiter Definition entsprechend eine "glückliche" Erlebnisqualität haben, selbst wenn der Unwert nicht beseitigt werden kann.

erinnert. (3) Sie wird nicht monoton und langweilig, sondern intensiv erlebt. (4) Intensität ist nach Dewey ein Maßstab für die im Widerstandsbewältigungsprozeß aktivierten Energien. Durch die Designation eines Unwerts kann offensichtlich ebenso starkes Sich-Verhalten aktiviert werden wie durch die Designation eines Werts, indem alle Fähigkeiten der Kraft der Imagination unter dem Primat der Emotion (Abscheu, Angst etc.) gleichgerichtet aktiviert werden. (5) Wenn Alltägliches in einer Kunstsituation in seiner Unwertdimension gestaltet wird, kann eine neue Bedeutung erlebt werden, selbst wenn der Unwert nicht besiegt werden kann. Die Unwertdimension kann von einem häßlichen Kunstprodukt auf vielfältige und unvertraute Weise designiert werden. (6) In einem guten häßlichen Kunstprodukt ergänzen sich die verschiedenen Ebenen der Unwertdesignation durch die bedeutungsverdichtende Kombination vielfältiger häßlicher Ausdrucksmittel. (7) Daß mit einem solchen Erleben nach Deweys Definition eine Genußdimension verbunden sein kann, wurde im letzten Abschnitt schon ausgeführt. (8) Eine Kunstsituation, in der ein Unwert zur Disposition steht, hat einen Konsummationspunkt. (9) Sie ist von einem spezifischen Zeiterleben begleitet.
Häßliche Ausdrucksmittel sind der Darstellung von Unwerten adäquat, so daß Inhalt und Form eines häßlichen Kunstprodukts in einem angemessenen Verhältnis zueinander stehen können. In den zeichentheoretischen Kategorien Metapher, Symbol und Ikon sind in Kapitel C.2.2. einige mögliche Darstellungsformen der Kunst vorgestellt worden. Durch diese Verweisungsbezüge können ebensogut Werteigenschaften wie Unwerteigenschaften designiert werden.
Aus Deweys 'politischem Idealismus' ergeben sich Barrieren gegen eine adäquate Theoretisierung der Kunst, in der durch häßliche Ausdrucksmittel Unwerte designiert werden. Solche Barrieren sind in seiner allgemeinen philosophisch-systematischen Analyse der Erlebnisqualität ästhetischer Situationen hingegen nicht errichtet worden, wie die Diskussion der Idealismuskritik ergeben hat. Deweys philosophisch-systematische Analyse ästhetischer Situationen läßt sich ohne weiteres auf Kunstsituationen im Kontext unwertedesignierender Kunstprodukte übertragen. *Deweys Thesen zum Kunsthäßlichen sind eine systeminadäquate Aberration, die in seinem 'politischen Idealismus' begründet ist.*

f. Einige offene Fragen

Jetzt müßte eigentlich Teil D. beginnen, wo eine 'Ästhetik des Häßlichen' aus Deweys *Art as Experience* näherhin abgeleitet wird, denn die tabellarische Übertragung von Deweys philosophisch-systematischen Beschreibungen einer ästhetischen Situation auf Kunstsituationen im Kontext häßlicher Kunstprodukte ist sicherlich unbefriedigend. Die Entwicklung einer *Komplementärästhetik des Häßlichen* muß jedoch hier unterbleiben, weil das über den Rahmen einer Dewey-Kritik weit hinausgehen würde. Es soll lediglich angedeutet werden, welche

Fragen im imaginären Teil D. geklärt werden müßten. (1) Die behauptete unwertedesignierende Funktion häßlicher Ausdrucksmittel (beziehungsweise die wertedesignierende Funktion schöner Ausdrucksmittel) müßte noch eingehender untersucht und belegt werden. Es müßte (an Rezeptionsberichten beispielsweise) überprüft werden, ob tatsächlich dem Wandel der Werte analog etwas heute als schön empfunden werden kann, was in früheren Zeiten als häßlich galt und umgekehrt. (2) Es müßte aufgezeigt werden, ob man häßlicher Kunst eine spezifische Funktion im gesellschaftlichen Normenrekonstruktionsprozeß zusprechen kann. (3) Es gibt offensichtlich Unwerte wie Tod, Krankheit und Feindschaft, die nicht nur in einer bestimmten Gesellschaft lebensweltlich realisiert, sondern wahrscheinlich für alle menschlichen Lebensprozesse relevant sind. Es müßte geklärt werden, ob sich aus diesen wohl ewigen Unwerten doch eine ahistorische Beschreibung wenigstens einiger Erscheinungsformen des Kunsthäßlichen ableiten ließe. (4) Es drängt sich die Frage auf, ob Kunsterleben im Kontext häßlicher Kunstprodukte zwangsläufig eine moralische Dimension hat (im Sinne eines *katharsis*-Gedankens), oder ob auch unmoralische Gefühle wie Voyeurismus, Schadenfreude und Aggression im Kunsterleben ihren Raum haben. Außerdem müßte (in Analogie zu Deweys Einschätzung des Kunsterlebens in schlecht organisierten Gesellschaften als Traum und Flucht) ästhetisches Erleben im Kontext häßlicher Kunstprodukte von psychopathologischen Erlebnisformen abgegrenzt werden (5) Es wurde nicht überprüft, ob es neben schönen wertedesignierenden und häßlichen unwertedesignierenden Kunstprodukten noch andere gibt (beispielsweise im Bereich der abstrakten Kunst). (6) Es fehlen Kriterien zur Unterscheidung von häßlichen (unwertedesignierenden) und abscheulichen Kunstprodukten einerseits und schönen und kitschigen Kunstprodukten andererseits. Um die Richtung anzudeuten: schöne Ausdrucksmittel *ohne Widerstandsdesignation* aktivieren kein Sich-Verhalten und erzeugen auf die Dauer Langeweile. So könnte man mit Deweys Kriterien das Phänomen *Kitsch* erklären. Nur abscheuliche Produkte, die in ihrer Abscheulichkeit den Widerstandsbewältigungsenergien keinen Spielraum lassen, sind keine Kunstprodukte, weil durch sie ebenfalls kein Sich-Verhalten aktiviert, sondern nur Ekel, Abscheu oder Grauen (also *Schock*situationen) erzeugt wird. (7) Es gibt Situationen, in denen ein bedeutender Widerstand im Sinne eines aggressiven Hemmnisses gegen das Sich-Verhalten zur Disposition steht, in denen es aber gerade deshalb nicht zu einem intensiven Sich-Verhalten oder zum Erleben einer originär neuen Bedeutung kommen kann. Es gibt extreme Leidenssituationen, die jemand erleben muß, der so krank ist oder so große Angst hat, daß er 'sich nicht mehr rühren' kann. Solche Situationen, die "*paralysierte Situationen*" genannt würden, sind Deweys Kriterien entsprechend weder gewöhnliche noch ästhetische Situationen. Bedeutende Unwerte, die in der Lebenswelt zum Erleben paralysierter Situationen führen, können in künstlerischer Vermittlung, Deweys Kriterien entsprechend, ästhetisch erlebt werden. "Die Erfahrung eines Schmerzes, der zu verwinden ist, unterliegt anderen Kriterien der Vollendung als die Darstellung solcher Erfahrung. Was für den Betrachter befriedigende dramatische Kohärenz aufweist, muß dies nicht für den tun, der eine Erfahrung durchzumachen hat."[163] Deshalb müßte die Frage, die schon in Sektion C.1. behandelt wurde, neu gestellt werden, nämlich die Frage, warum durch Kunstprodukte vermittelte Unwerte anders als lebensweltlich zur Disposition stehende Unwerte erlebt werden.[164] (8) *Kitsch-* und *Schock*situationen könnten ebenfalls paralysierte Situationen genannt werden, weil die Erlebnisqualität wie in lebensweltlich-paralysierten Situationen davon geprägt ist, daß kein Sich-Verhalten aktiviert wird. Es ergäbe sich dann eine Abstufung von gewöhnlichen Situationen, ästhetischen Situationen und paralysierten Situationen, in der ganz Deweys Intention entsprechend allein die Erlebnisqualität, nicht aber der Erlebnisbereich der Situationen klassifiziert wird. (9) Es müßte die Frage gestellt werden, ob alles, was darstellbar ist, auch dargestellt werden sollte. "Übrigens kann es auch Erfahrungen geben, deren Darstellung sich verbietet. Erinnert sei an Adornos Bedenken anläßlich von Schönbergs "Ein Überlebender zu Warschau"."[165] (9) Es müßte auch die in C.2. behandelte Diskussion wieder aufgegriffen werden, indem man die Frage stellt, ob es in unserer Kultur Symbole gibt, die Unwerte designieren, und ob diese Symbole schon allein deshalb als häßliche Ausdrucksmittel bezeichnet werden können.

Diese Fragen lassen das eigentliche Potential von Deweys Kunsttheorie sichtbar werden. Die Entwicklung einer Komplementärästhetik des Häßlichen wäre nicht nur sicher möglich; sie verspricht zudem, äußerst orignell zu werden. Im Rahmen dieser Dewey-Kritik soll jedoch statt dessen ein letztes Problem aufgezeigt werden, daß sich durch den Primat des 'Ideals der Versöhnung' stellt.

C.3.3. Das Ende der Kunst

In *Art as Experience* ist wegen des Übergewichts der philosophischen und der politischen Dimension eine Theorie der Kunst nur in Ansätzen vorhanden. In einer vollkommen organisierten Gesellschaft würden alle Situationen wie die Kunstsituation erlebt. In einer vollkommenen Lebenswelt gibt es keine Kunst mehr; das Kunsterleben hat lediglich Beispielstatus in einer schlecht organisierten Gesellschaft. Diese Utopie ist das eigentliche Ziel von *Art as Experience*. Mit dieser These vom prinzipiell möglichen Ende der Kunst in einer vollkommen ästhetisierten Lebenswelt verwickelt sich Dewey jedoch in Widersprüche. Wenn eine voll-

---

163 *Th. Baumeister*: Bemerkungen. 622.
164 Nach *St. Pepper (Aeshetic Quality*. 73) stehen in einer Kunstsituation bedeutende und starke, aber durch die spezifischen Bedingungen der Kunstsituation (Handlungsschranken) *kontrollierbare* Konflikte zur Disposition.
165 *Th. Baumeister*: Bemerkungen. 622.

kommen ästhetisierte Lebenswelt nicht ohne Selbstwidersprüche anzunehmen ist, muß angenommen werden, daß es immer einen Erlebnisbereich Kunst gibt. Also wird eine Unterscheidung des Erlebnisbereiches Kunst von anderen ästhetischen Erlebnisbereichen auch immer legitim sein. Die Analyse von Deweys Stellung innerhalb der Diskussion um das Ende der Kunst stellt also einen abschließenden Rechtfertigungsversuch der Ergänzungsvorschläge zur kunsttheoretischen Dimension von *Art as Experience* dar.

a. Hegels These vom Ende der Kunst

Die Diskussion um das 'Ende der Kunst' wurde von Hegel angeregt. Es gibt "drei Reiche des absoluten Geistes", in denen sich derselbe Inhalt (das Absolute) in unterschiedlicher Form manifestiert: die Kunst, die Religion und die Philosophie. Die untersten Formen der Manifestation des Absoluten sind die Formen der Kunst, die sinnlich erfaßt werden, während die höheren, religiösen Formen durch Vorstellung und die höchsten Formen der Philosophie durch das "freie Denken des absoluten Geistes" bewußt werden. Weil es einen Zustand gab, in der die Kunst noch nicht war, sondern nur die Natur, ist sie prinzipiell vergänglich[166] in dem Sinne, daß sich der Geist höheren Formen seiner Manifestation zuwendet:

> "Denn die Kunst hat noch in sich selbst eine Schranke und geht deshalb in höhere Formen des Bewußtseins über. Diese Beschränkung bestimmt denn auch die Stellung, welche wir jetzt in unserem heutigen Leben der Kunst anzuweisen gewohnt sind. Uns gilt die Kunst nicht mehr als die höchste Weise, in welcher die Wahrheit sich Existenz verschafft. ... Ist aber der vollkommene Inhalt vollkommen in Kunstgestalten hervorgetreten, so wendet sich der weiterblickende Geist von dieser Objektivität in sein Inneres zurück und stößt sie von sich fort. Solch eine Zeit ist die unsrige. Man kann wohl hoffen, daß die Kunst immer mehr steigen und sich vollenden werde, aber ihre Form hat aufgehört, das höchste Bedürfnis des Geistes zu sein."[167]

Die Kunst ist 'am Ende', weil das Absolute sich in höheren Formen manifestiert, denen sich das Bedürfnis des Geistes dann zuwendet. Die Kunst selbst hatte ihre wesentliche Entwicklung schon in den Stadien der symbolischen (der altägyptischen Kunst), der klassischen (im antiken Griechenland) und der romantischen

---

[166] Nach *Th.W. Adorno (Ästhetische Theorie*. 12f.) ist in Hegels Kunstbegriff durch die Bestimmung des historischen Geworden-seins der Kunst die prinzipielle Möglichkeit ihrer Vergänglichkeit schon angelegt.

[167] *Georg W.F. Hegel: Vorlesungen über die Ästhetik* I. Berlin 1835-38. Im Text zit. nach *ders: Werke* 13-15. Frankfurt a.M. ^{1}1970/^{2}1989, 141f.

Kunstform (religiöse Kunst seit dem Eintritt des Christentums in die Geschichte bis zum Ende des Mittelalters, die über sich hinausweist auf das nächste, religiöse Stadium der Manifestation des Absoluten) durchlaufen. In diesen Entwicklungsphasen haben sich die künstlerischen Formen entwickelt. "In dieser Weise steht dem Künstler, dessen Talent und Genie für sich von der früheren Beschänkung auf eine bestimmte Kunstform befreit ist, jetzt jede Form wie jeder Stoff zu Dienst und Gebot."[168] Die Kunst hat also ihren Entwicklungshöhepunkt in der Geschichte schon erreicht, so daß zwar die alten Formen weiterentwickelt werden können, aber keine wesentlichen Neuerungen zu erwarten sind.

b. Das Ende der Formentwicklung

Hegels These vom Ende der Kunst ist in verschiedener Weise interpretiert[169] bzw. weiterentwickelt worden. Zu Anfang unseres Jahrhunderts gab es in den verschiedenen Kunstgattungen (und insbesondere in der Musik) Diskussionen darüber, ob die Variations-, Entwicklungs- und Erneuerungsmöglichkeiten der Techniken an einem Endpunkt angekommen seien. In der Schönberg-Schule wurde die Tonalität überwunden, und man stand vor dem Problem, dieser Auflösung eines traditionellen Ordnungsmusters ein anderes entgegenzusetzen, damit das Musikstück ein

---

[168] G.W. Hegel: Ästhetik. 236.

[169] *Annemarie Gethmann-Siefert (Die Funktion der Kunst in der Geschichte.* Untersuchungen zu Hegels Ästhetik. In: *Hegel-Studien* Beiheft 25. Hrsg. von F. Nicolin, O. Pöggeler. Bonn 1984, 142, 165f.) zeigt die Entwicklung von Hegels "Reflexionen über Kunst" "bis zur endgültigen Konzeption" auf. In Hegels Jenaer Zeit (etwa um 1803) hätte sich der entscheidende Umbruch vollzogen: "Durch die *Schiller*kritik gegen Ende der Frankfurter Zeit wird allerdings deutlich, was Hegel zu diesen Veränderungen motiviert. Hegel greift nämlich in Jena die neuralgischen Punkte seiner frühen geschichtsphilosophischen Konzeption explizit auf. Wegen der Präzisierung der Geschichtskonzeption kann er in der Kunst nicht mehr die Garantie dafür sehen, daß eine Handlungsorientierung, selbst wenn sie formal der Vernunft entspricht, schon geschichtliche Inhalte mit Wahrheitsqualität vermittelt. ... Dadurch ist Hegel aber gezwungen, seine Vermutung aufzugeben, daß die Kunst grundsätzlich in der Lage sei und zureiche, die 'Sittlichkeit eines Volkes' für die vernunftfordernde Moderne zu stiften. ... Die Kunst, wie man sie vorfindet, erfüllt ihre geschichtliche Bestimmung nicht, denn sie gibt keine Handlungsorientierung. ... Eine solche Kunst erreicht die 'Lebendigkeit und Schönheit' der griechischen Sittlichkeit nicht wieder, ist zur Realitätserfahrung nicht mehr fähig, sondern geht als bloßer Traum einer schöneren und besseren Welt an der Wirklichkeit vorbei. Solange die Kunst die Innerlichkeit des Gemüts nicht überschreitet, kann sie ebensowenig wie das 'Ideal' der theologischen Schriften (die Gestalt Jesu) die reale Welt in sich fassen, auf diese einwirken." Hier zeigt sich, daß sich der Hegelsche Einfluß nicht (wie St. Pepper vertreten hat) in der philosophisch-systematischen, sondern in der politischen Dimension von *Art as Experience* bemerkbar macht: Die Verwandtschaft des hier dargestellten Aspektes von Hegels Theorie vom Ende der Kunst zu D.'s Einschätzung schöner Kunstprodukte als Weltflucht ohne gesellschaftliche Relevanz (im Gegensatz zu antikem Kunsterleben) ist offensichtlich (A.2.1.a.).

Ganzes würde. (Alban Berg wählte im *Wozzeck* altmodische Formen wie die Fuge, das Rondo oder die Sonatenhauptsatzform). Der Text (ein außermusikalisches Mittel) wurde ein wichtiges Formelement. In expressionistischer Lyrik wurden traditionelle Reimschemen und Rhythmen aufgelöst, und man stand vor demselben Problem. Diese Auflösung der künstlerischen Formen durch die Entwicklung traditioneller Techniken bis zur Auflösung ihrer selbst, die zu Anfang unseres Jahrhunderts in vielen Kunstgattungen parallel ihren Höhepunkt ereicht hatte, warf die Frage nach dem 'Ende der Kunst' auf.

Nach Mitchell enthält Deweys Ästhetik Argumente, die das von den Nachhegelianern beschworene 'Ende der Kunst' widerlegen. Diese These verfolgt Mitchell durch einen Vergleich von Deweys und Dantos Kunsttheorie, die verwandt seien, weil in beiden Ansätzen die Bedeutung des historischen Kontextes für die Kunst betont würde. Der Hegelianer Danto interpretiert die Kunst als Metapher: Dinge würden in einer ungewohnten Art und Weise repräsentiert, wodurch sie eine neue Bedeutung erhielten (Dantos Beispiel: der Mensch als Schwein). In der abstrakten Kunst der Gegenwart (Minimal Art, Conceptualismus, Neo-Expressionismus etc.) sieht Danto jeden Realismus der Abbildung überwunden: Kunst sei *reine* Metapher geworden und deshalb am Höhe- und Endpunkt ihrer Entwicklung angelangt, der nicht mehr zu transzendieren sei. In der abstrakten Kunst sei das Wesen der Kunst, nämlich Metapher zu sein, vollkommen repräsentiert. Das historische Ende der Kunst sei erreicht, weil die Kunst am Höhepunkt ihrer Formentwicklung angelangt sei. Nach Mitchell wäre in Deweys Kunsttheorie die Annahme eines Höhepunkts der künstlerischen Formentwicklung nicht möglich, weil die Kunst sich nach Dewey immer analog zur Veränderung der Gesellschaft weiterentwickeln müsse. Neue Ausdrucksabsichten, die aus einer veränderten Umwelt stammen, verlangten neue künstlerische Ausdrucksmittel. Mitchell weist auf die Bedeutung der Vietnam-Filme für die amerikanische Gesellschaft hin. Die Gesellschaft ist immer im Wandel, so daß auch die Kunst nie zum Entwicklungsstillstand kommen kann. Dieses Argument ist sicher zutreffend, denn *Dewey vertritt keine Theorie vom Ende der Kunst durch Vollendung der Formentwicklung.*[170]

---

[170] *Jeff Mitchell: Danto, Dewey, and the Historical End of Art.* In: *Transactions of the Charles S. Peirce Society* 25.4. 1989, 470, 498. Mitchell bezieht sich insbes. auf *A.C. Danto (Verklärung).* Dantos These betrifft trotz gleichen Wortlauts Goodmans Theorie der Metapher (C.2.2.) nicht. (1) Danto definiert "Metapher" anders als Goodman: Metaphernbildung vollzieht sich über Abstraktion; Dinge werden in neuer Weise sichtbar gemacht, indem ihre allgemeinsten Merkmale ausgedrückt werden. Goodman definiert die Metaphernbildung als "Gebietserweiterung", als Verdichtung der Randverweisungsbezüge eines Zeichenträgers. Damit ist eine vielfältige Art von Metaphernbildung angesprochen, die sich nicht nur auf reine Abstraktionstätigkeit bezieht. (2) Goodman würde weder einer Hierarchisierung von Metaphern noch der These, Abstraktion sei die höchste Form der Metaphernbildung, zustimmen. Es gibt nach Goodman "gefrorene Metaphern", also semantische Relationen, die ursprünglich Metaphern waren, aber nicht mehr als sol-

c. Das Ende der auratischen Kunst

Die materialistische Ästhetik sieht einen unmittelbaren Zusammenhang von gesellschaftlicher Entwicklung, technischen Erfindungen und der Entwicklung in der Kunst. In archaischen Gesellschaften hatte die Kunst Kultfunktion. In der Renaissance hat sich die Kunst säkularisiert und ist zu "profanem Schönheitsdienst" geworden. In der bürgerlichen Gesellschaft ist die Kunst dann als Manifestation bürgerlichen Besitzstrebens zu einem reinen Ausstellungswert verkommen. Mit bestimmten technischen Erfindungen sind bestimmte Kunstgattungen ausgestorben; so hat die Buchdruckerkunst die Märchenerzählkunst und den Minnesang abgelöst. Vor diesem Hintergrund prophezeit Benjamin das Ende der Kunst insgesamt: "Der wesentliche Gegenstand von Benjamins *materialistischer Kunsttheorie* ist nicht nur die Krise bestimmter Kunstformen, sondern das Ende, also die Aufhebung der Kunst als ganze."[171] Trotz der Ablösung bestimmter Kunstgattungen und trotz des Funktionswandels der Kunst haben sich nach Benjamin bis zum zwanzigsten Jahrhundert bestimmte Merkmale der Kunst erhalten: Ein Kunstprodukt ist die "einmalige Erscheinung einer Ferne, so nah sie auch sein mag" (Aura), und jede Kopie ist eine Fälschung. Das Kunsterleben ist ein einheitlicher, kontemplativer Prozeß außerhalb der normalen Lebensprozesse, und traditionelle ästhetische Kunst hatte immer einen elitären Status. Kunst ist von einem Genie geschaffen worden. Kunsterleben ist ein harmonisches, glückliches, ausgeglichenes Erleben, und Kunst hat Ewigkeitswert. Im zwanzigsten Jahrhundert jedoch ist die Kunst durch Umwälzungen der gesellschaftlichen und technischen Verhältnisse in ein Stadium eingetreten, in der alle traditionellen Attribute der Kunst obsolet geworden sind: Postästhetische Kunst muß massenaufklärerische Wirksamkeit haben, wodurch sie ihren elitären Charakter verloren hat. Technische Errungenschaften wie Film und Radio haben dazu geführt, daß Kunst kopierbar, also nicht-auratisch geworden ist. Es ist eine neue Rezeptionsweise eingeführt worden: während die traditionelle Kunstrezeption in sich geschlossen war, kann man sich einem Film oder einer Radio-

---

che erlebt werden, weil der metaphorische Verweisungsbezug des Zeichenträgers mittlerweile Konvention geworden ist (ein Beispiel wäre der Begriff "Flügel" für ein Musikinstrument). Es ist zu vermuten, daß die abstrakte Kunst irgendwann in diesem Sinne zu einer "gefrorenen Metapher" wird. Metaphern müssen Dinge auf neue Weise sehen lassen - und die abstrakte Kunst wird wahrscheinlich einmal zu einem Ausdrucksmittel werden, durch die Dinge nur in schon vertrauter Weise ausgedrückt werden.

[171] "The essential object of Benjamin's *materialist theory of art* is not only the crisis of certain art forms but the end, that is the *Aufhebung* ("sublation"), of art as a whole." H. Paetzold: End of Art. 25. Paetzold kritisiert, daß Benjamin durch die strikte Unterscheidung von auratischer und reproduzierbarer Kunst systematisch ausgeschlossen hat, daß die moderne Kunst ein "tertium datur" mit eigener ästhetischer Erlebnisqualität sei (56). Vgl. 45ff. zur Geschichte des Aura-Begriffes und seiner Bedeutung bei Benjamin.

übertragung jederzeit entziehen (man kann abschalten). Weil der Mensch in der von der modernen Technik beherrschten Lebenswelt der ständigen Reizüberflutung ausgesetzt ist, muß die Kunst dieser Reizüberflutung durch besonders prägnante Reize begegnen. Harmonische Schönheit traditioneller Kunst kann diese Aufgabe nicht mehr leisten. (Beispiele für postästhetische Kunst sind die Theaterstücke Bert Brechts und die Dichtung Baudelaires.)

Für Dewey ist (gegen Benjamins strikte Trennung von auratischer und postästhetischer Kunst) nicht die Einmaligkeit des Kunstproduktes, die durch die moderne Technik überwunden ist, ausschlaggebend, sondern die Einmaligkeit der Qualität des aktualen Kunsterlebens. So bleibt in seiner Theorie das traditionelle auratische Element auch für die neuen Medien erhalten. Ein Ende der auratischen Kunst im Sinne von Benjamins These vertritt Dewey also ebenfalls nicht.

d. Das Ende der Kunst und die Gesellschaft

In Adornos Kunstbegriff ist ein potentielles Ende der Kunst impliziert, das in allen materialistischen Theorien durch die in letzter Konsequenz antinomischen Prinzipien "Widerspiegelung" und "Utopie" angelegt ist. Für Adorno ist Kunstschaffen das Refugium der Freiheit des Subjekts. Die Kunst ist das wesentlich Andere der Gesellschaft. Sie soll widerspiegeln, aber gleichzeitig "frei", "ganz anders" und "utopisch" widerspiegeln. Wenn nun aber eine Gesellschaft vollkommen unfrei und vollkommen von der pragmatischen Sichtweise auf die Dinge beherrscht ist, kann die Kunst nicht mehr widerspiegeln, weil ihr utopischer Entwurf so anders wäre, daß nicht die geringste Ähnlichkeitsbeziehung (Widerspiegelung) mehr herzustellen ist.

> "Fürs Absterben der Kunst spricht die zunehmende Unmöglichkeit der Darstellung des Geschichtlichen. Daß es kein zureichendes Drama über den Faschismus gibt, liegt nicht am Mangel an Talent, sondern das Talent verkümmert an der Unlösbarkeit der dringlichsten Aufgabe des Dichters."
>
> "Die Undarstellbarkeit des Faschismus aber rührt daher, daß es in ihm so wenig wie in seiner Betrachtung Freiheit des Subjekts nicht mehr gibt. Vollendete Unfreiheit läßt sich erkennen, nicht darstellen."[172]

Genau diese Spannung von Widerspiegelung und Utopie, die in letzter Konsequenz unter bestimmten gesellschaftlichen Bedingungen zu einer Aufhebung der Kunst führt, ist bei Dewey ebenfalls präsent. Der Unterschied zwischen beiden Theorien liegt wiederum (wie in der Einschätzung der kritischen und der affirmativen

---

[172] *Theodor W. Adorno: Minima Moralia.* Reflexionen aus dem beschädigten Leben. Frankfurt ¹1951, 187f., 190. *Ders. (a.a.O.,* 87) spricht vom "angestrengten Pragmatismus Deweys.".

Funktion von Kunst; vgl. C.3.2.d.) in Adornos Pessimismus im Gegensatz zu Deweys amerikanischem Fortschrittsoptimismus begründet.[173] Adorno prophezeit pessimistisch eine Entfernung von Kunst und Gesellschaft, wodurch irgendwann das widerspiegelnde Moment der Kunst *unmöglich* würde. Dewey dagegen hält optimistisch eine infinitesimale Annäherung von Kunst und Gesellschaft durch eine Ästhetisierung der Gesellschaft für möglich, durch die letztendlich das utopische Moment von Kunst *überflüssig* würde. Die Konsequenz ist dieselbe: Durch die innere Spannung von Widerspiegelung und Utopie, die in beiden Kunstbegriffen impliziert ist, besteht unter bestimmten gesellschaftlichen Bedingungen die Möglichkeit der Aufhebung (des Überflüssigwerdens oder des Unmöglichwerdens) der Kunst. In einer vollkommenen Gesellschaft in Deweys Sinne gäbe es nichts mehr, das aus einer utopischen Perspektive widergespiegelt werden müßte. *Wenn die Lebenswelt vollkommen ästhetisiert wäre, hätte Kunst in letzter Konsequenz ihre Existenzberechtigung verloren.* Deshalb ist es konsequent, wenn Dewey in seinem idealen Systementwurf *Art as Experience* die lebensweltlich-ästhetische Situation nicht von der Kunstsituation unterscheidet.

Dewey spricht sich ausdrücklich gegen die faktische Möglichkeit einer absoluten Vervollkommnung der Gesellschaft aus. Die hier aufgezeigte Möglichkeit eines Endes der Kunst ist eine abstrakte, utopische Möglichkeit und keine konkrete, geschichtliche Perspektive. Gegen Deweys optimistisch-utopische Theorie von der Selbstaufhebung der Kunst ist aber vom logischen Standpunkt aus folgendes einzuwenden: Wenn die Lebenswelt irgendwann tatsächlich vollkommen wäre, dann stünde die Welt still. In einer vollkommenen Welt könnten nach Dewey keine ästhetischen Situationen erlebt werden.[174] Eine vollkommene Gesellschaft schlüge also ganz nach Hegelschem Muster um in eine absolut unvollkommene Welt, in der kein Leben und erst recht kein ästhetisches Erleben mehr möglich wäre. Der Ausgangspunkt von Deweys gleichzeitiger Analyse von Kunstsituation und lebensweltlich-ästhetischer Situation war die These, daß in einer vollkommenen Gesellschaft nur noch ästhetische Situationen erlebt würden. Damit bewegt er sich im *Widerspruch* zu seiner These, daß es niemals eine vollkommene Gesellschaft geben werde, und daß sie zudem gar nicht wünschenswert wäre, weil die vollkommene Gesellschaft in eine absolut unvollkommene, nämlich in eine statische Gesellschaft, umschlagen würde, in der kein ästhetisches Erleben mehr möglich ist. *Weil die Annahme einer vollkommenen Gesellschaft sowohl empirisch unwahrscheinlich als auch in Deweys System logisch unmöglich ist, ist auch die Annahme einer Einheit von Lebenswelt und Kunst haltlos.* Von daher wird es immer sinnvoll bleiben,

---

173 *Th.Z. Lavine (Individuation.* 162) vergleicht D.'s optimistisch-versöhnliche und Sartres pessimistischeinsame Theoretisierung des Verhältnisses von Indiduum und Gesellschaft.

174 J. Dewey: *Art as Experience.* 22. Ders. (*The Quest for Certainty.* 199f.) begründet parallel die Nichtexistenz von Freiheit in einer vollkommenen (stillstehenden) Lebenswelt.

Kunst als einen mit der Lebenswelt nicht identischen Bereich zu reflektieren. Kunstsituationen sind also in gewisser Hinsicht immer auch anders als lebensweltlich ästhetische Situationen.

e. Die Kunst der Postmoderne als Antipol zur Pseudoästhetisierung der Lebenswelt

Nachdem aufgezeigt wurde, daß in einer vollkommen ästhetisierten Lebenswelt die Kunst überflüssig würde, stellt sich schließlich die aktuelle Frage, welchen Status die Kunst in unserer konkreten Lebenswelt, die zumindest in wesentlichen Teilbereichen ästhetisiert ist, noch haben kann.
Nach Wolfgang Welsch wurde das sinnlichkeitsfeindliche, anästhetische metaphysische Zeitalter um das Jahr 1759 (dialektisch) von dem ästhetischen Zeitalter der Moderne abgelöst, in dem die Ästhetisierung der Lebenswelt gefordert wurde, und zu dem daher auch Deweys Theorie gerechnet werden muß. Nach Welschs Analyse schlägt Ästhetisierung durch Gewöhnung und Sättigung irgendwann wieder in Anästhetisierung um, aber nicht (wie im metaphysischen Zeitalter) in absolute Anästhetisierung, sondern (wiederum dialektisch) in Anästhetisierung durch Ästhetisierung. Anästhetisierung definiert er als "jenen Zustand, wo die Elementarbedingungen des Ästhetischen - die Empfindungsfähigkeit - aufgehoben ist." In unserem Zeitalter, das er die "Postmoderne" nennt, ist ein Zustand erreicht, in dem die Überästhetisierung der Lebenswelt in Anästhetisierung umgeschlagen ist. "Betrachten sie nur einmal das postmoderne Facelifting unserer bundesrepublikanischen Großstädte, insbesondere ihrer Einkaufszonen. Hier erfolgt zweifellos eine immense Ästhetisierung - eine den Konsum ankurbelnde Ästhetisierung. Aber am Ende entsteht bei aller chicen Aufgeregtheit und gekonnten Inszenierung doch wieder nur Eintönigkeit." Auch die Bilderüberflutung, die unsere Lebenswelt beherrscht, hat nach Welsch zu einer Abstumpfung der Empfindungsfähigkeit (Anästhetisierung) geführt. Welsch zeigt also eine Lebenswelt auf, die annähernd der idealen Lebenswelt Deweys zu entsprechen scheint - und er zeigt gleichzeitig die Gefahr eines völligen Verlustes der ästhetischen Erlebnisdimension auf. Welsch bezeichnet seine Analyse selbst als "Übertreibung". Es gibt sicher noch genug Lebensbereiche, die noch nicht ästhetisiert worden sind, und deshalb haben sowohl die traditionelle ästhetische Kunst als auch Deweys Forderung nach einer Ästhetisierung der Lebenswelt ihre Berechtigung. Außerdem benutzt Welsch einen anderen Begriff von "Ästhetisierung" als Dewey. Bei Welsch bezeichnet "Ästhetisierung der Lebenswelt" eine den sinnlichen Bedürfnissen entsprechende Gestaltung unserer Umwelt. Bei Dewey hingegen ist ein Lebensraum nur dann ästhetisiert, wenn er so gestaltet ist, daß er die Möglichkeit zu befriedigender und erfolgreicher Aktivität bietet. Dennoch aber läßt sich Welschs Analyse als Kritik an Deweys Theorie der ästhetischen Situation interpretieren. Wenn Welsch nämlich zeigt, daß die Übertragung der sinnlichen Sonderqualitäten der Kunst auf

die Lebenswelt nicht unproblematisch und nicht einmal so uneingeschränkt wünschenswert ist, läßt sich daraus leicht ableiten, daß auch der Egalisierung der Erlebnisqualitäten von Kunstsituationen und Alltagssituationen Grenzen gesetzt sein sollten, damit nicht jedes ästhetische Erleben in sein Gegenteil (nämlich in gewöhnliche Langeweile) umschlägt. Wenn alle Lebenssituationen ästhetische Qualität hätten, wäre zu vermuten, daß so eine vollkommene Ästhetisierung in Monotonie umschlagen würde.[175]
Nach Welsch sind traditionelle ästhetische Kategorien für die Kunst der Postmoderne obsolet geworden, weil diese in die Gestaltung der Lebenswelt eingeflossen sind und nicht mehr intensiv erlebt werden können. Die postmoderne Kunst habe aber ihren Winkel gefunden, denn sie konzentriere sich darauf, die Tendenz des Ästhetischen zum Anästhetischen aufzuzeigen.

"Am Ende ist eine anästhetische Grundhaltung - gegen all die schönen und etablierten Angebote des Ästhetischen - die Methode der Wahl zur Aufdeckung der Anästhetik alles Ästhetischen. Deshalb hat die Kunst dieses Jahrhunderts, der das Ästhetische als solches suspekt geworden war und die den ästhetischen Gewohnheiten - den alltäglichen wie den durch Kunsttradition eingeübten - mißtraute, radikale Schnitte gesetzt. Exemplarisch geschah das in jener berühmten Szene aus Bunuels *Andalusischem Hund* von 1928, wo ein Rasiermesser durch ein Auge schneidet. ... Gegen die moderne Utopie einer total-ästhetischen Kultur käme es heute darauf an, eine *Kultur des blinden Flecks* zu entwickeln ... Eine solch anästhetisch akzentuierte Ästhetik würde zu einer Schule der Andersheit. Blitz, Störung, Sprengung, Fremdheit wären für sie die Grundkategorien. Gegen das Kontinuum des Kommunizierbaren und gegen die schöne Konsumption setzt sie auf Divergenz und Heterogenität."[176]

Welsch hat damit einen Großteil der modernen Kunst (für die ein ironischer, selbstzerstörerischer Rekurs auf die eigenen Ausdrucksmittel charakteristisch ist) treffend beschrieben und gleichzeitig die von Dewey geforderte Kontinuität von Kunst und Gesellschaft bewahrt. Außerdem hat Welsch aufgezeigt, daß die Kunst selbst dann nicht am Ende wäre, wenn alle traditionell vertrauten Attribute der Kunst zu Attributen der Lebenswelt geworden wären.
Welsch konzentriert sich auf das sinnliche Element von Kunst; Dewey dagegen auf die Erlebnisqualität. In Kapitel C.3.2. wurde dargestellt, daß Deweys Theorie der ästhetischen Situation ein besonderes Potential für die Integration unwertedesignierender Kunst enthält. Hier wird die Frage gestellt, welche Funktion Kunst in

---

[175] Zu diesem Abschnitt vgl. W. Welsch (Ästhetisches Denken. Stuttgart 1990, 10, 13, 17).
[176] *W. Welsch: Ästhetisches Denken.* 37ff.

einer überästhetisierten Lebenswelt noch haben kann. Man könnte nicht mit Dewey antworten, daß Kunst die in der Lebenswelt noch nicht realisierten Werte gestalten soll, weil das entweder zu einer weiteren Steigerung der Überästhetisierung führen würde oder aber durch fehlenden Kontrast gar nicht mehr wahrgenommen werden könnte. Wenn man jedoch fragt, welches die Unwertedimension einer überästhetisierten Lebenswelt sein könnte, liegt auch die Antwort auf die Frage nach einer Möglichkeit des Kunstschaffens in einer solchen Lebenswelt auf der Hand: Langeweile und abgestumpfte Erlebnisfähigkeit sind die dominanten Unwerte, die aggressiven Hemmnisse gegen das Sich-Verhalten in einer überästhetisierten, 'satten' Lebenswelt. Tatsächlich gibt es Gegenwartskunst, die sich mit diesem Raster interpretieren läßt - Becketts *Wir warten auf Godot* oder die Musik der Punk-Band *Die einstürzenden Neubauten* seien nur stellvertretend genannt. Eine Analyse der Gegenwartskunst, die Langeweile und Aggression durch Empfindungsunfähigkeit designiert, unter der Perspektive der ästhetischen (also handlungsaktivierenden) Unwertedesignation im Gegensatz zu gewöhnlichem oder paralysiertem Erleben würde wiederum den Rahmen einer Dewey-Kritik übersteigen. Es bleibt nur, festzuhalten, daß die Utopie von einer völligen Verschmelzung von Kunst und Lebenswelt, wie Dewey sie aufzeigt, logisch unmöglich, faktisch unwahrscheinlich und konkret nicht wünschenswert wäre. Kunst wird (so ist im Interesse der Vielfalt der Lebenswelt zu hoffen) immer 'irgendwie anders' als die Lebenswelt sein, obwohl sie aus ihr hervorgegangen ist, und gerade deshalb wird sie in die Gesellschaft zurückwirken. Damit wäre die von Dewey geforderte Kontinuität von Lebenswelt und Kunst bewahrt, ohne daß die Kunst als eigenständiger Erlebnisbereich abgeschafft wäre. Dieser Erlebnisbereich ist schon deshalb wichtig, weil im Kunsterleben anders als in lebensweltlichen Situationen Handlungsstrategien gegen Unwerte entwickelt werden können, ohne daß das Situationserleben in gewöhnliches oder paralysiertes Erleben umschlägt (vgl. C.3.2.). Gerade aus politischen Gründen sollte Dewey also nicht auf das spezifische Strategieentwicklungspotential des Erlebnisbereichs Kunst (und insbesondere der unwertedesignierenden häßlichen Kunst) verzichten.

Schluß

Art as Experience ist vor allem ein *philosophisches System* mit einer *dominanten politischen Dimension* und *nur in Ansätzen eine Theorie der Kunst*. Die Kunstsituation hat nur *Beispielstatus* für Deweys allgemeine Theorie der ästhetischen Situation. Diese philosophisch-politische Theorie der ästhetischen Situation wird von *drei innovativen Eckpfeilern* getragen, durch die gleichzeitig die Grenzen der Tragfähigkeit seiner Kunsttheorie markiert sind. Diese Eckpfeiler haben sich in Deweys langem Wirken kontinuierlich entwickelt, bis sie in *Art as Experience* die Basis seines späten Systemdenkens wurden (vgl. A.1.1.).

(1) Deweys philosophisch-politisches System ist durch eine *radikale Dualismenkritik* geprägt. Am Anfang stand die Opposition gegen eine Trennung von Theorie und Praxis sowie von Subjektivem und Objektivem, auf dem Höhepunkt seines Systemdenkens wurden nahezu alle philosophischen und politischen dualistischen Konzeptionen als im 'Ideal der Versöhnung' aufgehoben dargestellt. Das aus der Dualismenkritik erwachsene Theorieelement ist der *Kontinuitätsgedanke*: Dewey überträgt diesen Gedanken auf jeden Bereich, den er zum Gegenstand seiner Analyse macht; in *Art as Experience* insbesondere auf das *Verhältnis von Kunst und Lebenswelt*. Hierin muß einerseits das Charakteristikum von Deweys Kunsttheorie gesehen werden, das andererseits aber auch deren wesentliches Defizit zur Folge hat. Es ist sicher richtig, daß Kunst aus lebensweltlichem Erleben entsteht und in die Lebenswelt zurückwirkt. Dewey übersieht jedoch durch die differenzlose Übertragung der philosophisch-politischen Kontinuitätsthese auf das Verhältnis von lebensweltlichen Situationen und Kunstsituationen die fundamentalen Unterschiede, die zwischen lebensweltlicher, konkreter Präsenz und 'künstlicher' Vermittlung von lebensweltlich Bedeutendem bestehen (vgl. C.1.). Kunstsituationen unterscheiden sich von lebensweltlichen Situationen dadurch, daß in ihnen lebensweltlich vertraute Rollen oder Wahrnehmungsmuster auf unvertraute Art erlebt werden können (Jauß, Henrich), und daß man in die zur Disposition gestellten Wertgenese- oder Konfliktbewältigungsprozesse nicht handelnd eingreifen kann (Pepper), was gegenüber lebensweltlichen Situationen zu einer breiten Ausdehnung der zweiten Phase (Strategieentwicklungsphase) des Deweyschen Widerstandsbewältigungszyklus führt.

(2) Die *nicht-reflexive, emotionale Haltung* zu den Dingen ist der zweite Eckpfeiler von Deweys Philosophie. Dewey begann als Psychologe und ist es immer geblieben. Mit seiner Analyse der *Erlebnisqualität verschiedener Situationstypen* hat Dewey nicht zuletzt einen Weg gefunden, auf traditionelle Setzungen der Metaphysik zu verzichten. Im aktualen, emotionalen Situationserleben sind Subjektives und Objektives zu einer Einheit des Erlebens verschmolzen, und in Deweys Situationsanalyse interessiert die (wahrscheinlich letztlich

nicht zu beantwortende) Frage nicht, welche Erlebnisanteile von welcher Instanz determiniert sind. Die *Idealismuskritik* ist damit obsolet geworden, wenn auch die *Metaphysikkritik* zurecht eine nicht hinreichende Beantwortung traditioneller Fragen der Metaphysik kritisiert, die in Deweys System jedoch von vornherein methodisch ausgeschlossen sind. In seiner Theorie der Kunst jedoch wird wiederum deutlich, daß man die *Beschaffenheit des Kunstprodukts* als Initial einer Kunstsituation nicht einfach unberücksichtigt lassen kann: Seine *vermittelnde, kommunikative Funktion* spielt in jeder Kunstsituation eine unverzichtbare Rolle. Morris Weiterentwicklung von Deweys Theorie der ästhetischen Situation entsprechend könnte man diese Vermittlungsfunktion auf *ikonische* oder *symbolische* Verweisungsfunktionen zurückführen, die nach Goodman überwiegend *metaphorischen* Charakter haben müssen, damit in der Kunstsituation *Vertrautes auf unvertraute Weise* erlebt werden kann. Durch diese Ergänzung von Deweys erlebnisorientierter Analyse der Kunstsituation ist ein Instrumentarium zur Analyse eines konkreten Kunstprodukts entwickelt worden.

(3) Das dritte zentrale Theorieelement, das sich ebenfalls schon in den frühesten Deweyschen Schriften abzeichnet, ist sein 'politischer Idealismus'. Nach Dewey zeichnet sich jedes idealistische System durch ein *Zweisphären-Denken* aus, wobei die Attribute, die jeweils eine Sphäre konstituieren, auseinander ableitbar, aber nicht auf Begriffe der anderen Sphäre übertragbar sind. Deweys philosophische Konzeption ist an diesen Kritierien gemessen eindeutig nicht idealistisch. Mit der antagonistischen Trennung der schlecht organisierten im Gegensatz zur idealen Gesellschaft (ein zentrales Thema von *Art as Experience*) nimmt Dewey in politischer Hinsicht quasi-idealistische Ableitungsverhältnisse an, in die die Kunst eingeordnet ist. Von den Künstlern erwartet Dewey, daß sie die einer Gesellschaft zugrundeliegenden *Werte affirmativ* designieren, um so die Entwicklung der Gesellschaft auf ihren Idealzustand hin voranzutreiben. Gesellschaftskritische Kunst, in der durch häßliche Ausdrucksmittel die einer Gesellschaft zugrundeliegenden Unwerte designiert werden, kommt in Deweys Kunsttheorie - darin den traditionellen idealistischen Kunsttheorien äußerlich konform - eindeutig wegen dieser Einbettung der Kunst in quasi-idealistische politische Ableitungsverhältnisse nicht vor. Wenn man von Deweys politisch-kunsttheoretischer Forderung, die Kunst solle die einer Gesellschaft zugrundeliegenden Werte affirmativ designieren, absieht, bietet seine allgemeine Theorie der ästhetischen Situation (gerade in politischer Hinsicht) interessante Ansätze zur Erklärung des seltsamen Genusses im Kontext unwertedesignierender Kunstprodukte.

Natürlich ist es sinnvoll, daß Deweys Kunsttheorie eine politische und eine philosophisch-systematische Dimension hat. Wenn jedoch Theorieelemente, die in einem Reflexionsbereich tragfähig und innovativ sind, direkt und unmodifiziert auf einen anderen Reflexionsbereich (auf die Kunst) übertragen werden, können sich gravierende Perspektivenverengungen ergeben. Drei Bedenken wurden hier gegen

Dewey geäußert: (1) daß er als 'Metaphysiker wider Willen' zwar noch metaphysische Fragen gestellt hat, aber keine tragfähigen Antworten auf die traditionellen Fragen der Metaphysik geben konnte, und daß er sich lieber in Rortys Sinne an 'reine Kulturkritik' gehalten hätte (2) daß seine Theorie der Kunst wegen der Präponderanz der philosophisch-systematischen und politischen Dimensionen von *Art as Experience* unterbestimmt bleibt und (3) daß Dewey einen systeminadäquaten 'politischen Idealismus' vertreten hat. Hinter diesen Bedenken sollen jedoch nicht die Aspekte zurücktreten, in denen auch das als positiv zu Bewahrende herausgearbeitet werden sollte: insbesondere Deweys überzeugende Kulturkritik mit ihren philosophisch-systematischen Konsequenzen. Die Diskussion im Teil C. sollte vor allem sichtbar machen, welches attraktive Potential in Deweys Kunsttheorie prinzipiell angelegt ist. Dieses Potential (zur Integration unwertedesignierender Kunst und zur Bestimmung der besonderen Beschaffenheit von Kunstarrangements) kann nur genutzt werden, wenn einige der von Dewey aufgestellten Prämissen modifiziert werden - insbesondere, wenn Dewey diese Prämissen innerhalb eines anderen Gegenstandsbereiches entwickelt hat, und sich aus der undifferenzierte Übertragung Perspektivenverengungen ergeben. Es wird keinesfalls suggeriert, den jeweiligen Theorieelementen müsse auch auf der Ebene, auf der Dewey sie entwickelt hat, ihre Relevanz abgesprochen werden. Diese Kritik soll nach den von Dewey selbst entwickelten Maßstäben der Kritik (A.3.3.b.) der Versuch sein, zu separieren und zu kennzeichnen, was in Deweys *Art as Experience* in einer großen Vision begrifflich synthetisiert ist, um so verdeckte Potentiale aufzuzeigen und zu würdigen.

Bibliographie

Quellentexte

1884a, *Kant and Philosophic Method*. In: *Journal of Speculative Philosophy* XVIII. O.O. 1884, 162-174. Im Text zit. nach: *John Dewey - The Early Works* 1. Hrsg. von J.A. Boydston. Carbondale/ Edwardsville 1969, 34-47.

1884, *The New Psychology*. In: *Andover Review* II. 1884, 278-289. Im Text zit. nach: *John Dewey - The Early Works* 1. Hrsg. von J.A. Boydston. Carbondale/ Edwardsville 1969, 48-61.

1886, *The Psychological Standpoint*. In: *Mind* 11. 1886, 1-19. Im Text zit. nach: *John Dewey - The Early Works* 1. Hrsg. von J.A. Boydston. Carbondale/ Edwardsville 1969, 122-143.

1886 a, *Psychology as Philosophic Method*. In: *Mind* 11. 1886, 153-173. Im Text zit. nach: *John Dewey - The Early Works* 1. Hrsg. von J.A. Boydston. Carbondale/ Edwardsville 1969, 144-167.

1887/1889, *Psychology*. New York ¹1887. New York ²1889. Im Text zit. nach: *John Dewey - The Early Works* 2. Hrsg. von J.A. Boydston. Carbondale/ Edwardsville 1967.

1890, *Poetry and Philosophy*. In: *Andover Review* XVI. 1890, 105-116. Im Text zit. nach: *John Dewey - The Early Works* 3. Hrgs. von J.A. Boydston. Carbondale/ Edwardsville 1969, 110-124.

1891, *Outlines of a Critical Theory of Ethics*. Michigan 1891. Im Text zit. nach: *John Dewey - The Early Works* 3. Hrsg. von J.A. Boydston. Carbondale/ Edwardsville 1969, 239-388.

1893, *Rezension:* `A History of Aesthetics` by Bernard Bosanquet. In: *Philosophical Review* II. 1893, 63-69. Im Text zit. nach: *John Dewey - The Early Works* 4. Hrsg. von J.A. Boydston. Carbondale/ Edwardsville 1971, 189-196.

1896a, *Imagination and Expression*. In: *Kindergarten Magazine* IX. 1896, 61-69. Im Text zit. nach: *John Dewey - The Early Works* 5. Hrsg. von J.A. Boydston. Carbondale/ Edwardsville 1972, 192-201.

1896, *The Reflex Arc Concept in Psychology*. In: *Psychological Review* III. 1896, 357-370. Auch in: *University of Chicago Contributions to Philosophy* 1.1. 1896, 39-52. Im Text zit. nach: *John Dewey - The Early Works* 5. Hrsg. von J.A. Boydston. Carbondale/ Edwardsville 1972, 96-109.

1897, *The Aesthetic Element in Education*. In: *Addresses and Proceedings of the National Educational Association*. 1897, 329f. Im Text zit. nach: *John Dewey - The Early Works* 5, Hrsg. von J.A. Boydston. Carbondale/ Edwardsville 1972, 202f.

1905, *The Postulate of Immediate Empiricism*. In: *The Journal of Philosophy, Psychology and Scientific Methods* 2.15. 1905, 393-399.

1906, *Experience and Objective Idealism*, in *Philosophical Review* 15. S. 465-481. Im Text zit. nach: *John Dewey - The Middle Works* 3. Hrsg. von J.A. Boydston. Carbondale/ Edwardsville 1977, 128-144.

1909, *The Influence of Darwinism on Philosophy*. Mit dem Titel *Darwin's Influence upon Philosophy* in: *Popular Science Monthly* 75. 1909, 90-98. Auch in: *The Influence of Darwin on Philosophy and other Essays in Contemporary Thought*. New York 1910, 1-19. Im Text zit.

nach: *John Dewey - The Middle Works* 4. Hrsg. von J.A. Boydston. Carbondale/ Edwardsville 1977, 3-14.

1910/1933, How we Think, London [1]1910. Boston [2]1933. [1]1910 im Text zit. nach: *Wie wir denken. Eine Untersuchung über die Beziehung des Reflektiven Denkens zum Prozeß der Erziehung*. Einl. von L. Deuel. Übers. von A. Burgeni. Zürich 1951. Gekürzte Fassung in: *John Dewey. Pragmatismus und Pädagogik*. In: *Texte der Philosophie des Pragmatismus*. Einl., hrsg. von E. Martens. Stuttgart 1975, 205-246. [1]1910 auch in: *John Dewey - The Middle Works* 6. 1978, 177-356. [2]1933 auch in: *John Dewey - The Later Works* 6. Hrsg. von J.A. Boydston. Carbondale/ Edwardsville 1986, 105-352.

1915, *The Subject Matter of Metaphysical Inquiry*. In *The Journal of Philosophy, Psychology and Scientific Methods* 12. 1915, 337-345. Im Text zit. nach: *John Dewey - The Middle Works* 8. Hrsg. von J.A. Boydston. Carbondale/ Edwardsville 1979, 3-13.

1916, Democracy and Education. New York 1916. Im Text zit. nach: *Demokratie und Erziehung - eine Einleitung in die philosophische Pädagogik*. Übers. von E. Hylla. Braunschweig [3]1964.

1920, Reconstruction in Philosophy, New York 1920, [6]1923. Im Text zit. nach: *Die Erneuerung der Philosophie*. Übers., hrsg. von M. Suhr. O.J./o.O.

1922, Human Nature and Conduct. An Introduction in Social Psychology. London 1922. Im Text zit. nach: *Die Menschliche Natur. Ihr Wesen und ihr Verhalten*. Übers. von P. Sakmann. Stuttgart/ Berlin 1931.

1925, Experience and Nature. Chicago/London [1]1925. Im Text zit. nach: London [2]1929.

1927, Half-Hearted Naturalism. In: *The Journal of Philosophy* 24. 1927, 57-64.

1929, The Quest for Certainty, New York 1929. Im Text zit. nach: *John Dewey - The Later Works* 4. Hrgs. von J.A. Boydston. Carbondale/ Edwardsville 1984.

1930, *From Absolutism to Experimentalism*. In: *Contemporary American Philosophy. Personal Statements*. Hrsg. von G.P. Adams, W.P. Montague. London/ New York 1930, 13-27. Auch in ders.: *Freedom* 1960, 3-18. Im Text zit. nach: *John Dewey - The Later Works* 5. Hrsg. von J.A. Boydston. Carbondale/ Edwardsville 1984, 147-160.

1931, *Philosophy and Civilization*. New York 1931. Im Text zit. nach: *John Dewey - The Later Works* 3. Hrsg. von J.A. Boydston. Carbondale/ Edwardsvillem 1984, 3-10.

1933-1934, A Common Faith. New Haven 1934, New Haven/London [29]1976. Im Text zit. nach: *John Dewey - The Later Works* 9. Hrsg. v. J.A. Boydston. Carbondale/ Edwardsville 1986, 1-58.

1934, Art as Experience. New York 1934. Auch als: *Kunst als Erfahrung*. Übers. von Ch. Velten, G. von Hofe, D. Sulzer. Frankfurt 1980. Im Text zit. nach: *John Dewey - The Later Works* 10. Hrgs. v. J.A. Boydston. Carbondale/ Edwardsville 1987.

1935, Peirce`s Theory of Quality. In: *The Journal of Philosophy* 32. 1935, 533-544. Im Text zit. nach: *John Dewey - The Later Works* 11. Hrsg. von J.A. Boydston. Carbondale/ Edwardsville 1987, 86-94.

1938, Logic: The Theory of Inquiry. New York 1938. Auch in: *John Dewey - The Later Works* 12. Hrgs. von J.A. Boydston. Carbondale/ Edwardsville 1986. Im Text zit. nach: New York 1982.

1939, *Theory of Valuation*. In: *International Encyclopedia of Unified Science* 2.4. Chicago 1939. Im Text zit. nach: Chicago [7]1952.

1946, Peirce`s Theory of Linguistic Signs, Thought and Meaning. In: *The Journal of Philosophy* 63. 1946, 85-95.

1949, <u>Experience and Existence</u>. In: *Philosophy and Phenomenological Research* 9. 1949, 709-713. (D.'s Antwort an Sh. Kahn).

1950, <u>Aesthetic Experience</u> as a Primary Phase and as an Artistic Development. In: *Journal of Aesthetics and Art Criticism* 9. 1950, 56ff.

1960, John Dewey on Experience, Nature and <u>Freedom</u>. Hrsg. von R. Bernstein. Indianapolis/ New York 1960.

1964, John Dewey and Arthur F. Bentley - A Philosophical <u>Correspondence 1932-1951</u>. Hrsg. von S. Ratner, J. Altman. New Brunswick/ New Jersey 1964.

Sekundärliteratur

Adorno, Theodor W.: <u>Ästhetische Theorie</u>. Frankfurt 1970.

Adorno, Theodor W.: <u>Minima Moralia</u>. Reflexionen aus dem beschädigten Leben. Frankfurt ^{1}1951.

<u>Aesthetics</u>. In: Encyclopedia Britannica. 149-163.

Alexander, Thomas M.: <u>John Dewey`s Theory of Art</u>, Experience and Nature: The Horizons of Feeling. Albany 1987.

Aissen-Crewett, Meike: Kunst als Erfahrung: Die <u>unbekannte Ästhetik</u> John Deweys. In: Zeitschrift für Ästhetik und Allgemeine Kunstwissenschaft 32. 1987, 200-225.

Aristoteles: <u>Nikomachische Ethik</u>. Übers. von E. Rolfes. Hrsg. von G. Bien. Hamburg ^{3}1972.

Aubrey, Edwin Ewart: Is John Dewey a <u>Theist?</u> In: *Christian Century* 51. 1934, 1550. Im Text zit. nach: John Dewey - The Later Works 9. Hrsg. von J.A. Boydston. Carbondale/ Edwardsville 1986, 435-237.

Bakewell, Charles M.: An <u>Open Letter</u> To Professor Dewey Concerning Immediate Empiricism. In: *The Journal of Philosophy* 2. 1905, 521-523. Deweys Antwort a.a.O. 1905, 597-599. Bakewells Antwort a.a.O., 1905, 687-691.

Baudelaire, Charles: Die <u>Mode</u>, das Schöne und das Glück. In: *ders.: Sämtliche Werke. Briefe* 5. Aufsätze zur Literatur und Kunst 1857-1860. Hrsg. von F. Kemp, C. Pichois. München/Wien 1989.

Baumeister, Thomas: Kunst als Erfahrung: <u>Bemerkungen</u> zu Deweys `Art as Experience`. In: *Zeitschrift für Philosophische Forschung* 37. 1983, 616-624.

Baumgarten, Eduard: Die geistigen Grundlagen des amerikanischen Gemeinwesens II: <u>Der Pragmatismus</u>. R.W. Emerson, W. James, J. Dewey. Frankfurt 1938.

Beardsley, Monroe C.: <u>Aesthetics</u> from Classical Greece to the Present. A Short History. New York 1966.

Beckmann, Jan: <u>Pragmatismus</u>. Charles Sanders Peirce. FernUniversität Hagen 1982, Studienbrief Nr. 3308-1-01-S1.

Belth, Marc: The Concept of <u>Democracy</u> in Dewey`s Theory of Education. Diss. Columbia University 1956.

Benjamin, Walter: Das <u>Kunstwerk</u> im Zeitalter seiner technischen Reproduzierbarkeit. In: *Zeitschrift für Sozialforschung* 5. 1936, (o.S.). Im Text zit. nach: Frankfurt 1963/1977, 7-64.

Bense, Max: <u>Die Unwahrscheinlichkeit des Ästhetischen</u>. Baden-Baden 1979.

Berleant, Arnold: <u>Review</u> zu *Th. Alexander*: J.D.'s Theory of Art. In: *Transactions of the Charles S. Peirce Society* 24.2. 1988, 293-300.

Bernstein, Richard: John Dewey`s Theory of Quality. In: *The Journal of Philosophy* 56. 1959, 961f.
Bernstein, Richard: John Dewey`s Metaphysics of Experience. In: *The Journal of Philosophy* 58. 1961, 5-14.
Bernstein, Richard: John Dewey. In: *The Great American Thinkers*. Hrsg. von A.W. Brown, Th.S. Knight. New York 1966.
Bernstein, Richard: John Dewey. In: *The Encyclopedia of Philosophy* 2. New York 1967, 380-385.
Black, Max: Dewey`s Philosophy of Language. In: *The Journal of Philosophy* 59. 1962, 505-523.
Blau, Josepf F.: Men and Movements in American Philosophy. In: *Prentice Hall Philosophy Series*. Hrsg. v. A. E. Murphy. New York ⁴1955. Im Text zit. nach: *Philosophie und Philosophen Amerikas*. Ein historischer Abriß. Übers. von H.W. Kimmel. Meisenheim/Glan 1957.
Allan Bloom: The Closing of the American Mind. New York 1987. Im Text zit. nach: *Der Niedergang des amerikanischen Geistes.* Ein Plädoyer für die Erneuerung der westlichen Kultur. Übers. von R. Giese. Hamburg 1988.
Boas, George: Communication in Dewey`s Aesthetics. In: *The Journal of Aesthetics and Art Criticism* 12. 1953-1954, 177-183.
Bode, B.H.: Cognitive Experience and its Object. In: *The Journal of Philosophy* 2. 1905, 658-663. Deweys Antwort a.a.O. 707-711.
Bohnsack, Fritz: Erziehung zur Demokratie. John Deweys Pädagogik und ihre Bedeutung für die Reform unserer Schulen. Ravensburg 1976.
Boisvert, Raymond D.: Dewey, Subjective Idealism, and Metaphysics. In: *The Transactions of the Charles S. Peirce Society* 3. 1982, 232-243.
Boisvert, Raymond D.: Dewey`s Metaphysics. New York 1988.
Boisvert, Raymond D.: Rorty, Dewey and Post-Modern Metaphysics. In: *Southern Journal of Philosophy* 27.2. 1989, 173-193.
Bradley, Arthur C.: Poetry for Poetry's Sake. In: *Oxford Lectures on Poetry*. London 1926, 3-34.
Bühler, Karl: Sprachtheorie. Die Darstellungsfunktion der Sprache. E.A. Jena 1934.
Burtt, Edwin A.: The Core of Dewey`s Way of Thinking. In: *The Journal of Philosophy* 57.13. 1960, 401-419.
Buswell, J. Oliver: The Philosophies of F.R. Tennant and John Dewey. New York 1950.
Chandler, Kenneth Clark: Realism without Dualism - An Examination of Dewey`s Non-Dualistic Realism, Diss. University of Texas at Austin 1973.
Cohen, Morris H.: Some Difficulties in Dewey`s Anthropocentric Naturalism. In: *The Philosophical Review* 49. 1940, 196-228.
Costello, Harry Todd: Professor Dewey`s Judgement of Practice. In: *The Journal of Philosophy* 17.17. 1920, 449-455.
Croce, Benedetto: Estetica com scienza dell' espressione e linguistica generale. Mailand, Palermo, Neapel ¹1902, ²1903. Im Text zit. nach: Ästhetik als Wissenschaft des Ausdrucks und Allgemeine Linguistik. Theorie und Geschichte. Übers. von K. Federn. Leipzig 1905.
Croce, Benedetto: Intirno all` estetica del Dewey. In: *La Critica*. 1940, 348-354. Auch als: *L`estetica di John Dewey*. In: ders. *Discorsi di Varia Filosofia* II. Bari 1945, 112-119. Im Text zit. nach: On the Aesthetics of John Dewey. In: *Journal of Aesthetics and Art Criticism* 6. Übers. von K. Gilbert. 1947-1948, 203-207. Deweys Antwort a.a.O., 207ff.

Croce, Benedetto: Intorno Allestetica e Alla Teoria Del Conoscere Del Dewey. In: *Quaderni della Critica* xvi. 1950, 60-68. Im Text zit. nach: *Dewey`s Aesthetics and Theory of Knowledge.* In: *Journal of Aesthetics and Art Criticism* 11. Übers. von F.S. Simoni. 1952-1953, 1-7.

Crosser, Paul: The Nihilism of John Dewey. New York 1955.

Danto, Arthur C.: The Transfiguration of the Commonplace. A Philosophy of Art. Cambridge 1981. Im Text zit. nach: *Die Verklärung des Gewöhnlichen.* Eine Philosophie der Kunst. Übers. von M. Looser. Frankfurt a.M. 1991.

Dennes, William R.: Review zu John Dewey: Logic 1938. In: *A Philosophical Review* 49. 1940, 259ff.

De Ruggiero: Filosofi del Nevecento. In: *Critica* 29. 1931, 341-357.

Dewey, Robert E.: The Philosophy of John Dewey. A Critical Exposition of his Method, Metaphysics, and Theory of Knowledge. The Hague 1977.

Die nicht mehr schönen Künste. Grenzphänomene des Ästhetischen. In: *Poetik und Hermeneutik* 3. Hrsg. von H.R. Jauß. München 1968.

Dorfles, Gillo: New Current in Italian Aesthetics. In: *Journal of Aesthetics and Art Criticism* 12. 1953-54, 184-196.

Douglas, George H: A Reconsideration of the Dewey - Croce Exchange. In: *Journal of Aesthetics and Art Criticism* 28.4. 1970, 497-505.

Dykhuizen, Georg: The Background of Dewey`s Philosophy. In: *The Journal of Philosophy* 55. 21. 1958, 881f.

Dykhuizen, Georg: The Life and Mind of John Dewey. Carbondale 1973.

Eames, Elisabeth R.: "Quality and Relation as Metaphysical Assumption in the Philosophy of John Dewey. In: *The Journal of Philosophy* 55. 1958, 166-169.

Das Erhabene. Zwischen Grenzerfahrung und Größenwahn. Einl. und hrsg. von Ch. Pries. Weinheim 1989.

Engler, Ulrich: Kritik der Erfahrung. Die Bedeutung der ästhetischen Erfahrung in der Philosophie John Deweys. Würzburg 1992.

Eykmann, Christoph: Die Funktion des Häßlichen in der Lyrik Georg Heyms, Georg Trakls und Gottfried Benns. Zur Krise der Wirklichkeitserfahrung im deutschen Expressionismus. Hrsg. von B.v. Wiese. Bonn 1965.

Feuer, Lewis: The Social Sources of Dewey`s Thought. In: *The Journal of Philosophy* 55, 21. 1958, 882ff.

Fish, William Charles: Forming the Moral Self. A Theory of Moral Education Based on a Critical Analysis of the Relation of Ethical Method to the Nature of the Self in the Ethical Theory of John Dewey. Diss. Columbia University 1972.

Franke, Ursula: Häßliche (das). In: *Historisches Wörterbuch der Philosophie* 3. Darmstadt 1974. 1003-1007.

Funk, Holger: Ästhetik des Häßlichen. Beiträge zum Verständnis negativer Ausdrucksformen im 19. Jahrhundert. Berlin 1983.

Gauss, Charles E.: Some Reflections on John Dewey`s Aesthetics. In: *Journal of Aesthetics and Art Criticism* 19. 1960-1961, 127-132.

Gadamer, Hans Georg:, Wahrheit und Methode. Grundzüge einer philosophischen Hermeneutik. Tübingen ^{1}1960, ^{4}1975.

Gadamer, Hans Georg: Die Aktualität des Schönen. Kunst als Spiel, Symbol und Fest. Stuttgart 1977.

Gehlen, Arnold: Der Mensch. Seine Natur und seine Stellung in der Welt. Berlin 1940. Wiesbaden ⁹1978.

Gethmann-Siefert, Annemarie: Die Funktion der Kunst in der Geschichte. Untersuchungen zu Hegels Ästhetik. In: *Hegel-Studien* Beiheft 25. Hrsg. von F. Nicolin, O. Pöggeler. Bonn 1984.

Goodman, Nelson: Languages of Art. An Approach to a Theory of Symbols. Indianapolis 1968. Im Text zit. nach: *Sprachen der Kunst*. Ein Ansatz zu einer Symboltheorie. Übers. von J. Schlaeger. Frankfurt a.M. 1973.

Götz, Bernd: John Deweys Philosophie der Erfahrung. Diss. Tübingen 1970.

Gouinlock, James: John Dewey`s Philosophy of Value. New York 1972.

Gouinlock, James: What is the Legacy of Instrumentalism? Rorty`s Interpretation of Dewey. In: *Journal of the History of Philosophy* 28. 1990, 251-269.

Guide *to the Works of John Dewey*. Hrsg. von Jo Ann Boydston. London/Amsterdam 1970.

Gutermann, Norbert: John Dewey's Credo. In: *New Republic* 82. 1953, 53. Im Text zit. nach: *John Dewey - The Later Works* 9. Hrsg. von J.A. Boydston. Carbondale/ Edwardsville 1986, 423-425.

Halder, A.: Artikel Ästhetizismus. In: *Historisches Wörterbuch der Philosophie* 1. Darmstadt 1971, 581f.

Hegel, Georg W.F.: Vorlesungen über die Ästhetik I-III. Berlin 1835-38. Im Text zit. nach *ders: Theorie-Werkausgabe* 13-15. Frankfurt a.M. ¹1970, ²1989.

Henning, Paul: Die weltanschaulichen Grundlagen von John Deweys Erziehungstheorie. Diss. Leipzig 1928.

Hocking, William Ernest: Dewey`s Concept of Nature and Experience. In: *The Philosophical Review* 49. 1940, 228-244.

Hodgson, Shadworth H.: Illusory Psychology. In: *John Dewey - The Early Works* 1. Hrsg. von J.A. Boydston. Carbondale/ Edwardsville 1969, xli-lvii.

Homann, R.: Erhabene (das). In: *Historisches Wörterbuch der Philosophie* 2. Darmstadt 1972, 624-636.

Hook, Sidney: John Dewey, An Intellectual Portrait. New York 1939/ Westport 1971.

Hook, Sidney: John Dewey - Philosopher of Growth. In: *The Journal of Philosophy* 56. 1959, 1010-1018.

Hutchinson, W.R.: Aesthetics and Musical Theory. An Aspect of their Juncture. In: *Journal of Aesthetics and Art Criticism* 24. 1966, 393-400.

Imdahl, Max: Is it a Flag, or is it a Painting. Über mögliche Konsequenzen der konkreten Kunst. In: *Wallraf-Richartz-Jahrbuch*. Westdeutsches Jahrbuch für Kunstgeschichte 31. Köln 1969, 205-232.

Innis, Robert E.: Dewey`s Aesthetic Theory and the Critique of Technology. In: *Phänomenologische Forschungen*. Studien zum Problem der Technik. Hrgs. von E.W. Orth. Freiburg/München 1984, 7-42.

Jacobson, Leon: Art as Experience and American Visual Art Today. In: *Journal of Aesthetics and Art Criticism* 19. 1960-1961, 117-125.

James, William: The Principles of Psychology. New York 1890. Im Text zit. nach Cambridge/ Massachusetts/ London 1983.

James, William: <u>Pragmatism</u>. A New Name for Some Old Ways of Thinking. New York 1907. Im Text zit. nach: *Der Pragmatismus*. Ein neuer Name für alte Denkmethoden. Einl. und Hrsg. von K. Oehler. Übers. v. W. Jerusalem. Hamburg 1977.

Jauß, Hans Robert: <u>Ästhetische Erfahrung</u> und literarische Hermeneutik 1. München 1977.

John Dewey. Erziehung durch und für Erfahrung. Einl. und hrsg. von H. Schreier. Stuttgart 1986.

John Dewey. His Contribution to the American Tradition. Einl. und hrsg. von I. Edman. Indianapolis/ New York o.J.

Kadish, Mortimer: John Dewey and the Theory of <u>Aesthetic Practice</u>. In: *New Studies in the Philosophy of John Dewey*. Hrgs. von St.M Cahen. Hanover 1977, 75-116.

Kagan, Moissej: <u>Vorlesungen</u> zur Marxistisch-Leninistischen Ästhetik. Leningrad/ Berlin 1971. München 1974.

Kahn, Sholom: <u>Experience and Existence</u> in Dewey`s Naturalistic Metaphysics? In: *Phenomenology and Philosophical Research* 9. 1949, 316-321. Deweys Antwort a.a.O., 709-712.

Kennedy, Gail: Dewey`s <u>Concept of Experience</u>: Determinate, Indeterminate and Problematic. In: *The Journal of Philosophy* 56. 21. 1959, 801-814.

Kestenbaum, Victor: The <u>Phenomenological Sense</u> of John Dewey. Habit and Meaning. New Jersey 1977. Auch als: *An Interpretation of Dewey`s Notion of Habit from the Perspective of Merleau-Ponty's Phenomenology of the Habitual Body*. Diss. New Jersey 1972.

Kierkegaard, Sören: Afsluttende uvidenskabelig Efterskrift til de philosophiske Smuler. Kopenhagen 1846. Im Text zit. nach: *Abschließende <u>unwissenschaftliche Nachschrift</u> zu den philosophischen Brocken*. In: *Gesammelte Werke* 16.2. Übers. von H.M. Junghans. Düsseldorf/Köln 1957-1958.

Kofler, Leo: <u>Abstrakte Kunst</u> und Absurde Literatur. Wien, Frankfurt, Zürich 1970.

Krüger, Gerhard: Die Herkunft des philosophischen <u>Selbstbewußtseins</u>. In *Logos* 22. 1933, 225-272. Im Text zit nach: Darmstadt 1962.

Kuhn, Helmut: Die <u>Philosophie der Vereinigten Staaten</u>. In: *Studium Generale* 1.7. 1948, 426-434.

Lamont, Corliss: New Light on Dewey`s <u>A Common Faith</u>. In: *The Journal of Philosophy* 58. 1961, 21-28.

Langer, Susanne: <u>Philosophy in a New Key</u>. Cambridge 1942. Im Text zit. nach dies.: *Philosophie auf neuem Wege. Das Symbol im Denken, im Ritus und in der Kunst*. Frankfurt 1965/ Mittenwald ²1979.

Lavine, Thelma Z.: The <u>Individuation</u> and Unification in Dewey and Sartre. In: *Doctrine and Experience*. Hrsg. von V. Potter. New York 1988, 149-173.

Lehmann, Dorothee: <u>Das Sichtbare der Wirklichkeiten</u>. Die Realisierung der Kunst aus ästhetischer Erfahrung. John Dewey - Paul Cézanne - Mark Rothko. In: *Kunst - Geschichte und Theorie* 18. Essen 1991.

Lessing, Gotthold Ephraim: <u>Laokoon</u> oder über die Grenzen der Mahlerey und Poesie. Berlin 1766. Im Text zit. nach: *Laokoon oder über die Grenzen der Malerei und Poesie*. Frankfurt a.M. 1988.

M. Lifschitz: <u>Krise</u> des Häßlichen. Dresden 1971.

Loo, Elisabeth D. van: <u>Jung and Dewey</u> and the Nature of Artistic Experience. Diss. Tulane University 1973. Mikrofilm Nr. 73-25307.

Mainzer, Klaus: John Dewey. Instrumentalismus und Naturalismus in der technisch-wissenschaftlichen Lebenswelt. In: *Grundprobleme der großen Philosophen. Philosophie der Neuzeit V.* Göttingen 1991, 170-209.

Mathur, Dinech Chandra: The Significance of `Qualitative Thought` in Dewey`s Philosophy of Art. Diss. Columbia-University 1955. Mikrofilm Nr. 15.639.

Mathur, Dinech Chandra: Dewey`s Aesthetics: A Note on the Concept of Consummatory Experience. In: *The Journal of Philosophy* 63.9. 1966, 225-231.

McGilvary, Evander Bradley: The Chicago Idea and Idealism. In: *The Journal of Philosophy* 5.22. 1908, 589-597.

Mead, George H.: The Nature of Aesthetic Experience. In: *International Journal of Ethics* 36. 1926, 382-393. Im Text zit. nach: *Theorien der Kunst.* Hrsg. von D. Henrich, W. Iser. Übers. von J. Kulenkampf. Frankfurt 1982, 343-355.

Mitchell, Jeff: Danto, Dewey, and the Historical End of Art. In: *Transactions of the Charles S. Peirce Society* 25.4. 1989, 469-501.

Morris, Bertram: Dewey`s Theory of Art. In: *Guide to the Work of John Dewey.* Hrsg. von J.A. Boydston. London/ Amsterdam 1970, 156-182.

Morris, Charles W.: Foundations of the Theory of Signs. Chicago 1938. Im Text zit. nach: *Grundlagen der Zeichentheorie.* Übers. von R. Posner. München 1972, 15-88.

Morris, Charles W: Esthetics and the Theory of Signs. In: *Journal of Unified Signs* 8. Den Haag 1939. Im Text zit. nach: *Ästhetik und Zeichentheorie.* Übers. von R. Posner. München 1972, 89-118.

Morris, Charles W.: Signs, Language, and Behaviour, New York 1946. Im Text zit. nach: *Zeichen, Sprache und Verhalten.* Übers. von A. Eschenbach, G. Kopsch. Frankfurt a.M./Berlin/Wien 1981.

Morris, George S.: Philosophy and Christianity, New York 1883.

Müller, Gert H.: Rezension Kunst als Erfahrung. In: *Philosophischer Literaturanzeiger* 36. 1983, 123-126.

Murphy, Arthur E.: John Dewey and American Liberalism. In: *The Journal of Philosophy* 57. 1960, 420-436.

Novack, George: An Appraisal of John Dewey`s Philosophy. Pragmatism versus Marxism. New York 1975.

Nietzsche, Friedrich: Götzendämmerung. Oder: Wie man mit dem Hammer philosophiert. Leipzig 1889. Im Text zit. nach: *Nietzsche. Werke. Kritische Gesamtausgabe* 6.3. Hrsg. von G. Colli, M. Montinari, Berlin 1969.

Oehler, Klaus: Die Lehre vom Noetischen und Dianoetischen Denken bei Platon und Aristoteles. Ein Beitrag zur Erforschung der Geschichte des Bewußtseinsproblems in der Antike. Hamburg 1962, ²1985.

Oehler, Klaus: Antike Philosophie und Byzantinisches Mittelalter. München 1969.

Oehler, Klaus: Peirce Contra Aristotle. Two Forms of the Theory of Categories. In: *Graduate Studies Texas Tech University* 23. 1981.

Oehler, Klaus: Der Unbewegte Beweger des Aristoteles. Frankfurt 1984.

Oehler, Klaus: An Outline of Peirce`s Semiotics. In: *Topics in Contemporary Semiotics.* Classics of Semiotik. Hrsg. von M. Krampen, K. Oehler, R. Posner, Th.A. Sebeok, Th.v. Uexküll. New York/ London 1987.

Willi Oelmüller, Ruth Dölle-Oelmüller, Norbert Rath: Diskurs: <u>Kunst und Schönes</u>. In: *Philosophische Arbeitsbücher 5*. Paderborn: 1982.

Paetzoldt, Heinz: Walter Benjamin`s Theory of the <u>End of Art</u>. In: *International Journal of Sociology* 7.1. Übers. von S. Westphal. 1977, 25-75.

Parson, Howard L.: Dewey`s <u>Religious Thought</u>: The Challenge of Evolution. In: *The Journal of Philosophy* 58.5. 1961, 113-121.

Pasch, Alan: Dewey and the <u>Analytical Philosophers</u>. In: *The Journal of Philosophy* 56. 1959, 814-826.

Peirce, Charles S.: Schriften zum Pragmatismus und <u>Pragmatizismus</u>. Hrsg. von K.O. Apel. Übers. von G. Wartenberg. Frankfurt a.M. 1967, ²1976.

Peirce, Charles S.: <u>Semiotische Schriften</u>. 2 Bände. Hrsg. und übers. von Ch. Kloesel, H. Pape. Frankfurt a.M. 1986, 1990.

Peirce, Charles S.: How to Make Our <u>Ideas Clear</u>. In: *Popular Science Monthly* 12. 1878. Im Text zit. nach: *Über die Klarheit unserer Gedanken*. Einl. u. hrsg. von K. Oehler. Frankfurt a.M. 1968, ³1985.

Pepper, Stephen: <u>Aesthetic Quality</u>. New York 1937. Im Text zit. nach: Westport/Connecticut 1965/1970.

Pepper, Stephen: 1939, <u>Some Questions</u> on Dewey`s Aesthetics. In: *The Philosophy of John Dewey*. Hrsg. von P.A. Schilpp. Chicago 1939, 371-389. J. Deweys Antwort a.a.O., 549-555.

Pepper, Stephen: <u>The Concept of Fusion</u> in Dewey`s Aesthetic Theory. In: *Journal of Aesthetics and Art Criticism* 12. 1953-1954, 169-176.

<u>Postmoderne</u> und Dekonstruktion. Texte französischer Philosophen der Gegenwart. Hrsg. von P. Engelmann. Stuttgart 1990.

Ratner, Joseph: <u>Intelligence</u> in the Modern World. John Dewey`s Philosophy. New York 1939.

Richey, Homer Gilmer: Die <u>Überwindung der Subjektivtät</u> in der empirischen Philosophie Diltheys und Deweys. Diss. Göttingen 1935.

Romanell, Patrick: <u>A Comment</u> on Croce`s and Dewey`s Aesthetics. In: *Journal of Aesthetics and Art Criticism* 8. 1949-1950, 125-128.

Rorty, Richard: Philosophy and the <u>Mirror of Nature</u>, Princeton 1979. Im Text zit. nach: *Der Spiegel der Natur*. Eine Kritik der Philosophie. Übers. von M. Gebauer. Frankfurt a.M. 1987.

Rorty, Richard: <u>Consequences</u> of Pragmatism. Essays 1972-1980. Minnesota 1982.

Rorty, Richard: <u>Comments</u> on Sleeper and Edel. In: *Transactions of the Charles S. Peirce Society* 21.1. 1985.

Rorty, Richard: <u>Solidarität oder Objektivität?</u> Drei philosophische Essays. Übers. von J. Schulte. Stuttgart 1988.

Santayana, George: <u>The Sense of Beauty</u>. Being the Outline of Aesthetic Theory. New York 1896. Im Text zit. nach: New York 1955.

Santayana, George: <u>Review</u> zu <u>Croces</u> Ästhetik. In: *Journal of Comparative Literatur* 1.2. 1903, o.S.

Santayana, George: Dewey`s <u>Naturalistic Metaphysics</u>. In: *The Journal of Philosophy* 22. 1925, 673-688. Im Text zit. nach: *The Philosophy of John Dewey*. Hrsg. von P.A. Schilpp. Illinois 1939, ²1970, 245-261.

Scheffler, Israel: <u>Four Pragmatists</u>. A Critical Introduction to Peirce, James, Mead and Dewey. London/ New York 1974.

Schnädelbach, Herbert: *Geschichtsphilosophie nach Hegel*. Die Probleme des Historismus. Freiburg/ München 1974.

Schulz, Theodore Albert: *Panorama der Ästhetik von Charles Sanders Peirce*. Diss. Stuttgart 1961.

Shearer, E.A.: *Dewey`s Aesthetic Theory*. The Early Theory. The Present Theory. In: *The Journal of Philosophy* 32. 1935, 617-627, 650-664.

Searle, J.R.: *Speech Acts*. Cambridge 1969. Im Text zit. nach: *Die Ableitung des Sollens aus dem Sein*. In: Sprechakte. Ein sprachphilosophischer Essay. Frankfurt/M. 1971.

Simoni, Frederic S.: *Benedetto Croce*. A Case of International Misunderstanding. In: *Journal of Aesthetics and Art Criticism* 11. 1952-1953, 7-14.

Sleeper, Ralph W.: *The Necessity of Pragmatism*. New Haven/London 1986.

Sleeper, Ralph W: John Dewey and the *Metaphysics of American Democracy*. In: Doctrine and Experience. Hrsg. von V. Potter. New York 1988, 121-148.

Stroh, Guy: *American Philosophy*. Princeton/ Toronto/ London/ Melbourne 1968.

Strub, Christian: *Das Häßliche* und die `Kritik der ästhetischen Urteilskraft`. Überlegungen zu einer systematischen Lücke. In: Kant-Studien 80. 1989, 416-446.

Suits, Bernhard Herbert: *The Aesthetic Object* in Santayana and Dewey. Diss. Illinois 1958. Micro-Film Nr. 58-1744.

Tamme, Sister Anne Mary: *A Critique* of John Dewey`s Theory of Fine Art in the Light of the Principles of Thomism, Diss. Washington 1956.

Texte der Philosophie des Pragmatismus. Charles Sanders Peirce. William James. Ferdinand Canning Scott Schiller. John Dewey. Einl. und hrsg. von E. Martens. Stuttgart 1975.

Thayer, H.S: *The Logic of Pragmatism*. New York 1952.

Thayer, H.S.: *Meaning and Action*. Indianapolis [2]1981.

Thayer, H.S.: *Review* zu John Dewey: *Logic* 1938. In: *Transactions of the Charles S. Peirce Society* 24.4. 1988, 521-537.

The Bertrand Russel Case. Hrsg. von J. Dewey, H.M. Kallen. New York 1941.

Theorie des Expressionismus. Hrsg. von O.F. Best. Stuttgart [1]1976, [2]1982.

Theorien der Kunst. Hrsg. von D. Henrich und W. Iser. Frankfurt a.M. [1]1982, [3]1987.

The Philosophy of John Dewey. In: The Library of Living Philosophers 1. Hrgs. von P.A. Schilpp. Illinois 1939, [2]1970.

Tiles, J.E: *Dewey*, London/New York 1988.

Wallace, Rollin: A Comparision of the Theories of Meaning of John Dewey and *Oxford Ordinary Language Philosophers* with some Attention to that of F.C. Schiller. Diss. Michigan 1958.

Webb, Rodman B: *The Presence of the Past*. John Dewey and Alfred Schutz on the Genesis and Organization of Experience. Monographs Social Sciences 57. Florida 1975, [2]1978.

Welsh, Paul: John Dewey`s *Metaphysics of Experience*. In: *The Journal of Philosophy* 51. 1954, 861-867.

Welsch, Wolfgang: *Ästhetisches Denken*. Stuttgart 1990.

Wilde, Oscar C.: Das Bildnis des *Dorian Gray*. In: *Werke in zwei Bänden* 1. München 1970, [3]1977.

White, Morton G.: *Value and Obligation* in Dewey and Lewis. In: *Philosophical Review* 58. 1949, 321-329.

White, Morton G.: The Origin of Dewey`s *Instrumentalism*. New York 1943.

Wiemann, Henry Nelson: Is Dewey a Theist? In: *Christian Century* 51. 1934, 1550f. Im Text zit. nach: *John Dewey - The Later Works* 9. Hrsg. von J.A. Boydston. Carbondale/ Edwardsville 1986, 438ff.

Wiemann, Henry Nelson: John Dewey's Common Faith. In: *Christian Century* 51. 1934, 1450ff. Im Text zit. nach: *John Dewey - The Later Works* 9. Hrsg. von J.A. Boydston. Carbondale/ Edwardsville 1986, 426-434. Deweys Antwort: a.a.O., 294f.

Woodbridge, Frederick J.E.:Of What Sort is Cognitive Experience? In: *The Journal of Philosophy* 2. 1905, 573-576. Deweys Antwort a.a.O. 652-657.

Zeltner, Philip M.: John Dewey`s Aesthetic Philosophy. Amsterdam 1975.

Zink, Sidney: The Concept of Continuity in Dewey`s Esthetics. In: *The Philosophical Review* 52. 1943, 392-400.

Namenregister

Adorno, Theodor W.: 220, 236-239, 243f., 248f.
Alexander, Thomas M.: 4, 8f., 13, 16f., 23, 29ff., 39, 48, 55f., 62f., 76, 78, 84, 101, 104, 106f., 110ff., 114, 120f., 125, 129, 139f., 152, 217.
Aissen-Crewett, Meike: 135, 172, 175.
Aristoteles: 9, 23, 55, 107, 112, 145, 155, 167, 212.
Aubrey, Edwin Ewart: 72.
Bakewell, Charles M.: 144.
Barnes, Albert C.: 63, 83, 175, 217.
Bartels, K.: 228.
Baudelaire, Charles: 238, 248.
Baumeister, Thomas: 84f., 94, 101, 172, 179, 243.
Baumgarten, Alexander Gottlieb: 47, 125, 140, 176.
Baumgarten, Eduard: 9, 106f.
Beardsley, Monroe C.: 102.
Beckett, Samuel: 252.
Beckmann, Jan: 24, 103.
Belth, Marc: 67.
Benjamin, Walter: 65, 211, 227f., 247.
Bense, Max: 211.
Benn, Gottfried: 186, 219, 220.
Berg, Alban: 142, 181, 219f., 246.
Berleant, Arnold: 111.
Bernstein, Richard: 8f., 11, 31, 36f., 72, 103, 109f., 150f., 156f., 200.
Beuys, Joseph: 99.
Black, Max: 106, 196, 199f.
Blau, Josepf F.: 19, 71, 101, 147, 170, 196.
Bloch, Ernst: 186.
Bloom, Allan: 173.
Boas, George: 175, 197.

Bode, B.H.: 145f.
Bohnsack, Fritz: 108.
Boisvert, Raymond D.: 8, 20, 55, 91, 103, 106f., 111ff., 144, 169.
Bosanquet, Bernhard: 117, 120.
Boydston, Jo Ann: 9, 103, 109.
Bradley, Arthur C.: 89f., 117, 120, 124.
Brahms, Johannes: 174.
Brandenburg, Karl-Heinz: 171.
Brecht, Bertolt: 181, 211, 248.
Büchner, Georg: 142.
Bühler, Karl: 80f.
Burke, Edmund: 229.
Burtt, Edwin A.: 110, 165, 167, 219.
Buswell, J. Oliver: 107.
Cézanne, Paul: 171.
Chandler, Kenneth Clark: 37.
Cohen, Morris H.: 101, 106, 108, 160f., 164f., 167, 238.
Coleridge, Samuel Taylor: 9, 11, 120.
Corliss, Lamont: 72.
Costello, Harry Todd: 146f.
Croce, Benedetto: 4f., 23, 47, 79f., 85, 109, 113, 120, 130-143, 149, 153, 162, 184.
Crosser, Paul: 102, 106, 159, 165f., 173f., 179f., 220.
Dali, Salvador: 220.
Danto, Arthur C.: 212, 246f.
Darwin, Charles: 32.
Delacroix, Eugène: 205f., 213.
Dennes, William R.: 107, 159, 199.
Descartes, René: 69, 143, 170.
De Ruggiero: 137.
Dewey, Robert E.: 9, 14ff., 33, 38, 42, 55, 69, 72f., 75, 102f., 106f., 109, 152f., 159f., 162, 164f., 167, 169f., 179.

Diderots, Denis: 194.
Dilthey, Wilhelm: 170.
Dix, Otto: 219, 225.
Dorfles, Gillo: 135.
Douglas, George H: 138-142.
Dykhuizen, George: 9.
Eames, Elisabeth R.: 159.
Engler, Ulrich: 110.
Eykmann, Christoph: 224, 238.
Feuer, Lewis: 18.
Fish, William Charles: 93.
Franke, Ursula: 226.
Franzos, Emil: 142.
Frege, Gottlob: 111.
Fuhrmann, M.: 230.
Funk, Holger: 230, 232.
Gauss, Charles E.: 176, 182f., 184, 200.
Gadamer, Hans Georg: 64, 174, 181.
Gehlen, Arnold: 32, 51f., 211.
Gethmann-Siefert, Annemarie: 245.
Goethe, Johann Wolfgang von: 187.
Gogh, Vincent van: 86f., 95.
Goodman, Nelson: 178, 188, 210-214, 246, 254.
Götz, Bernd: 171.
Gouinlock, James : 18, 29, 55, 74, 106f., 109, 153, 200.
Gutermann, N.: 71.
Hahn, Lewis: 9, 17, 23.
Hall, G. St.: 9f., 13, 17.
Halder, A.: 219.
Hanslick, Eduard: 174.
Hartmann, Eduard von: 119.
Hegel, Georg W.F.: 4, 8f., 13, 17, 19, 23, 69, 114, 117, 120f., 127, 130f., 133, 135f., 138, 142ff., 230ff., 237, 244ff., 249.
Heidegger, Martin: 63, 105f., 110, 153.
Heisenberg, Werner Karl: 14.
Henning, Paul: 14f., 34, 108, 160, 165f.

Henrich, Dieter: 188ff., 192f., 210, 253.
Hocking, William Ernest: 147f.
Hodgson, Shadworth H.: 17.
Homann, R.: 228f..
Hook, Sidney: 60, 63f., 98, 101f., 104, 108f., 124, 170, 201, 220, 238.
Hutchinson, W.R.: 174.
Huxley, Th.H.: 9, 13f.
Imdahl, Max: 181.
Innis, Robert E.: 63.
Jacobson, Leon: 175.
James, William: 17, 20, 23, 25, 53, 71, 87, 102, 107, 111, 126, 169.
Jauß, Hans Robert: 116, 178, 186-193, 210, 214, 235, 239, 253.
Kadish, Mortimer: 71, 75, 181.
Kagan, Moissej: 232ff.
Kahn, Sholom: 28, 147ff.
Kallen, H.M.: 103.
Kant, Immanuel: 12, 23, 44, 48, 59, 70, 95, 113, 117, 140, 152-155, 169, 216, 228ff.
Keats, John: 9, 11.
Kennedy, Gail: 36, 106.
Kestenbaum, Victor: 38, 40, 45, 47, 49, 56, 64, 86, 96, 110, 126, 162.
Kierkegaard, Sören: 219.
Kofler, Leo: 232.
Kopernikus: 155.
Kuhn, Helmut: 104.
Lamont, Corliss: 72.
Langer, Susanne: 198.
Lavine, Thelma Z.: 165, 238, 249.
Lehmann, Dorothee: 83, 108, 171.
Lessing, Gotthold Ephraim: 188, 229f.
Lifschitz, M.: 234.
Liszt, Franz: 175.
Locke, John: 11.
Loo, Elisabeth D. van: 10.
Luckmann, Th.: 188.

Lukács, Georg von: 232.
Lüpertz, M: 220.
Lyotard, Jean-Francois: 230.
Marx, Karl: 161, 166.
Mainzer, Klaus: 9, 33, 101.
Mathur, Dinech Chandra: 30, 44, 184.
McCarthy, Joseph Raymond: 10, 18, 161.
McGilvary, Evander Bradley: 146.
Mead, George H.: 63f., 70, 103, 111, 196, 218.
Mitchell, Jeff: 246f.
Morris, Bertram: 185.
Morris, Charles W.: 7, 178, 195, 202-216, 218.
Morris, George S.: 9, 11ff.
Müller, Gert: 172, 225.
Murphy, Arthur E.: 18.
Newton, Sir Isaac: 155.
Nagel, Thomas: 111.
Nietzsche, Friedrich: 219, 212, 239.
Nola, Paulinus von: 226.
Novack, George: 161.
Oehler, Klaus: 23f., 35, 40, 110, 120, 155, 165, 207, 226.
Paetzoldt, Heinz: 211, 247.
Parson, Howard L.: 117.
Pasch, Alan: 199.
Peirce, Charles S.: 9, 23, 35ff., 102, 107, 111, 150, 155, 196, 207ff., 215.
Pepper, Stephen: 4, 49, 53f., 91, 102, 109, 113-129, 136, 149, 157, 190f., 199, 202, 215, 243, 245, 253.
Platon: 19f., 24, 58f., 69, 143, 156, 225ff.
Poe, Edgar Allan: 87.
Pries, Christiane: 227f., 230.
Putnam, Hillary.: 18, 108.
Ratner, Joseph: 43f., 47, 61, 109.
Renoir, Auguste: 223f.
Reynolds, Sir Joshua: 95.

Richey, Homer Gilmer: 23, 38, 71, 164, 170.
Romanell, Patrick: 137, 183f.
Rorty, Richard: 5, 19f., 27, 29, 66f., 103ff., 108, 110, 112, 114, 149, 152-154, 170, 199, 254.
Rosenkranz, Karl: 119, 231.
Rothko, Mark: 171.
Russel, Bertrand: 18, 103, 111.
Santayana, George: 80, 90f., 135, 138, 147f., 150.
Schasler, Max: 119.
Scheffler, Israel: 1, 9, 18, 33, 66, 102f., 111, 162f., 173, 238.
Schelling, Friedrich Wilhelm: 117.
Schiller, Friedrich: 125.
Schilpp, Paul Arthur: 138.
Schneider, Herbert W.: 9f., 12.
Schnädelbach, Herbert: 65, 130.
Schönberg, Arnold: 243, 245.
Schutz, A.: 21.
Schulz, Theodore Albert: 207f.
Shearer, E.A.: 176f., 240.
Searle, John Roger: 22.
Simoni, Frederic S.: 135, 138, 143.
Sleeper, Ralph W.: 28, 55, 113f.
Speer, Albert: 220.
Spinoza, : 164, 167.
Stanislawskij, Konstantin Sergejewitsch : 182.
Stroh, Guy: 1.
Strub, Christian: 228f.
Tamme, Sister Anne Mary: 36, 43, 49, 69, 87, 106ff., 126, 161, 163, 165f., 173, 175, 179f.
Tertullian: 226.
Thayer, H.S: 99, 107, 109f., 162.
Trendelenburg, Friedrich Adolf: 9.
Trotzkij, Lew Dawidowitsch: 10, 18, 104.
Tiles, J.E: 111, 199.
Velázquez, Diego Rodriguez de Silva: 234.
Wagner, Richard: 174.
Wallace, Rollin: 199.

Webb, Rodman B.: 21f., 73, 104, 110.
Weiße, Christian Hermann: 231.
Welsh, Paul: 150, 159.
Welsch, Wolfgang: 250ff.
Wiemann, H.N.: 71f.
Wilde, Oscar C.: 219, 227.
Wittgenstein, Ludwig: 105f., 110, 153.
Woodbridge, Frederick J.E.: 55, 145.
Zeltner, Philip M.: 32, 43, 53, 69, 75, 78, 80, 82, 84, 86, 88, 90, 92, 96, 106, 109, 173-177, 182f., 184, 194, 200, 240.
Zink, Sidney: 173, 180, 184, 194.